Digital Advertising Ecosystem
the Platform, Marketing and Innovations

数字广告生态
平台、营销与革新

顾明毅 ◎著

图书在版编目（CIP）数据

数字广告生态：平台、营销与革新 / 顾明毅著. --
北京：机械工业出版社，2024. 9. -- ISBN 978-7-111
-76293-5

Ⅰ. F713.8-39

中国国家版本馆 CIP 数据核字第 2024862PA4 号

机械工业出版社（北京市百万庄大街 22 号　邮政编码 100037）
策划编辑：刘　锋　　　　　　　　　责任编辑：刘　锋　赵亮宇
责任校对：高凯月　马荣华　景　飞　责任印制：常天培
固安县铭成印刷有限公司印刷
2024 年 10 月第 1 版第 1 次印刷
186mm×240mm・23.25 印张・504 千字
标准书号：ISBN 978-7-111-76293-5
定价：99.00 元

电话服务　　　　　　　　　网络服务
　　客服电话：010-88361066　　机　工　官　网：www.cmpbook.com
　　　　　　　010-88379833　　机　工　官　博：weibo.com/cmp1952
　　　　　　　010-68326294　　金　书　网：www.golden-book.com
封底无防伪标均为盗版　　　　机工教育服务网：www.cmpedu.com

谨以此书献给美国西北大学爱德华·C.马特豪斯教授。

致所有帮助过我的老师、朋友和同事,感谢他们的鼎力支持。

特别感谢国家广告研究院、中国数字广告营销业界专家的支持!

推荐序一

甲辰春节前，我收到明毅快递过来的《数字广告生态》打印本，又是沉甸甸的大部头。这不是第一次收到他的大部头作品了，记得去年他快递过来的《数字广告系统：技术、产品与市场》打印本同样厚实。由此可见，明毅是一位勤奋的广告学者。这几年，因为参与金投赏、明略秒针、《中国广告》和TopDigital等组织的活动，我也算是从市场营销学界跨入了广告界，除了感受到广告界令人目眩神迷的变化之外，还有一个重要的感受，那就是几乎在每一个场合都能碰到明毅。他总是那么真诚、谦逊地跟来自学界和业界的专家交流、探讨，话题基本上围绕着数字广告、营销技术和未来广告等。在我看来，顾明毅老师是数智化时代新一代广告学者的代表。

明毅嘱我为这本书作推荐序，盛情难却，我不敢怠慢，花了一些时间认真翻阅了这本著作，感觉收获很多。一是那些看起来眼花缭乱的数字广告实践，经过他的梳理，组成了脉络清晰的知识图谱；二是那些看起来"不明觉厉"的广告营销技术，在本书中都纳入顾客决策、营销传播和广告投放等流程中，并通过模型化和图示化展现出来，可以说他为数字广告生态贡献了"导航系统"；三是那些看起来特别高端的数字营销和广告术语新名词，在这本书中都会被归纳、追溯到信息技术、营销科学甚至经济学的理论源头，因此能让读者追根溯源深入思考，而不是迷失于现象中。上述感受正对应着"学什么""怎么学"和"为什么学"这三个学习者最为关心的问题。可以说，这本书是非常出色的，的确是顾明毅老师的用心之作。

我不是广告学者，很难对数字广告生态的发展做出准确评价，但我对数字广告生态的驱动机制深感兴趣。按照本书的逻辑，数字广告生态的发展是由数字营销创新驱动的，对此我颇有同感。进入数智化时代，市场营销作为一种价值交换活动，其交换过程和交换效率发生了很大变化，因此带来了很大的创新空间。

就交换过程而言，售前的营销广告和售后的信息分享、反馈和存储等作用得以放大，信息交换和商品交换过程相互渗透，从而形成了全渠道覆盖、全触点体验、全链路营销等新的创新营销方式。

- 由于信息爆炸、媒体多样化，消费者决策旅程的售前营销沟通对消费者决策的影响更大，因此搜索引擎营销、新媒体营销等成为数字营销创新最早的探索活动。
- 随着电子商务、社交网络的迅猛发展，消费者学习，特别是消费者之间的社会学习效应愈发明显，因此消费者体验分享、消费者互动、影响力营销和顾客关系管理成为数字营销创新的新方向。
- 缘于沟通渠道和销售渠道的融合，内容营销、场景营销、社群营销等进一步成为数字营销创新的重点。

就交换效率而言，数字化、智能化时代信息传播速度的提高，以及大数据分析和人工智能算法技术的进步使信息处理能力日益强大，这样价值交换与价值匹配的交易成本大大降低，不仅有利于企业和消费者交换价值，还通过精准营销、个性化营销、敏捷营销和互动营销等数字营销创新策略为价值交换各方创造了更多的价值。

上述观点是我基于市场营销的基本原理所做的一些分析的结论。事实上，明毅老师在本书中还从消费者决策旅程（CDJ）和企业营销流程数字化的角度，对数字营销创新展开了很多具体的、更为结构化的分析。大家可以通过阅读，进一步加深理解。

市场营销学大师菲利普·科特勒（Philip Kotler）教授曾说，一切都是营销，营销也是一切。所以我认为，广告是营销，营销也是广告。

在营销实践中，市场营销是一种广泛职业，而广告一直是一个强劲的产业，数字广告生态本质上体现了数字广告产业链生态的重要革新。介绍和分析数字广告生态，还可以引入产业链思维，分析产业链或产业网络的结构、运行和绩效，以及其成员之间的互动、共演规律及相关的治理机制等，探讨产业技术或商业模式的创新对产业链或产业网络的影响。在本书中，我也看到了多处相关的分析和解释，希望未来能够看到更为系统的讨论。

当下青年学者写作书籍不仅意味着贡献智慧、时间和精力，还意味着舍弃科研绩效和其他机会。尤其是写出《数字广告生态》《数字广告系统》这样具有开创性意义的作品，更是一件了不起的事情。谢谢明毅为此付出的一切！

蒋青云
复旦大学市场营销学教授、中国高等院校市场学研究会副会长
甲辰元宵于复旦大学思源楼

推荐序二

看到顾老师从理论的角度对数字广告生态做梳理和总结，我特别支持和赞赏。20多年来，数字广告行业一直在探索、创新、变化、发展中前行。特别是2012年后，数字广告领域的发展和变化速度大大加快。随着中国网民的数量从十多年前的2亿多增长到今天超过10亿，中国数字广告行业的整体规模也从零发展到万亿级。整个行业需要对过去的飞速发展做回顾和思考，期待从中找到支撑未来持续发展的力量。

本书框架清晰，内容翔实，案例选取精准，不管是业内人士还是学生，都能通过本书系统地了解数字广告的全面生态。中国数字广告的生态演变涉及媒体方、品牌方、营销服务机构的共同参与，其底层的推动力是中国移动互联网的高速发展。从2G到5G，"上网"这样一个特定的举动已经进化为移动设备时时刻刻的随身陪伴，移动技术和设备的大发展推动了数字广告的演变和数字生态的演进。

本书跨学科地打通了品牌内容、智能广告、顾客数据、接触点体验的内在关联，系统地展现出数字营销生态图谱的全貌，表述出中国数字广告生态发展的核心是效率赋能的观点。过去广告营销的核心一直是媒体和内容，倡导使用最好的策略、最好的创意，再嫁接到强势的媒体上。不论是纸媒时代还是电视时代，甚至门户网站时代，只要媒体的覆盖范围够广，就一定可以实现预期的营销效果。这样的逻辑随着技术的演进而被颠覆，我们如今看到的几乎所有广告都有技术和数据在背后推动，使得整个世界朝着数字化的方向发展。

本书求真务实地阐释了程序化、DSP、云计算、人工智能、元宇宙等技术的发展过程，以及头部互联网媒体和广告技术公司如何不断推动着中国数字广告的转型和发展——从数字技术公司的各种营销技术产品，到如今在行业内看到腾讯在做大量的线上线下数据打通，看到阿里将其内部的数据和顾客数据做整合，看到字节跳动几乎完全是靠着技术和数据在推动整个短视频和直播产品的广告业务往前发展。数字广告营销技术的迭代超越式发展，是具有内部统一的产品市场生态逻辑的，由于中国互联网企业生态联结紧密，这点尤为明显。顾老师充分关注和分析了中外数字广告发展的道路特征。

本书还展现出，中国数字广告营销方式的进化本质是消费者对数字应用的使用和使用时长的变化。从社会化营销、移动营销，到视频营销、短视频营销，再到电商、直播电商等，核心就是在跟随消费者的接触点。数据的充分应用近年也引起了国家、行业和学界的关注。而对于数字广告营销的法学、伦理和技术未来主义方面，同样需要具有时代前瞻性的梳理和规范，本书对此做出了很好的表率。

我们都应当理解广告传播技术本身在持续不断地进步，未来营销技术一定也是数字广告的核心。数字经济的发展方兴未艾，数字技术也有无穷的发展空间，未来的数智化广告将没有边界。这已经是广告、营销与传播领域从业者长期以来持续创新的方向。

本书全面梳理了中国数字广告领域的生态，为该领域的学生和从业者奉献了一份翔实的行业图谱。作为一名行业从业者，在此向顾老师致敬！

郑晓东
利欧数字集团首席执行官

前言

一、广告领域的数字经济变革

自 2000 年以来,"数字化"已经成为广告与营销领域发生的最主要变革。2020 年之后,广告业发展前沿迈入数智时代,形成了广泛的以互联网经济为主体的数字广告生态与产业结构。

如今,我们所关注的广告市场整体的数字化趋势,最初是由搜索引擎和网络广告市场发起的,在移动智能终端的社交应用普及后,进入数字广告和程序化发展的黄金阶段。根据国家市场监管总局广告司发布的《中国广告业发展指数报告》,2023 年我国广告业收入 13 120.7 亿元,同比增长 17.5%,其中数字广告收入超过 1 万亿元。当年中国 GDP 总量为 126 万亿元,广告行业占国家 GDP 比重约为 1.04%。互联网广告营销开始深深渗入社会数字化转型、消费增长与商业创新的未来。然而,国际 4A 广告集团发布的中国广告市场收入远远低于国家市场监管总局的统计数据。统计口径差异的背后,显示的是中国广告行业发展的主导力量发生了更替。

从市场竞争的角度来看,如今的广告业巨头已经从传统 4A 代理商转向大型互联网平台企业。近十年来,传统广告行业开始加速变革以应对数字广告市场转型的挑战,其基本战略集中在适应新媒体的策划过程技术创新、流程创新和内容产品创新上。与此同时,真正的数字广告市场在快速壮大。数字广告业在人类商业文明全面进入数字市场的变革中,起到了先行者的推动作用,处于数字市场引领者的地位。数字广告带动了互联网经济下数字营销创新形态的数字化转型,从消费零售领域开始,推进互联网数字化、媒体数字化、营销数字化、企业数字化,最终导向数字经济产业链和国家数字生产要素的战略变革。

经典广告职能是使用大众媒介高效传播创意内容来说服受众。如今,经历过信息通信技术(ICT)革命和互联网科技产品创新后,基于消费者数字生活方式的广告产品创新不断被挖掘出来。数字广告旨在利用效率更高的互联网信息交互传播方式,创造出不同于传统媒体社会的新经济营销供需平台。数字生产力来自更高维度的科技和市场创新,消费者需求和供给的连接方式发生了革命性变化。直播电商广告、应用下载广告、社交电商广告等层出不穷的新型广告产品形态得以创造出来，并且深受社会公众的喜爱。

综上所述，数字技术带来的生产力爆发，使得广告真正成了数字时代的生产要素。当前我国的数字经济很大一部分来自各行各业商品服务零售的数字化升级，而数字广告也成为互联网数字市场的基础设施与技术升级的支撑。一方面，数字广告直接受益于互联网时代发展数字经济的所有信息科学技术；另一方面，数字广告产品日新月异的创新，又引导消费者对数据、信息、内容应用和商品的需求转移到互联网数字世界，汇聚成"海纳百川"的高度数字化的社会，引领数字经济的发展潮流。

数字广告通过数字广告位这种新产品形态，创造出了具备新兴数字社会生活应用功能的"终极消费者需求"市场。数字广告位极大地改善了生产制造商满足市场消费者需求的条件。

数字经济环境为"大广告"提供了无穷无尽的生长空间，超越了20世纪西方国家所建立的按照大众制造、渠道商超、大众传媒划定好"泳道"的4A职业家广告市场。随着市场游戏规则发生变化，数字广告开始与数字经济革新互为源流。最后，广告技术市场的剧烈变化也导致一些传统的信息分发市场开始萎缩，甚至消失。新冠疫情和经济不确定性的影响则加速了这个预期结果的形成。

本书所解释的数字广告生态，主要解答在数字经济和产业变革环境下，数字广告扩散延伸到数字营销的发展战略，以及如何构建数字时代的数字广告与各类企业营销的业务支持生态体系。

二、跨越学科的数字广告生态

传统广告学配备了一套坚固的创意大师职业家体系。在20世纪的科学产业分工结构中，广告学定位于营销学科和传播学科的交叉应用领域。当时的广告学教材从营销学和传播学中获得理论基础，以师徒传承制书写了广告创意领域独有的知识体系，拓展了营销和传播的前沿。

现有的营销学和传播学基础教材中涉及广告的部分，基本照搬了西方的广告学知识体系，从而构成营销传播的完整知识结构。广告学历来是营销学和传播学之间的黏合剂。**营销学**主要致力于解决企业组织的市场部分的问题，通过计划、组织、领导和控制等管理经营职能，提高企业的生产制造和服务能力，满足市场需求。**传播学**研究人类社会信息传播活动，重点在（大众）媒体视角，核心是传播者、信息与编码、媒体作用于受众的"控制型"交往职能，同时满足媒体受众的新闻、教育、娱乐、监测环境的社会需求与商品需求。

职业4A广告专家制度的建立，与广告行业跨界经营于市场营销和媒体传播两大领域之间有关。传统广告行业的职业技能是相对稳定的，通常涉及艺术设计、文案、创意、摄制、媒介、研究洞察、评估，以及全案策划等方面。行业内具有独立的专家团队，专业高效地利用媒体传播社会职能，服务委托代理的商品营销，将促销信息传递到消费者市场。

自 1993 年整合营销传播理论出现之后，广告行业开放性地将销售促进、事件营销、公共关系、互动营销、口碑营销、人员推销、直复营销统统纳入职业技能体系，在理论和实践上支撑了 1990~2010 年间国际 4A 广告传媒集团大规模发起行业并购的战略，推进广告传播行业出现一轮发展高潮。但总体而言，这些新广告职业技能与原有的部分是线性增长的关系，没有构成跨越代际的变革。

然而，自 2011 年斯科特·布林克提出营销技术（Martech）以来，广告营销技术行业的发展举世瞩目，并迅速在新兴科技与互联网经济的共同推动下升维组成全新的数字广告行业。数字广告技术与互联网技术覆盖全行业，你中有我，我中有你，市场与技术水乳交融。数字广告行业实际上整体融入了互联网科技产品引发的市场浪潮，传统广告行业范围之外的新技能和新广告产品不断出现。

广告与促销、内容与体验、顾客关系、交易、数据、管理，这些元素开始合并升级到统一的广告营销技术行业体系内。数字广告行业迅速推陈出新，大量基于新兴技术的广告产品，包括互动广告、计算广告、程序化广告、大数据广告、移动广告、智能广告、智能营销、内容推荐算法等，如雨后春笋般出现。这些技术产品已经超出了原有广告学谱系的专家技能所能处理的范围，而且还在不断演化，为此，全球的广告学科急需做出重大适应性调整。

由于互联网市场新代际的非线性变革和破坏式创新，数字广告职业技能与 20 世纪原有教科书中介绍的知识和职业技能的差异越来越明显。数字广告需要跨越原有边界，打破原有组织，跳出原有的"泳道"式学科领域，才能支持行业转型升级、学科知识完善和逻辑自洽。

本书尝试为解决这个数字广告知识发展的基本问题做出一定贡献，当全行业的发展跳出 20 世纪的产业分工格局之后，科学分析互联网时代数字广告究竟身处何方。如果用一句话来概括数字广告行业最重要的变革，就是进入了数字广告系统和数字营销技术系统的合并集，即数字广告的技术与产品，已经超出了传统广告产品的范畴，进入了更广阔的信息技术传播和广域集客营销领域。

三、数字技术的广告营销系统

越来越多的从业者关注到一个基本事实：当前数字广告业务已经成为互联网企业营销经营的中心。其中蕴含了以下两个前提假设。

第一个是 21 世纪的数字广告行业经历了从数字广告系统到数字广告生态的发展过程，不断通过互联网经济平台上的广告产品形态改变，将数字广告推向越来越复杂的数字商品交换市场中的内容信息形态，并且带动了数字互联网产业经济的发展。2022 年中国信通院发布的《中国数字经济发展报告（2022 年）》显示，2021 年中国数字经济规模达到 45.5 万亿元，占 GDP 比重达到 39.8%。数字经济中的零售部分数字业态绝大多数均涉及数字广告引领的先发制胜的变革。数字广告市场通过信息匹配创造价值的效率，乘着数字生产力的东风，胜过了属地化商店零售的传统生产组织。

第二个是互联网科技领域计算机通信技术的快速发展。大数据、云计算、人工智能、区块链等前沿科技，实实在在地为数字世界的基础设施建设和产业结构升级做出了贡献，并且深得社会公众的认可。由计算机科学技术发起的数字广告产品创新，在数字世界的空白画卷里新建起几乎全部的消费者数字生活场景。这是一整套生活方式的变革，相比其他国家的消费者，中国消费者更愿意接受和使用数字生活应用。此外，由于是自计算机学科发展而来的数字技术革命推动形成的营销传播与数字广告的"破坏式创新"浪潮，因此已超出了20世纪学科分类体系中的传播学和营销学所能解释的范畴。

基于这两个前提假设，可以得出数字广告生态的理论根基不是来源于已有市场营销学科的积累，这同时预示着，21世纪的数字广告将进入复杂科学领域。

数字营销技术是由数字广告产品系统所发展的服务于数字营销市场的数字技术延伸而来的。归根结底，是计算机科学的发展引发的信息技术革命，使得数字生产要素重组人与社会的联结形态和企业与消费者的联结形态。互联网科技平台在分配生产者供应、消费者需求的商品、服务、内容、信息上的能力和效率胜过了以往任何营销中介服务组织。

明确这一点，非常有利于我们重新认识数字广告与营销传播的关系。数字信息技术平台主导的消费者需求满足，最先贯彻了舒尔茨等整合营销传播学者提出的"传播即营销，营销即传播"哲学思想。

市场营销学本质中的需求满足与品牌消费者关系建设，可以通过信息双向传播的互动数字广告实现。同理，广告学本质中有关商品态度和价值采纳的信息告知与受众说服，也可以通过数字化直联消费者，在信息双向交互中快速建立起用户信息联结和购买行动的需求满足过程。不限于营销和传播，生产和供应链物流也离不开数字技术带来的信息双向交互。流量信息价值珍贵，哪个平台掌握了用户需求的信息入口（Access），哪个平台就拥有了数字广告的市场空间。

随着数字广告的目标拓展到数字营销的"广域集客"，中国互联网平台创新的全域（omni-channel）营销目标开始形成。由于营销和传播的信息入口（广告）发生了数字化变革，因此营销和传播也必然发生数字化变革。综上所述，企业营销不能孤立地存在于社会经济之内，必须重建于互联网经济和数字广告生态之中。

从互联网市场实践中很容易发现，社交媒体信息入口和电商信息入口是广告与营销的数字化改造过程的两个主要发起端，从这两个入口迅速蔓延到数字化生活应用的方方面面。这就使得数字广告的发展给创意广告、媒介、互动、公关、营销服务、电商、MCN（Multi-Channel-Network，多渠道网络）、营销技术等领域也带来了新发展机遇。

四、数字消费者使用广告

广告为什么重要？这个问题经常出现在天生就喜欢互动媒体的学生的讨论中。"Z世代"

学生大部分自孩提时代就习惯使用智能设备，对于社交媒体中的各种用户生成内容（UGC）和广告绝不会陌生。他们向朋友分享手游和购物信息，并在"两微"（即微博和微信）上发布自拍，这部分学生很难想象"屏幕"不具有交互功能的时代是怎样的。

本书重在分析消费者如今所经历的**交互式**广告演变的成因，解析其背后的数字广告营销技术，主要针对当前用途和未来方向探索技术的发展给企业营销带来的变化。

如今的数字广告行业有什么新变化？

其一，数字广告是以消费者为中心的。互联网增强了用户自主发布信息的人际传播能力。网络平台技术赋能意味着消费者可以通过在社交媒体上发帖和评论"回应"品牌内容，无缝地创建新的关系。如今，数字广告包括以娱乐、信息、服务或奖励等形式向消费者提供想要并经常寻找的内容和品牌的活动。

其二，数字广告普遍是个人关系型的，因为消费者在线提供的数据可用于向个人发送更相关的信息。这让广告变成内外数据共同驱动，需要以更大的生态系统层面的平台协作为基础。消费者的实时在线行为以及过去的在线行为可以被一起用来预测他们潜在的未来行为。如果这使读者有所畏缩，则必须记住，隐私已不仅仅是智能手机或社交媒体应用程序上的一个设置选项，用户通信身份认证也是访问互联网的必要技术前提。用户一旦使用互联网，就意味着数据生成和留存。

其三，数字广告生态已经成为所有企业营销经营的基础设施。企业不仅要应用数字广告，还要深刻理解如何让数字消费者主动地迎接互联网科技赋能的新生活方式。由于数字广告遍布于数字用户热衷的互联网生活中，因此不能孤立地看待数字广告。数字广告生态则体现了数字营销市场的整体网络关系。数字消费者一浪高过一浪的数字生活习惯迁移，既包括了媒介使用行为，也包括了商品服务交易行为。

消费者社会潮流的变迁，促使数字广告生态演变到"广域无边"的营销新形态。在智能时代，消费者的传统媒体观看和商超渠道购买行为，正在接受用户数字信息使用习惯变迁的重大挑战。

五、社会伦理与广告进步

海外对一些互联网巨头的监管审查已经在加强。在欧洲、北美和南亚，各国政府对谷歌、苹果、Facebook 和亚马逊（简称 GAFA）相继展开调查。活跃的法律监管活动导致技术提供商主动加强自律监管。数字营销公司也就此开展准备工作，以应对严格的数据安全和隐私保护挑战。

各国政府观察到，大型科技公司所掌控的算法推荐技术具有影响社会传播方面的公平正义的能力（例如，为公共话语设定边界等）。另外，数字技术也为网络战和信息战开辟了新的战场，虚假信息也会扰乱社会秩序。各国都开始加强对互联网数字生态的管理，其中

Facebook 于 2021 年更名为 Meta，为便于表述，本书中沿用 Facebook。

包括数据安全保护和个人信息保护等。

数字广告技术天然地要使用互联网平台持有的数据。在21世纪的前20年，互联网广告快速发展，技术产品快速开发的背后是粗放式的数据管理。很多人主张互联网技术的发展优先于消费者数据保护，这种曾经流行的观念在2018年欧盟《通用数据保护条例》（GDPR）出台后被终止了。我国与世界其他各国政府纷纷加速立法保护个人数据信息，对互联网平台经济（含数字广告）中可能存在的不受约束地利用数据以垄断市场的经营行为进行监管和治理。

因此，数字广告生态领域的参与者都已经认识到，优先发展、放松管制的数字营销"上半场"已经过去，落实互联网行业数据保护责任、加强管制的数字营销"下半场"已经到来。

随着企业开始履行个人信息合规义务，数字广告生态在数字营销下半场需要面对双重的战略目标：一方面要围绕数字广告平台的技术广告核心产品，不断深化技术营销产品的数字化转型；另一方面，要将数字广告服务纳入符合互联网监管和数据保护方向的"用户许可式授权"管理过程。这两项目标对于互联网平台的内容推荐系统和广告系统同时构成挑战。

数字广告系统历经数字营销上半场近二十年的发展，已经习惯于跨平台和跨机构的"广告位+数据标签"程序化技术和竞价模式，其整体是建立在数据多方使用、广告位场景多方识别、广告主信息多方创建的基础之上的。因此，对用户授权数据的强监管给数字广告生态系统的流转带来了巨大的压力与挑战。

在全球用户的隐私保护意识提高和各个国家和地区隐私法颁布的共同影响下，用户授权成为企业新增的保障用户个人隐私数据使用合法合规的重要前提，能够在一定程度上促进数据的流通和利用，这也会激发社会公众针对如何看待隐私保护问题提出更积极的消费者权利主张。

与数字广告不同，虽然互联网平台的商品和内容推荐系统也要接受法律法规的监管，但归根结底，互联网平台提供给用户的商品与内容推荐主要是在满足用户订阅和使用互联网应用的需求，其出发点不同。商品与内容推荐系统是互联网应用服务的重要组成部分，与电商交易平台服务、OTA旅行与车辆预订服务、游戏平台服务、社交媒体服务、即时周边场馆预订服务具有同样的性质。相比之下，数字广告往往是广告主未获得用户明确邀请推送的内容，通常植入在用户观看内容和信息的场景中。在加强用户个人信息保护的严格立法环境下，消费者对于异业广告和品牌说服信息的出现，具有更高的自我权利保护敏感性。一旦用户怀疑广告未经授权跟踪了个人信息，他们就有可能主张消费者权利保护，并展开投诉——甚至诉讼。同时，立法者也在加强治理互联网平台企业将用户数据"滥用"于商品营销的行为，并强力约束通过人工智能、大数据技术随意跟踪个人消费者活动以获得"不公平"的竞争优势。

目前，数据伦理和人文包容已经成为全球广告学、法学、传播学和市场营销学教材关注的重点。很多国外新编的教材在每章都会给出关于伦理命题的解释说明，本书也将尽力强调这部分内容，将个人信息保护教育贯穿于全书，最大限度地帮助读者获得正确的数字发展观。

数字广告的发展与互联网数据开发的历史进程基本同步，未来广告绝大多数都会是数字广告，必不可少地会用到由互联网用户流量生成的"广告位"所携带的数据。在技术工具的开发中，既要加强数据信息的平衡利用，又要保护用户个人信息（特别是隐私信息），两者不可偏废。

学习数字广告生态的读者能够更好地认识数字经济对于消费者、企业、行业协会、政府监管部门的重大影响。数字生产要素最先作用于数字广告变革，建立并健全数字社会经济的市场结构。用户数据与商品数据、社交/点评数据、使用历史数据一起，共同构成数字广告生态的数据来源。同时，关注数据保护，尊重消费者授权意愿，不仅有利于维护消费者权利，也有利于打造品牌口碑，形成共创平台、共享价值的共同健康发展。

按照当下数字广告行业所处的技术环境与社会经济状况，数智时代的广告业发展实际已经脱离了20世纪传统广告创意代理职能的轨道。数字广告不仅在定义范围上大于传统广告，而且融入了数字互联网的发展进程，它在国民经济的数字经济板块中占有举足轻重的地位。

因此，学习数字广告生态，对于紧跟国家宏观层面的相关发展战略，理解未来全球数字经济环境下的新兴广告产业机会至关重要。

本书背景和内容安排

随着数字技术平台型经济逐渐走向成熟，以往的营销传播结构逐渐被颠覆。这场科技革命的深入，会持续推动产业经济和岗位职业技能创新发展，对数字广告与数字营销从业者产生重要影响。数字经济的发展给实体零售业的"地租经济"和传统媒体的"节目时间"带来了巨大的挑战，由此改变了19世纪到20世纪建立的工业时代广告模式，从而导致处于"文理分科"状态的传播与营销学科发生剧烈变革。

在国内外广告营销学科权威专家的支持下，作者已经撰写了《数字广告系统：技术、产品与市场》一书，该书聚焦于以计算为核心的数字广告体系。本书进一步介绍数字广告系统发展成熟后，由技术广告产品全面扩散到数字营销技术层面的产品系统，也就是"数字广告生态"。本书可用于讲授数字广告和人工智能营销相关课程，推荐将本书与《数字广告系统：技术、产品与市场》一起用作数字广告学两学期课程的教科书。同时，本书也可以单独讲授，所述知识不以《数字广告系统：技术、产品与市场》为先导。

本书详细介绍数字广告生态如何为我国数字经济赋能，并重点探讨数字化如何重新塑造技术营销（广告）产品，进而探究数字广告独有的技术产品市场怎样一步步发展为"平台型"企业转型数字营销的关键，开始引领数字营销的进步和企业的数字化转型。所述知识横跨计算机科学与技术、信息管理与信息系统、行为经济学、市场营销学与传播学等专业领域。

整体而言，本书使用"数字广告生态"来描述完成数字广告升维后的全部数字营销技术与行业生态系统。具体分为三篇：理论篇、变革篇和创新篇，总共有十二章。

理论篇（第1~4章）解释数字广告变革的基础（原有的和数字的），给出数字广告的概念体系与重要特征，介绍我国的数字广告是如何改变营销概念体系的，并首次将全链路营销、数字增长营销和广域集客营销加入营销理论创新体系。

变革篇（第5~7章）详解数字广告生态在我国的重要发展创新，覆盖数字广告生态位、数字广告营销图谱、人工智能广告相关内容，代表数字广告产业的升维改造。如今我们所说的数智时代广告与营销发展的主要成果均体现在这三章里面。

创新篇（第8~12章）阐述数字广告生态解决数字营销问题的三个入口，分别是品牌内容、顾客数据和接触点体验。从企业营销的角度而言，数字广告生态的核心是解决好数字营销如何"持续创新供应"品牌内容、如何"有效开发和留存"顾客数据、如何"运营掌握"接触点体验和创造浸合的品牌顾客互动这三个问题。同时，由于数字广告普遍会用到用户数据，法律与伦理问题无可争议地成为数字广告生态的重要维度之一。面向未来的前沿科技也是广告不断发展的动力源泉，数字广告和智能营销的未来与前沿科技的发展密切相关。这两项内容也在这部分进行了介绍。

本书正文部分使用"**加粗字体**"标记出数字广告与数字营销的重要概念，并在每章末尾给出了术语与重要概念，方便读者学习时有针对性地查询。

本书大量使用互联网技术与产品原理、技术创新理论对数字广告与数字营销进行了理论革新，直面现代化互联网发展道路，构建基于数据、内容和接触点的本土营销增长理论，并研究对照了近年来国内外新生的数字营销理论模型，以及数字营销生态图谱等。本书先导是科特勒的《营销管理》（第16版）与经典广告学教材《当代广告学与整合营销传播》（第16版），以及2019年后业界出版的一批专著，如《数字营销技术》和《智能营销变革》等，还有作者在中国广告协会互联网广告工作委员会和国家广告研究院所做的系列研究报告。

本书吸收了美国西北大学整合营销传播学派领袖马特豪斯教授领导的 Spiegel IMC 数据研究中心的创新内容，力争为广告和整合营销传播实践带来新的活力，努力确保专业学习目标的实现。马特豪斯教授热情支持我撰写本书并审阅了书中涉及理论创新的前5章，而且特别在第10章中为读者贡献了浸合理论创始人对数字广告生态的独家解读。

本书配套提供了视频课程和课件，读者可以通过B站免费获取（可搜索作者账户"数字广告 IMCer"）。学生可以通过这些资源来掌握所学的知识。另外，每章配套的练习题也可用于促进学生达成学习目标，或者用于线上作业、测验、考试或其他考查形式。

作者荣幸地参与了中国广告协会中国通信标准化协会组织的中国互联网广告术语行业标准的起草工作。

本书读者对象

本书以数据科学、行为经济学为复杂学科理论基础，加上技术创新市场的知识，不仅能满足广告学、传播学和市场营销学专业学生的学习需要，还可以作为计算机科学、法学、管理学、信息管理学等相关专业读者了解数字营销知识的参考书。

具体来说，本书适合广告学专业的本科生、研究生和青年教师全面学习，以掌握数字广告相关知识，也适合新闻传播学领域的其他相关专业（如网络与新媒体相关专业）读者阅读。此外，本书也适合经济与管理学院的商科类专业（特别是市场营销专业）学生阅读以了解数字广告，还可以帮助工商管理专业硕士（MBA）和新闻传播专业硕士（MJC）掌握互联网科技时代的数字广告与营销传播管理方面的前沿知识。

本书目标

讲授过数字营销和计算广告的教师深知学生对数字广告更感兴趣。新时代的学生越来越难以想象一个没有"点赞、推文、发帖、照片滤镜和宝藏博主"这些元素的世界会是什么样子的，他们主要的信息来源是数字化生活。人们不仅是信息的消费者和使用者，也是创造者。毫不夸张地说，这一代人比之前任何世代都更精通如何运用各类网络媒体，在创造内容方面也更活跃。

在这个背景下，数字广告的学习比以往任何时候都更重要。无论主修的是广告、市场营销专业，还是网络安全、计算机科学与技术、互联网法律、新闻传播、信息系统专业，学习数字广告都可以帮助学生深入理解中国数字互联网经济道路，以及中国数字广告行业如何发展和进入全球前列。

不同于以往广告学科体系的概论方法、全案策划，以及注重创意思维，本书更侧重于技术、产品和市场体系结构。具体来说，本书的目标是教会读者：

- 用商品战略的眼光来思考广告信息；
- 收集和研究数据；
- 计算并评估市场供需各方的博弈；
- 在开发创造性解决方案的过程中寻求合作；
- 分析具有竞争性的产品方案；
- 理解广告出价者的行为与动机；
- 直接助推消费者价值；
- 与国家立法机构一起捍卫个人信息；
- 欣赏和评估标准化广告产品；
- 将人文创意与技术体验结合，以重建消费者与品牌的价值创造过程。

目录 Contents

推荐序一
推荐序二
前言

理论篇

第1章 新世纪广告变革 …………… 2
1.1 20世纪的广告 ………………… 4
　1.1.1 走进广告业 …………… 4
　1.1.2 经典广告与媒体 ……… 6
　1.1.3 媒体变革的用户行为 … 7
1.2 21世纪的数字技术创新 ……… 10
　1.2.1 大数据技术 …………… 10
　1.2.2 可寻址技术 …………… 12
　1.2.3 广告服务器技术 ……… 15
　1.2.4 计算广告技术 ………… 17
　1.2.5 人工智能技术 ………… 19
1.3 本章小结 ……………………… 20

第2章 何为数字广告 …………… 22
2.1 数字广告的定义与特征 ……… 23
　2.1.1 重设广告业"轨道" …… 24
　2.1.2 数字广告的定义 ……… 25
　2.1.3 消费者发起与双向传播 … 29
　2.1.4 数字技术变革的广告特性 … 30
2.2 数字广告的类型与结构 ……… 33
　2.2.1 数字广告的多种展现形态 … 34
　2.2.2 数字互联网创新广告类型 … 36
　2.2.3 数字技术革新广告营销 … 37
　2.2.4 数字广告的系统结构 … 38
2.3 广告数据伦理与隐私保护 …… 40
　2.3.1 消费者数据权利与隐私保护 …………………… 40
　2.3.2 数字广告的伦理和法律关切 …………………… 42
2.4 本章小结 ……………………… 42

第3章 数字广告变革营销 ……… 44
3.1 营销定义与革新 ……………… 45
　3.1.1 通用的营销定义 ……… 45
　3.1.2 数字营销基于广告 …… 46
　3.1.3 精准营销与数据伦理 … 49
3.2 整合全渠道营销 ……………… 53
　3.2.1 全渠道营销 …………… 53
　3.2.2 整合营销传播革新 …… 57
3.3 本章小结 ……………………… 60

第4章　数字营销创新理论 ······ 62
4.1 全链路营销 ············ 63
- 4.1.1 全链路要素 ········· 63
- 4.1.2 数字链路营销 ······ 64
- 4.1.3 公域流量广告 ······ 69

4.2 数字增长营销 ········ 71
- 4.2.1 留存顾客数据的重要性 ··· 71
- 4.2.2 私域流量与"品效销" ··· 73
- 4.2.3 接触点理论 ········· 77

4.3 广域集客营销 ········ 81
- 4.3.1 大众集客术 ········· 81
- 4.3.2 用户行为驱动营销 ··· 82
- 4.3.3 消费者决策旅程 ···· 84
- 4.3.4 互联网平台闭环营销 ··· 87

4.4 本章小结 ············· 89

变革篇

第5章　数字广告生态位 ······ 92
5.1 数字广告业的竞争者 ···· 93
- 5.1.1 互联网平台创造数字广告 ··· 95
- 5.1.2 咨询集团推动数字营销战略转型 ····· 96
- 5.1.3 影响者——KOL与MCN网红 ············ 97
- 5.1.4 消费者自发传播品牌 ··· 99
- 5.1.5 本土数字广告技术公司 ··· 100
- 5.1.6 数字广告经营竞争 ··· 102

5.2 数字广告产品系统 ······ 103
- 5.2.1 建立广告系统观 ····· 103
- 5.2.2 广告程序化技术系统 ··· 104
- 5.2.3 六大程序化广告技术产品 ··· 105

5.3 企业视角下的数字广告系统 ··· 109
- 5.3.1 搭建数字广告生态 ··· 109
- 5.3.2 智能技术嵌入广告营销 ··· 113
- 5.3.3 理解场景与消费者数据集 ··· 116

5.4 中国广告产品技术的演化 ··· 118
- 5.4.1 数字广告演变的主要阶段 ··· 119
- 5.4.2 广告业竞争与数字广告产品 ··· 123
- 5.4.3 数字广告覆盖供需链路 ··· 125

5.5 本章小结 ············· 126

第6章　中国数字广告营销图谱 ··· 128
6.1 中国社会化媒体格局概览图 ··· 129
6.2 中国程序化广告生态图 ··· 130
- 6.2.1 勃兴的中国程序化广告生态 ··········· 131
- 6.2.2 中国程序化广告生态的快速迭代 ········· 132
- 6.2.3 成熟期的程序化广告生态 ··· 134
- 6.2.4 中国程序化广告生态反思 ··· 137

6.3 中美营销技术生态图 ···· 138
- 6.3.1 Martech横空出世 ··· 139
- 6.3.2 深入解析Martech 5000 ··· 141
- 6.3.3 营销技术生态图谱的48项要素 ··········· 143
- 6.3.4 中国数字广告营销技术生态 ··········· 147
- 6.3.5 中美广告营销技术比较 ··· 149

6.4 中国数字营销创新图谱 ··· 151
- 6.4.1 中国数字营销技术的产品元素 ··········· 151
- 6.4.2 中国数字营销创新的主要图谱 ··········· 158

6.5 本章小结 ………………………… 164

第7章 人工智能广告 ……………… 166

7.1 人工智能与广告发展 ……………… 167
 7.1.1 人工智能的起源 ………… 167
 7.1.2 智能广告的研究探索 …… 168
 7.1.3 智能广告发展道路 ……… 169
 7.1.4 人工智能赋能广告营销 … 173
7.2 大型互联网平台的智能广告系统 … 174
 7.2.1 智能广告的"两层"产品体系 …………………………… 175
 7.2.2 平台的智能广告模型 …… 176
 7.2.3 其他人工智能技术应用 … 180
7.3 数字广告代理商的创意智能广告 … 182
 7.3.1 数字广告代理商的智能化 … 182
 7.3.2 "人机协作"的智能创意价值链 ………………………… 183
 7.3.3 代理商的智能创意模型 … 189
7.4 本章小结 ………………………… 195

创新篇

第8章 品牌内容 …………………… 198

8.1 程序化创意 ……………………… 199
 8.1.1 程序化创意理论 ………… 200
 8.1.2 程序化创意业务流程 …… 202
 8.1.3 动态创意优化 …………… 205
8.2 内容资产管理 …………………… 209
 8.2.1 内容数字化技术 ………… 210
 8.2.2 内容资产管理的源头 …… 215
 8.2.3 内容资产管理系统 ……… 216
8.3 AI生成创意 ……………………… 219
 8.3.1 AI创作人物图 …………… 219
 8.3.2 AIGC ……………………… 221
 8.3.3 Diffusion技术革新 ……… 223
 8.3.4 AIGC的商业应用 ………… 226
8.4 本章小结 ………………………… 229

第9章 顾客数据平台 ……………… 231

9.1 顾客关系管理升级 ……………… 232
 9.1.1 顾客关系管理 …………… 233
 9.1.2 社交顾客关系管理 ……… 235
 9.1.3 留存顾客与忠诚顾客关系 … 238
9.2 数据管理平台 …………………… 241
 9.2.1 DMP的定义与原理 ……… 241
 9.2.2 DMP积累数据的用途 …… 243
 9.2.3 DMP的转型与发展 ……… 245
9.3 客户数据平台的管理 …………… 248
 9.3.1 CDP的定义与作用 ……… 248
 9.3.2 CDP的数据类型与比较 … 252
 9.3.3 CDP的发展趋势与品牌主的数据资产观 ………………… 254
 9.3.4 数据的分类与使用 ……… 256
9.4 本章小结 ………………………… 257

第10章 接触点体验 ………………… 259

10.1 体验营销与接触点 ……………… 260
 10.1.1 体验营销 ………………… 260
 10.1.2 接触点 …………………… 263
10.2 顾客体验管理与浸合营销 ……… 266
 10.2.1 顾客体验管理 …………… 266
 10.2.2 浸合与体验管理 ………… 268
 10.2.3 通过数据管理顾客体验 … 271
10.3 大数据调研、数据科学和个性化体验 ……………………………… 274
 10.3.1 大数据调研 ……………… 275

10.3.2 数据科学的营销分析……277
10.3.3 个性化体验……279
10.4 专题：整合营销传播学派论浸合……282
10.5 本章小结……284

第 11 章 数字广告法律与伦理……286

11.1 个人信息与隐私保护……287
　11.1.1 互联网追踪数字信息……287
　11.1.2 隐私、个人信息与个人数据……289
　11.1.3 GDPR 创造的个人数据权利……290
　11.1.4 数据匿名化与明示同意……294
11.2 数据安全与信息保护……296
11.3 广告伦理与精准化……304
　11.3.1 数字广告伦理框架……304
　11.3.2 个性化广告与隐私……306
　11.3.3 隐私与伦理原则……308
　11.3.4 品牌安全与监测……310
11.4 本章小结……313

第 12 章 未来数智广告科技……315

12.1 前沿广告营销技术……316
　12.1.1 目标客户营销……317
　12.1.2 强化供应方平台……318
　12.1.3 移动营销分析……318
　12.1.4 视觉搜索营销……319
　12.1.5 对明示同意和用户偏好的管理……320
　12.1.6 地理位置营销……321
　12.1.7 人工智能技术用于广告营销……322
　12.1.8 OTT 广告……323
　12.1.9 个性化定制广告……324
　12.1.10 营销云……325
12.2 广告数据的安全计算……326
　12.2.1 可信身份的安全识别……326
　12.2.2 区块链技术在广告中的应用……327
　12.2.3 广告验证的追踪变革及其可见性……329
　12.2.4 数据净化室……339
　12.2.5 隐私保护计算技术集……330
　12.2.6 广告屏蔽与过滤……332
12.3 Web 3、虚拟数字人与元宇宙系列……333
　12.3.1 Web 3……334
　12.3.2 虚拟数字人……335
　12.3.3 元宇宙……336
　12.3.4 移动及家用语音智能……338
　12.3.5 数字孪生……338
　12.3.6 品牌直接销售……339
12.4 本章小结……341

附录……343

参考文献……345

后记……348

理论篇

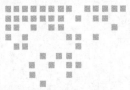

Chapter 1 第1章

新世纪广告变革

本章指引

导读案例：数字消费者"小帅"的故事

小帅是一名大学生，有一天他决定更新自己的衣橱。他原本倾向于亲自前往商场，但抖音上的一则快闪服饰店短视频广告吸引了他的注意。该视频由一位他关注的服饰穿搭博主发布，展示了一位年龄与小帅相仿的男性博主穿着时尚外套和帽子的英俊形象。点击视频后，跳转至一个以可爱猫脸符号为标识的公司页面。这家服饰店的品牌名为"多抓鱼"。

在短视频中，博主在快闪店内从挑选到试穿，整个购物过程尽显轻松愉快。"多抓鱼"主打的是经过消毒并翻新的二手名牌服装，集中在奢侈品和流行时尚领域。店铺根据后台算法与智能分析，预测电商销售趋势，并据此评估收购与销售商品的价格。小帅对这一算法的具体运作不甚了解，但他记得曾在"得到APP"上听到一位知识主播提及，服装品牌需要借助热度排行榜算法来分析达人推荐款及爆款商品的热搜指数。

第二天，小帅骑共享单车前往店铺。一到现场，他便发现不少穿搭时尚的年轻人，以及拖着拉杆箱拍摄的主播。这个充满文艺氛围的街区显得热闹非凡。快闪店位于一楼的显眼位置，正在举行活动。店外有用于维持秩序的排队线，热情的店员正忙碌着，店外还排着十余人的长队。小帅有些后悔没有叫上朋友一同前来，只能先开始自己拍照和录制短视频。

他通过店外海报上的二维码进入品牌小程序，领取了礼品。小程序的首页置顶了他在抖音看到的品牌与热门商品。他在店内看中了几件时髦的衣服，都是他心仪的品牌款式。在考虑购买的同时，他想起在抖音上领取的新会员优惠券已经可以使用了。

这些衣服的价格比大牌电商的折扣价还要实惠。二楼的"多抓鱼"二手书店同样受到欢迎。小帅询问店员未来快闪店的搬迁计划，店员微笑着回答，本店将继续于楼上的三层营业，一楼是为庆祝品牌创业三周年而设的临时活动场所。店员还向他介绍了"多抓鱼"的循环经济理念，以及三位年轻创始人从一个小仓库起步，最终获得风险投资的故事。他们鼓励小帅关注公司的品牌理念——"循环服装店"，并致力于打破"二手等同于脏旧"的传统观念。

这个品牌理念给小帅留下了深刻的印象。他此前已经关注过"买手店"和"得物"等二次交易平台，并对此颇有了解。他对"循环服装店"的理念更是情有独钟，毕竟他对日常穿搭的品牌非常在意。但由于预算有限，他无法尽情购买心仪的服饰。如今，"多抓鱼"让他有机会以更低的价格购入更多服装。此外，如果他对某件衣物不再感兴趣，还可以将其卖回给"多抓鱼"，平台将通过算法给出收购价格，然后上门取件，验货后把相应的金额存入用户账户。

回到学校后，小帅的新穿搭引起了同学的关注，特别是那些经常在媒体上浏览穿搭内容的朋友。他们对小帅的新搭配赞不绝口，小帅随即向他们介绍了"多抓鱼"平台和相关活动。听闻此事，他的好友也计划在"多抓鱼"平台上出售一些自己不再需要的品牌衣物。在小程序上，他可以轻松查看收购品牌商品的列表，上传衣物照片即可获得系统自动计算的收购价格。虽然价格略低，但在看到另一款心仪的衣服售价也相对合理时，他还是决定尝试一下。

小帅和他的朋友认为，穿着"多抓鱼"提供的服装不仅环保时尚，而且并不显得简陋。他们都钟情于"不囤货"和"断舍离"的生活方式。小帅在通过小程序成功回收一件衣物后，为这次交易给出了五星好评。他欣喜地看到，同款商品收获了许多五星评论，甚至有顾客表示已经是第二次购买，并推荐了二楼的宝藏书店。

不久后，小帅收到了感谢短信和微信小程序订阅号发来的问候。他继续在 Bilibili 上观看"多抓鱼"的视频，偶尔也在微博上看到相关的展示广告。他更倾向于在不被打扰的情况下浏览自己感兴趣的内容，但也不反感订阅公众号，接收公众号定期推送的信息。他认为品牌尊重消费者的选择非常重要。两周后，小帅带着女友再次来到"多抓鱼"，这次他们计划使用账户余额购买春季新款服饰，并在二楼买书。当然，每次来到这里，他们都会精心打扮，拍照打卡。

小帅从一开始接触广告到最终购买的经历，展示了数字广告生态中的关键思想：广告不应该孤立存在。数字广告需要针对相关的用户展示，并贯穿于用户在数字旅程中的每一个接触点。广告展示可能是一个随机的起点，之后需要通过每个互动体验点的优化，以确保创造价值。

为了满足用户的信息需求并实现消费者购买，应当利用算法来精准预测消费者的偏好。现代用户的数字互联网生活方式，赋予了媒体以及互动体验新的特性。数字广告推动了整合营销传播和内容接触点的发展，增强了用户的互动体验，并提升了数字顾客价值。

新一代消费者的数字生活方式深刻改变了广告所在的数字社会环境。数字广告的形态正经历着翻天覆地的变化。本章的目的在于为学习数字广告生态厘清思路，包含两个主要任务：

- 回顾 20 世纪的经典广告知识，引入数字交互传播模型，加深读者对用户数字生活方式变化的理解。
- 更新 21 世纪的数字互联网技术知识，介绍决定数字广告核心逻辑的五大数字技术创新。

1.1 20 世纪的广告

1.1.1 走进广告业

1. 工业化时代

现代广告的发展深植于媒介生活的演变之中。在改革开放之前，日常生活中能接触到的媒介资源极为有限，远不及当今数字化社会多样。那时，即便是报纸、杂志、广播和电视节目也不常见。试想，若要体验一个无媒介的生活，尝试关闭手机等电子设备整整 24 小时，你会感受到怎样的不便和沉闷。

当时，不仅媒介资源稀缺，店铺、商品、可支配收入和休闲时间也同样稀缺。设想你家乡的某知名制造企业欲在本地市镇之外销售产品，唯一的方式便是依赖经销商（同时也是运输商）。随着改革开放的推进，借助日益繁荣的大众媒体，制造商得以将新产品信息传递至媒体覆盖的各个角落，让消费者得知新产品在本地商店上架的消息。然而，消费者的可支配收入较低，限制了他们购买商品的能力。同时，工作者的休闲时间有限，且到达商店的交通也可能不便利。

工业时代的广告被丹尼尔·斯塔赫界定为"印刷形态的推销术"（Salesmanship in print）。最初，广告具有两大核心职能——"信息告知"和"说服"，旨在帮助受众意识到信息和商品的稀缺性。消费者的实际交易活动（如购买和获取商品）则由渠道经销商负责。

因此，工业时代广告的诞生，本质上蕴含着经济学中的稀缺性假设：

1）地点稀缺性，商品多在市镇商店出售，几乎无目录邮购。

2）媒体稀缺性，纸媒和广播是日常生活之外接触信息的主要窗口，为用户提供与外界的联系，当时广告信息并不常见。

3）内容稀缺性，所介绍的商品应当是新颖的，能引领社会文化潮流。

直至今日，这三大稀缺性假设仍是判断商品广告活动吸引力的关键前提。随着中国经济的发展，工业时代的广告前提条件也随之变化。

2. 大众媒体时代

大众媒体时代的广告发展与新中国建设和改革开放基本同步。第二次世界大战之后，无线广播和电视的普及在一定程度上帮助工业化国家构建了现代化文明。大众媒体传播成为工业化国家经济发展的关键助力之一。在大众媒体时代，广告获得了强大且稳定的传播媒介。

通常来说，创意促销、品牌推广、赛事活动等都属于营销的形式。这一时期的广告主要是专业级创意的商业广告，涵盖电视或视频广告、印刷和户外展示广告等多种形式。大众媒体，如电视、收音机、报纸和杂志，都是广告主有偿使用的平台，用以将信息传播给其目标受众。

在大众媒体时代，我国的广告业得益于改革开放政策，伴随着大量新兴事物的涌入，新闻、教育、娱乐、商品文化和交通商旅等行业迅速繁荣起来。外资企业和民营经济的纷纷涌入，加上国资企业和地方经济的快速振兴，出现了"广告一响，黄金万两"的现象。在这个过程中，商品稀缺性问题得到了缓解，新颖性和文化潮流成为不同城市消费者追求的新焦点。

随着经济的发展，人们的物质文化生活得到极大的丰富，商超渠道遍布全国各地。电视和其他家电的普及率达到高点，品牌广告主迅速利用这些渠道进行全国性的推广，以促进商品销售，并塑造品牌。同时，持续四十余年的经济高速发展，使得我国国民的收入水平有了显著提升，休闲时间和可支配收入的持续增长，让社会大众更容易享受到先进的商品服务和物质文化给生活水平带来的提升。

"科学技术是第一生产力"这一观点深入人心。社会公众普遍将学习和使用先进科学技术视为致富和提高自身水平的重要手段。全国人民追求新科技发展的愿景，支撑着物质文明和精神文明的同步建设，并迈入互联网新社会。

3. 互联网数字时代

互联网帮助用户跨越了地域和时间的限制，即便是生活在偏远村镇的用户，也能享受与大城市居民同样的数字内容服务，包括信息搜索、知识资讯、在线视频、微博、社交信息流、游戏娱乐、慕课教育等。互联网从数字层面迅速缩小了不同消费者所得到的生活服务上的差异。

互联网媒体的交互性比大众媒体更强。互联网应用能实时响应用户的每一次点击，便捷地提供能满足用户需求的信息、内容、商品和服务。

数字技术的发展，特别是4G通信技术的兴起，使得智能手机和社交软件应用开始大规模普及。口语传播和社交关系可以以数字化的形式存在于数字媒介中。品牌营销传播和消费者口语传播内容能24小时不间断地留驻在数字媒体上，供其他人查询、订阅和使用。双向交互的技术传播路径改变了广告传统的单向传播模式。

自古以来，广告一直在突破面对面人际沟通的局限，以同样实现有效传播。声音、文字、图像等商品展示信息，都能够影响商品交易的达成。在传统情况下，商品信息难以在时空中长期留存。数字化技术的出现解决了这个问题，商品展示信息现在可以通过数字化技术在时空中长期留存。社交媒体的引入，更为广告增加了人际传播的维度。即便如此，广告作为服务于市场营销的信息传播形态，其总体目标并未发生改变。广告学需要在不断发展的媒体和营销环境中找到具体的应用位置。

1.1.2 经典广告与媒体

1. 广告定义

回顾经典广告的定义：由明确的出资人发起，付费通过媒体进行非人际传播，旨在告知信息并说服受众，以期促使用户立即或在将来采取行动。这一定义由广告学者理查德和库伦在2002年整理，并被广泛引用于国内外教科书中。

现在，让我们深入理解这个定义：

第一、广告需要由广告主付费，通过大众媒体进行传播。广告主通常是广告信息的发起者。虽然广告主可能不是艺术家或文案专家，但可以委托广告公司进行创意策划、广告制作和媒体购买。广告主为此支付昂贵的广告制作费和媒体投放费用，这部分成本被视为营销投入，旨在帮助促进商品和服务的销售。

第二、广告依托于媒体的广泛覆盖来进行传播。广告并非面对面的口头传播，而是依靠媒体的高效传播能力，将商品信息一次性地发布给上百万受众。这些受众包括消费者和潜在消费者，他们可能购买各种商品，如计算机、包装消费品等，或是经营者，他们购买各种工具来改善工作效率。

第三、广告的主要作用是告知信息并说服受众。在改革开放进程中，文化娱乐产品稀缺性和商品稀缺性让公众天然地想要获取广告信息，对新的商品产生需求。说服意味着鼓励受众购买产品，或至少使他们偏好某些产品、服务或观念。广告在品牌建设上发挥着重要作用，可以帮助消费者记住品牌及其优势，从而形成快速的品牌联想，以便在适当时机发挥作用。

总的来说，广告需要通过"媒体"这一传播渠道接触到消费者。传媒行业的广播和电视媒体是20世纪的信息科技，创造出当时最高效的非人际传播方式。二战以后，媒体促进了经济全球化过程中的商品大规模分销。在这一定义中，经济学的前提是媒体与渠道的分离和稀缺，以及内容与商品的稀缺。

到21世纪初，大众媒体时代的广告与营销传播到达了顶峰。在互联网时代之前，广告创造了人们对商品的丰富想象。然而，在互联网时代信息爆炸之后，广告的变革将是翻天覆地的。

2. 传统媒体广告

传统媒体广告依赖于大众媒体的类型，这些媒体主要面向大量受众，以印刷或广播的形式传播信息，最初区分的四大传统媒体广告类型包括电视广告、广播广告、报纸广告和杂志广告。之后还扩展到了户外广告。这些形态共同构成了本书所讨论的传统媒体广告。

电视广告，作为一种以电视为媒介的广告形式，综合运用了声音、文字、形象、动作和表演等多种艺术手段传递信息，一般兼有视听效果。

广播广告则以无线广播为传播媒介，主要通过声音针对受众的听觉系统进行传播，能激发想象力，但内容传递稍纵即逝，依赖于用户的收听。

报纸广告，即刊登在报纸上的广告，主要通过文字和图画进行传播。过去，报纸以高发行频率、大发行量和快速信息传递著称，广告伴随新闻一同发布，具有及时广泛传播的优势。

杂志广告则发布在各类杂志上，以精美的图片和精细处理的文字为主要特色，其受众比较垂直。

户外广告指的是在露天或公共场所传播的广告形式，具有一定的区域覆盖范围。常见的户外广告形式包括店招、路牌广告、海报、交通工具广告、灯箱广告、霓虹灯广告、电视墙广告、显示屏广告等。

上述20世纪的传统媒体，构成了当时民众社会生活中信息的主要来源。如今，数字消费者身处的互联网技术环境、商业环境和数字生活方式均发生了巨大变化。

1.1.3　媒体变革的用户行为

由于互联网平台具有媒体属性，数字媒体渠道和销售渠道的融合日趋加速。数字用户对于信息的控制意愿大幅增强，导致品牌自有媒体、购买媒体和挣得媒体迅速扩张，媒体信息不再稀缺。数字消费者面对的是信息爆炸的新媒体环境，这促使他们更主动地筛选信息，并缩短了信息联结获取、处理和决策的周期。技术的发展还赋予了用户发布信息的能力，如图1-1所示。最终，用户带有社会关系的订阅联结时间成了稀缺资源，**媒体本身不再稀缺**。

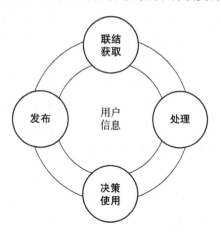

图1-1　数字时代的用户信息使用过程

在互联网时代，用户通过上网选择性地产生大量流量，形成了一个"联结获取－处理－决策使用－发布－再联结"的信息循环流程。这个过程不断削弱传统的"传播者控制论"下品牌付费媒体的生产方式（也就是那种创造强制曝光影响力的模式）的竞争力，大众媒体时代正逐渐落幕。

1. 数字交互传播模型

随着新技术的发展，数字用户摆脱了传统媒体受众被动接收者的角色。数字技术的赋能使得用户可以转变为编码者、发布者和解码者，他们可以发出支持或反对品牌活动的声音。与大众媒体不同的是，互联网上形成了图1-2所展示的双向交互传播模型。

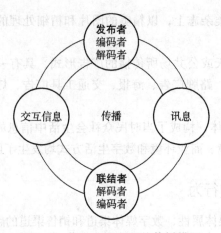

图 1-2 信息双向交互的传播模型

在此模型中,广告主不再是单一的信息源。相反,在这个持续的过程中,多个实体承担着多种角色。这种双向传播模型更好地表达了数字时代品牌与消费者相互依存的关系。

在这种信息交互模型中,营销经理不再占据主导地位。他们更多地融入与消费者的对话之中,消费者不仅向营销者发送信息,也向其他消费者发送自己的信息。这种交互模型提醒着企业,营销经理并不能像在经典传播模型中那样完全控制信息。同时,这也提醒企业,品牌的声誉不仅取决于公司所说的话,还取决于消费者对其他人所说的话。

随着互联网技术的快速发展,图 1-2 所示模型中的信息双向交互相比传统线性传播时代的信息单向反馈机制运转得更快,也更加重要。造成这种变化的原因有两个:一是传统媒体本身缺乏双向传播的技术,用户对广告信息的反馈渠道非常有限;二是传统的广告活动资金投入大、周期长,大型企业品牌主利用高额的广告预算占据了单向传播媒体的优势地位。

2. 大众信息传播模型

传播学模型认为,人生的成功在很大程度上取决于我们告知或劝服他人做某事(或停止做某事)的能力。早期传播学者所建立的模型如图 1-3 所示,传播过程始于被称为信源(source)的一方。信源形成一个想法,将其编码(encode)成讯息(message),并通过某个渠道(channel)发送给另一方,即接收者(receiver)。接收者必须解码(decode)这个讯息才能理解其含义。为了回应原始讯息,接收者会构建一个新的想法,并对其进行编码,然后通过某种渠道将这一新讯息传回。这个过程中产生的认知或对原始讯息的回应被称为反馈(feedback),它也会影响新讯息的编码。值得注意的是,所有这些都发生在一个充满噪声(noise)的环境中,噪声包括许多其他环境因素的干扰。

将此模型应用到广告中,信源代表广告主,讯息即广告,传播渠道则是媒体,接收者为消费者或潜在消费者。噪声则包括竞争性讯息,以及其他广告和各种干扰信息。这一基础的传播学模型是信息论创始人香农教授在 20 世纪 60 年代提出的,该模型简洁、明确,但难以反映 21 世纪互联网信息技术革命的影响。随着互联网技术创新的扩散,需要考虑数

图 1-3 经典的传播学模型

字广告市场的复杂系统特征,尤其是消费者数字行为的交互式活动在广告中的作用。

3. 数字用户的媒体使用行为

数字用户通过下载应用、订阅视频博主、收藏店铺或品牌号等方式,主动调整自己在充斥广告的环境中的竞争地位。反馈直接转变成基于"转赞评"等各种用户互动的主动传播方式,成为数字营销活动的新标准之一。广告技术为用户提供了"即刻"点击和"实时"转化的路径。交互式传播技术一出现在数字平台,便超越了传统媒体为广告设定的边界。

请记住模型中的"噪声"要素。传播者往往会将所有不属于自己付费传播的外部信息都视为噪声。但不可忽视的是,许多年轻消费者从小就开始接触数字媒体环境,他们潜意识里往往会拒绝广告,直接将识别出的"**硬广告**"**视为噪声**。

这种行为反应也容易理解。在数字环境下培养出的用户通常具备多任务处理能力,即能够同时使用多个媒体和处理多项任务(如听音乐、看视频、阅读弹幕、处理其他工作和学习等)。他们有太多自己的信息需要处理,因此对宝贵的注意力更加吝啬。用户会主动控制自己,将注意力投射在自己真正需要的工作和生活信息上。广告主惊讶地发现,自己面对的数字用户的媒体使用行为已经发生了彻底的变化。

在这个背景下,传统媒体的广告类别也受到了一定程度的影响。但我们也应该看到,2020年之后,传统广告和数字广告都发挥了重要的传播作用。以后,传统媒体和广告可能会经历更多变化,包括在传播策略上转向媒体融合,在传播影响上转向跨媒体传播,在营销功能上转向依赖数字广告技术等。例如,网络综艺剧和影视剧广告开始采用创新的植入广告模式,从"硬"到"软",强调广告与观看场景的高度融合,减少对受众的干扰,从而产生更好的效果。

众多营销经理巧妙地运用游戏、音乐下载、免费应用、社交媒体等多种方式,吸引了大量移动用户。推广方式五花八门,营销经理已经意识到,用户在内容交互活动中的沉浸体验和价值创新是营销成功的关键。因此,广告应致力于实现浸入式的营销传播,与消费者共同创造信息、内容和品牌价值,而非单纯地"美化"商品或说服受众。

从广告代理商的角度来看,不同媒体和渠道之间的界限开始变得模糊。在数字媒体中,广告的资助者并不总是清晰明确的,包括普通用户和自媒体在内的任何主体都可以发起商品传播。数字化意味着信息可以"永久"保存和"即时"交互,广告的挑战正在转变为如何为用户提供"有价值"的信息推荐。

1.2　21世纪的数字技术创新

自2000年起，我国的互联网数字技术发展一直紧跟全球先进水平，到2016年后，在移动数字应用和数字广告营销的部分领域（如短视频、直播电商）已超越发达国家。在国家战略建设数字互联网通信设施的基础上，新兴的数字技术给营销与传播带来了"破坏式创新"。

> "破坏式创新"（disruptive innovation）这一概念最早由著名经济学家约瑟夫·熊彼特在1912年提出，指的是将全新的生产要素和生产条件组合引入生产体系。熊彼特被视为技术创新理论的鼻祖。他认为，互联网技术作为一种新兴技术力量，正在推动整个社会产业的创新。
>
> 正是互联网技术的广泛应用，推动了新产品、新应用、新市场的不断涌现。一方面，这打破了原有利益共享群体的垄断格局，成为改变原有经济组织、权力和利益分配格局的工具。另一方面，新技术的应用又不断优化社会边际成本，提高社会整体福利，推动国家经济快速发展。

大数据技术、可寻址技术、广告服务器技术、计算广告技术、人工智能技术等一系列创新技术，已开始广泛应用于基于数字互联网的各个行业。数字广告行业尤其成为数字营销传播的重点突破领域。数字科技革命的进步和创新扩散，实际上超越了任何单一学科的范畴，推动了数字广告向复杂系统科学领域的转变，并不断获得新的科学生产力。

1.2.1　大数据技术

自互联网在全球范围内广泛应用以来，人类社会使用数据的方式和规模发生了剧烈变化。利用数据分析技术，我们可以发现消费者、企业供应和市场之间存在的各种联系，这对企业的研发、生产和销售大有裨益，能够优化生产要素的使用效率，提高社会生产力水平，从而更有竞争力地运营市场。

互联网平台能够同时服务于一个国家的数亿用户，甚至全球范围的数十亿用户。数据不再仅仅是传统的二维表形式的，还可以是非结构化的，比如某网站用户的视频观看、点赞、评论、上传和分享数据，某个城市一天内所有车辆和人员的移动数据，某家银行过去几年内所有用户的消费记录和信用数据，以及社交媒体平台上某地用户的社交网络关系和相互对话沟通内容，这些都是大数据的例子。

1. 大数据的含义与特征

大数据指的是那些无法在一定时间范围内使用常规软件工具进行捕捉、管理和处理的大型数据集合。国际权威机构Gartner对大数据的定义是：大数据是需要新处理模式才能具有更强的决策力、洞察发现力和流程优化能力的海量、高增长率和多样化的信息资产。

大数据的特征可以概括为"4V"，即Volume（大体量）、Velocity（高速度）、Variety（多样化）和 Veracity（真实性），从这四个特征可以归纳出第五个 V，即 Value（低价值密度）。

大体量指的是数据量庞大。大量的数据在互联网上产生，能够反映现实生活，提供丰富的信息和价值。

高速度指的是数据的时效性。在互联网上，数据的传输和接收几乎是实时的，数据世界与现实世界几乎同步更新，高速度代表了信息处理能力的显著提升。

多样化表示数据的多维性。大数据不仅包括传统的结构化数据，还包括大量非结构化数据。这些数据全面、具体地描述了某个空间和某个时间内的所有信息，需要经过处理转化才能成为有价值的信息。

真实性关注的是数据的质量。数据来源于真实的联网环境，能够真实地反映某个场景中的信息交互行为。全样本的数据采集增强了数据的准确性和真实性。

低价值密度是指在大数据中，有价值的信息含量相对较低。寻找重要的信息和知识往往需要在万亿级的数据流中寻宝，其中有价值的信息可能仅占极小比例，比如百万分之一。因此，有效且高效的挖掘与分析技术成为解决这一问题的关键。

舍恩伯格和库克耶在《大数据时代：生活、工作与思维的大变革》一书中指出，大数据分析不采用传统的抽样随机等调研分析方法，而是针对全样本数据规模进行分析处理。这表明，大数据分析技术对传统市场研究行业构成了威胁，直接影响了广告调研洞察和营销市场分析领域。

2. 大数据产业的国家战略

大数据产业涵盖了与大数据的产生、集聚（数据源采集）、组织与管理（存储）、分析与发现（处理）、服务应用与交易（垂直行业）及其衍生相关的所有领域，主要可以分为大数据硬件、大数据软件和大数据应用三大部分。2022 年 4 月，《中共中央 国务院关于加快建设全国统一大市场的意见》发布，明确将数据作为新型生产要素，与土地、劳动力、资本、技术并列，并强调推进政府数据的开放共享，实现数据效能最大化。

目前，我国正在加速从数据大国向数据强国转变。国际数据公司（IDC）的报告显示，预计到 2025 年，随着物联网等新技术的持续推进，中国产生的数据量可能超过美国。中国大数据对世界的贡献主要体现在三个方面：一是引领大数据的创新应用，尤其是在消费领域；二是互联网公司和初创企业在技术创新上的领导作用，特别是在语音识别、图像理解、文本挖掘等方面已涌现出众多领先企业；三是中国已成为世界上数据量最大、数据类型最丰富的国家之一。在数字广告营销服务、电商服务、移动金融支付和数字物流领域，中国大数据的主要市场应用均处于全球领先水平。

3. 大数据服务应用

大数据服务指的是以大数据为核心资源，以大数据应用为主业的企业运营活动。这些企业通过挖掘大数据中隐藏的价值，不断推动大数据产业链中各环节的发展和成熟。从某种程度上来说，互联网数字经济平台激发了大数据的真正价值，集中了：

1）应用服务，基于大数据技术对外提供相关的服务。

2）分析服务，即技术支持服务、技术（方法、商业等）咨询，或类似数据科学的专家级研究与咨询服务。这类服务使企业能够更深入地理解市场动态和消费者行为，从而做出更加精准的商业决策。

3）大数据基础设施服务，关于大数据技术的培训、咨询、推广等基础类和通用类的服务。这些服务可以为企业在大数据应用方面的技术提升和知识积累提供支持，使企业能够更有效地利用大数据资源。

大数据营销是指基于多平台的大量数据，将大数据技术应用于营销过程中的组织行为。数字广告和营销供应商可以通过收集在线场景数据、制作用户画像并精准预测在线顾客群体的潜在需求，为广告主提供服务，将商品和广告精准地推送给目标顾客。

传统营销的4P组合——产品（Product）、价格（Price）、渠道（Place）、促销（Promotion）——正在经历大数据的改造。依托于多平台的数据采集及大数据技术的分析和预测能力，能使企业的广告促销更加精准和有效，为品牌企业带来更高的投资回报率。

我国的大数据应用广泛覆盖各类市场。但是，随着"互联网流量红利"的见顶，线上数字服务的效能正在向线上线下融合转移。一些新零售营销者认为，线上销售将与线下销售结合，同时融合物联网、大数据、云计算等技术，预计未来超过50%的零售将属于数字零售。在这个过程中，大数据驱动正成为数字新零售增长的关键。

1.2.2 可寻址技术

可寻址技术是信息通信技术（ICT）的基础，广泛应用于计算机通信和网络设备定向，是数字广告位的底层技术之一。这种技术改变了信息接触（大众）用户的方式。数字广告是可寻址技术在互联网上比较大的应用场景之一。对于广告主而言，可寻址技术也称为用户定向技术。在互联网上，基于用户定向技术精准分发信息、内容和商品给有需求的用户，是创造价值的核心逻辑。可以说，数字广告和数字营销在很大程度上是建立在用户定向技术之上的，进而得出互联网经济在一定程度上是建立在可寻址技术之上的结论。

ICT本身是信息技术和通信技术的融合，属于信息时代的基础学科和新技术领域。过去，通信技术与信息技术分属两个相通的领域，通信技术着重于信息的传播和广播，而信息技术着重于信息的编码和解码，需要基于通信基础设施进行传输。

IT（信息技术）主要是管理和处理信息的各种技术的总称，指应用计算机科学和通信技术来设计、开发、安装和实施信息系统及应用软件的技术集合。

CT（通信技术）包含传输接入、网络交换、移动通信、无线通信、光通信、卫星通信、专网通信等技术，已发展成熟的技术包括5G、LTE、IPTV、VoIP、NGN和IMS等。

随着互联网的发展，各种信息通信技术变得密不可分，逐渐融为一体。

1. 可寻址通信

在互联网服务中,识别用户的第一步通常是网站服务器识别个体访问者的请求、来源地址和使用的浏览器。本书中提到的可寻址技术主要指的是能够找到用户数字终端的地址,包括网站服务器识别个体访问请求、地址和浏览器的技术。从计算机通信的角度来看,可寻址对象指的是可以使用操作符 "&" 来直接获取地址的对象。

可寻址技术的起源可以追溯到域名系统(Domain Name System,DNS),这是互联网的基础技术之一。DNS 建立了一种将字符(数字和字母)与互联网上的服务器地址(IP 地址)相对应的解析关系,通常称为"域名解析"。例如,新浪网的国内域名是 www.sina.com.cn,访问者可以使用 trace 等命令解析查看网站服务器路由策略,包括重定向的 IP 地址。用户使用网址,使得互联网上的资源具有用户传播记忆。移动用户一般则通过点击 APP 图标直接访问。

IP(互联网协议)是为了实现计算机间的互联通信而设计的协议,是连接到网络上的所有计算机进行相互通信的一套规则。每台连接到网络的计算机和手机都有一个唯一的 IP 地址。IP 地址的唯一性可以用于实现可寻址。在全球互联网中,通常是通过识别访问终端(而不是直接识别个人)来提供网络信息服务的。

用户的可寻址通常是基于用户访问终端的识别码数据来实现的。用户识别可以分为多种方式,包括硬件设备号识别、网络与通信运营商分配号识别、网站服务器写入浏览器的 Cookie 识别以及用户注册网络服务 ID 识别等。例如,手机号就属于通信运营商分配号。

由于可寻址技术在互联网上的广泛应用,采用对全体用户普查(census)的方法进行网站分析成为可能。基于此,互联网平台和数字服务提供商能够使用网站或广告活动周期内的完整用户访问记录(用于广告服务)。可寻址技术对传统广告行业基于消费者样本的预测和后监测活动形成了挑战。10.3 节将解读数据调研系统的变化。

2. 互联网用户标识

互联网用户标识主要基于终端身份标识(ID),包括用户 ID(UID)、设备 ID、链接 ID 等。其中 UID 是用户在注册使用邮箱、互联网平台和应用程序(APP)时产生的唯一标识。

用户 ID 并非个人敏感信息(如身份证号或银行卡信息)。尽管广告主的顾客关系管理(Customer Relationship Management,CRM)系统原本就管理顾客的个人信息,但在法律监管下,这些个人敏感信息实际上无法用于广告。数字广告主要使用可寻址技术访问终端源信息。即便 CRM 系统后续被纳入数字广告生态,也遵循数据保护的不同等级。

在连接用户时,数字互联网服务会根据不同的连接层级使用互联网(用户)终端识别码。例如,在连接万维网时会使用访问终端的 IP 地址;使用手机访问时会用到 IMEI 或 IDFA 等终端设备识别号;使用浏览器访问网站时会接收和使用网站服务器的 Cookie 等。由于互联网通信方式复杂多样,可寻址技术的对象和方法也相应复杂多样。但一个不变的事实是,数字用户(访问者)在互联网上是可追踪的,即终端识别码在通信过程中会作为一种用户标识数据,被系统采集、存储和处理。

在互联网广告应用中，用户标识通常指的是设备 ID、顾客 ID 或用户注册 ID。在 2018 年之前，这些用户标识一般未被视为个人信息。然而，欧盟的 GDPR 推动了全球政府严格看待可用于识别个人的用户 ID，并将其纳入个人信息保护。简而言之，网站服务器使用可寻址技术收集用户数据时需要获得用户的授权许可。这类法律法规是 2018 年之后随着互联网技术的发展而出现的，标志着政府开始监管可寻址技术滥用的问题。

在可寻址技术的基础上，互联网企业开始基于用户 ID 建立用户数据结构，随后添加字段作为该 ID 的属性数据，即用户标签，这些用户标签可用于用户画像（persona）的构建。

用户画像是指对聚类人群中数量较大、价值较高且特征显著的主要标签进行组合，形成基本画像和精细标签画像。对个体用户进行精准详细的特征画像，在 2018 年后受到了全球法律法规和行业标准管制升级的限制。

3．数字广告位

数字广告位是指互联网平台在提供信息内容服务的同时开辟出的可售卖的加载广告位置。利用可寻址技术，互联网平台才能提供"广告位"地址。广告主的广告信息要想投放到数字广告位上，需要通过识别"广告位"提供的基本信息（如画像特征），并在竞价中胜出。这一过程同样离不开可寻址技术和一系列数字广告技术，例如广告服务器。

在数字广告开发定向人群之前，用户定向（通信）技术就已经出现。随后，用户画像和特征工程的概念逐渐形成。搜索引擎最早通过信息服务与广告结合的方式，回应用户的搜索需求，实现了以个体用户定向为基础的精准化定制。随着用户定向技术被用于精准化定制，这项技术逐渐走向成熟，累积形成了越来越全面的用户标签和用户画像。数字广告位建立在可寻址技术之上，而可寻址技术是整个数字广告生态系统的基础。实际上，所有互联网应用服务都在不同程度地使用用户定向技术，以提供更具关联性的服务、信息、内容和商品。

可寻址技术也造就了互联网经济兴起后用户行为分析工具的发展。在 2010 年以前，网站与 APP 上的用户行为数据几乎是匿名的，且基本未打通。从 2010 年开始，随着程序化广告的投放，基于 Cookie 和更多设备 ID 的数据在主流互联网平台上大量流通，以人群属性为主要标签的人群细分方式成熟应用于数字广告投放。数字广告技术公司开发出的 DMP（数据管理平台）能比广告主的 CRM（顾客关系管理）系统更准确地完成用户画像。因此，大数据营销逐渐形成。

2020 版《信息安全技术　个人信息安全规范》的实施，以及 2021 年《中华人民共和国个人信息保护法》（简称《个人信息保护法》）的施行，标志着企业内部的 CRM 系统中的顾客实名信息，或利用实名信息打通的匿名数据，需要与外部数据严格区分管理。用户行为分析工具需要通过数字广告系统的整合应用，合法使用 CRM 系统中的顾客数据。

互联网平台掌握了大量的用户 ID、标签和行为数据，也必须严格遵守个人信息保护和数据管理相关的法律法规。因此，SSP/ADX 通过公开的 RTB（实时竞价）方式进行程序化广告交易，给到 DSP/TD，这种模式在合法性方面面临着挑战，尤其是在跨第一方和第二方平台间匹配个人用户 ID 和标签进行广告投放时。

1.2.3 广告服务器技术

当数字广告位识别出用户标签后，广告服务器技术开始发挥作用，从而以可寻址的方式发送广告内容。广告服务器为广告主和互联网发布者（Publisher）在竞价渠道中优化、管理和发布广告提供了技术支持，可以根据各种广告活动设置，如细分受众群、预算和时间表，实时计算最合适展示给特定受众的广告并执行。

1. 广告服务器基础

广告服务器主要用于部署广告和优化数字广告活动，包括从制作特定品牌的广告素材到自动触达受众。互联网发布者在划分出可执行广告位后，涉及广告信息传播技术处理的部分由广告服务器完成。广告服务器也是数字广告服务产品的一部分，其功能包括投放图片、文字、视频、音频和其他形式的互动广告。

广告服务器也是负责处理互联网广告交易的平台，它按照广告交易平台设定的价格、用户、内容和场景匹配规则，在相应广告位上执行不同广告内容的填充和投放，创造用户在数字活动中的交互式体验价值。早期的广告需要从客户端植入，简单来说就是将广告直接下载到用户的客户端，然后插播（投放）到用户访问的页面内容之前。客户端广告可能对观众体验产生消极影响。

没有广告服务器会发生什么？

如果你认为缓冲会让用户生气，不妨想象一下这样的情景会有什么后果：用户耐着性子看完正片前的贴片广告后，页面突然崩溃了，使他们不得不重新加载页面，再次观看贴片广告。

客户端广告投放需要大量适用于相应平台的代码，尤其是在用户通过应用观看视频时。这不仅意味着处理页面或应用的公司需要投入更高的开发成本，还意味着用户可能获得不稳定的播放体验。

广告服务器的直接处理能力，使互联网发布者仅需设定页面中"数字广告位"的大小，而将广告加载任务委托给广告服务器，由广告服务器进行技术操作和交易处理。广告内容加载可以与内容页面展示分开执行，服务器端的广告插入成了主流模式，使在线广告对用户更为友好。网站和互联网平台统一采用服务器端的广告解决方案，这不仅使得构建和管理工作变得更加简单，也降低了页面崩溃的可能性。

SSP（供应方平台）、ADX（广告交易平台）、RTB（实时竞价）、DSP（需求方平台）、TD（交易代理平台）都是程序化广告技术术语，详见 5.3 节。

2. 广告服务器运作

当用户浏览网页、收听播客或观看视频时，广告服务器处于通信状态，在100毫秒（早期为200毫秒）内向受众展示数字广告活动。用户打开网站时，浏览器将调用发布者的广告服务器来呈现页面内容。为了动态投放最相关的广告，广告服务器通过调整广告活动参数、简化广告购买流程以及规划数字推广流程，循环执行这一过程。

广告服务器处理广告投放的步骤比较复杂。如图1-4所示，主要流程说明如下：当用户开始加载网页（步骤1和步骤2）时，网页源代码中的算法向广告服务器请求广告（步骤3）。在识别出广告网络分配给发布者的广告ID后，广告服务器记录该请求（步骤4），按照之前与广告商确定的规则，返回包含用于点击跟踪的唯一标识符的广告（步骤5）。一旦用户点击广告（步骤6），将发送HTTP GET请求到广告网络（步骤7），这会被视为点击事件并记录，用于计费（步骤8）。然后，广告网络将浏览器重定向到广告主的落地页面（步骤9），之后用户可以浏览登录页面上的项目（步骤10和步骤11）。

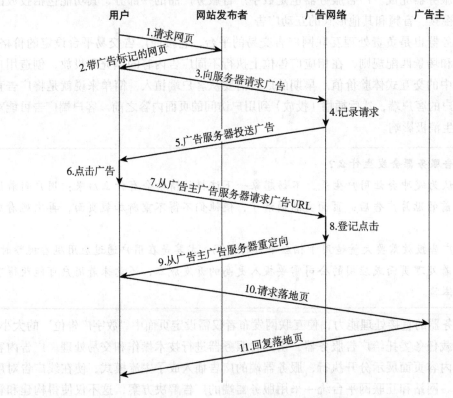

图1-4 广告服务器的投放生产过程

通常，当广告网络首次遇到用户时，会向用户发送Cookie或使用其他间接方法（如IP地址和HTTP用户代理组合）进行标记。然后，广告服务器能够完成API调用或响应用户的HTTP(s)请求。如前所述，广告服务器必须标记访问终端数据，以形成通信并确定用户的浏览模式，以及衡量特定广告活动的有效性。

通过向服务器发送广告请求，由服务器完成广告创意渲染、广告展示事件上报等操作，发布者和 APP 开发者无须直接与广告服务器交互，也不需要自行渲染广告位或处理相关事件，极大简化了它们接入广告业务的流程。以广告服务器作为作业中心，广告交易的双方可以连接到平台上。存在两种类型的广告服务器发布者：1）由广告网络（如谷歌搜索）拥有和运营的发布者；2）不由广告网络管理的联合发布者（如 Reddit）。

广告服务器可以是互联网平台自有的服务器（Ad Server），也可以是第三方提供的服务器，如广告网络（Ad Network）、广告交易平台（Ad Exchange）、需求方平台（DSP）和供应方平台（SSP）。

由大型互联网平台运营的服务器一般称为第二方广告服务器，提供直接或程序化广告活动的广告空间。这类广告服务器接收各种创意素材，可以通过自定义参数定位受众，并依据点击量、展示量和可见展示量衡量广告效果。

第三方广告服务器由外部多方所有，广告主利用这些服务器定位特定受众，实现广告目标，管理广告素材，与多个发布者互动。这类广告服务器在展示广告的过程中集中进行广告活动管理和效果衡量。

由于广告行业长期将"第一方"指定为甲方广告主，即品牌方，因此第一方广告服务器最初并不存在。甲方一般都是委托第二方或第三方投放广告，不能自己委托自己。目前我国广告主（第一方）的服务器主要是第一方 DMP（数据管理平台）或企业营销 CDP（客户数据平台）。

3．广告服务器的计费基础

广告服务器通过一系列事件驱动的投放指标（如单次展示成本、单次点击成本和广告展示后的单次转化成本）来计费。同时通过管理服务、培训和支持、高效测量分析等功能进一步提高收益。

广告服务器会根据数字渠道、广告格式、可见展示量指标，向广告主收取投放广告相关的费用。基本费用通常依据行业标准指南和展示量来计算，包括广告的加载次数和展示次数。当顾客点击广告并购买相关商品时，可能产生额外计费，费用由广告平台支付给发布者。

广告服务器是程序化广告技术的重要组成部分。数字广告位的发布者可以通过广告服务器自动售卖广告位。广告主可以通过广告服务器获取发布者的广告位资源，并根据需要购买视频广告、展示广告和移动广告的广告位。广告服务器提供了稳定且灵活的广告作业方案，使广告网络开发者能够参与程序化广告交易。广告交易量的增加促进了竞价市场技术在计算广告领域的发展。

1.2.4　计算广告技术

计算广告技术指的是使用数据计算广告位的一整套方法，涉及用户特征标签、广告内容、广告竞价以及与广告场景的匹配。这一过程依赖于强大的计算能力、算法模型和技术基础架构，以创造或传递消息，并监测广告（交互）效果。

计算广告是计算机科学和互联网技术专家的创新成果。2008 年，雅虎的首席科学家安德烈·布罗德在 ACM 国际会议上首次提出了计算广告这一概念，他认为计算广告要解决的核心问题是为流量用户、流量场景以及灵活多变的广告信息寻找最佳的"匹配"解决方案。

我国互联网广告科学家、前微软研究院和雅虎研究院研究员刘鹏博士于 2013 年开始在北京大学计算机学院开设"计算广告"课程。2015 年，刘鹏博士出版了《计算广告》一书，科学地定义了计算广告的核心公式：

$$\max_{a_1 \ldots a_T} \sum_{i=1}^{T} r(a_i, u_i, c_i)$$

- a：代表品牌内容（广告）。
- u：指用户兴趣与行为标签，超越人口地理统计。
- c：指场景，如网站分类、搜索查询词和场景信息（例如，用户相关的空间和时间数据）。
- r：因变量，追求可持续的广告预算费用（广告最终价格 × 可计数的结果）。

在本书中，计算广告被描述为基于数字广告位的实时高效计算，通过用户特征和场景画像，进行快速投放、精准匹配及优化竞价，使用算法自动处理广告信息投放的营销传播过程。

互联网科学家开发的计算广告将数字广告寻求用户信息价值最大化的方法转化为求解约束方程的工程化计算问题，为数字广告位交易处理引入了更高的技术维度和数据科学方法。这在传统广告业中是未曾涉及的，因此计算广告的知识不属于传统广告学体系。

计算广告在竞价市场领域引入了博弈论、信息经济学和行为经济学的理论，形成了第一价竞拍、广义第二价、VCG 定价等专题解决方案。计算广告所创新使用的竞价模型，推动了基于程序化广告技术的广告交易的发展，其效率在很大程度上已经超越了传统代理商媒介采购，因此受到了全球数字广告业务领域的技术专家和互联网科技公司的青睐。

计算广告这一新概念属于广告学、计算机科学和营销科学的交叉前沿领域。2017 年，华南理工大学的段淳林教授在中国发起了关于计算广告的学术会议。2020 年，美国西北大学的马特豪斯教授和明尼苏达大学的吉苏·胡教授提出计算广告领域必须结合计算机科学、营销科学与计量经济学的学科特征，如图 1-5 所示。

计算广告整合了广告竞价模型、程序化广告技术、用户定向识别技术以及数字广告监测系统等多个方面，为数字广告带来了复杂科学系统的新特性。互联网科学家通过研究和开发计算广告技术产品，并在互联网平台上大规模推广使用，引领着数字广告知识体系的创新。随着互联网平台逐渐超越传统媒体并主导消费者趋势，计算广告通过将数字广告的匹配能力嵌入互联网用户行为中，成为提升用户体验、重塑产业价值链、推动行业数字化转型的关键。

本书统一使用计算广告公式 $r(a,u,c)$ 表述数字广告领域的核心命题，下文引用的字母符号均出自此公式。

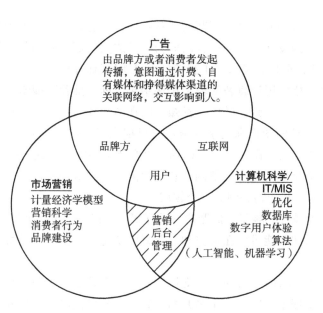

图 1-5　马特豪斯和吉苏·胡提出的计算广告学科交叉

中外高等教育机构也开始大力发展计算广告学科。2018 年，美国伊利诺伊州立大学厄巴纳－香槟分校（UIUC）将广告学专业改革为 CS+AD（计算机科学与广告学）的双学位。2021 年，中国传媒大学广告学院开始开设计算广告本科专业，并在 2022 年开始招收计算广告方向的研究生。

1.2.5　人工智能技术

人工智能（Artificial Intelligence, AI）是一个包罗万象的术语，可以泛指一系列能在人类帮助下学习或独立学习的机器。较为普遍接受的定义为：人工智能是研究人类智能活动的规律，构造具有一定智能的人工系统，研究如何让计算机去完成以往需要人的智力才能胜任的工作，也就是研究如何应用计算机的软硬件来模拟人类某些智能行为的基本理论、方法和技术。

人工智能赋能的机器能够完成阅读和理解文本、识别图像、导航避障、听取和理解声音，以及感知外部环境等任务。例如，自动驾驶汽车利用人工智能技术探测障碍物以安全行驶；智能家居设备（如 Nest 恒温器）使用人工智能技术观察和感知环境变化并做出响应；智能移动设备（如苹果手机）通过人工智能技术理解和回应用户的语音指令。人工智能正在重塑金融、医疗保健、零售等多个行业，改变我们的工作方式，大幅降低人力成本。

从发展阶段来看，广告行业的数字化进程领先于其他行业。随着计算广告的成熟，智

引自 Huh, Jisu 和 Edward Malthouse 的 *Advancing Computational Advertising:Conceptualization of the Field and Future Directions*。

能化技术被应用于广告领域，进而不断构建数字广告生态系统，并推动营销技术向智能化转型。经过二十多年的发展，数字广告已成为一种成熟的商业营销信息服务，并开始从程序化广告和计算广告的阶段，进入人工智能技术赋能的新阶段。

搜索引擎最早开始应用**计算智能**输出排序结果，即"推荐"搜索信息，尽量使搜索页展示的结果与用户的需求一致。随后，**感知智能**在图片和文字广告的自动处理过程中得到了广泛利用，数以亿计的图像和文字材料经过早期人工标注，成为机器学习的训练数据，从而使机器智能在诸如文字识别、图像识别、语音转文字等细分领域达到了超过 98% 的精确度，为大规模商业化使用奠定了基础。感知智能不仅被应用于广告行业，还广泛应用于智能驾驶、智能安防、智能物联网等多个领域。

认知智能的难度最大，涵盖了机器的自动理解、记忆、学习、推理、知识生成、规划、决策和创造能力。认知智能可以在自主和非监督的状态下，生成整套解决方案并执行测试体系验证。

数字广告自成为互联网平台的收入支柱以来，一直处于人工智能技术应用的前沿。虽然从理论上来说，从搜索引擎算法排名开始，数字广告就已经在开发和应用计算智能，但全行业对人工智能的普遍关注是在 2018 年之后。人工智能广告（AI 广告）以认知智能为目标，成为技术开发、营销投入和市场开拓的热点。数字广告与营销技术"由数入智"，成为数智时代生产力发展的先锋。

综上所述，人工智能主要出自机器自动计算并处理任务的设想，目前已在多个领域得到了广泛应用，并不局限于智能广告与营销技术，还涵盖智能产品、智能服务和智能化市场。伴随着互联网数字技术的持续创新，数字广告的新型业态已经扩展到短视频、网络直播、社交电商、智能终端体验等营销传播新模式，推动着移动广告算法、视频广告算法和跨设备程序化广告算法等新型广告匹配分发算法的发展。

经过数字技术及智能技术的赋能，广告已经从营销与传播交叉学科的竞争应用领域，升级为数据科学驱动的商品经济信息处理中心。通过广告信息传播技术的数智化转型，不仅能提升每个消费者的互联网使用体验，还能催生新的广告模式，创造新的商业价值，推动数字广告成为企业数字营销升级和国家数字经济发展的先进生产力。如今，我国的数字广告知识体系已经与 20 世纪 90 年代美国营销与传播学科所划定的广告学知识体系产生了很大的差异，数字技术创新贯穿了中国互联网经济的发展。

1.3 本章小结

随着国家大数据战略配套政策措施的制定和实施，我国大数据产业发展环境将进一步得到优化，大数据的新业态、新业务、新服务还将迎来爆发式增长。在数字经济发展中，数字广告处于领跑者的位置。

传统广告主要依赖于各种类型的大众媒体。按媒体类型划分，传统广告包括电视广告、广播广告、报纸广告、杂志广告，以及户外广告。

工业时代诞生的广告，蕴含着经济学中的三大稀缺性：地点稀缺性、媒体稀缺性和内容稀缺性。大众媒体时代奠定了国际 4A 广告代理制的辉煌，西方发达国家在此基础上建立起了传统广告学科与商科的知识体系。

经过互联网革命进入数字时代后，媒体渠道和销售渠道在 21 世纪发生了交叉融合。互联网平台不仅具有媒体属性，还能直接满足消费者的商品需求，这是互联网平台与 20 世纪的传统媒体渠道最大的区别。

数字技术基础成为 21 世纪的数字广告理论与 20 世纪的传统广告理论最大的不同。从本质上讲，数字广告需要建立在能够实现用户交互的双向传播的基础上，这一核心业务逻辑得到了信息通信技术的保障。

传播学的 5W 模式在 20 世纪的大众传播广告模型中占据统治地位，但现在已受到数字时代信息双向传播的交互式模型的有力挑战。相比经典传播学，数字广告更贴近于互联网信息科技。

基于计算机科学开发的五种关键技术——大数据技术、可寻址技术、广告服务器技术、计算广告技术和人工智能技术，为数字广告提供了与经典广告不同的产业基础和学科基础。

本章术语与重要概念

大众媒体时代	可寻址技术
传统广告	数字广告位
媒体	广告服务器
噪声	计算广告技术
破坏式创新	人工智能技术
大数据	互联网用户标识（用户 ID）

本章思考题

1. 改革开放四十多年来，中国经济快速发展，请你尝试探索互联网平台如何在数字经济中最大限度地解决工业时代的（商业）地点稀缺性、媒体稀缺性和内容稀缺性问题。
2. 21 世纪的数字技术创新主要有哪几项？除了本章介绍的之外，你认为还有哪些技术值得数字广告行业重点关注（请先在纸面列举完成后，再参考第 12 章的节题进行比较）。
3. 请思考为什么数字广告要从技术、市场和法律三个维度拓展传统广告学的知识体系？

第 2 章

何为数字广告

本章指引

现代经济学将投资、消费和对外贸易视为拉动国民经济的"三驾马车"。在互联网时代，广告、电商和游戏成了全球互联网平台的主要收入来源。目前，全球大部分的广告收入集中在拥有众多活跃用户、较长用户使用时间以及丰富社交和资讯内容的互联网平台。数字广告的收入占全球广告市场收入的80%以上。2022年，谷歌和Facebook两家平台的数字广告收入超过了3380亿美元，约占全球广告市场收入（1万亿美元）的34%，而全球国家GDP总额约为100万亿美元。

自2001年中国正式步入2G时代以来，桌面和移动互联网终端已成为"Z世代"成长的伴侣。经过二十多年的发展，互联网平台已经汇聚了众多数字消费者用户。无论媒体和企业如何发展变化，用户在哪里，市场就在哪里，企业的广告和营销工作也应该跟随到哪里，这项历史规律已经得到了长时间的实践验证。

在哈尔滨市人民政府及中国广告协会共同主办的第十八届中国广告论坛上，国家市场监督管理总局广告监督管理司司长柴保国表示，2021年，全国广告业事业单位和规模以上企业的广告业务收入首次突破1万亿元，达到11 799亿元，同比增长20%。2021年，中国GDP约为114.4万亿元，广告业占GDP的比重首次超过1.1%。有广告学者认为，我国的数字广告收入已超过万亿元，数字化比例占广告整体市场收入的85%以上。互联网广告营销已深入渗透到数字社会转型、消费增长与商业创新的各个层面。由群邑互动出品的数字营销趋势报告短片《指尖上的中国》指出，我国消费者使用数字媒体的时长高于全球其他国家。当前消费者的数字生活方式主要包括：

- ❑ 使用百度、知乎、豆瓣等平台，主动寻找商品、品牌、人物、事件和观点等相关信息，这些信息成为企业营销的目标。

- 关注 B 站、爱奇艺等视频网站，发掘 KOL 的原创或改编视频内容，"宝藏 up 主"已成为"Z 世代"年轻人主动订阅的重要自媒体。
- 浏览微博"热搜"，关注全国流行的热点头条、明星事件、新闻事件等，微博成为年轻人的公众文化、资讯和娱乐广场。
- 查看小红书上的建议，上面有多名美妆达人活跃在自媒体账号上，很多品牌自建账号也在平台上活跃发帖。
- 沉浸在抖音、快手等短视频娱乐平台，后台自动推荐朋友及相似用户关注和感兴趣的内容，下滑屏幕就能不断刷到新的用户生成内容（UGC）和专业生成内容（PGC）。
- 在微信朋友圈平台上评论互动，信息流广告和用户生成内容的交互日益丰富，品牌回复和代言人的精彩回应成为一大亮点。用户越来越能分辨出评论区中的人工答复和智能机器人答复的差异。
- 活跃于各类本地服务 APP，进行点评、订餐、酒店预订、租车、租房等，在信息决策过程中，查看其他用户的评价，积极分享个人使用体验。数字化极大地提高了现代生活的便利性。

以上内容主要围绕真实的中国消费者，大多数用户每天平均有 5.5 小时的数字媒体生活时间。值得注意的是，上述数字媒体和广告在 2000 年以前大多数都不存在，这显示出我国在社会数字化应用方面超越了许多发达国家。

在电商领域，阿里妈妈平台和京准通平台上有数以百万计的商家投放的商品广告和排行榜单，体现了这个领域数字广告的多样性和竞争的激烈性。

在智能家居板块，通过点击智能电视的会员订阅服务，用户能够跳过节目前后常见的 30 秒视频广告。在 2023 年国家市场监管总局修订发布的《互联网广告管理办法》中，增加了关于"一键关闭"弹窗广告的条款。

在生活圈媒体方面，超过四亿的城市居民可在住宅电梯和办公楼宇中接触到视频广告或框架媒体广告。在广大村镇地区，户外墙体广告新增了二维码功能，让用户可以直接扫码访问，一些互联网企业甚至在乡村投放流动广告车，并通过数字红包鼓励更多人下载应用。

基于此，本章将重点阐释数字广告定义的三个理论问题：

- 数字广告与传统广告的区别，广告定义的边界问题以及数字广告定义的理论创新；
- 数字广告的产品逻辑、技术逻辑与市场逻辑；
- 数字广告的法律与伦理问题（广告涉及数据使用权）。

2.1 数字广告的定义与特征

近年来，中外学者对广告定义的研究已经将数字广告指向了数字化环境中互联网用户参与的所有营销传播活动。

中国传媒大学丁俊杰教授于2023年提出了广告的"生命与革命"新定义,广告的意图是打动消费者,为广告主付费实现价值交换,传达一定的理念给消费者,引起消费者的双向互动行为的价值创造和扩散活动。

瑞典斯德哥尔摩经济学院的广告学者达伦和罗森格伦提出,广告是品牌发起的意图影响人的传播活动。

经典广告学教材《当代广告学与整合营销传播(第16版)》中强调了数字化如何开始重建广告、营销和传播要素组成,突破了营销与传播的分水岭。

2.1.1 重设广告业"轨道"

在宏观产业的前提条件下,经典广告的定义存在着明显的边界。传统广告成为一种被设定在媒体"轨道"内运行的业务,其主要任务是负责商品和服务的营销,原因在于20世纪的媒体传播与渠道分销是分开运行的。广告代理商直接与品牌主、媒体和受众(通过消费者调研)对接。品牌主和媒体通常将广告业务委托给广告公司来完成。最终,大众广告覆盖的受众,在产生广告记忆和偏好后,就会前往线下商超完成商品的购买。这就是经典媒体与渠道的"双轨制",如图2-1所示。

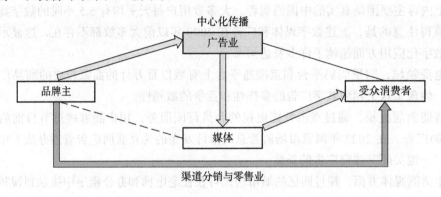

图 2-1　20世纪媒体与渠道分离的广告"中心化传播"模型

工业化国家首先在大众运输系统和量产制造领域形成生产力。随后,大众媒体传播广告与渠道零售共同承担起工商业领域对消费者需求满足的任务。广告业与分销系统齐头并进,让规模化生产后的商品得以享受到高效率的信息流通和物品交易途径所带来的好处。

广告业的职能实现有两个重要的产业前提条件:①大众级商品的制造商(品牌主)通过大众媒体吸引和接触全国消费者受众;②大众级商超分销渠道在全国和地区范围内的零售业流通能力(含物流递送和支付结算)。

数字互联网平台跳出了单一媒体行业的视角,由此也超越了"双轨制"的媒体与渠道分离思维。互联网具有社交移动和数字化功能,使得广告承担了打通商品供给和需求的职责。互联网平台通过创造应用和分发信息,改变了用户使用习惯,平台相继创建了数字支付功能，并发起了电商网站，具备移动分配本地化服务、商品和物流的供需能力。主流互联网平台满足了用户数字化生活的需求，尤其是在网络平台上海量商品、服务、内容（ACGMN）的销售交易，这些交易可以由数字广告直接引发，因此被经营者称为有效转化（Conversion Rate，CVR）；同时，各种观念和奇思妙想在网络平台流动，以吸引社群和跟随者。

原有广告传播的营销目标是消费者的即时行动和未来行动，但基于互联网数字化技术，传播效果和转化效果可以立即呈现，数字广告的实时效果显著增强。从使用效果来看，互联网平台同时具备媒体传播和通过营销满足用户需求的能力。互联网平台不仅仅是新媒体，还通过数字广告承担了更多直接有效的营销活动。在数字平台内，数字广告引发的用户行动可以直接形成销售转化。数字广告还具备跳过线下渠道，整合并引领数字营销的全新能力。数字化进化的广告穿透了工业时代"媒体"和"渠道"之间的壁垒，由此主导了数字营销的变革。

随着大量数字用户将媒体使用+渠道购买习惯转移到数字互联网上，终端市场需求的不断增长推动了企业的数字营销和互联网革命。数字用户在互联网平台上的交互活动，紧密结合了营销和传播这两种经济功能，从而使数字广告开始引领数字经济的潮流。

总的来说，互联网平台（包括社交、电商、游戏和网络服务应用）是一个具有媒体属性的综合性的广告和营销服务平台。在提升用户媒体使用时间方面，互联网平台具有巨大的竞争优势。然而，值得注意的是，相比传统媒体，互联网平台的功能更为丰富。广告的主要阵地正持续地向互联网平台转移。

互联网数字革命引发的广告业"轨道"重设，使广告跨越了传播与营销的学科界限。对此，整合营销传播学派坚持认为："用户在哪里，广告就在哪里，市场就在哪里。"这意味着数字广告会在互联网平台中融合，紧密围绕用户提供综合信息服务，推动数字消费者积极主动地与品牌建立联系，并加速平台型经济结构形成和企业数字化转型。

2.1.2 数字广告的定义

1. 用数字辨析广告

美国一些高校大众传播学院的广告学者使用了较狭义的数字广告定义，即在数字互联网的各类媒体上展现的广告活动。这些学者的意图是在不改变广告定义的前提下，将范围拓展到互联网数字媒体。

北京大学的陈刚教授在2016年提出了广告的新定义："广告是由一个可确定的来源，通过生产和发布有沟通力的内容，与生活者进行交流互动，意图使生活者发生认知、情感和行为改变的传播活动。"

中国广告协会和国家广告研究院联合指导了一项调研，这项调研集中体现了国内200

详见《未来广告：中国广告业未来发展与数字营销传播前瞻（2025—2035）》。

名数字营销领袖对广告的认知。由此归纳出数字广告的新特征：突破了明确可识别的出资人，用户无须明确识别品牌主；广告主发起的传统被打破，可由用户或第三方发起传播；突破了付费，可以通过自有媒体、挣得媒体和用户评价免费发起；不再局限于媒体渠道，用户无须区分媒体或应用程序；突破了非人际传播的形式，社交媒体的人际传播特征兴起；突破了劝服受众的过程，通过技术接受形成扩散，跳过了态度说服；突破了品牌记忆和未来采取行动的意图（难以计量），通过数字技术实现了广告交互的点击和转化实时测量，放大了直接营销效果。

最重要的发现是，互联网和数字技术创新都不是在传统广告业中诞生的，而是经过这两者的赋能，才有了数字广告产品，并且对于传统广告行业产生了替代效应。

数字广告呈现出与传统广告截然不同的技术和市场维度，促进了全社会用户生产消费分配效率的提升，这是一种数字化转型的升维过程。广告已经突破了过去由 4A 广告代理商主导的媒体内容生产模式，在互联网平台的推动下，数字广告产品使得广告市场收入大幅增长。此外，数字广告还在不断向物联网、车联网、可穿戴设备以及其他新兴市场领域拓展，如图 2-2 所示。

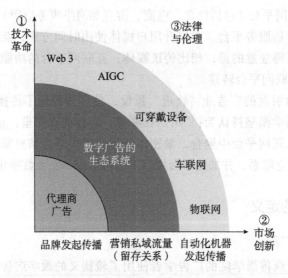

图 2-2　数字广告向技术、市场和法律三个维度拓展

2．新维度拓宽广告范畴

与西方广告学定义的广告业不同，互联网平台将数字广告作为其主要产品形态，既能满足广告主投放广告的需求，又能满足消费者对信息的需求。企业营销开始重视经营私域流量，也就是在消费者授权同意的前提下，通过互联网信息服务渠道向用户提供广告信息服务。

消费者主动分享的商品、服务、内容、技术和观念等信息都构成了新型广告形式。其中部分"草根"用户和专业用户因持续创造优秀内容而脱颖而出，成为受粉丝拥戴的意见领袖。这体现了 UGC 和 PGC 广告的生命力。

2020 年，以马特豪斯教授为首的一批广告学者开始更新广告的定义：由品牌方或消费者发起，通过付费、自有和挣得媒体渠道的关联网络，交互影响人群的传播。

厦门大学黄合水教授在 2022 年提出，广告是观念或商业信息的传播，未来任何形式的观念或商业信息传播，不管是否称为广告，都属于当代广告的范畴。

本书归纳了中外学者的定义研究：广告是由品牌方或消费者发起的传播行为，意图促进用户浸合体验和联结品牌关系。数字广告是互联网平台通过数字技术生产和经营"广告位"，为数字用户匹配和定制信息界面中所需的内容，实现用户双向交互和交易连通的营销传播活动。

在传统营销教科书中，广告被定位在营销组合 4P（产品、价格、渠道、促销）的促销（Promotion）职能下，与公共关系（PR）、销售促进（SP）和人员推销（PS）并列。过去的营销经理通过传播广告掌控市场消费者喜好，这种"传播者控制"的单向信息传递不适应数智时代的广告与营销模式。

3．数字演绎创新

在 2016 年出版的 *The New Advertising* 一书中，舒尔茨等整合营销传播学者引领了一场重要的变革。24 位学者和行业领袖（均为美国西北大学校友）共同构建了数字时代广告营销创新的理论基础，为广告学界吹响了数字化转型的号角。因此，数字广告的创新定义要为 21 世纪数智时代的广告生态系统建立行动纲领。

互联网平台开发推广的数字技术和人工智能技术，不仅创造了数字广告技术产品和市场，而且赋予了消费者积极主动地与品牌保持联系的能力。数字广告信息流成功地连接起互联网平台、消费者和企业供应方，形成了一个充满活力的数字广告生态系统。数字广告已成为互联网技术推动营销数字化转型的主要力量。

广义上的数字广告，指的是通过互联网信息传播技术形成数字广告位，有效匹配广告主的信息供给和用户的需求意图，从而达成用户双向交互的整合营销传播方式。数字广告的核心技术通常由互联网平台掌握，平台通过技术广告产品匹配基于用户流量生成的数字广告位，并自动分析用户特征和处理广告位价格。

数字广告的核心能力是传统广告所不具备的，它具有独特的数字技术专属性（exclusive）。传统广告的价值基础在于创意大师和媒体购买专家的职业技能，而数字广告的核心能力来源于计算机科学家和互联网创新企业家共同创造的技术广告产品。互联网科技的发展使得数字广告的目标发生了根本性的变化：技术让数字广告以其独特的方式高效地提供了一系列双向信息传播和测量的解决方案。

数字技术带来的双向信息传播改变了图 2-1 所示的原"双轨制"模型。基于数字技术构建的互联网平台双向连接了制造商和消费者用户。进入数智时代后，数字系统的效率普遍高于信息单向流动的线下渠道系统（实体物流、到店与支付）。在数字化转型的浪潮下，数字互联网参与了传播和商品营销关系的改造,具体体现为数字营销的产品、服务、内容和观念都需要借助广告信息的双向交互传输与测量。以数据和信息发起连接消费者的变革,重新塑造了流通商品和服务零售业的价值,如图2-3所示。

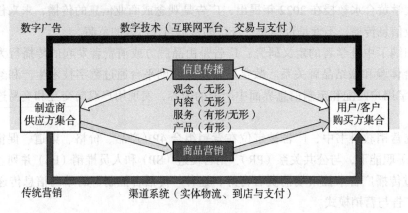

图2-3 数字技术改变市场供需的物流、信息流、商流和支付流向

数字广告可能看起来不像"广告",它在形式上更符合用户主动搜索的内容,在体验上尽可能提供符合用户场景和意愿的交互式创意内容与价值创新活动。超越媒体的信息平台,数字广告就刷新了原先定义的广告职能,使得广告能够覆盖生产与消费、供应与需求的商业信息传播活动,开始具有信息双向交互、可移动搜索和个性化定制内容讯息的特征。

4. 数字广告定义

在本书中,我们将数字广告定义为:基于互联网平台用户流量生成的广告位,旨在为数字用户匹配所需的广告主内容,并通过信息双向交互实现营销目的,引导消费者共创价值的营销传播活动。

数字广告平台主要由拥有大量流量的互联网科技企业运营,它们利用机器学习算法匹配用户信息并确定广告位的价格。与依赖创意专家的传统广告不同,数字广告的业务重点是开发数字技术来通过"广告位"产品实现信息匹配,以满足商家获取广告位和消费者使用广告内容的需求,最终实现用户需求的满足。数字广告系统成了传统广告的创意专家制度之外的一套新的、诞生于互联网的数字化信息匹配系统。简单来说,数字广告绕开了广告创意专家,也绕开了传统媒体行业。

传统广告的经营重点在于创意制作和信息传递,注重信息使接受者产生的心理反应,但不对销售结果负责,且通常需要通过媒体评测来衡量品牌传播的有效性。而数字广告不涉及传统广告的运作方式,这是引发广告行业巨大变革的关键。

数字广告跳出了传统广告代理商的业务模式。尽管传统广告代理制在互联网数字广告流程中仍有一席之地,但与代理商制度不同的是,传统广告企业无法决定数字广告的价格和投放中的关键条款,这是由互联网行业的产品业务流程所决定的。数字广告主要采用基于用户流量的互联网交互界面中的广告位来匹配用户和内容，实现用户信息处理的科学计算与商业运作。

因此，数字广告作为具有互联网经济特征的数字商品，具有边际成本为零的生产力优势。数字广告极大地拓展了数字生产要素的经济意义，集中收集用户需求，将其转化为数字营销链路。数字广告成为推动企业营销数字化转型的关键引擎，并从广告技术系统扩展到更广泛的数字营销技术系统。为此，本书站在经典广告定义革新的基础上，力求全面展示中外广告营销学者的理论精华和互联网行业规律的实践总结。

2.1.3 消费者发起与双向传播

1. 消费者发起的传播

在数字消费者自发传播的背景下，品牌需要在多个数字社交互联网平台上与数字用户进行双向沟通与价值确认。传统概念中品牌主发起的广告，无法完全覆盖消费者对品牌信息的搜索和分享行为。随着社交媒体的普及，大量内容由用户自发生成，形成了用户发起传播的趋势。大量草根用户持续发布有创意的内容，催生了一批意见领袖和自媒体账号，这些群体已经成为社交媒体上的重要影响者（influencer）。

基于此，消费者用户有了商品营销者和商品使用者这两种不同的信息来源。传统市场营销学和传播学认为，广告主和营销经理掌控着广告信息的传播，广告内容通常是精心设计的，旨在积极正面地推销产品。然而，消费者还可以接收到大量用户对商品的评价，这些评价内容可能是积极正面的，也可能是负面的，更能反映真实的用户体验和意见。

这就有了两种广告来源，一种是来自传统品牌主的商品广告植入，另一种是用户和自媒体账号主动发布的接触经验和商品评价。自有媒体、付费媒体和挣得媒体共同构成数字广告市场的传播者。口碑广告（WOM）虽然是商品信息的一种传播形式，但过去并不被视为广告，因为它属于人际传播（且未付费）而不是非人际传播。如今，随着微博、微信等社交媒体的流行，广告业正在被迫改变原有的广告理念。社交媒体成为广告主鼓励自媒体创作者形成数字口碑的信息分发平台，例如，鼓励用户分享自己喜欢的品牌和商品，或者鼓励消费者对餐厅和酒店的体验进行评级。用户自发的传播评议，其引发的用户信任度远高于传统广告。主流研究机构 eMarketer 的一项数据调研发现，消费者对用户评议的信任度为77%，远高于对（大众）广告的信任度34%。

请注意，如今社交媒体中超过90%的信息来自品牌主以外的消费者和意见领袖。这表明用户发起的商品或品牌信息传播已成为广告的一个重要形态。

2. 数字技术赋能信息双向传播

互联网技术的互动性已成为其普遍特征，这改变了广告用户接收和使用信息传播的性质。数字广告的信息，无论发起者是谁，都能通过技术构建反馈和应答机制，进而形成完整的双向信息传播回路。数字广告通常包含超链接并会引导用户点击，即"用户行动召唤"

(Call-To-Action,CTA)。互动性打破了传统广告局限于"售前"阶段的信息传播模式。点击跳转和转化成为数字广告直接可见的效果,使得数字广告延伸到了用户内容互动浸合的营销服务流程。

"Z世代"大多数是频繁使用移动互联网的用户。这些用户可以自行点击感兴趣的内容,并期待应用界面"即刻"给出回应。数字场景为用户使用数字内容进行交互提供了服务,通过即时跳转,持续反映用户的行为和意愿,从一个广告内容到下一个互动内容,直到用户明确自己的行为意愿,无论是订阅、应用下载、加入购物车还是支付交易。

每一次数字广告曝光,都成为开启用户营销会话界面的机会。用户在连贯的信息互动中达成自己的使用目标,也可以在满足阶段性需求后中止营销活动。数字技术将主动权交给了用户,使得广告能展开(或折叠)复杂的浸合互动营销进程。

从传播者的视角来看,数字广告的目的是为用户设定商品信息议程。数字技术支持这些信息议程的流转,而这种流转是否发生,取决于用户的反馈和响应。数字广告传播者实际上需要科学计算决策树形式的信息交互集合,并利用博弈论和统计学知识来辅助决策,以回应用户行为。他们还需要通过精细加工的数据来预测和理解用户的不同反应(例如,区分用户是无意识"手指滑过"或误点击,还是真正投入时间进行商品信息的查询)。应当关注传播信息的学科转向,在计算机科学和信息通信技术的支持下,数字广告体系的科学价值和传播效率得到了极大的提升。

2.1.4 数字技术变革的广告特性

1. 数字广告的三大整合属性

数字广告已超越了传统广告定义的信息传播范畴,具备三大整合属性。

第一,数字广告具有非人际传播和人际传播的双重属性。它既具有非人际传播的优势,也融入了人际传播的优点。人际传播的信息可以以数字形式"永久"保存在数字媒体平台上,供他人使用。非人际传播的重点原本在于大众媒体的广度和深度,现在也融入了社交人际关系网络的影响力。非人际传播通过人际传播关系的画像标签特征,实现更高的使用者相关性,数字广告通过实现"精准度"的提升,实现对目标用户群体的"窄告"。

何为"窄告"?

在大众传播媒体的广告模式之外,互联网平台陆续推出了更小范围的"窄告"传播,旨在破除广告主习惯的大众传播广告思维定式。

窄告是指互联网平台或企业识别内容、接触点和数据,开发技术广告产品,实现场景化、社交化、体验化、圈层化的新信息途径,找到真实的潜在消费者进行有效传播的活动。窄告通常要与企业内容营销和企业私域流量运营关联起来,从而进一步提升营销传播效率。窄告属于精准化广告技术(精准化营销)的一种表现形式。

第二,数字广告具有商家和消费者的双重发起属性。它可以是商家发起的有偿商业广告活动,也可以是消费者无偿分享的用户体验和点评。各种来源的信息通过平台算法推荐,增强了与用户的相关性,使消费者难以明确区分这是否是品牌主的"硬广告"。

第三,数字广告具有超越时空地联结商品信息与交易渠道的属性。主流互联网平台的广告通常包含用户行动召唤,即广告中有吸引受众点击的按钮,希望用户当场转化,实现详情页访问、购买、试用等营销目标。通过用户行动召唤,数字广告可以直接引导消费者实时跳转至营销目标,无须记忆和等待线下行动。这种广告具有直接创造交易渠道的功能,突破了传统广告无法计量"销售转化"的局限。

计算机技术的进步,特别是在计算性能、微芯片技术、软件开发以及移动通信和互联网领域的发展,对当代及未来的媒体、广告和营销产生了深远的影响。科技的进步带来了更为便宜、小型化且便于携带的智能终端,使消费者能够随时随地轻松获取多种媒体传播内容,用于娱乐、工作或学习。移动终端与个体用户形成密不可分的关系,有助于广告信息直接满足用户需求。

2. 数字广告效果特性

数字技术的特点,如海量信息存储、多媒体形式、超越时空,以及互动性创新,使得数字广告不仅拥有传统广告的优势,还将其与互联网经济应用及用户主动的媒体使用行为相结合。这赋予了数字广告通过技术扩展放大营销体验的能力,能够在商业活动中融合多方需求。数字广告具有如下效果特性。

第一,信息技术趋向于精准化。大数据作为以数字化为基础的新一代革命性信息技术,记录用户在线使用内容、商品和服务的行为,为算法推荐和广告推送提供便利。通过信息通信技术,可以精准记录用户使用媒体和应用服务的**元数据**,用于改进信息服务。按照用户数据的画像标签和应用场景,开发、交易广告位并完成广告投放,使广告位价格根据商品规律变化,网站和应用程序就能提供相关性更高的广告内容,使投放趋向于精准。

互联网平台还可以监测用户行为,提供规模化的广告实时数据处理服务,形成以点击率和转化率为基础的广告效果数据。基于此,数字广告可以在投放过程中调整人群和用户标签,跟踪效果数据和运营目标。

第二,数字广告更加注重用户体验。与大众媒体广告依赖高效分发能力不同,数字广告不仅实现了图像、音频、视频等多媒体内容的整合,还将内容匹配融入用户所处场景的体验中。互联网广告平台通过计算分析自动预测,尽量减少对用户体验的干扰。数字广告提供"跳转链接"等互动形式,形成以用户浸合为基础的全新链路式营销场景。广告主不仅关注展示创意品牌形象,还重视用户点击后参与或创造的互动内容新形式,这些用户参与数据可以在线跟踪测量,成为新的付费标准。

元数据是指关于完整通信连接活动记录的数据和数据元素的数据,以及关于数据所有权、存取路径、访问权和数据易变性的数据。

宾夕法尼亚大学沃顿商学院的首席营销学教授尤兰·杰瑞·温德 在其著作 *Beyond Advertising* 中建立了接触点体验模型，提出未来广告能够精细协调和分配所有接触点资源，甚至精细到"个人与品牌的每一个接触点互动"。表 2-1 展示了温德教授的超越广告理论。品牌必须提供无缝体验，适应"人们被每天的新技术支持和洞察力启发的行为步调"。数字广告（营销传播）是建立在从展示（有效曝光）、表达、对话、交易到留存的移动化过程之上的。

表 2-1　沃顿商学院温德教授的超越广告理论

5W1H	传统广告	数字广告（营销传播）
谁	营销者通过媒体面向的目标人群	跨越数字媒体壁垒的协作者
什么内容	广告	"合唱团"价值创造接触点
时间	频次	用户需要和请求时
哪里	触达	用户需要和请求处
为什么	为了销售强推和说服	导向多赢的价值产出
怎样实现	广告战役	全链路创新与用户接触点旅程

消费者表达可以是任何程度的品牌浸合（内容参与），如朋友圈评论、点赞或分享等。努力在线传播易于分享的信息的目的不止是在消费者心中留下印象，还有吸引观众加入，扩展用户传播品牌故事，鼓励购买和推荐留存。借助数字技术，还可以将虚拟现实（VR）和增强现实（AR）等技术应用于数字广告开发，创造沉浸式广告体验，为用户带来更加真实的感受。

第三，重视用户社交媒体。随着微博、微信、抖音等社交媒体平台的崛起，用户原创内容占据了大量用户传播时间，广告主越来越重视社交媒体平台上的广告投放。在社交媒体平台上，自媒体账号和达人营销成为用户关注的焦点。广告主除了自建社交媒体官方账号，还组织活动，加强与达人的合作，将广告植入用户自发参与的社交内容中。含有品牌内容的创意视频通过用户、达人、UP 主和主播传播到不同圈层，广告在社群中的自发传播增强了可信度，内容营销的运营开始超越传统的"硬广"投放，驱动用户社交意愿，进而促进商品消费和品牌关注。

阅读材料　：刷屏的"恭喜恰饭"，我们为什么不再回避广告？

在视频创作平台的弹幕上和评论区里，常见用户对博主打广告的行径表达了诚挚而又热烈的支持，如"恭喜恰饭""让他/她恰""已下单，孩子说很好吃"等等。如此整齐的弹

温德教授是与科特勒教授齐名的广告营销学者，他亲手创建了沃顿商学院智库与未来广告研究中心，被 *Marketing Science* 评为全美十大卓越营销学大师。

引自 *Beyond Advertising*。

引自羊村传播，微信公众号 ID 为 yangcunmedia，作者吴雨璟。

幕刷屏奇观，在以 Bilibili 为首的弹幕视频网站中已然成为一种风尚。为何如今的观众能用一颗更加宽容和开放的心，去对待内容平台中的广告植入呢？

在互联网语境中，"恰饭"是指社交媒体博主为了获得额外收入，在原创内容中植入品牌方广告的行为。负责广告内容制作和发布的博主不仅是"恰饭"体系中的核心，同时也是广告内容和原创内容的主要生产者。他们位于品牌和用户的中间地带，起到了连接两者的"桥梁"作用（见图2-4）。

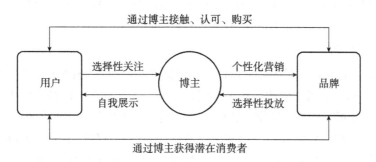

图 2-4　移动意见领袖对用户购买意愿的影响途径

理由一："恰饭"视频具有原生性体验。博主将产品推介融入具有自身风格的视频或者图文之中，制作出从形式到内容均具有"原生性"的广告。当年轻化的用户观看到了具有强创意性或者用心制作的内容，感知到了它们的价值，那么即使是广告，也能持有包容乃至喜爱的态度。

理由二：用行动支持"朋友"受益，成为"恰饭"视频中的准社会交往准则。"准社会交往"理论（para-social interaction），即观众往往会对其喜爱的媒体人物产生某种依恋，以对待现实朋友的亲密方式去对待他们。观看者不仅以弹幕刷屏的方式为"朋友"撑腰，还会通过购买行为表达支持、喜爱或亲近。

2.2　数字广告的类型与结构

广告主开发商品，创造信息和分销渠道，将广告连同商品推向市场，并期待反馈。如果消费者对这些传播信息产生正向反馈，广告主便重复这些概念。如果消费者不感兴趣，广告主和代理商则放弃这些策略和内容，转向新的更具创新性、更能吸引注意力的方法，让消费者接受营销传播。数字技术让广告以其独特的方式提供了一系列双向传播和测量的可能性。这些变化从根本上重新定义了数字时代广告的价值，以及广告在整个数字市场生态中的战略地位。

图片引自汪雅倩的《从名人到"微名人"：移动社交时代意见领袖的身份变迁及影响研究》。

2.2.1 数字广告的多种展现形态

自1994年起,最传统的互联网广告形式是网站上的简单赞助告示或横幅广告。这两种形式都可以链接到相应的广告主网站或促销网站,后来被称为数字广告的"落地页"(landing page)。广告落地页使消费者能获取关于商品的详细信息。随着新技术——特别是宽带和移动通信技术(3G、4G、5G)的发展,广告和商业活动变得更加复杂。横幅广告迅速采用了视频和Flash动画等创新形式,但链接跳转到商品详情落地页的特性被保留。随着以下广告类型的不断加入,数字化媒体广告形态变得越来越丰富多彩。

1. 图片展示广告

互联网广告中首先出现了图片展示广告,包括横幅广告(含柱状广告和通栏广告)和带有超链接的静态和动态图片形式,大多数图片展示广告都有直接链接到广告主商品活动页的功能。这是图片展示广告与印刷广告的主要区别,也是数字广告与传统广告的重大差别。点击率是衡量图片展示广告成功与否的主要指标,即用户看到广告后点击链接的次数与广告总展示次数的比率。点击率测量不需要通过调研机构,网站服务元数据就可以生成。

2. 搜索引擎广告

搜索引擎广告允许广告主基于其产品或服务内容和特点选择相关关键词,撰写广告内容并自主定价投放。当用户搜索到这些关键词时,相应的广告便会显示。如果同一个关键词有多个买家,广告展示则基于竞价排名原则。这种广告模式的特点是,只有在用户点击广告时才收费,无点击则不收费。关键词由用户输入到搜索引擎,搜索引擎根据相关性算法和竞价排名显示搜索结果页面,用户浏览并点击广告链接,最终跳转到广告主网站,完成服务。搜索引擎广告开创了一整套独立增长的数字广告体系,对后来的数字广告的商业模式产生了深远影响。

3. 电子邮件广告与营销

电子邮件是一种用于培养和维护潜在客户与现有客户之间的关系的有效手段,尤其在西方国家被视为成熟的在线营销方式。广告主正在从大规模邮件营销转向更具针对性的个性化邮件营销。为了符合许可营销的条件,海外营销者在电子邮件中加入消费者可选择退出的条款。一旦消费者选择加入邮件发送名单,就表示他们愿意在日常情况下接收电子邮件广告。

4. 社交媒体广告

社交媒体广告与20世纪的精英媒体传播截然不同。数字用户在社交媒体平台上自发交流、创作和分享内容,平台上涌现了大量广告。这里的社交媒体平台包括微博、微信、博客、社交网站、聊天室、留言板、视频和图片共享网站及APP等。视频类网站/APP的评论和弹幕也具有社交功能,可用于推广和分享内容。社交媒体平台通常将广告位嵌入用户滚动的信息流中,综合评估用户画像标签和用户看到的上下文内容,通过相关性算法和竞价排名调控信息流广告。信息流广告的目的是让广告信息尽可能与上下文一致,融入用户使用社交媒体的体验中。广告主可以选择按点击次数或展示次数计费。信息流广告推动了广告主在社交媒体上创建和运营官方账号,积极吸引粉丝和达人关注,发布关于明星代言、活动和新品上市的信息,并通过特殊活动鼓励粉丝分享品牌信息。

5．短视频分享广告

短视频应用已成为人们乐于沉浸和订阅的内容平台。领先的短视频分享网站让广告主参与投放视频广告和基于"关键词"的广告。品牌经理惊讶于用户自主创造和分享视频的表现力。大量抖音达人和普通用户都积极制作和发布短视频,其中不乏融入商品体验和品牌符号的创意短视频。许多广告主也开始积极围绕品牌制作引人注目的创意视频,鼓励消费者将这些视频分享给家人和朋友。相比专业代理商制作的广告,来自消费者和达人的创意视频数量是前者的8～10倍,有些内容也更加新颖和出人意料,其中不乏优秀作品,很容易得到用户的自发传播、关注和评论。

6．电商广告

电商广告指在阿里巴巴、京东、拼多多等电商平台上投放的广告,这些电商平台包括传统电商、社交电商、内容电商和跨境电商。品牌商在这些平台上既是店铺经营者,需要向平台支付渠道佣金,同时也是广告主,支付广告费以获取更优质的商品位置和搜索广告位,增加用户流量。用户在访问电商平台,挑选、收藏商品,关注店铺后,就有可能在日常或电商节庆期间产生购买行为。电商平台通过推荐商品、服务和信息来获取主要的数字用户流量,以此使数字广告具有为消费品零售引流的能力。

7．智能手机APP广告

得益于3G和4G移动通信技术的推广,智能手机市场高速发展。数字媒体网站转移到应用程序(APP)上,这就需要用户下载并保留APP。APP商店成为广告主的新平台。超过95%的APP是免费的,只有少于5%的APP需要付费下载。几乎所有免费APP都依赖内部付费选项和广告费收入。广告主可以创造性地利用手机APP商店和APP内的广告位向用户传递商品信息。开发者为了推广自己的APP,经常成为广告主,鼓励用户下载和使用。

8．游戏广告及ACGMN娱乐广告

广告主将品牌和商品推广内容无缝集成到游戏平台中,包括单机游戏、多人在线游戏、家庭游戏和移动游戏,并延伸到ACGMN产业,即Animation(动画)、Cartoon(漫画)、Game(游戏)、Movie(电影)、Novel(网络文学)。从APP商店到游戏、网文、影视和动漫平台,都展开了广告和内容新业态。游戏广告与APP商城分成、联营联运分成、用户付费购买和充值等形式相辅相成。

9．直播电商(广告)

直播电商起源于在直播中推荐商品以引流至店铺销售,最初是一种内容建设与流量变现的营销尝试。2020年后，直播电商迅速壮大，其产业链逐步完整化和多元化，成为平台电商、品牌电商和达人电商的主要数字营销和广告手段。对于用户加入直播间实时观看主播展示、介绍和推销商品或服务的活动，无论是否产生购买，均已纳入我国《互联网广告管理办法》的监管范围。其中，主播为准备直播和正在直播中的商品进行的宣传也构成广告。直播电商同时具备广告的形态。

10. 互联网电视或视频（OTT）广告

电视媒体产业正向融媒体方向发展，传统媒体的数字化转型主要体现在智能电视广告上。智能电视通过内置网络机顶盒提供网络电视的点播服务。智能电视厂商不仅掌握硬件产品入口，还提供数字网络电视节目服务。智能电视广告通过广告服务器加载到本地电视上进行展示。大多数智能电视设备都配备有开机广告、映前广告和暂停插播广告。服务供应商通常提供会员增值服务（VAS），付费后可跳过点播节目的映前广告。从媒体经营的角度看，广告是免费内容服务的收入补偿。智能电视广告的优势在于应用了数字广告技术，能够对家庭用户进行标签画像，记录用户内容点选和广告完播等数字行为习惯，用于程序化广告投放。智能电视还包括电商平台和视频点播等付费形式。根据《中华人民共和国广告法》（本书简称《广告法》）第四十四条规定：利用互联网发布、发送广告，不得影响用户正常使用网络。在互联网页面以弹出等形式发布的广告应当显著标明关闭标志，确保一键关闭。智能电视的开机广告依法需要展示"广告"标识，并具备"一键关闭"功能。

11. 数字户外广告

近年来，由数字技术驱动的数字户外（DOOH）广告是增长最快的广告形式之一。最新的数字户外广告提供跨屏交互体验，使个人用户也能通过数字技术与品牌活动建立联系。部署在商圈内外的户外数字广告具有强大的场景互动影响力，广告主也愿意开发专属于户外的品牌娱乐和受众互动功能。互联网数字户外广告应具备支持程序化平台的投放能力。像线上和移动广告一样，数字户外广告能提供部分受众画像和参与度数据，并能从线下转移到线上。户外监测数据需要严格遵守国家数据安全管理相关法规。通过合法采集的数据，联网户外广告能更有效地为品牌方服务。

2.2.2 数字互联网创新广告类型

在2008年以前，互联网广告被4A代理商和品牌主视为一种"新媒体"广告途径，通常只将不足5%的预算投放到新媒体网站上。然而，数字广告产品（如搜索引擎广告、社交媒体广告、移动广告）的快速发展，一次又一次地打破了广告的传统职能。搜索引擎营销、社交媒体营销和移动营销开辟了数字营销的新领域。广告网络和程序化广告的诞生进一步推动了这一进程。历史上，广告被视为带有商业目的的传播行为，而互联网上的数字广告则明显带有营销商品的功能，引领了数字营销市场的创新。

具体而言，最初是搜索引擎广告（通过关键词形成广告并自主定价），随后发展成完整的搜索引擎营销业务。例如，百度在2013年的广告收入就超过了央视当年的广告收入，到2023年仍有751亿元的广告收入，接近中国广电媒体全行业当年的广告收入。谷歌在搜索引擎广告市场中占据领先地位，其发起的广告主按点击付费而不是按曝光付费的模式，率先改变了广告业规则，广告开始按效果付费。

从2006年开始，随着社交媒体的崛起，个人和自媒体开始主动发布观点、商品或服务信息，面向公开和订阅的社交用户传播，此后形成了社交媒体营销的完整业务板块。到2022年，Facebook和腾讯构建了以社交分享为核心的社会化生态系统。社交媒体广告极大地放大了人际传播效应，为数字营销增添了自有媒体和内容创造者的重要领域。

电商广告，即广告主在电商平台上投放的关于商品和服务信息的广告，直接推动了电子商务营销的发展壮大。互联网电商平台虽然以挣得直接销售佣金为平台营销服务目标，但广告收入一直是其主要收入来源。阿里巴巴和亚马逊分别是中美比较具有代表性的电商平台企业。

拼多多以广告收入为主的商业模式的发展，以及字节跳动在今日头条和抖音短视频上取得的商业成功，无不体现着网络平台广告经营者通过提供信息服务，掌握数据、用户流量和接触点，利用算法分配内容与广告，深刻改变了广告市场的格局。

综上，互联网巨头已经为数字广告领域贡献了新兴的产品、概念和流程，每个互联网平台的数字生态系统都包含了传播渠道和营销渠道的商业模式创新。这彻底打破了营销管理战略中设定的价格、产品、渠道和促销的框架，将广告的重心转移到了数字互联网市场的主要竞争企业上。在这个充满激烈竞争的数字互联网领域中，不断涌现出创新产品，每个互联网平台都推出了创新的广告类型，并快速积累经验，形成了自己的广告市场。互联网平台已超越了传统媒体属性，广告不再仅仅依附于传媒行业，而是成为互联网平台数字产品的关键组成部分，同时也是一些互联网科技公司的重要收入支柱。

在数字广告体系中，企业的产品、价格、渠道和促销都成为可变要素，这些都由网络平台广告经营者的创新市场模型和技术方法来决定。数字广告产品推动了数字营销的发展和过程变革。此外，由于社交媒体上大量用户主动参与传播，广告理论基础也从原有传播学5W模式的受众曝光效果，转移到整合营销传播的"消费者中心"和价值共创理论上。

2.2.3 数字技术革新广告营销

广告的传奇色彩源于霍普金斯提出的"印刷形态的推销术（salesmanship in print）"这一定义，他认为广告的主要功能就在于销售。如今，数字广告的出现变革和强化了商品和服务的数字营销（digital marketing）业务，诞生了全新的数字营销体系，我国将其简称为数字营销，宾夕法尼亚大学和牛津大学的专家团队则将其称为数字社交移动营销（Digital Social Mobile Marketing，DSMM）。数字营销体系包括互联网用户身份在线化，消费行为网络化，传播体验社交化，以及广告、调查、渠道和支付物流的数字化活动。第3章将重点讨论数字营销的定义与创新。

由于数字广告产品突破了广告的传统定义，因此数字广告不能再被简单归纳为"使用数字媒体作为载体来呈现广告内容的商业活动"这一狭义类型的定义。如今，正是由于数字广告技术和计算广告领域的理论突破，使得数字广告的营销创新成为互联网经济的重要组成部分。这里分三个重点突出表达数字广告与传统广告的差异。

第一，数字广告改变了广告市场的结构。在中美市场上，数字广告收入已占到全部广告市场收入的80%~90%，其中中国的数字化比例略高于美国，世界其他国家也在朝着数字广告为主的趋势发展。这种市场结构的变化表明了数字广告产品市场所经历的重大变革。

第二，数字广告从技术和产品上改变了品牌内容创造和传播的商业逻辑。Adtech是数字广告技术的英文缩写，指可以接入网站程序化管理的数字化广告产品技术体系。这个技术体系是数字广告与传统广告根本差异的决定因素。从诞生之初，数字广告就在数字互联网生态中展现出与众不同的互动技术能力。与传统广告代理商的创意作品不同，数字广告的重点在于不断创新互联网广告产品形态，从而创造新的广告市场。数字广告技术具备了程序化、互动性、数字化等技术产品特征。

第三，基于数据技术的用户实时互动使广告位的发布者和经营者具备数据处理和优化能力，可推动数字广告与营销传播的组合创新与进化。传统广告需要依赖于大众传播媒体，强调触达频次，但缺乏双向交互。传统媒体和代理商通常缺乏数字化和互联网相关技术。传统广告往往需要经历数字化转型，即互联网化，进入模拟数字广告 阶段，然后才可能发展出数字互动能力。因此，数字广告业务与传统广告业务之间存在根本差异。在数字广告领域，技术对广告产品的开发产生了决定性影响，数字广告拓展了广告的范畴与定义，革新了以技术为基础的数字广告系统的重要地位。如今，数字广告市场的增速基本与互联网平台主导的数字经济增速保持一致，而传统广告市场的衰退则直接影响了大众媒体行业的盈亏平衡。

2.2.4 数字广告的系统结构

互联网广告技术产品经历了门户网站、广告合约、搜索引擎、社交网络的不同发展阶段，经过广告网络、上下文广告和信息流广告，最终汇聚到计算广告的技术组合。这包括用户定向技术、广告竞价技术、程序化购买技术和互动测量技术等。进入互联网数字平台后，广告技术与各种应用产品共同发展和迭代。随着数字广告与各种场景的融合，出现了互联网应用商店推广下载的广告形式，也出现了游戏应用联合运营的广告形式，一直发展到直播电商，未来还将发展更多智能营销等创新模式，成为中国互联网经济快速发展

模拟数字广告是指，媒体终端本身不具备用户流量生成的广告位，但是为了能够打通数字广告投放购买平台，对媒体广告位进行了数字化定制改造，使之转化为具有一定程度的用户标签特征的数字广告位，最终接入数字广告投放系统的广告活动。例如智能电视与机顶盒、联网数字户外屏。

的核心支柱之一。

互联网平台数字广告产品的迭代发展，影响到数字广告生态中各家企业的业务运营。如图 2-5 所示，从整体互联网经济的角度认识数字广告系统，左侧以互联网平台广告技术产品为核心，驱动右侧产业化数字广告生态组织的变革。从服务品牌主出发，数字广告系统的营销传播供应商发生了以下变化，核心是超越了传统的"委托－代理"广告代理制业务模式。

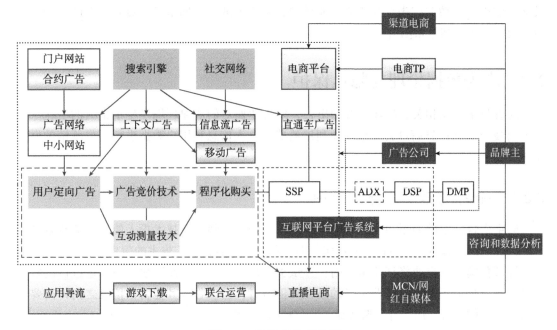

图 2-5　数字广告系统图

企业在数字广告领域的参与和发展主要有以下五种方式：

- 直接创建互联网平台广告系统：企业可以直接在互联网平台上创建自己的广告系统，利用平台的用户流量和数据分析能力进行精准广告投放。
- 咨询数据分析公司：企业可以咨询专业的数据分析公司，获取深度的市场和用户行为分析结果，以此指导广告营销策略的制定和优化。
- 与 MCN（Multi-Channel Network，俗称网红经纪人）或网红自媒体合作发起内容营销活动：利用他们在社交媒体上的影响力进行内容营销。
- 使用渠道电商、电商 TP（代运营）或通过直播电商加入电商平台：包括在电商平台进行广告活动，利用电商平台的流量和交易功能来推广产品。
- 本土数字广告公司：建设广告交易系统、需求方平台、数据管理平台等，利用本地市场的敏感度和技术优势快速成长。这些公司成为国内广告市场的主要数字营销集团。

图中左侧部分是"数字广告系统"，本书第 5 章将简要介绍数字广告系统与生态位的构建，关于数字广告系统的更详细介绍，请参考笔者的《数字广告系统：技术、产品与市场》。

数字广告生态以数字广告系统（互联网数字平台）为中心。数字广告系统处于数字营销技术系统的首发阶段，企业的首要任务是全面接入和使用数字广告产品与技术系统，不断增强与互联网平台和电商应用的联结能力，发展数字广告营销技术，增强在数字广告生态中的竞争力。

数字广告融入了互联网产品线，成为推动"企业－互联网平台－消费者"供需链路高效运转的引擎。数字广告系统成为企业营销技术发展的外部网络基础设施，在此基础上形成了数字广告营销技术图谱。

2.3　广告数据伦理与隐私保护

随着数字行业相关新法律法规的出台，广告业面对的法律环境发生了很大的变化。互联网科技企业和广告商过去无节制地利用消费者个人信息和用户数据进行广告营销的做法正走向终结。

2.3.1　消费者数据权利与隐私保护

数字广告技术的使用和发展必须符合社会的期望。随着新技术投入使用，消费者拥有了双向互动的传播方式，可以自行决定何时、何地和是否接收广告主的信息。

许可营销要求企业修订营销规则，并赋予用户权力，以制衡互联网平台通过控制数据来开发数字广告活动。许可营销指的是在向消费者传递广告或其他营销信息之前，需要先征得消费者的许可，或实行"**选择加入**"（**Opt-in**）机制。

Opt-in（选择加入）机制和 Opt-out（选择退出）机制是互联网上处理用户数据的两种主要方式：

1）Opt-in 机制：在这种机制下，数据主体（用户）必须主动决定是否参与某项数据处理活动。这种自主决定通常需要在数据收集阶段就做出，并且这种决定权贯穿整个数据处理过程。

2）Opt-out 机制：在这种机制下，数据处理的决定权在企业手中，但用户可以在数据处理的相关阶段提出拒绝。

在 2018 年 GDPR 出台之前，全球互联网应用管理规则更倾向于使用 Opt-out 机制，该机制实际上赋予了互联网平台极大的便利，推动了互联网经济的快速发展。

GDPR 出台之后，全球互联网管理日趋严格，转向采用 Opt-in 机制，要求用户在更多的数据处理活动中做出明示的同意。同时，越来越多的立法也开始加强对用户保有"可退出"权利的支持。

GDPR、《中华人民共和国数据安全法》（2021 年通过，本书简称《数据安全法》）和《个

人信息保护法》（2021年）等涉及消费者数据权利保护的法律法规都已经开始实施，提出了许多关于用户数据保护的合规要求。GDPR被称为"史上最严"的数据保护立法，企业在发生数据泄露事故时可能面临高达年收入4%的罚款。

GDPR的实施是全球隐私保护的一个重要转折点，它确立了七项关键的数据权利，这些权利对于保护个人数据安全和隐私至关重要：

1）数据可携带权：用户可以无障碍地将个人数据从一个信息服务提供者处转移到另一个信息服务提供者处。

2）数据被遗忘权：公民有权要求在不再有合法需求时删除或不再使用其个人数据信息。

3）数据智能画像权：GDPR赋予用户反对数字画像和数据自动处理的权利。这包括反对使用个人数据进行任何自动化处理，例如评估与自然人相关的特定方面（如工作表现、经济状况、健康、个人偏好、兴趣、信誉、行为习惯、位置和行踪等）。

4）假名数据与匿名数据：假名数据是在缺乏其他信息的情况下不能识别特定个人的数据；匿名数据则是已经完全移除了个人可识别信息的数据。

5）明示同意原则：在充分知情的情况下，用户自愿、具体、清晰明确地表示同意。这要求明确写有"我同意"的选项供用户点击或勾选。GDPR不认可通过其他动作（如点击"发送"或"拨打"等）隐含的授权同意。

6）数据保护重要影响评估（DPIA）：在处理个人数据之前应进行DPIA，重点是对处理活动的系统性描述以及操作的必要性和适当性的说明。

7）域外数据管辖权：考虑到互联网的无边界特性，位于欧盟之外的可能处理欧盟居民个人信息的数据控制者或处理者现在也必须遵循GDPR的要求。

GDPR的这些规定对于数字广告领域尤为重要，因为广告技术常常涉及大量的个人数据处理和分析。这些规定的实施对于改善用户隐私保护、增强数据安全意识以及促进更加透明和负责任的数据处理实践具有深远影响。

法律监管和更严格的合规要求正在引发全球互联网科技企业的变革。例如，苹果公司在2021年推出了第15版iOS操作系统更新，这个更新删除了之前用于广告主投放的识别码（Identification For Advertiser，IDFA）。这项改变从源头上禁止了广告主通过保留IDFA来唯一识别用户手机终端的广告技术。紧随其后的是谷歌，它于2020年计划在两年后禁用Cookie技术（现已延期至2024年），这意味着品牌官网和广告商将无法使用Cookie技术在用户计算机浏览器上存储监测代码。这些技术过去被用于广告监测和跟踪用户访问网站的行为数据，以识别用户和监测广告归因效果。

随着全球各国立法的加强和公众自身隐私保护意识的提高，关于个人隐私保护和数据使用合法合规的社会观念正在不断加强。

2.3.2 数字广告的伦理和法律关切

随着互联网用户在多种设备（包括手机、平板计算机、智能电视等）上访问在线内容，广告主正在转向使用新技术监测数字用户活动，包括从手机获取实时位置数据。因此，数据安全、用户许可营销和个人信息保护成为当前重要的监管问题。

在数智时代，人们重视和强调从权利角度维护正义、自由、效率、秩序、人文精神等法律价值的伦理基础，重新讨论数字赋能个体权利的起点和基础。伦理和法律法规在不断进化，数字广告的发展必须受到各国法律管制和伦理合规的约束。如今，企业常谈的数字营销（广告）已进入"下半场"，这意味着数字广告业在使用互联网用户数据时，需要经过合法性审查，相关的法律法规详见第 11 章。

自 2018 年以来，全球范围内涉及数字广告的法律法规不断完善，修正了数字广告"上半场"过于宽松的政策环境。各国政府一致认为，互联网科技企业及数字广告市场创造的经济增长应建立在明确界定并保护好本国民众应有的数据权利的基础上。

2.4 本章小结

数字广告建立在互联网平台之上，自互联网诞生之始就与电商和游戏一同成为全球互联网平台收入的三大支柱。

数字用户能够主动控制自己的意愿和行为，已不再仅是被动的"受众"，这推动了品牌自有媒体、购买媒体和社交挣得媒体的迅速扩张。通过数字广告中的点击和跳转活动，消费者能直达电商销售平台。互联网平台具备通过数字广告整合传播渠道和营销渠道的能力。

数字广告的基本形态包括图片展示广告、搜索引擎广告、电子邮件广告、社交媒体广告、短视频分享广告、电商广告、智能手机 APP 广告、游戏广告、直播电商广告、智能电视广告、数字户外广告等。

广义上的数字广告指的是通过互联网信息传播技术形成数字广告位，有效匹配广告主的信息供给和用户的需求意图，从而达成用户双向交互的传播型营销方式。数字广告的核心技术通常由互联网平台掌握，平台通过技术广告产品匹配基于用户流量生成的数字广告位，并自动分析用户特征和处理广告位价格。

数字互联网的出现使广告目标发生了根本的变化。借助网络技术，数字广告以独特的方式高效提供了一系列双向信息传输和测量的解决方案。数字时代的消费者拥有了可以交互的双向传播方式。

数字广告技术的应用需要符合社会发展期望。我国的《数据安全法》（2021）、《个人信息保护法》（2021）和《互联网广告管理办法》（2023）都强调了消费者数据权利保护，且这方面的立法与监管还在不断加强。数字广告的发展必须符合相关法律法规和社会伦理的要求。

数字广告与传统广告的主要差异在于：数字广告改变了广告市场的结构；从技术和产品层面改变了品牌内容的创造和传播逻辑；基于用户驱动的实时互动，使广告位的发布者和经营者具有数据处理和优化能力，推动了数字广告（营销传播）的组合创新和市场进化。

本章术语与重要概念

数字广告	短视频分享广告
消费者发起传播	电商广告
双向信息传通	ACGMN 娱乐广告
"窄告"传播	直播电商广告
召唤行动（CTA）	智能电视广告
元数据	广告代理制
超越广告理论	数字画像
社交媒体广告	用户数据权利

本章思考题

1. 思考数字广告的定义，并与 20 世纪的经典广告定义进行对比，找出新出现的变化。通过自己的观察，举例说明哪些数字广告突破了经典广告定义的限制。
2. 欧盟 GDPR 提出的数据权利有哪些？探讨广告涉及的数据权利，并考虑加强用户数据权利保护将如何影响数字互联网平台开发广告产品。这种保护是否会额外限制广告主使用数字广告与消费者建立双向交互的营销传播活动？
3. 请比较中国广告收入在中国经济增长中的数字占比，阐述互联网企业广告收入和广告代理商收入的区别，并思考数字广告收入构成互联网经济支柱的原因。

Chapter 3 第 3 章

数字广告变革营销

本章指引

本章从数字广告变革的角度出发,梳理数字营销市场的创新。在互联网平台上,广告资源的开发与数字营销紧密相关。

传统工业时代创造的市场营销组合 4P——产品(Product)、价格(Price)、渠道(Place)、促销(Promotion)——在互联网技术带来的资源重组下经历了变革,流行了六十余年的 4P+STP 营销方法论受到了数字营销新方法的挑战。数字营销突破了时空的限制,实现了全天候市场的 7×24 小时和 365 天在线的互联网交易。商家可以根据用户画像和需求进行精准化广告投放,将产品或服务的信息快速、直接地传递给全球各地的顾客。

数字广告涉及互联网用户的活跃度和留存率,通过信息的双向传播提升营销的价值,支持动态定价、直接送达渠道、响应用户使用评价改进产品。营销的 4P 组合所面对的不再是抽象和统一的细分市场,而是个性化的用户旅程,其中数字化连接了信息传播和商品需求。促销(Promotion)广告的推广目标由大众媒体"受众"转变为互联网平台识别出的有需求的用户。

互联网用户能熟练运用广告互动技术和"转发、点赞、评论"来表达自我和进行群体交往。消费者不再只是被动接受互联网传播的信息,而是积极寻找能满足自身需求的影响者、平台和供应商,通过互联网的万物互联实现自身的传播意愿并满足消费需求,这标志着数字广告和新营销时代的到来。

本章主要分析数字广告引发的市场营销变革,包括以下几点主要内容:

- ❏ 营销概念的革新与数字化转型;
- ❏ 全渠道营销策略的创新;
- ❏ 整合营销传播的数字化理论创新。

3.1 营销定义与革新

3.1.1 通用的营销定义

近年来，数字广告在满足消费者需求的商品供给过程中起到了推动作用，促进了市场营销的数字化发展。为了深入理解数字广告相关的数字营销进展，我们首先需要掌握**市场营销**的定义。

市场营销是一个过程，包括一系列行动或方法，旨在以有利可图的方式满足顾客的需求。营销过程涵盖了产品开发、战略定价、通过分销网络向客户提供产品以及通过销售和广告活动进行推广。企业市场营销过程的最终目标是与需要商品和服务的顾客进行有利可图的交易。

科特勒和阿姆斯特朗在 2020 年出版的《市场营销原理》（第 17 版）中预告了数字化对整个市场营销领域的概念、过程和组织带来的剧变。在 2022 年出版的《营销管理》（第 16 版）中，科特勒、凯勒和切尔内夫改变了根深蒂固的营销战略 4P+STP 方法论体系，将重点转向由数字营销推动的市场营销变革。

传统营销学认为，广告属于营销战略中的促销组合，其作用在于告知、说服和提醒顾客或市场——企业的商品和服务能满足其需求。产品、价格和渠道作为营销战略的组成要素，与广告并无直接关联。广告完成告知和劝服的"双轨制"传播职责，就完成了促销的任务。但随着技术的赋能，数字广告发展的颠覆式创新改变了这一经典营销与传播分离的社会经济职能。

数字广告使得产品、价格、渠道和促销都成为可变要素（Variable），由互联网平台的技术产品实现商品信息随用户需求而实时变化。数字广告有效地推动了市场营销的变革。同时，社交媒体用户的大量自发传播，开始动摇传播学 5W 模式的"传播者控制受众论"，整合营销传播的"消费者中心"和价值共创理论崛起于新世纪，接棒麦奎尔"受众中心论"，开始成为广告学指导理论。营销中涉及传播的概念在数字市场运营体系中发生了剧变。

宾夕法尼亚大学的郎巴顿教授和牛津大学的史蒂文教授发现，数字领域的营销出现了全新的特征和理论，他们将其统称为数字社交移动营销（DSMM），特指以互联网平台为基础的新技术将广告传播资源和市场营销资源重新融合，形成全新的数字广告营销传播体系，与经典营销管理学有所区别。随后，美国西北大学凯洛格商学院的终身教授、营销学之父菲利普·科特勒更新了市场营销的定义，简称为 CCDV（Create, Communicate, and Deliver Value），即为目标市场创造、传播和交付价值。宾夕法尼亚大学沃顿商学院的营销学教授尤兰·杰瑞·温德提出，数字营销是全面使用数字移动互联网技术进行识别、互动、联结和测量活动，从而为目标市场创造、传播和交付价值。

美国西北大学梅迪尔整合营销传播学院的唐·舒尔茨教授认为，数字营销是基于数字技术的互联网平台通过为客户创造价值和从客户处获得价值，以浸合客户和建立可持续的客户关系的过程。

本书参考《营销管理》(第16版)中的定义,并进行了修改:市场营销是指用于设计、传通、交付和交易留存,对顾客、客户、合作伙伴和整个社会具有价值的商品(含服务)活动、制度和流程。

新营销概念中的用户价值创造是一个循环往复的过程。互联网信息传播技术明显加快了这一过程。传通的意义在于超越了促销组合,不仅传递信息,而且通过双向交互释放了价值生成,从而形成了一个全流程职能,如图3-1所示。

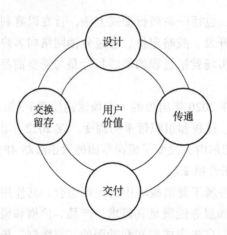

图 3-1　新营销概念中的用户价值创造过程

3.1.2　数字营销基于广告

自2000年以来,数字营销已包含网络营销、搜索营销、互动营销、社交营销、移动营销、自媒体营销、口碑营销、跨渠道营销、大数据营销等多种源于数字广告的新概念,这些概念彻底改变了营销,使其进入社交媒体用户、网络节点和智能技术的使用场景。研究者通常认为,数字营销发展至今,经历了四个与数字广告相关的阶段。

1)第一阶段(1999~2004年):数字技术开始改变在线营销方式,但当时营销经理对其缺乏了解。

2)第二阶段(2005~2009年):社交媒体从非主流进化到主流,营销经理和用户开始积极创造和发展数字营销。

3)第三阶段(2010~2014年):消费者已经将社交媒体作为实现目标、构建虚拟身份、社交互动、寻求信息、了解世界的首要途径,加速了移动营销、社交营销和跨渠道营销的不断创新。

4)第四阶段(2015年至今):数字营销所面对的媒体、渠道和技术发生改变,内容营销、消费者群体行动、针对精准数据的隐私保护逐渐兴起。2020年后,智能技术应用更广泛,数字营销深度依赖的数据基础也受到更强的监管约束。

数字营销对传统营销管理理论提出的新问题包括：

1）人们为何使用社交媒体？社交媒体如何影响他们的生活？
2）社交媒体营销何时优于传统营销？
3）成功的社交媒体营销战略的关键要素是什么？
4）营销经理是否需要区分用户（影响力强的用户、意见领袖及普通用户）？这种区分是否有用？
5）病毒型内容驱动销售的重要原理是什么？
6）何种数字营销活动对企业或消费者才是成功的？是否有比投资回报率（ROI）更好的评价指标？
7）面对数字环境，消费者的基本决策过程有何变化？
8）线上和线下营销之间的最佳平衡点是什么？
9）人际传播与技术互动之间的最佳平衡点是什么？

这些问题表明，数字营销领域的理论与传统营销理论的差距正在逐渐加大。

数字营销的发展阶段暗含了一个关键前提：数字营销与数字广告是密不可分的。第2章提到，数字广告对传统广告产生的替代效应导致它开始脱离原有的广告定义。若继续使用原有的"广告"定义，就限制了人们对互联网平台和数字广告经营者的职责的理解。因此，本书在探讨广告变革到数字广告的同时，也论述了营销正在变革到数字营销。自2005年以来，我国数字互联网行业就开始使用"数字营销"这一术语，涵盖所有由创新技术驱动的广告营销活动。

虽然我国也采用了电子商务、网络营销、搜索营销、互动营销、社交营销、移动营销、自媒体营销、口碑营销、跨渠道营销、大数据营销等多种创新的互联网营销概念，但使用最广泛的仍是数字营销（包含数字广告生态）。所有这些相关的营销概念并未消失，而是被视为数字营销创新的组成部分，目的就是创造出一套与西方传统营销管理不同的数字技术市场革命。

数字广告推动了数字营销向新路径发展，即数字化价值链的开放转型。无论是营销的数字化转型还是企业的数字化转型，大部分都是从以互联网平台为主的数字广告驱动的数字营销先行启动的。图3-2展示了数字营销的发展和企业数字化转型的趋势，数字营销迅速成为企业接入互联网广告发展的营销转型方向。互联网平台通常会向企业描绘数字营销的愿景，并展示数字广告超越传统广告的能力。品牌企业也开始构建自身的营销技术能力，积极应对数字互联网平台领导的广告趋势变革。当营销经理想要描述一种引领互联网时代先进性的营销方法时，通常采用"数字营销"这种表述方式，业务执行经理则更多地用"数字广告"来描述平台产品、计划预算和考量转化效率。

对比具体的数字广告产品和相关的数字营销类型时，会发现两者十分相近。例如，社交广告与社交营销、移动广告与移动营销经常不做区分地交替使用，搜索引擎营销（Search Engine Marketing，SEM）也常被称为搜索引擎广告。

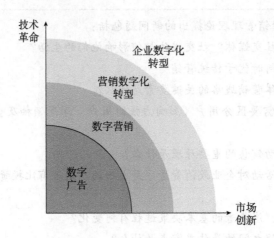

图 3-2　数字营销的发展和企业数字化转型的趋势

搜索引擎营销在业务操作层面细分为搜索引擎广告和搜索引擎优化（Search Engine Optimization，SEO）。搜索引擎优化是为了提高网站在搜索引擎自然搜索结果中的显示排名，根据搜索引擎排名算法对网站内容和技术进行的优化。

搜索引擎广告技术公司通常提供搜索引擎广告和搜索引擎优化服务。搜索引擎平台则直接向广告主提供搜索引擎广告服务，但不提供搜索引擎优化服务。搜索引擎允许广告主和广告技术公司在规则允许的范围内进行"适当的"网站内容优化，以给搜索用户提供更好的服务。

但搜索引擎会对搜索引擎广告技术公司的优化服务进行严格监管。通过定期更新搜索排名规则和升级技术，限制广告技术公司利用技术和规则漏洞为广告主创造"不公平"的营销优势。

搜索引擎营销基于搜索引擎平台，利用人们对搜索引擎的依赖和使用习惯，尽可能在用户检索信息时传递营销信息给目标客户。在实际市场中，搜索引擎营销还涵盖用户点击相关内容后跳转到的品牌落地页的过程。这种营销方式引导了网站分析和电商购物车的发展方向，进而在数字广告生态系统中催生了"数据分析"和"电商运营"的全新业务种类。

数字广告产品及技术特征的出现，从根本上革新了企业的营销职能和组织结构，重新定义了数字时代的广告职责。数字广告和数字营销都以数字技术为先导。数字广告是基于互联网广告位产品的数字化广告业务变革，而数字营销则是企业营销职能的前沿应用和技术改造，以适应新型数字市场的业务过程。两者都基于数字广告服务终端消费者的互联网接触点，因此数字广告和数字营销是一体两面的创新产品技术（创新了数字广告产品）与创新市场（含有大量交易，具有一定规模）。

数字广告中诞生了消费者发起的讯息形态，从社交媒体开始扩张，超越了品牌传播，覆盖了电商应用的营销渠道，一直延伸到广义商品服务的制造研发领域。网络技术让广告以独特的方式提供了信息双向传播和反应测量的可能性。数字技术的加入让广告具有了交互性，实际上使得品牌主发起的广告开始能接收到消费者"不接受"的反馈监测效果，这使得广告的营销目标发生了根本且重要的变化，原有广告主预算中的无效投放逐渐变得清晰可见。图 3-3 展示了数字营销领域出现的品牌/消费者发起、消费者接受/不接受组合矩阵。

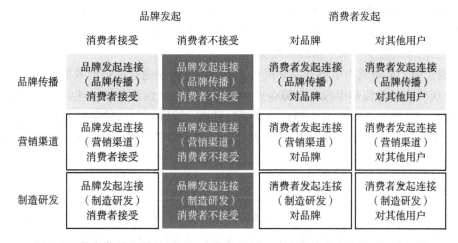

图 3-3　数字营销领域的品牌/消费者发起、消费者接受/不接受组合矩阵

信息通信技术的发展将数字营销（广告）带入了整个营销领域。营销经理可以从广告讯息中获取消费者意愿（包括需求），也可以从广告活动反馈和用户发起的讯息中获得消费者意见，包括对哪些营销活动和制造研发不欢迎的反馈。

实践表明，我国的数字广告已经拓展到传播营销与物流的供给与需求系统。广告不再仅仅是广告主通过 4A 广告代理商发起的付费讯息和促销术，而是要求营销经理考虑平台电商数字化链路营销环境下的传播、营销与物流支付的一体化整合。营销经理要想更多地运用数字营销功能，就需要积极地投入数字广告营销技术的建设，同时跳出传统营销知识和方法论。数字广告的快速发展和成熟，也给营销经理带来了更充分的理由和信心，让他们加快拥抱数字广告技术和营销技术。我国的数字世代营销经理能够自发运用互联网广告技能，挖掘年轻消费者的见解，发起更具网络优势的营销创新。

3.1.3　精准营销与数据伦理

数字经营已成为企业与消费者之间进行信息传播和贸易活动的重要形式。数字社交和电商场景与消费者的生活之间的联系越来越紧密。应用于广告营销的可寻址技术对用户定向和解决营销问题发挥着关键作用。

1. 精准营销

科特勒在 2005 年首次提出了精准营销（Precision Marketing）的概念："具体来说，就是公司需要更精准、可衡量和高投资回报的营销传播，需要更注重结果和行动的营销传播计划，还有越来越注重对直达销售的信息传播的投资。"这一概念冲击了传统的经营理念和营销方式，以网络和信息技术为核心的精准营销体系从技术方法上改变了传统广告营销，成为数字营销发展的主要趋势。

数字广告技术推动了数字营销的发展，早期的数字营销市场愿景就是"精准营销"。精准营销最初未受到监管，其实施策略完全依赖于数字广告产品。随着我国2021年《个人信息保护法》的实施，大部分"精准营销（广告）"已不符合国家现行法律法规，市场实践的发展和社会伦理的进步带来了新的规范要求。

"精准营销"早期成为市场普及和流行的概念时，旨在通过先进的数据库技术、网络通信技术及现代高效物流等手段，保障企业对顾客的长期个性化传播，使营销可度量、可调控。这意味着营销预算投放要承担更多责任，脱离"撒网式"传播策略，品牌委任给代理商的权限开始被收回。营销目标应基于CRM系统的数据定向来设定，从而解决广告投放不准的问题。但是，随着全球范围内开始通过立法来赋予用户数据权利，"精准营销"的广告意图越来越受到制约。

"精准营销"表达的个性化定制，涵盖市场定位体系、个性化传播体系、个性化产品和增值服务体系等。只有针对不同的消费者、不同的消费需求设计、制造、提供个性化的广告信息、产品和服务，才能精准满足市场需求。

"精准营销"建立在数字广告精准化的基础上，因此必然涉及个人信息授权和用户数据保护。

以大数据广告应用为例，大数据技术支持了广告投放的精准化。所谓的"精准定向"指的是向全部用户中的少数潜在目标顾客投放广告。可寻址技术为精准化提供了基础条件，而数字广告系统的程序化技术则为其提供了技术产品保障，同时还要保证合法合规的基础条件。

2. 数字营销逻辑

随着精准营销的出现，传统企业营销"以品牌主为中心"的广告逻辑发生了变化，数字营销的核心逻辑变为利用数字广告交互技术，实现"以消费者为中心"的营销与传播。

传统广告投放效果的下降表明了"传播控制论"广告的局限性。传统广告的营销投资回报率（ROI）长期依靠传统媒体和市场研究机构（如尼尔森和索福瑞）间接衡量，然后通过年度预算表来控制品牌广告预算增长。其中，受众到达率、千人成本等典型指标实际上测量的是广告战役的投放规模，均为大众媒体的测量效果。因此，这种广告效果测量实际上是借用了媒体传播效果测量。

传统广告运作紧密围绕媒体（价值）传播效能。广告战役（投放）首先基于媒体的内容定位来判断媒体受众的大致身份和特征，根据媒体的总量数据（如发行量、收视率、读者调

查等)来估算媒体价值,进而针对传统媒体的"时间"(广告时段)与"空间"(版面、广告位置)进行商业交易。这被称为媒体的"二次销售"原理,也是广告对媒体收入的贡献。

媒体"二次销售"原理,是指媒体先将内容免费"销售"给受众,然后用版面和时段将聚集的受众注意力"销售"给广告主。这指向了传统广告的核心逻辑:以媒体为中心,主要根据媒体价值来进行广告覆盖人群的投放。

传统广告通常无法直接对应广告活动的营销效果。作为战役结果的消费者实际购买金额,在营销历史上从来都是隐蔽的,因此在经济危机时广告预算常常首先被削减也就不足为奇了。

另一方面,消费者对广告的防御性反应日益明显,近年来大众媒体的"淘金热"逐渐走向尽头。消费者掌握的说服知识模型(Persuasion Knowledge Model,PKM)和广告回避理论(Advertising Avoidance Theory,AAT)加强了用户对互联网"信息爆炸"的自动屏蔽能力。因此,建立在精准化广告必要技术基础上的精准营销,在数字营销发展的"上半场"获得了广泛应用。但在2018年后,《个人信息保护法》和《数据安全管理办法》的出台促使数字广告经营者和互联网平台更谨慎地使用"精准广告"和"精准营销"这类词语,例如,将"精准定向"改称为挖掘"又尖又细"的用户需求。但无论如何,"精准营销"仍然是品牌主在数字化转型方向的长期目标和价值追求。

广告主和广告公司一度能够直接针对基于数据追踪和标记的"个体级"消费者进行营销活动。利用互联网聚集的用户及其行为数据,网站能够针对特定的消费者标签进行动态追踪和精准定位,分析消费情境和需求,实现高度个性化的广告推送,并精确分配广告预算以提升广告效果。此外,还可以根据广告效果的精确评估实时调整广告策略。

大数据技术使得数字广告形成了一个精准、实时、可控、具有反馈的"闭环"精细化管理营销模式。在这一模式中,互联网成为记录和保存用户行为的主要渠道和载体。使用接触点内容服务的消费者流量时长成为关键资源,并且顾客数据的保留决定了互联网平台基础的顾客生命周期价值得以被营销经理管理和计算。

3.精准化目标

基于大数据的精准化广告实现了从媒体价值到消费者价值的转变,符合"以消费者为中心"的理念。马特豪斯教授指出,大数据计算和程序化技术已将数字广告推广到整个互联网市场,以技术广告产品驱动电商和内容互联网的转化,形成顾客关系与浸合体验的闭环。

精准化目标使广告更重视效果导向。广告的数字化效果向后端移动到点击、转化、注册应用、达成交易等营销成果,包括顾客留存和顾客关系管理,变革形成链路化的新营销效果。当互联网行业和企业营销经理转向采用精准化广告目标时,基于曝光数和品牌记忆度的传统广告效果无法实现其营销目标。在大数据时代,广告成为提供个性化信息的手段,更能适时、适地、适度地满足目标消费者的需求。

在传统广告运作中,广告与内容是严格区分的,但大数据时代的精准化广告模糊了这一界限。广告可被视为一种带有"价格标签"的内容,广告和内容的边界开始融合,呈现出广告内容化和原生化的趋势。在数字营销环境中,内容营销得到了快速发展,成为企业的一个新兴营销业务。

本书所论述的**精准化广告**,指的是通过技术手段细致地识别和发现流量用户的广告位,为其实时匹配个性化的广告内容,以提高广告解决用户需求的能力并提升广告互动效果,从而促进营销效果与品牌价值平衡发展。此外,精准化广告通过与电子商务的购买支付体系相结合,能够直接促进广告点击转化为消费购买,形成"广告-用户-电商-顾客"的营销闭环,提升广告投放的转化率和投资回报率。效果广告降低了广告主的预算门槛,也变得更适合中小型企业。

对于在传统广告时代表现出色的品牌广告主而言,重视效果营销并不意味着忽略或取代品牌营销。

一方面,效果广告(营销)是品牌营销的补充,侧重于传达个性化和特质。效果广告让品牌能够针对不同特性的消费者,通过不同的媒介渠道,推送创意内容各异的广告,传达更丰富的品牌特性。

另一方面,品牌价值仍对消费者的品牌选择和消费决策产生重要影响,量化品牌对效果的影响以及通过品牌广告效应提升广告效果转化成为广告营销的新课题。

互联网平台最快响应了营销的精准化要求。在互联网的用户信息界面接触点,实际上运用了计算广告等方法来实现内容推荐和高效用户交互。广告、公关、人员推销、销售促进、事件营销、网络营销、社交营销、邮件营销等都已整合到数字营销的精准化目标。大数据技术、可寻址技术和实时广告数据计算对营销研究和数字广告产生了巨大影响。随着精准化目标的实现,诸如投资回报率和广告支出回报率等数字营销科学计量指标开始出现,促使数字广告(营销)追求高精准策略,从理论和实践上改变了企业数字营销的功能,最终形成相应的互联网平台经济与社会关系。

4. 数据保护伦理

新生代营销经理迅速拥抱科特勒教授提出的"精准营销"观念,高度认同精准营销是数字营销的核心宗旨和目标。依赖于数字广告市场的技术产品创新,经过二十多年的发展,精准营销正走向成熟和规范化。同时,精准营销(广告)引发了欧盟《通用数据保护条例》和中国《个人信息保护法》等法律法规的严格监管。

随着互联网行业进入数字营销的"下半场",行业开始着手规范化"精准营销"术语的使用。在具体的业务场景下,形成明确的精准营销操作定义,要求企业准备好关于数据、接触点、用户和交易的合规说明。企业在维持精准化营销目标的同时,需要审慎地使用面向市场用户的精准营销术语。在开发精准营销(广告)策略时,企业必须深入理解本国的法律法规，遵循个人信息保护原则，并建立符合社会发展预期的用户数据商业伦理。

3.2 整合全渠道营销

在互联网平台，数字广告引发的用户行动可以直接转化为销售交易。由此，数字广告具备了跨越线下渠道并整合引领数字营销的新能力。广告行业从市场营销 4P 组合中促销里面的一项委托代理业务，通过数字广告平台激发的商业模式创新，推动主流营销变革为数字营销。自 2018 年开始，我国的互联网行业进入数智时代，也就是数字营销的"下半场"，把营销按"数字"和"传统"区分开的割裂经营思维已经成为过往观念。

数字营销的建设包含了广告位资源的创造和营销交易渠道的融合。企业营销的重点转向数字营销，数字广告技术具备通过信息双向交互满足用户需求的能力，紧接着释放出跨渠道传播营销的能力，数字营销通过数字广告覆盖所有互联网平台渠道。

3.2.1 全渠道营销

在大众媒体时代，广告简单地通过媒体触及大多数"受众"，即消费者。但在数字市场，需要通过互联网平台来建立与用户的连接，包括借助社交媒体在内的各种在线渠道创造竞争优势，激活用户关注和参与品牌内容。实现"哪里有用户，哪里就有广告"，因此诞生了全渠道营销。

1. 全渠道定义

全渠道营销是指在所有渠道范围内实施广告投放以促成商品交易。这要求根据目标顾客对不同渠道类型的偏好，实施相同或不同的营销定位，并匹配相应的产品、价格、渠道和信息策略。全渠道，在字面上就意味着不再区分营销渠道和传播渠道。全渠道营销需要在用户触达的大多数营销渠道中，通过线上或线下各种途径投放商品和广告信息，为用户创造有效的内容体验，引导用户进入购买决策，完成交易并维护顾客关系。

在信息爆炸的时代，顾客接触到的信息非常多样化。一致且流畅的体验能够降低用户的认知成本。如果内容能引起顾客的兴趣，那么在用户关系层面的互动转化率就会更高，进而提升营销收入。全渠道营销的出现源于互联网的发展推动普通消费者话语权的提升。消费者在网络中无处不在，网络对消费者的影响也无处不在，这使得广告的影响力也要无处不在。如图 3-4 所示为用户的全渠道示意。

全渠道营销符合用户对媒体渠道的偏好。在传统媒体时代，没有单一媒体能够触达所有消费者，选择任何一种媒体都意味着限制在一部分用户范围内。每个网络渠道也只能影响部分数字用户，单渠道的影响很难满足所有消费者的决策过程。因此，企业进入了横跨多种营销渠道的新营销阶段。

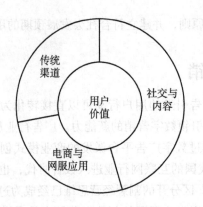

图 3-4 用户的全渠道（全部接触点）

全渠道营销有两个与之相关但容易混淆的概念：多渠道营销和跨渠道营销。

多渠道营销：指品牌通过多种渠道与顾客建立营销关系，这些渠道相互独立，彼此之间并不互通。用户难以从一个渠道跳转到另一个渠道，也没有记忆功能，无法在另一个渠道的对应点完成后续购买行为。

跨渠道营销：能够在不同营销阶段、不同渠道之间平滑过渡，具有流畅的用户体验，并且能够共享信息，使得用户在整个购物过程中可以横跨多个渠道。

2. 实施全渠道策略的步骤

1）确定顾客画像：明确的顾客画像包含关于目标顾客的详细信息。新增信息可以帮助营销人员判断他们应该聚焦哪些投放渠道，以及采用何种投放形式，使用什么呈现方法、语气语调等。

2）选择要投放广告的渠道：每个投放渠道都需要大量时间和预算，因此企业需要确定合适的营销策略和内容，根据顾客画像和业务目标选择合适的投放渠道。

3）创建跨渠道的一致体验：在全渠道营销中，拥有跨渠道的一致体验是很重要的。企业需要确保团队成员都清楚业务的营销定位和目标意图。

4）理解每个渠道的投放规则：营销内容需要保持一致性，但也必须针对每个投放渠道进行战术设计。例如，微博适合进行品牌表达和发布新品动态；抖音、快手适合发布短视频内容；知乎、百度知道适合问答型推广；简书适合内容创作等。应根据不同的投放渠道创建不同类型的内容。

5）开发营销自动化：为了进行全渠道营销，企业会使用营销自动化工具。这些工具可以追踪顾客授权的来源和行为轨迹，然后针对不同渠道的顾客采取不同的营销策略。例如，利用数字广告技术监测顾客是从哪个渠道进入的、访问了几个页面、在哪个页面完成转化等。营销自动化工具最早源于数字广告技术，帮助企业决策营销投放，匹配顾客的独特路径。

6）计算渠道营销效果：企业需要仔细计算多渠道投放后对最终顾客转化的贡献，并确定每个渠道的价值创造差异。这涉及改进数据收集和用户洞察的能力。全渠道营销能帮助企业有效地收集和统一管理不同渠道的顾客数据，全面分析数据将有助于了解顾客，为顾客量身打造内容，从而提升销售转化率。

3. 全渠道营销价值创造

全渠道营销旨在从不同渠道上用合适的信息表述商品体验，用合适的内容促进数字体验和用户旅程。无论企业的顾客是通过移动、在线还是到店的方式使用内容、服务或是购物，都应获得优质的顾客体验和用户旅程动线。

沃顿商学院的温德教授在研究接触点"无缝体验"时融合了数字体验的用户旅程动线。在用户旅程关系中，全渠道营销的重点集中在人文内容和商品服务的体验创新。因场景而提升的渠道消息传播，寻求为每个用户需求接触点建立讯息服务以及优化定价。这增强了消费者对品牌的熟悉程度，从而提升了品牌的用户价值创造和顾客留存。

全渠道营销使企业能够真正了解用户的需求痛点，根据用户行为实时调整营销策略。通过对用户进行画像以及跟踪他们在不同渠道的行为，判断出用户的消费行为和偏好。这意味着企业需要动态调整投放的关键词、图文视频等素材，以适应不断变化的消费行为，改变投放人群，实时获取改进后的效果数据。

全渠道营销要求进行细致的用户画像，创造新价值来满足新的用户需求，还需要理解消费者的购买行为是全渠道的。他们可能进行网购，也可能在实体店体验或购买，还可能受到朋友圈的影响或在有过数字体验后进行购买，还会转发新内容，积极与朋友讨论。

全渠道用户的行为表现有：
1. 购买不再局限于单个渠道，用户可能从各个渠道购买产品；
2. 用户变得更加数字化，内容对他们来说更为重要；
3. 从企业希望的以渠道为核心的购物方式转变为以用户目的为核心的购物方式；
4. 希望与每个品牌的互动与购买相关且具有品牌一致性。

有调查显示，75%的消费者期望无论何时何地（如网页、社交媒体、移动端或面对面）都能获得一致的消费体验。一些营销经理估计，缺乏全渠道战略的企业至少损失了现有收入的20%。能够适应消费者全渠道购买行为的企业才能赢得顾客。全渠道营销已成为企业开展数字营销的重要战略选择。甚至线下商超也在积极参与全渠道营销，例如奥乐齐（ALDI）和全食（Whole Foods），有数据显示它们的线上零售业务达到了市场总收入的20%以上。在中国，2023年沃尔玛中国（含山姆店）的数字零售收入比例高达50%，超过了全球沃尔玛商超行业数字化转型的平均水平。

全渠道营销的市场收入很大程度上来自数字广告技术的贡献。传统营销者之前从未大规模使用互联网广告和大数据产品。现代企业看到新机会，基于从各个渠道收集的数据构建用户画像，为每位个体消费者绘制独一无二的顾客轮廓（见图3-5）。这些独特的用户画像用于向消费者发送个性化定制的广告信息，提供个性化服务，创造个性化体验，从而锁定顾客价值，主动留存和使用品牌服务。但请注意，只有在用户授权许可的情况下，才能合规地提供"一对一"个性化营销。

图 3-5　用户画像技术

全渠道用户画像可以揭示更多关于个体消费者的购买细节，例如：

1. 消费者偏好通过哪些渠道和使用哪种设备浏览和购买商品；
2. 企业发布或改进哪些内容时，消费者的反应更佳；
3. 企业应以何种频率、在何种时段向消费者推送内容以获得最佳效果；
4. 消费者更倾向于购买哪些产品；
5. 向消费者推送哪些促销优惠会获得最佳效果；
6. 推荐哪些广告和商品更能促使消费行为发生。

用户画像整合最初由在全渠道中收集数据来实现，整合完成后，用户画像又会反过来支持企业全渠道策略的成熟发展和业务增长。执行全渠道营销的优秀企业能够从各个渠道收集到数据。相比之下，许多企业声称其无法整合来自各个渠道的数据，就是因为缺乏数字广告营销技术产品的支持。并非所有追求全渠道的企业都能构建整合用户画像。

全渠道营销推动传统营销的渠道分销体系发生变革。无论是以内容和社交为主的互联网平台，还是专注于电商交易、本地服务和应用下载的互联网平台，都需要融入数字营销渠道的接触点管理范畴。数字广告技术通过编织网状的用户接触点反馈，形成了以新用户、产品和数据方法为核心的数字营销模式。想象一下，各大品牌需要在近十个主要电商渠道上销售商品，并在十余个主要的内容与社交互联网平台上发布广告信息并与顾客互动，这就说明了数字营销技术跨平台管理的重要性和挑战。显然，传统的营销渠道战略无法解决数字化渠道的问题。这也是第三方电商代运营（代理品牌主的互联网电商业务，简称TP）

行业兴起的原因，它代表了加入新渠道的数字营销生态。数字广告生态的业务范围已经超出了传统广告代理商的界限。

全渠道营销战略并非意味着企业营销需要开拓多元化渠道，而是指企业的渠道战略需要全面拥抱电商和移动互联网，运用数字广告技术发现消费群体和个性化需求，开展全域渠道触达和互动，提高营销传播效率，创造无缝购买体验，从而更加便捷高效地建立品牌与用户的连接。

3.2.2 整合营销传播革新

社交媒体和移动技术的发展赋予了消费者更强大的能力，加剧了受众和媒体的碎片化，以及用户生成内容的增长。这些因素使得数字传播渠道愈发饱和，舒尔茨认为这从根本上改变了整合营销传播（IMC）在1993年诞生时基于线性媒体组合的理论基础。

舒尔茨在2005年提出了整合营销传播2.0理论，并在2018年进一步提出了协商品牌理论，形成了升级的整合营销传播3.0理论。整合营销传播的发展经历了营销传播范式的诞生、发起研究新广告，以及欧洲关系营销学派的服务主导逻辑等多种理论的贡献。

1. 整合营销传播的三个发展阶段

近年来，随着品牌接触点的增多和消费者在多数字环境中信息访问量的增加，控制权从营销者转移到了消费者。社交媒体和品牌社区的发展意味着消费者可以影响他人的决策，参与企业核心产品价值的开发，使得内容创造者和消费者变得更加活跃。品牌价值主要发生在顾客心中（如意识、联想、忠诚度等），标志着传统营销管理的商品主导逻辑转向整合营销传播理论所倡导的服务主导逻辑。

舒尔茨与欧洲整合营销传播学者共同开发了价值共创理论，提出营销传播、品牌意义和品牌整体领域正在向市场趋同。

互联网消费者权力的提升推动了整合营销传播理论从线性IMC到多维度IMC的三代演进，其特点是营销组织需要管理多传播渠道和品牌接触点系统，包括公司发起和消费者主动行为的紧密关联，如图3-6所示。

IMC 1.0理论，即线性IMC，由舒尔茨教授于20世纪90年代提出，并于同年与4C营销理论创立者劳特朋教授合著了 *Integrated Marketing Communications*。这一阶段的整合营销传播主张打通企业和消费者之间的各种传播渠道，当时由企业控制品牌，主要关注通过广告创造品牌印象。IMC支持整合传统和创新传播工具，增进与消费者的关系。我国企业大多在2000年左右接触到这一理论，然后该理论迅速在市场上流行开来。

IMC 2.0理论，即协同IMC，在2010年左右引入中国。IMC 2.0提出了互动型品牌的概念，聚焦于通过顾客关系协作和用户创新行为来集中开发品牌价值 。

有关IMC 2.0理论的更多介绍，可参考舒尔茨所著、沈虹等翻译的《重塑消费者—品牌关系》，该书由机械工业出版社出版。

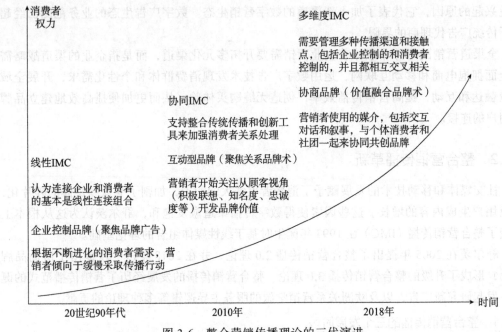

图 3-6 整合营销传播理论的三代演进

IMC 3.0 理论是多维度 IMC，需要管理多种传播媒体和品牌接触点，其中部分由企业控制，部分由消费者控制。广告互动由互联网数字技术发起，用户互动成为数字技术的特征，被所有数字营销产品保留。协商品牌理论主张"用户－接触点－品牌"的价值关系融合。营销者使用数字信息来调解互动、对话和叙事，开始与个体消费者和社群共创品牌。

图 3-6 中的纵轴代表消费者权力的上升趋势，IMC 1.0 到 IMC 3.0 的演进是随着数字赋能消费者而升级的。舒尔茨建议营销经理超越 IMC 1.0 理论，采用多维度 IMC 理论和价值共创机制，让每个接触点都能贡献数字体验。

2018 年底，舒尔茨教授指导笔者数字广告理论时，特别嘱咐 IMC 学派的后继领袖是马特豪斯教授，他是美国西北大学整合营销传播学院和信息工程科学学院的双聘教授，也是梅迪尔学院唯一的博士生导师。

舒尔茨教授于 2020 年 6 月离世。为了致敬他对中国广告业发展的卓越贡献，2020 年底在全国广告学术研讨会暨中国广告教育年会上，中国广告协会学术委员会主任陈刚特别设立了"唐·E. 舒尔茨与中国广告业发展"纪念会议。IMC 学派的理论对中国广告学的发展与营销创新仍然具有重要意义。

2. 协商品牌理论与价值多维共创

在服务主导逻辑（SDL）中，企业活动的目的被视为促进顾客自己的价值创造过程，而不是由制造和分配单位决定。从消费者视角看，产品的内在价值因人而异，价值创造源于顾客从商品所有权延伸的使用消费中获得的内在和外在利益。服务主导逻辑着重解释行动者（如企业和消费者）如何通过"服务换服务"的交换来创造价值。整合营销传播作为资源整合和协商过程，整合品牌与顾客之间的不同接触点，通过调整品牌标识和产生企业价值/品牌资产，为双方提供新兴的传播策略。舒尔茨在整合营销传播理论3.0阶段将这种建立新型合作化品牌的价值共创共享定义为**协商品牌**。

协商品牌指企业、客户和其他利益相关者整合其资源并通过数据和信息传播交换知识和意见，其重点在于共同参与创造品牌价值的过程。协商品牌也是数字用户积极参与品牌活动，甚至主动参与品牌推广，将品牌宣传视作自己社会使命的结果，其价值由企业、客户和其他参与者的协作共创活动产生。营销传播在消费者社区、群体或临时聚合中的实时整合，尤其是在社交媒体以及服务接触点的数字化中，对数字营销流程的整体成功起着决定性作用。

舒尔茨教授特别提到了中国整合营销传播学者对协商品牌理论的贡献。他在《重塑消费者—品牌关系》一书中着重感谢了中国广告学者在发展消费者与品牌数字关系方面的创新贡献。

舒尔茨教授也对笔者编写《未来广告：中国广告业未来发展与数字营销传播前瞻（2025—2035）》一书给予了真诚的建议和协助，本书探索中国企业家对广告、品牌和营销技术的战略预测，得到了中国广告协会会长、国际广告协会副主席张国华作序推荐。

3. 以消费者为中心的价值多维度共创

互联网平台掌握的数字广告将品牌整合进消费者的生活中，创造了使用互联网产品和自媒体的新型情感消费者—品牌关系。消费者参与品牌体验创造的意愿变得更强烈。在相互关联的互动场景中，仅仅依靠企业内部的品牌传播似乎不再足够，营销经理需要制定符合数字世代青年文化心态的策略，接受与各种消费者群体之间关于品牌和需求的交互协商。顾客社群支持传播经理通过"社群与企业"的互动创造品牌新知识。数字体验是用户在使用过程中的"传播"，分享整合各种来源信息的用户创新，并创造新内容。表3-1展示了多维度整合营销传播中的主要内容。

表3-1　多维度整合营销传播中的主要内容

领域	重点	主要问题关切
战略导向	社群中心导向	营销者是否有开放的文化思维方式与消费者社区协商共创品牌？ 营销者是否能够识别和评估以消费者社群为中心方向的有效性？ 营销者如何利用社群互动内容来帮助他们制定IMC战略？
战略过程	新兴战略	IMC经理采用紧急策略的机会和风险是什么？ 管理者如何选择消费者浸合策略，以更好地适应消费者赋权和战略紧急需求的情况？ 管理者如何利用消费者产生叙述，在众多品牌接触点中增强所有信息的战略一致性？

（续）

领域	重点	主要问题关切
战略实施	混合传播组合	如何管理传播工具与数字平台增长之间的相互作用，从而提高传播层面的整合度？ 营销经理用哪些技能来促进消费者内容生成和开发与之统一的消费者—品牌价值体验？ 营销经理如何从用户社交关系网络中创建混合传播组合，影响其他消费者权利和增加传播接触点流转？
战略绩效	基于互惠的评估	管理者如何在交互式和协商品牌的市场中评估IMC测评的充分性？ 营销经理如何评估IMC计划真正实现"互惠"的双向传播？ 新技术（例如神经营销和智能化）是否有助于管理者评估互惠价值？

协商创造价值成为IMC管理者的新前沿，越来越多的用户加入创造品牌的传通型营销中，营销者加强与顾客的协商，共同发展品牌理论和技能。

协商品牌理论加强了"以消费者为中心"的品牌理论。主张品牌与顾客连接是企业与顾客协同理论中最核心的关系。

品牌的忠实顾客在接收到品牌方发布的信息后，可能会通过社交媒体平台发布个人购物笔记或口碑评价，品牌方可以根据其反映的需求来完善品牌或打造符合市场需求的新品牌。

在社交媒体中收到品牌信息时，这些顾客将会开始新一轮的需求和口碑反馈，为品牌创建做出贡献。品牌方发布的信息可能直接触达顾客，也可能被其他顾客从已生成的凝聚顾客个人品牌意识、品牌形象、品牌情感和情绪的内容中间获得。

我国华东师范大学营销学教授何佳讯也提出了企业与顾客协同共建的品牌理论。

IMC 3.0 理论建议对现有品牌目标进行调整。企业经理需要考虑如何评估顾客的授权程度、连接和影响他人的能力，以及对品牌连接方法和传播的自愿投入等。"以消费者为中心"的品牌增长趋势的特点是流动性更强，缺点是减少了传播者对广告的控制，优点是受到消费者欢迎和主动推荐。

总之，随着数字技术和消费者授权趋势的发展，IMC学派认为管理者和营销经理正处于职业发展的十字路口。传统营销管理学的"计划-组织-领导-控制"逻辑与大众传播学5W模式的"控制论"虽有共通之处，但双向交互的数字技术革命对原有学科界限和思维定式形成了"破坏性创新"。最终，IMC 3.0 理论认为，新的品牌价值是数字双向传播的协商交互式用户联结和社群组织。IMC学派坚持了30年的理论创新，将消费者—品牌共创价值推向了数字营销理论的前沿。

3.3 本章小结

自2000年以来，随着互联网技术的发展，数字广告给全球营销领域带来了革命性的冲击，为商家提供了全新的广告产品，洞察顾客的方法，吸引关注以及推广商品的营销模式。

互联网科技发展进一步推动了全球经济与社会变革，最早始于网民使用网站，如今这股潮流仍在继续。数字营销意味着企业广告营销预算转向数字方向。数字广告成为互联网产业集团最早也是最主要的收入来源。

大数据驱动下的互联网平台广告产品改变了"以营销者为中心"的营销控制逻辑和"以传播者为中心"的传播控制逻辑。数字营销技术更加注重效果导向，确立了以精准化营销为目标的传播策略。

数字互联网平台同时具备媒体传播和通过营销满足需求的能力，数字营销能够承担更直接有效的营销活动，实现整合营销传播学派主张的"以消费者为中心"。全渠道营销的根本在于消费者赋权的用户价值路径，数字赋权用户创造价值和互联网双向交互技术，不仅改变了传播方式，也改变了营销模式。

本章术语与重要概念

市场营销	精准化广告
传播学 5W 模型	数据保护伦理
数字社交移动营销（DSMM）	全渠道营销
搜索引擎营销	多渠道营销
精准营销	跨渠道营销
媒体"二次销售"原理	整合营销传播理论
说服知识模型（PKM）	价值共创理论
广告回避理论（AAT）	

本章思考题

1. 企业营销信息触达用户的主要形式有哪些？
2. 多渠道营销和跨渠道营销各自的含义是什么？大、中、小企业应该如何使用全渠道营销策略？
3. 整合营销传播学派提出的与营销管理学派的"营销者控制"和大众传播学派的"传播者控制"都不同的理论主张是什么？你认为 IMC 理论更适用于指导互联网时代的数字营销（广告）的根本原因是什么？

第 4 章 数字营销创新理论

本章指引

在 20 世纪早期，我国的工业化进程、商品经济和消费社会发展与发达国家相比存在数十年的差距。然而，在改革开放四十年后，我国在互联网应用领域实现了"弯道超车"。具体来说，我国的移动支付系统安全保障完备，快递物流服务业高度发达，移动电商处于全球领先地位，互联网数字广告驱动的经济转型，成为我国 21 世纪前二十年追赶并引领世界潮流的重要途径之一。追求前沿技术与数字应用的全民共识，离不开每位国民的使用创新。甚至一些西方互联网平台也在大量学习我国互联网创新产品应用经验。

我国改革开放的成果不仅体现在国内生产总值连续超越英国、德国、日本等发达国家，现已位列全球第二，也在一定程度上集中体现在互联网科技平台承载的广告与电商体量上，这些平台成为推动我国制造业"走出去"的数字"出海引擎"。原产于中国的 Temu、Shein 和 TikTok 等电商、社交媒体平台在海外发展迅速，据统计，中国商户的数量在亚马逊上开设的海外商户中是最多的。

从 2017 年开始，我国互联网领军数字企业总结发展经验，提出了适用于我国互联网发展模式的广告营销模型与数字创新理论。这些模型与理论集中指向了一个未知领域：寻找海外商学院尚未发现的数字营销发展道路，更好地引领数智时代互联网广告与平台型经济的发展。经由互联网广告行业发起，我国数字广告营销业界联合高校学者在全链路营销、公域流量广告、私域流量广告、数字增长指标（营销）、品效销、广域集客营销、闭环营销模型等方面取得了一些新颖的理论创新。

学习数字广告生态的学生应掌握我国数字广告营销的自主理论创新，了解全球互联网大国的数字消费者行为。理解为何许多中国企业和互联网公司在某些方面触及了全球产量或使用人数的最高点。当中国企业在一个个品类中开始成为全球市场领导者后，如何进一步发展营销？商品与品牌海外传播向何处去？这就需要更加适用于我国本土企业开发全球化市场的数字营销理论成果，西方营销理论并不能指导中国企业长期成为全球品牌领导者。我国许多企业家和学者广泛吸收海外理论成果，勇敢地闯入数字市场理论的"无人区"，提出前沿概念和理论模型，引起全球营销企业和学者的关注。

本章将探索我国的数字营销理论创新成果，主要包括以下三项内容：

- 中国互联网平台诞生了全链路营销、公域流量和私域流量的重要营销理论；
- 数字增长营销对西方传统的营销管理理论的重点突破；
- 广域集客营销开始超越传统营销学的广告职责。

4.1 全链路营销

当企业踏入数字市场，它们便进入了数字营销（广告）的新领域。针对数字用户的营销活动在很大程度上转移到了互联网平台上。在我国市场上，营销人员更多地采用数字广告与数字营销测量体系，努力将企业的市场营销运营系统直接连接到互联网广告投放系统。

全链路营销指的是基于深度数据分析，对数字广告投放前策略、投放中控制、投放后优化和维护的每一个环节，按照转化效果反馈调整广告内容，确保逐层效率提升的递进式营销过程。它的目标用户、营销机会、媒体选择和竞争环境都是在数据科学分析的基础上快速调整的，以适应消费者不断变化的需求。

4.1.1 全链路要素

经典营销注重于分阶段职能的提升，但在数字技术的"破坏式创新"影响下，原有的STP+4P营销战略进程不再适用。全链路营销始于互联网平台对数字广告的全程运营，从数字用户接触广告开始，通过引流转化、处理用户反馈与信息交互、顾客留存和关系建立，形成全链路营销的完整环节。全链路营销要求从数字用户的消费者旅程视角出发，一体化地设计广告、社交、电商和顾客留存关系的链路，并根据数据反馈结果调整和优化链路运营。互联网平台经营的日活用户流量、内容与交互行为，以及用户的再访（七日活和月活）增长，成为重要的经营指标。

数字广告首先覆盖了前链路营销广告系统，全渠道电商经营平台迅速建立其数字广告产品，直接打通前链路（购买前）和电商交易（购买后）的广告系统。后链路原先指顾客关系管理和口碑管理，现已扩展到包括用户体验分享系统、用户口碑与用户生成内容的新广告领域。通过拓展私域流量管理，企业营销迅速进入用户传播层面的接触点，技术广告创新将全链路纳入数字广告生态。快速发展的数字营销和广告还将电商营销代运营（TP）纳入其范畴。互联网平台在探索"全链路营销"概念时，主张基于数据分析进行运营，全面支持商品营销增长。

全链路是用户从首次接触品牌到最终消费的整个路径。在全链路营销中，贯穿消费者接触品牌到完成转化的全过程，营销手段一直在引导消费者进入下一环节，最终实现转化目标。全链路营销深入关注与消费者接触的每一个节点，其目标包括引导、激励转化，驱动消费行为。

简而言之，早期营销管理学派认为整合营销的目标是影响消费者的购买决策，占领消费者心智。从 4A 代理商视角，新媒体广告的出现并未改变这一点。实际上，数字广告推动的全链路营销直接驱动了消费者的购买行为，包括流转、使用满意后转化为数字留存。互联网平台上的链路营销由数字广告技术产品组成。我国企业的互联网广告营销模式从数量和种类上超越了海外传统营销学。

许多品牌在构建和运营数字渠道时，最初都是由精通数字广告与数字营销的公司帮助完成的。出海电商、直播电商、私域流量、增长黑客、数字内容资产、程序化创意等创新营销概念的流行，都离不开数字广告技术企业的有力推动。

中国企业在电商和数字营销的许多领域拥有全球领先的优势，这一优势超越了欧美同行对广告链路营销的想象。这主要得益于中国用户熟练的数字消费行为，愿意选择互联网平台服务（包括广告）和数字营销产品系统，认为其使用体验优于传统媒体和线下渠道。这改变了本土企业对海外商学院理论和国际 4A 广告集团的态度。结果是，本土新消费品牌率先拥抱互联网平台的广告产品，获得了超越传统品牌企业的数字增长。

最终，我国的数字营销建立在全链路数字广告发展的基础上，将无形的观念与内容、有形与无形的服务、有形的产品以及渠道系统的实体物流、到店与支付，通过数字化、智能化技术推动，形成线上线下融合的模式。技术推动了供需系统形成效率革命，使得数字广告跨越了西方学科的营销与传播分野。这一变化对应了传统学科革新进入转型发展阶段，具有中国特色的数字广告生态理论逐渐崛起。

4.1.2　数字链路营销

2022 年，营销学者科特勒在《营销管理》（第 16 版）中肯定了数字营销已经跨越新媒体广告和社交媒体营销阶段，进入数据智能时代的"下半场"。

在互联网行业，分析消费者兴趣接触路径的数字链路营销已成为主流。全链路模型的吸引力在于各大企业通过数字营销创新活动吸引用户加入品牌数字链路旅程。主要互联网平台纷纷推出自己的全链路模型，吸引企业部署数字营销活动，产生全部营销数字化结果。互联网平台通过广告服务和用户流量吸引企业开设活跃的广告账户。

例如，阿里巴巴推出了 AIPL 营销模型，字节跳动推出了 5A-GROW 模型，腾讯提出了 5R 模型。数字营销模型方法论能同时满足用户和品牌商家的需求，有效支撑了互联网平台的数字广告生态。互联网平台掌握了用户数据流量时长和内容（商品）所含广告位，在全链路营销中占据巨大优势。

数字营销模型的提出标志着数字营销发展到深水区，数据权利和价值计算转移到互联网平台枢纽。数字营销大多数情况下依赖于互联网平台采集和处理数据。由于用户的数字互联网使用习惯不断加深，企业难以放弃数字互联网链路，更无法回退到"双轨制"的渠道分销和媒体传播。这是由一个国家和地区进入重度数字化社会决定的。

为何链路营销能从互联网广告平台中诞生并超越传统营销管理呢？这主要是因为链路代表了平台在精准识别用户接触点后，通过组合计算形成的消费者行为旅程。数字广告技术的发展决定了互联网平台是开发和掌握链路营销理论模型的关键，而非大型制造企业、大型商超或原有广告传媒集团、传媒集团。这反映了 21 世纪互联网生态和组织流程在信息技术方面超越了 20 世纪科层制组织的工商业品牌价值流通体系。

1. 阿里巴巴 AIPL 全链路营销模型

我国互联网平台在程序化广告成熟后，开始推动广告智能化，引领全链路营销新模式。2018 年，阿里巴巴推出 AIPL 模型：Attention（关注）—Interest（兴趣）—Purchase（购买）—Loyalty（忠诚）。这标志着我国互联网企业首次建立起"广告－电商"全链路营销模型，开始在数字营销理论上领先于海外。AIPL 模型实际上还包括一个前提，即数字广告位机会（Opportunity），它是 21 世纪数字技术创新的产物，反映了互联网平台在检测并计算数字用户流量生成方面的能力。因此，AIPL 模型的全称应为 O-AIPL 模型。

数字广告直接引流至营销机会，"购买"和"忠诚"被整合进数字广告与营销一体化的消费者模型中，从广告到营销忠诚形成闭环。AIPL 应用于阿里巴巴的人群资产定量模型，成为数字营销全链路概念落地的关键环节。全链路的核心在于广告链路（传播漏斗）和营销链路（销售漏斗）的打通。

2. 字节跳动 5A-GROW 内容营销模型

2019 年，字节跳动构建了 5A-GROW 模型，同样基于掌握互联网用户流量的广告位来推动商品营销。这个模型的前半部分采用了科特勒在 2017 年提出的 5A 营销模式，即 Aware（关注）—Appeal（诉求）—Ask（询问/搜索）—Action（行动）—Advocate（拥护），后半部分的 GROW 是中国互联网营销增量的理论方法，即 Gain（品牌知名度）、Relation deepening（深度种草）、Owned self-media（众媒养成）、Word of mouth（口碑建设），用于衡量营销活动效果并指导活动优化。用户曝光机会（Opportunity）指的是广告位现在是营销发起端，因此这个模型的全称同样应为 O-5A-GROW 模型。

在移动互联网时代，传统的线性营销漏斗路径已经变得更加复杂，忠诚用户同样有可能转向其他品牌，而对品牌仅有基础认知的用户也可能直接成为忠实粉丝。字节跳动的 5A 用户管理模式和 GROW 方法的精细量化是这一变化的反映。通过 O-AIPL 和 O-5A-GROW 等模型，我国的互联网平台不仅在理论和方法论上领先，还在数字广告智能化建设上处于主导地位。由于平台掌握着用户流量的数据闭环，流量效果与广告位价格开始联动，标志着数智时代营销数字化的开始。

3. 互联网平台链路营销模式的竞争

互联网平台之间的竞争迅速演变为不同链路营销模式之间的竞争。除了阿里巴巴的 AIPL 和字节跳动的 5A-GROW 之外，腾讯提出了 5R 模型和"全链路营销"的概念，百度提出了 Omni Marketing 的品牌营销全域方案。

在链路营销时代，以直播场景为例的消费者购买路径：

前端，如直播间"种草"，消费者受情绪和环境推动产生了购买冲动。

中端，直接在直播间下单，让用户接受当场购买价（领取折扣券），加入购物车即可进入下单配送环节。

后端，下单后你还可以加入主播的粉丝群，主播借此完成粉丝沉淀，将其转为订阅用户。

请注意，全链路营销有必要留存顾客和数据，使得用户重访平台时能够被迅速识别和联结。

直播电商作为互联网平台服务的一种，进一步优化了链路营销流程。例如，利用淘宝的巨大流量或小红书 KOL 的信任背书，可以轻松达成"种草"和商品销售。平台背后的大数据技术和机器学习技术可用于提升营销效果。

4. 全链路营销的数字化策略

1）用户数据的沉淀与运用：数据驱动的关键在于利用数据挖掘新的消费需求、人群和场景。在目前的互联网巨头格局下，用户数据通常沉淀在平台侧，很难全部沉淀到品牌自有的数据库。因此，品牌会选择同一互联网生态的关联平台进行广告活动，以便在点击和转化链路中打通数据分析，并将结果返回给品牌主。

2）不同接触点的衔接与配合：在消费者从接触到购买的过程中，会涉及不同接触点，需要找到这些接触点之间衔接与配合的桥梁。不同接触点可以使用场景化营销传播方式和有效的跳转渠道来实现顺畅的衔接。

这种全链路营销策略的实施进一步强化了互联网平台全链路营销模型的数据分析能力，影响着数字营销的发展趋势和实践方法。

在 2019 年字节跳动推出抖音电商之前，抖音短视频约有 40%～50% 的流量跳转到电商平台（主要是阿里巴巴平台）来完成交易。这时，阿里巴巴和字节跳动的数字技术都能监测到这些用户的来源和去向。两大互联网平台之间就大规模流量转化已经达成数百亿规模的付费交易。但随着抖音电商的开启，这些流量可以在抖音电商内部立即完成交易，即抖音关闭了向阿里巴巴跳转的通道。

3）链路中的激励机制对于人性的把握：在消费者行为链路中，用户主动行为的环节很多都用到了激励机制，例如互动、分享、评论等。激励机制的设计是以信息传播来激发消费者心理及行为需求。以用户流量访问为中心，互联网平台根据消费者购买路径的不同阶段进行内容、广告商品和服务的组合创新，灵活运用链路帮助营销经理布局，更好地提供商品交易，打通用户需求的增长服务。

5. 精细化的数字营销

我国的用户数字化程度奇迹般地领先全球，最先完成高度数字化的零售转型。

精细化的数字广告和营销生态需要建立在一个国家规模庞大的全民数字经济的基础上：
1）主要互联网平台形成国民级应用，掌握数亿级的活跃用户；
2）通过智能学习处理，实时批量生产出广告机会，即营销机会发掘，达到每天上百亿次规模；
3）营销科学化分析思想，指导计量用户的接触点行为与广告触达效果；
4）程序化广告投放以互联网平台为中心，遵循统一技术应用规则和商业交易目标；
5）消费者线上购买习惯的养成，社会移动支付的成熟度高，商品物流配送高度发达。

用户数据、广告数据、商品数据、交易数据、后台物流配送数据、用户使用体验数据依靠互联网平台整合，实现全链路打通。企业数字营销离不开全链路数字广告，它们共同促成了我国1.31万亿元的广告市场（其中数字广告占比85%～90%）和高达18万亿元的互联网零售总额。

数字互联网平台首先实现全链路营销。具体指某位用户（识别为Uni-ID）在一段时间内，从接收品牌信息到比较搜索、参考评价、购买、使用后评价、复购留存，乃至转发分享效果，都可以由平台形成数据观察，进行科学分析。线上数据与线下零售融合的模式开始出现。平台对用户网络行为数据的全面掌握，带来了数字营销"下半场"的重要命题：
1）个人信息保护立法和网络反垄断，成为世界各国政府和社会的热点议题。
2）数字广告技术成熟后要组成数字广告生态，发展数字营销技术，企业要加强智能营销建设。

科特勒和MarTech创始人布林克都认为，随着互联网平台基础设施的完善和数字广告市场的成熟，营销进入了智能化营销技术阶段。这一变革由数字营销技术版图和企业营销发展方向所决定。舒尔茨也预见到，数字营销技术正是围绕数字广告建设的。

数字广告"三巨头"之一的联合利华前CMO基斯·维德在2019年加入WPP董事会，另外两位名人是宝洁全球首席品牌营销官毕瑞哲和埃森哲互动总裁布莱恩·维普，他们三位因在全球数字广告营销领域的杰出贡献而被称为数字广告"三巨头"。

2017年后，他们联合倡导企业设立首席增长官（CGO），用来推进由数字技术驱动的增长型营销新战略，重点应对数字营销（广告）带来的翻天覆地的变化。

中国本土企业在数字营销方面积极发展，重点放在互联网平台流量运营上。随着新消费品牌崛起和互联网电商出海走向全球化，中国的互联网营销实践走到了数字化营销变革的前沿。

中国互联网公司率先推广全链路营销，并迅速从中获益，从而形成了一句广为流传的名言："几乎所有的互联网公司，本质上都是广告公司。"这反映了互联网商业的本质，即一旦平台实现流量聚集，就会通过广告来变现。

互联网的核心是"去中介化"，将用户需求和生产者供给通过数字化平台服务连接起来。2020年，沃尔玛开发了零售商媒体广告，这是线下商超的新增数字业务，2023年的收入就达到27亿美元，并推动了美国线下商超的数字零售媒体广告市场。预计到2025年，数字零售媒体广告收入将达到300亿美元。这再次证明单项数字广告市场收入超过了美国前五家4A广告代理商的合计收入。

媒体和零售业历来受限于营业时间、商品供应和覆盖人群范围。21世纪的数字广告和数字营销超越了消费者以往接触过的所有实体商业组织，实现了构建"以消费者为中心"的流量广告位，开辟了以"无限内容"对接"有限商品"，服务"所有用户时间"的技术广告营销新世界。

6. 中国数字链路营销

在中国，几乎每个互联网平台都有自己服务于数字用户需求的优势领域。从产业链角度看，许多学者将链路营销视为互联网巨头生态的整合营销。过去，互联网企业的营销服务是分散的，根据产品不同，分为信息流广告、开屏广告、智能短信等。随着互联网企业产品生态的发展，数字广告覆盖了各种终端和场景，促使企业将广告营销协同整合起来。数字链路营销的建设需要多种技术和产品的支持，推动商业环节从低维度用户体验流程转变为高维度用户体验流程。

从企业角度看，全链路营销与全渠道营销有所不同。全渠道营销主要涉及同时管理众多内容社交平台和电商应用平台，而全链路营销由主要的互联网平台提供，鼓励企业重点投入到某个大型互联网平台的数字广告系统中。例如，阿里巴巴、腾讯、百度、小米等企业都构建了自己的生态矩阵，根据用户在同一数字互联网平台内的行为数据进行全链路运营。同时，平台需要遵守我国《反垄断法》和《反不正当竞争法》的相关规定。

有些学者认为，在当前的数字营销环境中，品牌主虽然似乎主导着全链路营销，但实际上企业的数字营销被降维为购买流量。此外，企业和品牌在进行数字营销活动时容易失去潜在消费者，因为一旦消费者离开企业的互联网链路，企业就失去了追踪消费者行为轨迹的能力。因此，链路必须具有真实有效的连接和数据收集能力。企业在制定整合数字营销计划时，需要认识到互联网用户行为习惯的多样性，用一个营销链路打通全网平台是不现实的。

在程序化广告系统中，DSP、SSP和DMP产品，已经发展成熟，能够为企业提供互联网广告的程序化用户广告位购买服务。在数字营销进入"下半场"后，营销经理开始追求新的竞争力，进一步发展企业内外的广告技术和数字营销技术，从第一方DMP、SCRM、

CMP 等开始，理解并掌握更多的用户接触点、内容、数据，共同促进数字广告生态系统的繁荣壮大（详见第 5 章）。

4.1.3 公域流量广告

在数字广告市场中，最大的用户流量掌握在互联网平台手中，因此互联网平台广告成了数字市场的公域流量。这主要是由用户广泛使用互联网应用的特性所决定的，全球各国都出现了用户流量聚集在部分主要的互联网应用服务上的情况。在欧盟和东南亚，用户大多使用跨国互联网服务。公域流量平台的互联网应用大致可分为两大类别：内容与社交平台、电商与应用平台。

内容与社交平台包括知识资讯平台、长视频平台、短视频平台、社交媒体平台、娱乐综艺平台、社交信息流平台等，通常特点是消耗时间，提供丰富的内容和娱乐资源，自媒体账号众多。

电商与应用平台包括电商网站、搜索引擎、游戏下载平台、应用商店、本地服务平台、金融服务平台等，通常特点是为用户节省时间，提供解决方案，商品和服务种类繁多，店铺和品牌众多。

我国互联网平台面向终端用户的服务非常成熟，综合供应了数字用户的所有生活需求。大约二十家数字平台分割了用户平均每天 5.5 小时的数字使用时长。消费者在内容与社交平台上享受信息资讯和娱乐服务，在电商与应用平台上完成商品比选购买和服务调用。这两种类型的互联网应用天然具有流量转化的趋势。

字节跳动创新性地归纳出搜索电商、社交电商和兴趣电商这三大分类。

搜索电商，指用户在需求很明确的情况下，直接访问搜索引擎、内容平台、电商平台、本地服务和应用商店，选择信任的平台，经过简单比选就能达成交易的电商服务。

社交电商，指在社交媒体平台吸引粉丝关注，建立忠诚关系，当粉丝基于对自媒体或者主播的信任，看到其在社交媒体平台发布的内容、广告和商品时，按需求形成交易的电商服务形态。

兴趣电商，指用户无明确需求，凭借通常习惯访问的内容订阅渠道自主获取大量新内容、广告和商品接触点，从中发现兴趣点，通过数字体验明确需求，达成交易的电商服务。

数字用户的线上和线下生活习惯的改变，使数字生活方式在用户日常生活中的渗透更加深入。品牌的营销经理意识到要想进行数字化转型，改变营销模式与组织结构，首先需要调整线下线上经销商渠道的比例。

广告主在互联网平台购买数字广告位，以吸引消费者关注其商品和服务。同时，消费者主动传播的内容也在互联网平台上活跃，包括社交平台上的内容传播和电商平台上的用户点评和分享。这种互动型的数字技术创造了双向传通的"品牌与顾客"关系，不再是单向的广告输出,而是有效的沟通和确认。

为了建立数字化顾客关系,品牌需要满足三个条件:

1)记录并留存**可寻址的**顾客信息。

2)促使用户账户保持活跃,能够进行**双向交流**。

3)营销经理能有规律地直接服务顾客,要避免留存顾客成为"新客"(付费公域广告触达)。

凯勒在研究浸合时指出,用户可能不愿意与品牌建立"理想的"数字绑定关系,这实际上增强了互联网平台的市场优势。用户通常会首选互联网平台,包括平台提供的广告、内容和商品交易服务。

数字平台型社会关系的变革导致消费者接触商品和服务的渠道,即互联网平台,形成了全新的强势品牌。例如,拼多多、闲鱼和抖音成了数字品牌,消费者在这些平台上购买商品时,可能不会再去关注具体的品牌名称。

这种新型品牌关系有利于中小制造商、品牌主以及新兴内容创造者在多个数字平台上更自由地投放广告和开展经营活动,降低其受大品牌垄断影响的程度。然而,500强大品牌一般对此持保留意见,因为在20世纪,营销和传播一直由大企业控制,它们垄断了市场利润。过去的消费者习惯于记住大品牌和其广告,现代生活方式也很大程度上由这些全球大品牌推动。但在数字时代,如果消费者只记得数字社交和电商渠道,那么大品牌记忆和对4A广告创意传播力量的依赖可能会被削弱。

随着家庭娱乐设施和相关技术的发展,数字用户减少了进入线下商超的频率。在数字世界里,用户无法立即联想到特定品牌,企业传统上依赖的用于计算用户基数和使用频次的品牌价值公式需要重新构建①。制造商和营销经理意识到必须跟上数字消费者的生活节奏,其中一个重要的数字化转型任务就是建立"双向传通"的新型广告途径,并能将分析用户数据和持续服务顾客一体化同步,如同互联网服务用户那样。

传统营销中的广告主要服务于"购买前"阶段,提供说服信息与品牌记忆。然而,面对互联网用户的数字生活习惯,数字广告现在不仅需要建立信息告知和说服功能,还要从留存用户关系中发起信息连接,即涵盖"购买使用中"和"购买使用后"阶段的营销信息职能。

过去,营销和广告学简单地将"购买后"阶段归类为售后和顾客关系管理。但如今,顾客关系管理已成为数字广告生态建设的重要组成部分。新的用户与品牌关系开始根据公域互联网用户流量广告和企业私域流量广告来划分。我国在数字营销的增长形态和顾客关系方面进行了创新,截至本书成书时,海外教材中尚未出现以"公域"和"私域"流量命名的数字营销理论。

互联网平台和社交用户的相互影响力往往超过了广告主单方面的努力投入。营销者需

---

① 例如,品牌价值公式:BAV=渗透率×品类购买率×钱包份额×边际收益。

要理解并利用不同互联网平台的优势,以改善数字广告为消费者带来的全面接触点体验中的互动过程。目前,我国的数字广告产品主要由互联网平台开发和控制。在数字营销的"下半场",广告主正在尝试构建智能营销系统,以夺回留存顾客和顾客关系管理功能,这在数字营销时代之前一直是品牌主的专属领域。因此,在数字营销时代,公域流量广告开始成为"用户信赖"的主流互联网趋势,反过来促使企业加强私域流量广告的建设和用户数据留存。

4.2 数字增长营销

数字增长营销改变了营销界的理论导向。2018年左右,数字增长营销开始展现出科学性和敏捷性,拥有了超越经典营销管理理论的基础。基于互联网技术和广告产品的创新,数字营销产业需要转型,形成由数据专家、技术专家和人文专家组成的混合团队。

人工智能领域的权威专家、图灵奖得主——朱迪亚·珀尔教授在其数据智能领域的著作《为什么:关于因果关系的新科学》中提出了三项具有颠覆性的新科学原理:

1)大数据与因果关系:即使仅凭用户行为数据,在大数据的背景下也能发现因果关系。

2)计算证明因果性:有足够的大数据,两个相关事物之间的因果关系都可以通过计算来证明。

3)分析第三方事物:任何相关的第三方事物,都可以通过直接效应、中介效应和调节效应来检验、解释和预测其相关性与因果性。

新涌现的强大理论有效地支持了互联网大数据广告与营销增长的理论创新,使得美国的社会科学家以及广告、营销和传播学者大为震撼。

借助计算机科学和统计学的知识,广告、营销和传播学科的传统理论被纳入了基于实时全样本数据的逻辑和行为科学实验的新框架。互联网领域的人工智能科学家迅速认识到,商科和人文社会科学领域的许多传统理论在大数据智能面前可能会显得比较脆弱,他们不断尝试用新的大数据行为科学来检验这些传统观点。

数字营销领域首先研究了品牌传播广告与效果广告的区别,其中投放的对象是用户画像与场景意图,产出则是消费者的转化、购买和留存行为数据。互联网平台建立了新的数字消费者—品牌关系和行为路径图,生成了计算广告的营销科学公式,并接受智能算法的检验与预测。

4.2.1 留存顾客数据的重要性

数字营销进入了一个新阶段,在这个阶段中,互联网的总用户数和使用时长已经达到顶峰。数据可以通过人工智能技术进行处理,以发现广告与品牌数字化营销市场的规律。

2017年，马特豪斯提出"数据是营销的原油"，这代表了人工智能专家、互联网广告和营销学者的共识。

"数据是营销的原油" 这一观点衍生出三个数字化原则，成为推动广告营销与品牌价值共创的关键：

1）数据是企业营销内外运营决策和绩效的逻辑起点。
2）数据是营销自动化（包括程序化广告和计算广告）和交易的关键。
3）数据是用户隐私保护和信息资产化的重要依据。

随着"双向传通"的用户数据在数字广告技术中的应用，顾客关系管理（CRM）需要重新定义，围绕数据与广告的数字营销问题进行改造。这与20世纪的顾客关系管理理论不同，互联网广告已经将CRM纳入新的广告营销技术升级范畴。2010年后SCRM的开发，以及2018年后的CDP和新型CRM方法论（详见第10章）的出现，都是这一转变的标志。

20世纪90年代，顾客关系管理系统在欧美的大企业中兴起，成为企业营销与信息管理交叉的重要体现。它专注于解决消费者账户和用户价值数据的问题，提供了营销科学分析的基础。CRM系统的起源可以追溯到航空公司的收益管理（RM）系统，后来电信、银行信用卡和汽车等行业也相继采纳。这些大型服务型企业通过CRM系统来进行面向所有用户的营销活动。1990年，哈默在《哈佛商业评论》中首次提出企业核心竞争力的概念，进一步强调顾客资产和顾客生命周期价值的重要性，这正是在顾客数据库的基础上形成的顾客导向的关系营销的核心逻辑。

CRM系统的基本功能包括记录顾客信息和交易记录，以及维护与顾客的关系。品牌营销需要有针对性地构建顾客忠诚计划。售后营销是建立在能与顾客进行有效沟通的基础上的。在20世纪末，广告商、大品牌和大型零售商各司其职，但都拥有与顾客沟通的能力（例如呼叫中心）和线下直接服务能力（例如门店和分支机构）。广告主要通过大众媒体进行宣传，不需要互动性。在互联网时代到来之前，大多数广告都是品牌广告，数据元素并不是必需的。顾客关系可以通过以下方法相互联系起来：

1）ATL（Above-the-Line）品牌传播：通过媒体将创意广告信息传播给大众。
2）BTL营销渠道：支持地方市场的落地服务。
3）呼叫中心：提供电话在线售后支持。
4）CRM系统：进行积分结算和奖励忠诚顾客。
5）顾客会员卡：提供额外福利和品牌特权。

在20世纪，商学院的营销学者和全球大品牌的首席营销官（CMO）已经将整合营销体系发展到了高度完善的水平。至今，我们仍然可以见到各大信用卡公司提供的卓越积分服务，将整合营销跨界扩展到高净值顾客的商旅和零售服务行业。顾客既能从联盟企业获取奖励，也能从品牌店获得专属奖励。国外一些大品牌的CRM系统会不遗余力地向顾客发送优惠邮件和会员促销活动信息。然而，我国的数字消费者并不习惯邮件营销的方式。

一项主流研究机构发布的调研报告显示，中国消费者在 2009~2018 年这十年间，在数字使用习惯上直接进入了移动互联网阶段，跳过了桌面互联网使用阶段。这表明信息传播互动需要根据用户的媒体使用习惯进行调整，同时也暗示海外营销传播实践可能会落后于中国消费者的数字行为习惯。基于消费者的互联网行为和内容数据、用户数据、交易数据、接触点使用数据、运营商通信数据和行程数据，全渠道运营和全链路营销在我国持续创造丰富的顾客关系价值。

4.2.2 私域流量与"品效销"

在数字广告构建的消费者—品牌关系中，企业不仅关注以多少成本获得用户，更注重在数字化市场中运营和维护这段用户关系，引导用户连续使用和购买品牌产品。为满足消费者和流量用户的移动使用习惯，在互联网平台用户接入流量的过程中，打断用户习惯（跳转到广告主落地页）会导致用户"心流"和 GMV 的损失。对于这种"打断"和"损失"，用户、平台和品牌都不愿意见到。

结果是，品牌主开始加强互联网平台上的零售和服务运营（包括小程序）。传统线下渠道则为品牌主贡献本地客流，并执行品牌主统一的全国销售政策和定价。随着品牌主将消费品的零售供应链上架至互联网平台，本土绝大多数商品和服务供应商都在向数字化形态转型。

品牌在互联网平台上开设官方账号，意味着将数字顾客关系落地于互联网平台系统中，成为其商圈生态的一部分。互联网平台经济的重要愿景包括对传统渠道机构的"去中介化"，其市场逻辑要求企业经营者掌握新的数字营销思维。

1. 私域流量

私域流量指的是品牌能够完全控制并管理的用户流量，不依赖任何第三方或付费渠道，例如品牌官网、品牌 APP、自有社群、品牌小程序等。品牌可以通过私域流量渠道直接联系消费者，提高消费者留存率，节省在公域流量广告上的费用。

数据科学指导下的品牌建设，不仅依赖于用户品牌记忆，还要掌握活跃的品牌内容用户和购买顾客之间的转换规律，具备通过内容将用户引导到品牌专属接触点的能力。数字广告技术的进步使得品牌竞争进入数字化运营实力的比拼阶段，利用数字营销技术指导品牌营销业务。如果营销战役的预算目标仅是一次性获取用户或用户的关注，虽然符合传统营销管理的经营法则，但未能实现数字营销意义上的顾客关系留存。

数字营销为顾客关系管理确立了新的目标。如果品牌无法获得用户的订阅、留资、社群互动等数据，就缺少了再次连接用户的有效（广告）联结途径，中国互联网行业将这种数字广告创新称为私域流量（营销）经营。

公域流量和私域流量之争，也是关于互联网渠道营销成本的评估选择，涵盖了从购买、使用、营销接入客户到后端运营的能力。这主要取决于用户接入信息和登录的使用习惯，以及用户广告和交易数据是存放在平台上还是品牌的服务器上。2018年后，我国市场营销学界开始关注这个趋势，并且曾经讨论过将"市场营销学"改名为"市场经营学"，以解决互联网使用行为驱动下的营销使命和数字渠道中顾客的成长体系与管理能力方面的问题。由此可见，缺乏数字营销战略技能的线下单渠道企业（实体店）未来将面临艰难挑战。

企业的数字营销目标导向应符合IMC学派的"传播即营销，营销即传播"理念，需要调整企业以营销为中心的组织流程。**数字增长营销**是指以数字技术建设和绩效指标管理为主的营销活动，包括广告、内容营销，电商与社群管理，私域流量和闭环用户数据管理，旨在建立全渠道、全链路、打通线上线下数据的新型营销体系。私域流量需要通过用户数据关系获得集客（Inbound），以体验价值和有效互动维系（浸合与价值获取）顾客，并用广告推动企业销售活动（Outbound）。

数字消费者旅程的出现，使流量如水般穿过品牌传播、商品交易和营销后台的三个系统。首先是企业品牌的外部传播系统，然后是内外交接的营销界面，最后是企业内部的营销系统。得益于对消费者数据的精准分析，如同Facebook在广告产品开发中所做的，互联网生态系统的功能远超一般媒体，能够智能地配置商品、广告位和用户信息。用户通过互联网进入商业和营销领域，创造了无时无刻不在的、内容丰富的购物潮流商圈。数字化改造了品牌的内外营销界面，使品牌需要进驻各大互联网平台，超越了传统媒体，直接接触营销渠道。新零售的出现对线下零售进行了数字化升级，互联网电商全面挑战传统商圈的渠道分销逻辑。企业渠道营销主要依靠CRM，过去以周和月为周期来更新数据并支持决策，现在，这种方式难以跟上互联网平台以小时和天为周期的更新速度。数字用户的购买行为主要在平台内完成，因此需要将传统的数字广告系统升级为更符合数字营销技术要求的系统。

从广告触达成本来看，私域流量的成本明显低于公域流量，但不应将顾客视为私域流量的"免费广告资源"，而应看作需要优先服务和响应顾客需求的群体。目标是尽可能丰富技术、内容、商品、服务，为私域用户提供专属的数字体验和价值创新。

2. 品效销

在广告与营销传播领域，将长期效果与短期效果结合起来衡量接触点转化成为一种必要手段。中国的数字营销行业已经创造出"品效销"作为新的数字测量标准，将品牌影响力和销售效果有机结合，为企业提供更加全面和精准的营销决策依据。该体系在海外广告营销学教科书中并无先例。

通过精准计算单次营销预算花费，便能有效得出消费者购买GMV的投入产出比。这种方法优于传统的仅计算曝光对品牌记忆的影响。在中国，互联网电商领域已经将"品效合一"推向新高，成为广告与数字营销的全新目标。自2020年起，数字技术对广告预算的影响日益增长，效果广告在品牌主的数字营销中的占比逐步提高。在品效销的基础上，还出现了品效销+留存等新兴的营销传播业绩考核方法。

"品效销"营销效果评价指标是我国企业从事数字营销最新使用的指标集。

品，是指广告投放活动所能获得的品牌知名度、好感度、用户记忆与偏好的提升，监测广告讯息质量，建立用户对品牌的心智记忆和偏好，最贴近经典广告效果，通常由广告职业专家或企业雇佣的调研公司（代表用户市场）进行评估，从而获得绩效结果。

效，主要指互联网内容与社交平台上体现出的声量，具有数字化投放的特征，重点指前链路与中链路营销中的市场反应与互动评价，包括广告完播率，播放与重播量，点击跳转与互动数，用户发起内容、活动与分享的数量等数字用户行为数据。

销，是指通往交易电商的有效数量与金额，通常以电商平台普遍使用的 GMV 数字为准（含加入购物车），表示真实顾客需求的成交下单的购买金额，能够最直接反映广告营销活动的绩效。APP 的拉新用户下载也属于"销"的效果。

我国有研究资料显示，传统的品牌广告预算占比平均下降至 30%。英国广告从业者协会新发布的一项研究报告则主张品牌广告预算与效果广告预算的比例应为 6∶4。中外对数字广告的认知出现显著差异。以顾客导流为例，企业更愿意为每个潜在顾客接触和进店而支付费用（CPA），此项目可以近似地理解为企业在线下做活动吸引用户，费用在每人 10～30 元。对于吸引用户扫码下载应用的拉新活动，针对每名下载用户的营销费用可能为 30～100 元。对于汽车行业来说，引流留存潜在顾客的费用尤为显著，据相关资料显示，自 2010 年后，国内主要汽车门户网站的意向顾客引流费用已经超过了每位顾客 1000 元，如今引流顾客试驾的费用更是达到 3 倍以上的增长。除了按潜在顾客引流名单付费，许多汽车企业会额外支出验证费用，用来核实留存代理商"引流"用户信息的真实性，该项业务相当于网站购买流量的验证。

3．CPM 与 ROAS

1）CPM

在 20 世纪，大众广告效果的计量标准是以 CPM（Cost Per Mille，每千人成本）为基础的。品牌主长期依赖 GRP（Gross Rating Point，总收视率点，又称毛评点①）体系进行广告投放，原因在于大众媒体效果被视为受众效果，其中电视媒体的 CPM 价格较高。户外媒体由于受众规模和认知信息有限，其预期 CPM 价格较低。在传统媒体时代，企业品牌传播到千人接触信息的价格从数十到两百元不等。对于意图不明确的潜在消费者，单个对象接收品牌信息的成本大约为几分钱，这是经典传播漏斗模型计算的预算，符合漏斗预期效果。

在传播转入销售的交互界面，即广告营销漏斗的对接点上，传统营销要观测"大众市场中的陌生人"，顾客必须通过个人信息账户（如手机号或邮箱地址）加入企业的 CRM 系统才能完成交易。此后，顾客的居住地、联络方式和计算购买力将由企业营销系统掌握，

---

① 毛评点是指以一个城市的总体人口为计算单位（100%），通过媒体到达率和播放频次，计算覆盖到城市总体人口的比例，用于评估投放广告所要达到的受众覆盖效果。但互联网与 APP 直接服务全国用户而非城市人口。

但企业的后续真实顾客服务价值与广告投放并无关联。因此可以说，在互联网平台诞生之前，营销和传播一直是割裂的两个领域。1993年提出的整合营销传播理论重点弥补了这两大学科间的空隙。直到互联网广告发展出程序化广告产品和数字计算广告技术，新型消费者旅程的市场产品逻辑才开始爆发。

2）ROAS

营销者需要评估在不同传播工具中投资的价值。随着互联网实时通信技术的发展，数字广告开始对广告投资回报率（Return On Advertising Spend，ROAS）展开计算与评估。数字广告通过精准的"窄告"（参见2.1.4节）和内容营销传播，实现了与利基市场用户的精细互动，导致实际触达用户的成本提升。如果企业使用传统的媒体到达率和CPM来比较，会发现互联网平台的值远大于传统媒体广告的平均值。那为什么企业还将90%的预算转投向更贵的数字广告？这是因为互联网平台的"窄告"触达用户后还有转化，可以通过ROAS来计算广告营销效果。

自1994年开始，全球主要媒体研究机构尝试开发iGRP（互联网广告毛评点）度量指标。经过20多年研究，只取得了非常小的进展，但"互联网没有属地城市覆盖率"这一问题并不是根本原因。整合营销传播学者指出，互联网广告投资回报问题的实质是营销与传播能够相互转化。互联网可实现数字广告的投入产出精确计算，跳过毛评点计算的传统营销步骤——广告人群记忆覆盖。

相较于传统媒体，数字媒体的一个明显区别在于，**广告主对用户评估的心理变化**，如果个体消费者的触达成本继续上升，要想说服广告主接受更高的费用率，就会要求媒体提供与其内容引起用户活动和广告效果相关的证据，并期待用户展现高价值的购买行为，如订阅和收藏购物车。这意味着互联网数字企业想要的是脱离单纯的广告传播评估体系，联动到营销效果体系的整合营销传播评估。

单纯计算网络节目吸引的眼球数或阅读数已不足以证明互联网广告的投资价值和效益。

首先，平台运营者能够测量出一千个数字用户的交易数据、应用下载数量，甚至七日内的应用充值金额。其次，除了测量数字交互行为的浸合营销效果外，还要测量使用满意评价、活跃度和订阅忠诚度。最后，测量受众触达率后，使用ROAS进行链路价值计算，使其成为增长驱动的内容绩效的主要评价指标。

宾夕法尼亚大学沃顿商学院的温德和卡恩、美国西北大学梅迪尔学院的舒尔茨和马特豪斯不约而同地发现，分别应用传播和营销两个漏斗模型的大众传播学科和市场营销学科的理论建设已落后于互联网市场。麦肯锡等咨询集团从2009年就开始研究建立穿透漏斗模型的数字营销模型。

互联网平台对媒介效果的"破坏式创新"重点体现在数字广告上，含有数据科学分析和销售结果的预测千人成本指标体系的创造，实现了"营销即传播"的IMC数字营销理念。

最终，不是广告传播行业接纳了互联网营销工具，而是互联网数字平台"颠覆式"地重组了用户与制造商的双向传播，改变了广告和营销传播的效果。互联网平台的数据智能技术打开了未来营销的科学大门。

4.2.3 接触点理论

我国传播学研究通常用"碎片化和粉尘化"来描述互联网媒体环境，但这种说法并不准确，容易使营销者陷入"不可知论"。问题在于能否通过数字技术精细化监测以消费者为中心的接触点旅程。营销经理重新评估营销管理的促销职能——从委托代理商、大众媒体或媒介组合投放定势，转向采用互联网的双向交互和可寻址技术，研究消费者使用接触点后的满意度和体验价值。

由于传统学科分野的局限，美国主流广告传播学者往往忽略了交易渠道领域中的消费者行为和营销价格。美国营销学者也容易忽视数字互联网的全链路和微观接触点的信息体验，这导致缺失了"传播即营销"的用户基础。互联网科学家与数字营销传播学者探索创新，研究用户数据、接触点链路闭环、内容创意数字化，将数据信息科学超越了传统学科的界限。

至此，数字营销关注的微观层级发生了变化。原先的广告与营销传播者仅研究媒介，即媒体和频道，现在数字广告技术产品广泛分布在用户接触点上。这促使了一系列广告技术和营销系统的生产力革命，更多地使用完善的数据、算法和智能技术，并遵循更高的社会伦理和规则。

1. 接触点的诞生

舒尔茨和汤姆·邓肯在20世纪90年代定义了"接触点"(touchpoint)，包括个体与品牌接触的所有信息、奖励、活动或通路渠道，并留下有价值的品牌信息和影响。进入数字时代，传播空间的信息来源与流向发生了本质变化，全面接触点覆盖了用户人群的基本生活轨迹，正是消费者生活形态与接触点细粒度要求广告营销变革。理解数字营销的未来，就是理解破除媒体思维，升维到用户使用行为变迁和接触点数字化。

每一次品牌内容与人之间的接触点互动，无论由谁发起，都是一次品牌传播机会，形成真正的价值交换。用户通过注意力可以交换到娱乐体验，通过时间可以交换到关系建立，通过反馈可以交换到更好的产品，通过数据可以交换到更多个性化内容。数字广告技术革命使得数字营销在细粒度接触点上建设广告与运营内容，促使营销学者重点关注市场经营学。而传统广告代理商仍维持在媒体层级来对待营销传播，这是因为这些代理商既缺乏数据技术，也没有掌握数字广告产品"无缝"传送到交易的能力。

数字广告极大地推动了互联网市场平台经济的发展。互联网平台已经具备了传播、交易、使用和技术等方面的多种优势。一方面能够聚集广大用户的明确需求，另一方面则聚集免费公共品和品牌商品信息的服务供给。互联网企业不仅开发了程序化广告技术，拓展了数字广告系统的产业链，还应用计算广告原理，指导开发服务场景、用户需求和广告内容的新产品。

例如，几乎所有互联网平台都开发了"搜索框"应用，成为数字广告延伸的一种模式。搜索框既可用作应用内部的信息导航，也可提供问答式顾客服务，或成为通用级搜索，根据用户的关键词显示满足信息需求的栏目，导流到用户关注的商品体验。平台还创造了不同的第三方支付的价值分配解决方案。社交媒体平台中生成的品牌商业化内容，如微博上有组织地运营和维护品牌的帖子，通常被称为内容营销运营。

数字广告的关键转变在于广告主和广告内容变得更加丰富，通过流量用户的人群标签特征，广告位实现精细加工和竞价分配。这种方式高效地匹配广告主的信息供给和用户的需求。数字广告的一个特点是：与传统的"广告"不一样，它可以在形式上与用户主动搜索的内容一致，在体验上则提供符合用户场景和意愿的交互式创意内容及创新事件活动。

在整体上，工业时代创造的市场营销组合 4P 要素（产品、价格、渠道、促销），与互联网技术资源重新整合后，数字营销从理论和技术上形成管理每个接触点的数字用户价值，包括动态定价，跳转不同渠道页面，推荐不同商品，或定制广告内容。数字用户也能更灵活地看待不同接触点带来的价值，如品牌主发起的接触点、用户使用体验的数字接触点，以及其他顾客使用后分享的评论接触点，共同影响用户共创共享的品牌价值。

2．接触点模型

自 1898 年刘易斯提出 AIDA（"艾达"）模型以来，广告和营销学一直基于这一模型理解消费者决策。后来增加了 M（记忆），形成了 AIDMA 模型，它作为解释大众媒体时代的广告效果的强大理论，一直持续到互联网时代。信息技术革命后，越来越多的营销传播研究发现，在绝大多数用户面前，"硬广告"普遍属于"弱"接触点，而"强"接触点则包括内容营销的真实体验和用户购买后分享的评论。广告、内容融合、购买体验、评论分享等内容构成了用户接触点旅程的闭环，形成了新的用户媒体行为接触点模型。

品牌接触点可以分为品牌发起讯息的弱接触点（广告作用于用户考虑阶段）、商品/服务满意的强接触点（体验满足），以及评论区的强接触点（用户表达）。用户的分享还会从外部循环回流到其他社交用户，形成创新扩散的用户支援/互助，影响消费者的品牌接触决策过程。图 4-1 展示了用户使用的品牌接触点模型。

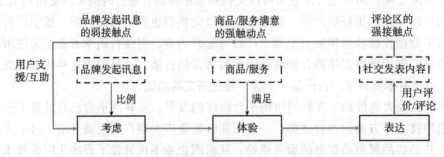

图 4-1　用户使用的品牌接触点模型

对个体用户而言，品牌价值关系是由一个个接触点的消费者感知组成的集合。虚拟和实体的品牌联结已经受到了平台型社会和技术赋能消费者行为习惯的显著影响。

1）接触点源自广告

广告，传统上是指在付费媒体上发布的品牌信息。如今，接触点的概念已经扩展至原生广告（如在线社论报道）、口碑和个人表达等品牌交流形式。广义接触点超越了传统广告，涵盖了电商渠道提供的直观广告和虚拟体验，以及通过数据库营销和忠诚计划维护品牌价值的积极关系。管理者更加重视商品使用体验，这可能包括服务和信息，以及实现品牌承诺。卓越的企业开始绘制数字体验旅程蓝图，作为推动企业发展的动力。

例如，奔驰等大型企业聘请沃顿商学院温德教授绘制接触点旅程蓝图，美国生产力质量中心委托舒尔茨重新评估商品和服务体验的接触点，凯文·凯勒担任多家财富500强企业的战略顾问，研究用户浸合体验。这些内容都属于品牌传播和广告的新生态组成。

2）客户决策旅程的细粒度

消费者与品牌的关系形成方式和企业选择与消费者沟通及发展关系的方式有根本的差异。数字资源的分配反过来引导了测量效果的演变，用于评估这些不同接触点的体验之轮（用户周期旅程）。研究接触点涉及实时体验的短信追踪，横跨品牌广告、零售商广告、店内沟通、口碑、同行评论等多种类别。品牌跟踪调查还能揭示消费者的搜索过程、销售渠道选择和富媒体的多接触点。

对于顾客接触点旅程偏好，通常使用车轮形状来描述其周期性旅程。职业经理人一般通过跨媒体接触点与服务接触点的预售体验轮、销售体验轮和服务体验轮，来系统地描绘改善客户品牌体验的价值工程蓝图。这逐渐演变为数字营销增长理论中的"飞轮模型"（见图4-2）。

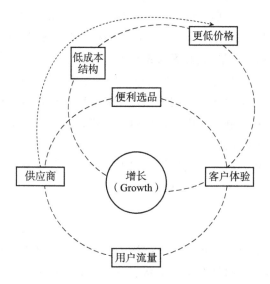

图 4-2 数字营销增长理论的"飞轮模型"

3）将接触点视为营销建模基础

温德在《广告的未来：全接触点价值创造》（*Beyond Advertising: Creating Value Through All Customer Touchpoints*）中提出了超越广告理论和"合唱团"模型。企业通过建模协调和分配所有接触点的资源，以"个人与品牌的每一个互动点"为中心。品牌营销的目标是提供"被每天的新技术支持和洞察力所启发的行为步调"的无缝体验。埃森哲互动集团实践了超越广告的理论，将其重点转向数字互动体验和战略运营咨询。

企业与消费者之间的接触点仅是价值创造的一部分。消费者之间、店内用户间的互动同样构成有效的传播路径。KOL（关键意见领袖）和自媒体账号放大了影响力节点的数据效能。用户主动在数字平台发表品牌观点和商品评测，形成了强接触点。这样，数字广告覆盖的全链路新接触点形成了闭环，将用户互动置于市场和传播之上。整合营销传播的发展变化促使企业持续审视面向顾客的传播方式，拓展了数字营销的能力范围。

4）接触点整合了营销与传播

电通广告集团在 2003 年开发了接触点战略导航系统（Contact Point Navigation System），实力传播集团在 2006 年建立了营销接触点监测系统（Market Contact Audit）。接触点融合了传播与营销，丰富的用户体验帮助用户产生故事，营造出品牌控制之外的世界。在国内，中国人民大学喻国明教授在 2005 年就研究过媒体接触点，但由于传播学者几乎不会关注广告价格和广告市场，因此未能在数字广告层面上创新理论。

在信息技术催生智能广告的前提下，整合营销传播学派加强了"以消费者为中心"和满足用户需求的理念，促进了新的数字营销理论的发展。

计算机科学带动了互联网广告技术 30 年的发展，丰富了数字营销产业的战略思想和策略。数字广告技术的信息交互能够在接触点记录消费者对广告内容的互动与反馈，计算用户行为数据后给出激励与跳转购买链接，并留存消费者记录，建立用户账户，将其与品牌自媒体吸引的订阅用户形成联结关系，将数字广告拓展到广域集客营销。

5）接触点指向消费者—品牌的顾客关系价值

数字消费者行为突破了传统的 AIDA 模型。因为消费者处理的品牌体验互动数量激增，所以需要算法和算力来构建大数据预测模型。研究表明，用户直接体验和他人直接经验比普通品牌广告接触点更有影响力。用户在接触点上进行品牌互动的不同属性构建了接触点之轮，突破了传统广告业的接触点瓶颈，推动用户数据管理能力拓展到品牌控制之外。通过支撑真实用户决策步骤的品牌传播接触点研究，建立了整合营销传播视角下的客户驱动品牌传播过程，从而突破 20 世纪广告说服理论的"态度意愿"内核，数字技术构建了通往消费者决策模型的智能营销传播路径。

在互联网平台，数字广告技术利用大数据对商品与用户进行实时分析，使零售商和服务提供商纷纷开发大数据科学分析工具，以深入学习和掌握消费者行为，争取有效的内容互动接触点。企业大多数时间都在预测消费者意图，寻找精准的广告位，预测消费者的下一步行动，并模拟消费者从考虑到购买的决策路径。企业数字化转型的目标是开发新的竞争优势和数字营销能力，利用智能决策来指导数字广告和内容营销策略。

4.3　广域集客营销

数字广告技术推动数字营销发展壮大，实际上将营销管理职能分为两个部分：

1）依据公域和私域数字广告信息驱动顾客需求的广域集客营销系统。数字广告首先推动企业开展数字营销，全面融入数字广告生态体系。

2）专门针对生产供应链营销及内部组织管理的后台营销管理系统，这是企业数字化转型的第二阶段。

数字技术的快速发展使得"Z世代"消费者积极参与营销传播。用户熟练地使用各种工具和信息，随时找到自己想要的东西，期待送货上门和合理的价格。在营销经理看来，用户流量实质上是将数字用户信息用于企业营销活动的行为。对于用户数据和流量，企业从自身角度来看不仅是一个营销问题，也是广义上的潜在顾客来源渠道，连接着客户与数据化市场运营中心。这两项重大变革都源自数字技术革命，得到了互联网行为科学和整合营销传播理论的支持。数字化的营销与传播之相互转化，就是由用户数据和技术广告产品驱动的，数字用户意图和满足途径也可以通过平台实现测算和转化。

广域集客营销重新设计了消费者视角的营销思维，形成了潜在价值交换与创造的营销传播创新领域。数字广告的发展引领了广域集客营销的变革，与营销用户运营层面的出站营销信息发生整合，彻底改变了数字营销与广告生态系统。广域集客营销延伸出两种模式：一种是简化的集客营销，指的是在公域流量运营"撒网式"广告获取交易收益，其缺点是品牌主缺乏顾客数据留存；另一种是具有"留存重访"特点的私域流量订阅。广域集客营销通过这两种模式拓展数字广告，覆盖了获取顾客终身价值的多个方面。

4.3.1　大众集客术

在数字时代，营销需要在影响消费者决策的关键时刻触达他们。这就是为什么电视制造商不仅想要消费者在店内看到自家的电视，还要确保电视上展示着生动的高分辨率图片；为什么亚马逊会向登录网站并准备购物的消费者提供定向产品推荐；为什么宝洁早年制作家庭电视节目来接触潜在客户，从而诞生了肥皂剧（Soap Opera）这类电视节目。如今，随着技术的进步，营销需要在数字消费者圈层中更精细化。

1. 麦奎尔的大众传播旅程

品牌漏斗模型在传统营销中被广泛使用。起初，消费者心中有许多品牌在漏斗的宽口径端，营销的职能是推动消费者行动，让消费者按照策略减少备选品牌数量并沿着通路移动，最终在漏斗的末端只剩下他们选择购买的品牌。这就是麦奎尔的传播漏斗模型，如图4-3所示。

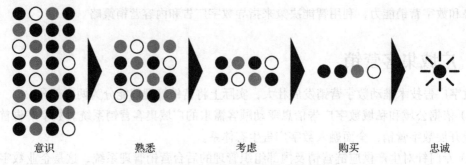

图 4-3 麦奎尔的传播漏斗模型

为了影响消费者决策,少数品牌主利用大额广告费用占领漏斗入口。但如今,随着用户主动使用智能终端,传统媒体的使用大幅减少,社交媒体内容和个人级媒体内容崛起,创造了更丰富的品牌传播接触点和时刻。互联网平台的流量入口和推荐引导,打破了原先垄断的媒体市场。

2．超越漏斗模型

数字渠道的爆炸性增长,更多营销商品和服务选项的出现,以及消费者变得更见多识广和具有辨别力,这些因素共同使得漏斗模型无法涵盖所有接触点和关键购买因素。营销经理需要更复杂的方法来正确处理这种非线性环境。

舒尔茨、科特勒和麦肯锡专家都将这种新方法称为消费者决策旅程(CDJ),简称用户旅程。用户旅程适用于拥有不同种类媒体、互联网接入和广泛产品选项的任何市场,特别适用于中国和其他新兴市场。如果营销者能够理解用户旅程,并将他们的资金和信息传播投入最能影响消费者决策的时刻,就有更大的机会通过正确的渠道,在正确的时间,用正确的讯息触达消费者。

消费者与品牌的互动出现了三个新的动态:
1) 消费者主动发起与品牌信息的沟通;
2) 营销者与消费者针对品牌信息的双向互动沟通;
3) 消费者对营销者关于品牌信息的双向互动反馈。

这促进了品牌与消费者共同创造价值,使得达成数据通信留存状态的共识成为数字营销必须覆盖的全新任务,既是营销目标,也是传播目标。

4.3.2 用户行为驱动营销

传统广告主要是推式营销,向广泛的受众传递信息以达到销售目的。平面广告、电视广告、社交媒体广告、电话推销、直邮和电子邮件群发等都是推式营销的例子。

1. 推式营销

推式营销是一种单向信息传递，通常关注产品本身及其购买理由。为了吸引更多人，传递的信息必须相对笼统。然而，这种营销方式难以适应数字媒体环境，因为用户每天接收数以千计的广告信息，并且会不断寻找方法来阻止它们，如来电号码标记、垃圾邮件过滤、浏览器广告拦截等。用户还会通过分享购物经验和征询朋友意见来做出购买决定。与推式营销相对的是广域集客营销，它通过有趣的内容"吸引"潜在客户主动搜索。

集客营销包含内容营销和数字广告，主张将内容、广告与其他数字营销策略（如搜索引擎优化和社交分享营销）结合起来，旨在引发用户点击、使用和推荐转发，以最大限度地扩散流量，获取销售线索和提高收入。

哈利肯和沙尔 2006 年创立了 HubSpot 广告技术公司，较早提出集客营销的概念。HubSpot 的大部分客流量都是通过集客营销产生的，这源自公司可以轻松地在搜索引擎上被发现。

HubSpot 发布了数千个博客与相关的 CTA 用语和促销优惠相对应。公司还花费时间和资源来制作具有简洁元素的视觉设计、简短的脚本和完整的潜在顾客表单的自定义登录页面。

最重要的是，HubSpot 的登录页面加载了数百种不同的潜在顾客生成激励措施（以匹配其博客文章内容和搜索者的意图），以换取用户愿意填写联系方式。

集客营销的核心是通过相关且有吸引力的内容吸引潜在顾客，并在他们的购买旅程的每个阶段提供价值。营销人员创作的内容包括博客文章、社交媒体帖子、信息图表、白皮书、电子邮件和其他吸引读者的内容。如果这些内容足够引人注目，就能促进顾客阅读、分享和与之互动，从而对品牌产生积极印象，这会影响顾客未来的购买决策。

广域集客营销的关键在于被目标受众找到，通常要通过搜索引擎优化、社交媒体策略、友情链接、邮件订阅、问答社区入驻等方式实现。我国的社交媒体生态系统提供了微信公众号、微博、知乎、抖音、简书、百度文库等多种内容平台，优质内容可以在这些渠道上发布，实现品牌的全面布局。

2. AARRR 模型

AARRR 模型也称为增长黑客模型，是戴夫·麦克卢尔开发的用于技术市场的模型，成为数字营销领域的重要创新。它与电通的 AISAS 模型（2004）、SIPS 模型（2009）和中国互联网数据中心的 SICAS 模型（2012）相比，作用更加显著。效果与其类似的数字营销模型有阿里巴巴的 AIPL 模型（2018）和字节跳动的 O-5A 模型（2019）。这些模型都关注接触点对消费者体验的价值以及它们在消费者购买过程中的连贯性。AARRR 模型的关键步骤包括获客、激活、留存、变现和推荐，是一种可以引发链式反应的社交圈层营销模型，如图 4-4 所示。

图 4-4　数字营销的 AARRR 模型

获客是指潜在用户的获取、接触和试用；激活是指初次试用者的激活、激励和新手教程；留存是指用户留存保持接触关系，提升用户价值和激励用户忠诚；变现是指用户流量转化收入的来源、用户付费意愿与付费方式；推荐是指重视推荐和转发率，激励分享、社交扩散与建立兴趣组（Special Interest Group，SIG）。

互联网的数字创新为消费者建立了社交内容平台（包括视频、娱乐、知识资讯等）和电商服务平台（包括周边服务、应用下载、游戏下载、直播电商等），从根本上改变了消费者使用媒介和进行交易的方式。社交内容平台和电商服务平台的相互联通，构成了企业开展数字营销、社交媒体营销和移动营销的三大领域。为此，数字广告生态系统涵盖了用户数据、接触点营销和消费者旅程，成为数字营销的三大支柱。

4.3.3　消费者决策旅程

消费者决策旅程涵盖了消费者主动购物的情境。过去，消费者的购物模式依赖于长期的广告记忆和品牌认知，例如周末到超市购物。现在的购物模式是短周期的、实时的、个性化的，并综合了实物、情感和社交价值因素，能够通过分享创新体验激发用户需求。麦肯锡咨询公司通过研究消费者旅程，发现了"交互中可检测、可寻址、可重复的数字化情境"，实现了对行动顾客数据的采集和分析。

随着移动互联网技术的发展，数据采集条件得以完善，社交媒体和移动用户数量迅速增长。同时，计算广告技术和程序化广告技术开始兴起。咨询集团预见到互联网广告产品将具备管理用户决策信息的能力，必将成为数字营销的主流。麦肯锡专家提出，消费者决策旅程是一个 CDJ 循环的过程，分为四个主要阶段：初始考虑；积极评估，即考虑品牌的过程；购买完成，即关单，消费者购买品牌商品；购买后体验，即消费者使用体验，如图 4-5 所示。这些阶段也是决定营销经理输赢的潜在战场。

品牌主发现，消费者在考虑购买汽车等产品时，能够列出一个初始考虑的品牌集。最新研究显示，由于媒体的碎片化和产品数量剧增，消费者实际上在开始时就减少了他们考虑的品牌数量。面对众多的产品选择和传播渠道，消费者倾向于依赖那些能够帮助他们穿越信息"荒原"的有限品牌。初始考虑的品牌集中的品牌最终被购买的可能性比不在其中的品牌高三倍。这不仅是因为广告讯息的激烈竞争削弱了单个广告的效果，还因为消费者通过广告了解品牌信息的兴趣降低，导致实际考虑的品牌集减少。

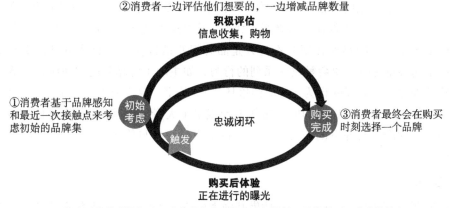

图 4-5 麦肯锡集团消费者旅程模型

然而，对于那些未被包括在第一阶段的品牌来说，并非已经完全失去机会。与 AIDA 的传播漏斗相反，在积极评估阶段，消费者在寻求信息和浏览特定类别时，考虑的品牌数量可能实际上会"扩大"而不是缩小。后期阶段增加的品牌数量因行业而异。例如，麦肯锡研究表明，计算机用户在初始考虑集中有 1.7 个品牌的基础上，平均增加了 1 个品牌。而在汽车购买中，在初始考虑集中有 3.8 个品牌的基础上增加了 2.2 个品牌。这种行为变化为营销经理创造了机会——他们可以通过营销活动影响额外的接触点。

相比传统广告的信息采集与评估过程，数字广告和互联网产品极大地赋能了图 4-5 中的"触发"按钮，帮助数字用户点击搜索，主动转向内部循环路径的商品品牌购买或使用。用户转移了对传统广告传播的品牌注意力。因此，进入考虑集的品牌不能再将广告领先视为营销胜利的铁律。南澳大学营销学教授拜伦·夏普在 How Brands Grow 一书中也论证了这一点，有学者认为该书挑战了美国营销管理知识体系。

1．消费者赋权

消费者对品牌的主动接触变得更加重要。过去的市场营销主要由企业驱动，品牌曝光要通过传统广告、直复营销、赞助和其他渠道"推"给消费者。在营销漏斗的每个接触点上，当消费者减少其品牌选择时，营销人员会试图用广告影响他们的决策。

在当今的决策过程中，消费者主导的营销扮演着至关重要的角色。这是因为顾客不仅是信息的被动接收者，还主动"拉动"并传播对他们来说有用的信息。研究显示，在积极评估阶段，约有三分之二的接触点涉及消费者主导的营销活动，比如互联网上的评论、朋友和家人的口碑推荐、在线社区的互动，以及对过往经历的回忆，只有不到三分之一的接触点是由企业主导的营销活动所覆盖的。

尽管经典的广告营销依旧重要，但消费者决策方式的变化要求营销人员不能局限于传统的推广式广告，还需要学会如何影响那些消费者主导的接触点，如口碑广告、互联网用户社群的信息，以及用户倾向于搜索的主要内容平台。事实上，曾经大行其道的传统广告，其"侵入式"品牌传播方式不仅让消费者产生疑虑，甚至连营销者和代理商也开始担忧其效果。

用户主导型营销的焦点转变为不再只是品牌想要销售什么，而是用户想要购买什么。当用户产生购买意愿时，便会触发一系列的行为，如主动了解品牌的"回应式传播"，以及深入体验品牌并最终购买的行为（对应销售环节）。数字接触点是非线性的，它们可以跳过传统的漏斗模型，发生得更加即时。市场上涌现出了大量的营销传播工具和解决方案，这些多数是由互联网平台开发的广告产品。一旦用户开始参与传播活动，便产生了用户主导的营销机会。

2．CDJ2.0

自 CDJ 模型问世以来，咨询行业凭借其强大的研究实力，已深入数字营销和广告产业。2015 年，麦肯锡提出了 CDJ2.0 数字模型，这一模型描述了人们如何从最初考虑产品或服务，到最终购买并与品牌建立起持续的忠诚关系，形成一个周期性的闭环。CDJ2.0 模型涵盖了消费者在达成某个目标之前所经历的一系列互动过程。例如，在美国，越来越多的"剪线族"选择停止订阅有线电视服务，转而使用数字网络电视。

企业需要具备预测消费者旅程的能力，并在此基础上优化用户接触点的体验。数字营销公司重新设计了敏捷的业务和组织结构，以支持整个旅程的整合。数字技术让用户可以有效地绕过传统广告的外围路径。图 4-6 展现了 CDJ2.0 模型。

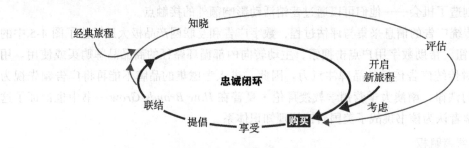

图 4-6　麦肯锡的 CDJ2.0 模型

在零售、银行、旅游、家庭服务等多个行业中，咨询行业正帮助企业从被动应对转变为主动出击。这些行业开始设计和完善各自的数字应用旅程，旨在吸引和留住消费者，创造个性化的数字体验。一旦消费者融入这些技术轨道中，他们便会被深深吸引。

例如，移动运营商常用的锁定消费者的强制营销策略（如手机签约绑定协议）可能已不再有效。消费者的留存和活跃不再仅仅因为得到一次性的好处，而是因为他们能从接触点旅程中不断获得益处。OTA 旅行应用之所以成功，正是因为它们为消费者创造了值得信赖的数字预订体验。

构建有效旅程的企业掌握了四个相互关联的关键功能：自动化、积极主动的个性化、场景交互和旅程创新。每一次精心设计的体验都令旅程"更具黏性"，即增强了吸引并牢牢锁住消费者的能力。起初，这些功能高度依赖于复杂的 IT 技术、移动端技术以及广告服务器。然而，随着时间的推移，它们也融入了创造性的设计思维和全新的数字营销理论。

技术创新闭环的核心在于品牌开发的 APP，能够实现直接"锁定"服务到用户的使用层面。这要求设计出具有竞争力且不断改进的旅程。然而，仅仅这样还不够。企业还需要新的组织结构和管理模式。众多数字原生企业自诞生之日起，就构建了专注于数字优化的组织结构，以创造高效的旅程体验。与此同时，传统企业的管理者开始向数字营销专家学习并吸收经验。对于那些需要消费者进行长期购买决策的企业，如电子消费品制造商，从根本上开发新的技能和结构以收集和分析消费者数据变得尤为重要。这涉及深度的消费者交互、关注体验设计以及产品和创意设计的层面。

品牌的成功不仅仅归功于其销售产品的质量和价值，更在于它们所创造的消费者决策旅程的卓越性。我国消费者已经在全球范围内拥有最高的流量使用时长，这表明他们更青睐于数字化程度高的关系建立。因此，本土互联网平台、新兴数字品牌以及 KOL 内容创造者获得了难得的发展机遇。

4.3.4 互联网平台闭环营销

品牌与顾客的直接接触点构成了接触点的核心，也是接触点分隔的基础。

1. 接触点模型闭环

马特豪斯与美国西北大学凯洛格商学院的卡德教授联合提出浸合理论，开创了"顾客—接触点—品牌"的接触点模型。新模型将传统的"传播－营销－售后"职能分工的产业链转变为围绕用户运营生命周期的闭环价值增长，更符合人工智能时代下的品牌传播模式。顾客接触点模型的核心在于互联网平台利用其掌握的大量消费者数字生活行为数据计算广告价值，并重新配置消费者与品牌的关系。该模型主要包括四个步骤，如图 4-7 所示。

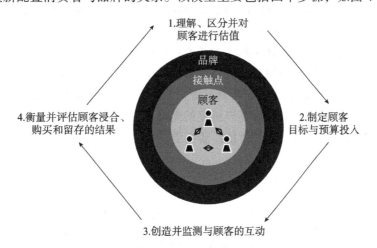

图 4-7　马特豪斯的接触点模型

在数字用户流量的闭环中，能够识别、区分并预测回访顾客的行为，这与之前的广告效果、顾客沉浸、购买及留存紧密相关。从数学角度看，这是一个从时间 t 到时间 $t+1$ 的递归过程。通过实时计算广告预算与效果，结合机器学习，我们能用工程化的数学方法应对效果的变化，并对未来做出预测性的修正。

自20世纪90年代以来，品牌主已经开始运用收益管理（RM）来评估顾客账户的价值。但是，直到数字互联网技术精准地测量用户行为后，我们才能突破传统的抽样调查和用户自我报告数据的局限，更精确地了解品类与品牌的购买份额和频次。如今，广告营销策略已经进化到能够精确计量单个顾客账户的终身价值。

数字广告就像是穿梭在消费者和品牌之间的探针和飞梭，不仅预测消费者的购买意图，还满足广告主的互动需求。它能预测数字用户的互动行为，评估点击、转化、点赞和评论的潜在数量，从而构建起消费者与品牌之间"一对多"的数字营销价值网络。马特豪斯接触点闭环模型的理论基础包含了消费者—品牌关系管理和顾客终身价值（而不是单次商品交易价值），将其作为数字营销未来规划的计算目标。

2. 智能营销传播开始走上闭环

随着互联网广告的长期发展，广告技术不断扩展至营销技术领域，数字广告技术的发展推动了数字营销系统的创新。2017年，在中国广告协会学术委员会成立三十周年的全国广告学术年会上，北京大学的陈刚教授整理了中国广告行业的规律，提出了智能营销传播的闭环模型。

接触点平台作为广告活动的设计核心，管理数字消费者的购物旅程，为品牌营销提供了全面的价值优化服务。这包括内容管理平台（CMP）、创意生产平台（DCP）、发布执行平台（DSP）、数据管理平台（DMP）和策略设定平台（PRP），它们形成了一个完整的闭环营销传播系统，如图4-8所示。

国内外的理论专家和整合营销传播学者都在关注这一技术驱动的数字营销升级。学者集中研究了互联网数字广告平台如何从规模的量变走向技术系统升级后的闭环营销的质变。这一变革的根源在于数字广告技术的四大核心：广告位竞价市场、程序化广告交易、用户定向的特征工程、数字广告的测量。数字广告赋予了数字营销传播全新的生命力，并使得顾客关系管理在数智时代的营销学中得到升级，成为数字广告生态的一部分。

在互联网平台上实现了销售与客户留存的无缝对接后，一种新型的智能广告与营销闭环模型正浮现于我们的视野。这种智能广告与营销闭环模型打破了传统的媒体营销漏斗模

经过数据模型预测和拟合，计算广告工程函数可以循环往复，并且借助人工智能领域的机器学习技术，推进自动化营销效能。

更重要的是，企业界从那时起，就已经摒除了高校实验和实证研究法，数据基本来源于学生群体样本的系统偏差。

更详细的内容可参见马特豪斯的 *Segmentation and Lifetime Value Models Using SAS* 一书，该书也是美国西北大学营销统计学科研究顾客市场细分和顾客终身价值的经典书籍之一。

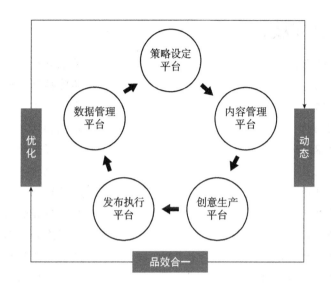

图 4-8 智能营销传播的闭环模型

型以及三级渠道分销的营销策略漏斗模型,预示着传播格局的全新变革。

现代广告的定义诞生于 1923 年,在经历了百年发展之后,中国市场迎来了基于互联网平台数字社会的营销传播模型新时代。

4.4 本章小结

在当前的碎片化媒体和信息爆炸的环境下,全链路营销通过有效整合有机媒体资源链条,实现了从广告信息到顾客关系的品效销合一。我国的互联网平台积极推广各自独特的链路模型,鼓励每个企业探索适合自身的链路模型,以形成以数字技术为核心,锁定用户提供品牌服务的数字营销新方法论。

全链路营销诞生于数字广告生态系统之中,打破了传统营销管理中的 STP+4P 组合模式,为营销学理论的数字化转型开辟了新道路。数字营销是我国互联网企业和商品营销走向全球市场的有力武器。

消费者的双向传播和积极主动的讨论行为推动了广域营销传播的到来。互联网数字化的赋能使用户成为主动传播者,这标志着我们进入了一个以用户驱动为核心的营销新时代。数字营销就是传播,其创新理论需要建立在数字广告与营销技术的基础之上。

互联网平台开发的技术广告产品引领了企业营销管理模式的重大转变。广域集客营销成为数字营销即传播的重要方法论体系,品牌企业的营销开始向数字广告营销技术系统转型升级。

数字广告作为新增的生产力,成为新一代商品贸易和信息服务快速增长的驱动力。与传统营销管理理论不同,我国主要的互联网平台、新兴数字营销公司和新兴品牌企业迅速把握这一历史机遇,共同构筑并形成了具有中国特色的数字营销模型与理论基础。

本章术语与重要概念

全链路营销	接触点理论
前链路	品牌接触点模型
后链路	飞轮模型
AIPL 模型	推式营销
5A-GROW 模型	数字营销的 AARRR 模型
公域流量	私域流量
搜索电商	品效销
社交电商	广域集客营销
兴趣电商	数字广告"三巨头"
数字增长营销	消费者决策旅程
每千人成本（CPM）	消费者赋权
广告投资回报率（ROAS）	智能营销传播的闭环模型
毛评点（GRP）	

本章思考题

1. 请简述市场营销为何开始转向数字增长营销？
2. 广域集客营销与大众传播广告有何区别？
3. 为什么中国的互联网电商研究者能够提出"品效合一"的营销战略，提炼出领先于海外的经典理论？这对广告代理商、品牌制造商、大型渠道经销商、数字营销技术企业以及其他互联网平台分别会有什么影响？

変革篇

Chapter 5 第 5 章

数字广告生态位

本章指引

数字营销创新主要源于数字广告的崛起。互联网平台凭借数字技术创新,孕育了数字广告产品和市场的发展。数字广告起始于互联网技术,为广告业注入创新动力,引领企业营销功能向数字市场转型,催生了一场数字营销革命。本章将详细解析数字广告在生态系统中的独特地位,这一地位不仅表现在时间和空间层面,还体现在其与相关体系间的功能关系和作用上。

互联网科技平台主导的数字广告技术和产品已成为其业务收入的支柱。与此同时,第三方数字广告技术公司也在数字广告技术产品的开发和市场推广上投入巨大。出现这种现象的根本原因在于,随着用户流量的不断增长,数字消费者更频繁地使用互联网平台产品,如搜索引擎、社交平台、内容平台、电商和应用服务等。

2000 年前后,电子商务开始在中国兴起(我国高等院校开始开设"电子商务与网络营销"专业),当时的电商业务主要是企业通过网站推广商品,配备购物车和销售咨询功能,这一阶段尚未真正进入数字营销领域。然而,随着面向消费者的数字广告日渐成熟,电子商务零售得以持续发展,并逐渐形成了数字营销的完整链条。营销经理关注的数字化、社交化和移动化营销,几乎都是由数字广告产品和电商产品共同构成的。2011 年,当斯科特·布林克提出营销技术(Martech)的概念时,正值数字广告构建程序化广告技术的高峰期。数字广告技术不仅直接支撑着数字广告产品和电商市场的增长与繁荣,而且数字广告收入和电商收入持续增长,成了互联网产业增长的重要支柱。

在掌握了数据、用户流量、广告与内容推荐算法以及庞大的算力后,数字广告行业迅速发展出了谷歌分析(Google Analytics)、社交顾客关系管理(SCRM)系统、数据管理平台(DMP)等围绕核心数字广告产品的新型广告与营销技术。敏锐的互联网科学家、咨询业专家和营销经理迅速认识到了利用数据进行广告营销的巨大潜力。这些新型广告技术不仅直接指导、优化了数字广告投放，而且将数字功能扩展到了整个营销领域。

本章主要围绕数字广告生态的新体系与制度的构建进行介绍，包括以下三项重点知识：

- ❑ 重新理解企业营销视角下的数字广告行业竞争者；
- ❑ 认识多种数字广告系统的产品和技术，融入互联网数字经济；
- ❑ 为企业打造基于计算引擎、人工智能技术、场景消费者数据的广告营销模型。

以上环节环环相扣，共同构建了与传统广告业不同的一整套数字广告行业市场生态架构。

5.1 数字广告业的竞争者

在当前的广告市场中，增长的收入往往来自非传统广告组织。众多新兴的广告经营者纷纷涌现，不仅推出了创新的广告产品和技术，还启动了全新的营销活动，甚至改变了商品与顾客之间的连接方式。

换言之，这些数字广告经营者在创造新价值的同时，也成了价值提升的源泉。同时，这些新兴的广告经营者不可避免地对传统广告行业构成了挑战，让传统的 4A 广告代理机构感受到了压力。本节将深入探索数字广告营销行业，详细分析数字广告与品牌信息的综合竞争局面。

从"一击全中"到"弹球数字广告"游戏

在没有社交媒体的工业时代，广告经营方式类似于"保龄球"式的单向线性传播。消费者是保龄球瓶，广告是影响消费者并"击倒"他们的保龄球。大众媒体就是球馆（球道），不断将保龄球（广告）传送到保龄球瓶（受众）。

直到 2009 年，索尼电影首席执行官迈克尔·林顿指出了数字时代广告领域面临的新现实：

"以 Twitter、Facebook、YouTube 为代表的互联网平台，以及智能移动应用，已经改变了人们感知和理解生活环境的方式。在这崭新的世界里，企业不能像在媒体时代那样，简单地通过传统广告工具向顾客播撒信息。相反，企业必须找到能让消费者互动和关注商品品牌的新方法。"

数字广告更像是一场弹球（Pinball）游戏（见图 5-1）。在这种弹球设定中，引入了体验创新等各色弹球（信息），消费者不再是一旦收到广告就要倒下的保龄球瓶。相反，用户成了弹球场的主动角色，如保险杠、踢球器和弹弓。新角色不再被动接收，而是积极反弹这些弹球，并以极高的效率将球回击出去，将有些球返回给球员。

这反映了消费者在数字化弹球场景中不再是被动与孤立的，而是在数字社交网络中主动联结，彼此的行为相互关联。

消费者可以通过多种方式改变广告信息的强度，甚至改变其含义，例如以文字或视频的形式发布评论，并与好友分享信息、感受和体验。

数字时代类似于看起来"混乱"的弹球机，所以当营销经理在设计新型广告策略时，要将自己视作"弹球玩家"，并研究和优化出一套数字广告玩法（弹球指南），营销活动才能发挥最佳效果。

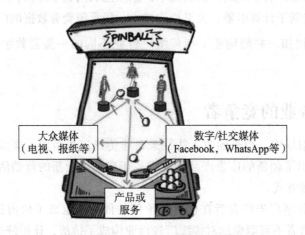

图 5-1　数字广告"弹球"游戏

品牌与广告的职责在于引导消费者行为和形成趋势。然而，品牌信息往往被看得过于狭隘和刻意。数字广告营销涉及互联网巨头、咨询公司和意见领袖对广告业的竞争。对于曾经统治过广告业的麦迪逊4A公司而言，这既不是偶然，也不是厄运，而是时代变迁的必然结果。

在品牌传播领域的竞争，不再仅限于传统广告行业内部。数字广告与营销的竞争深植于数字化生活方式，远远超越了特定行业内的数字营销机构和咨询集团。互联网科技公司、品牌接触点、用户评论区以及消费者智能行动（包括抵制广告的倾向），都构成了对品牌与广告的全面竞争。在数字时代，品牌（广告）的竞争可以概括为五种竞争力，如图 5-2 所示。

图中所示的竞争力集合的强度，直接决定了广告（品牌传播）所面临的众多挑战。这些挑战由宏观威胁和微观客户基础两大方面构成，具体竞争力会随着不同类型的营销服务而略有差异。

宏观层面存在两大威胁：一是互联网科技在掌握数字用户流量创新（生成广告位）方面的领先地位；二是消费者智识，即消费者对广告促销意图日益增长的怀疑态度。从宏观角度看，互联网科技的进步和数字用户的增多，决定了广告产业向深度数字社会经济的转型。

在微观层面，广告业还面临着三大挑战力量：接触点、评论区以及品牌发起/回应式信息的竞争。这三个传播结构要素共同形成了一个"快速旋转"的消费者价值循环，这是构

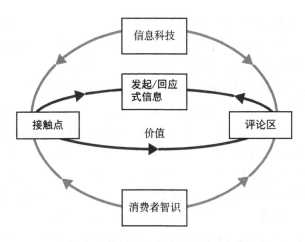

图 5-2　数字时代品牌（广告）的五种竞争力模型

成数字品牌（广告）竞争关系的核心内容。

品牌的努力方向与最强大的竞争力和多维结构要素密切相关，其中数字增长至关重要。即使是一家久负盛名的创意机构，如果面对网络科技和用户生成内容的竞争压力，也可能收获较低的回报。

因此，重新规划价值链以适应数字渠道和内容，成为所有营销传播行业企业的战略重点。在每个品牌的数字化转型过程中，不同的竞争力各自占据突出地位。例如，在图书品牌中，关键力量可能是用户表达（如专家推荐年度排行），而在移动应用品牌中，则可能是迅速有效的真实体验。在旅行酒店行业，关键力量可能是奖励系统和可靠的按需推荐。每个品牌传播都有一组潜在的动力结构，或一组基本的用户行为路径和技术文化场景，这些特征共同构成了品牌的竞争力。

理解数字消费者中心的价值流，对于品牌利用智能化手段进行数字化运作至关重要。新的竞争关系体现在品牌发起的广告信息和与品牌相关的广告内容上。下面分别阐述五种竞争力是如何诞生于数字广告环境中的。

5.1.1　互联网平台创造数字广告

社交网络服务为数字市民带来了全新的生活方式，其影响力甚至超越了整合营销传播的新能力。社交网络服务、搜索、电商与应用，不仅超越了 20 世纪的媒体或渠道分类，更为数字服务本身带来了革新，创造出让数字用户难以抗拒的满意度和顾客留存，如 APP 商店。

在 20 世纪，广告营销的宗旨是"品牌为王，媒体为王，渠道为王"，而进入 21 世纪，互联网平台带领的"去中心化"战略切割了传统时代的垄断市场权力，推动商品数字化技术赋能用户。互联网平台首先创造出数字技术赋能用户的体验服务，随后不断推出数字广告产品，将数字广告创新性地融入用户体验服务中。例如，社交本地移动技术（SoLoMo）

增加了根据地域信息来提供服务的数字技术方案，通过引入技术升级互动来实现传播型营销。即时连接、定制推荐、搜索引擎等都是促进 SoLoMo 识别的关键因素。在 Yelp、导航、Meetup 和个人银行服务等领域中，形成了最重要的按需传播类别，为消费者创造了价值。

互联网传播的数字创新及其呈现的产品/服务目标塑造了新一代用户的数字使用习惯。数字用户将更多生活方式转移到互联网上，主动要求获得互动营销技术的有效回应。如果商品传播和应用技术高度互联网化，消费者便能实现自主连接、呼叫商品服务提供者的数字化响应支持。用户订阅的信息服务内容加速改变了广告的构成，数字用户自发地转发、分享他们喜爱的服务，形成了用户发起的新型广告，反过来影响制造业商品。

此外，技术接受模型（TAM）和创新扩散理论在数字互联网时代显得更为适用，它们都主张用户转向新技术赋能的生活方式，用户倾向于接受技术传播形态，随时发起双向互动信息传播，联结到满足需求的商品供应商。互联网数字经济理论研究层出不穷。本书介绍的数字技术已成为数字广告的基础能力，老牌代理商和广告主反而需要奋力追赶。

5.1.2　咨询集团推动数字营销战略转型

全球咨询集团积极加入数字广告与营销的数字化转型中，将其视为"蓝海"市场。一旦企业的首席执行官意识到互联网平台与数字广告的终极目标是产业的数字化转型，便会寻求具有长期战略咨询、集团信息化改造和业务流程重组经验的未来主义咨询业专家的帮助，而不是传统的广告战役经营者。从 20 世纪 80 年代管理信息系统（MIS）、企业资源计划（ERP）系统、顾客关系管理（CRM）系统在管理专业中兴起开始，咨询集团就引领了企业战略与数字化建设的方向。与此相对，广告传媒集团主要专注于品牌和营销战略层面，与咨询集团之间存在一定的市场竞争。

自 2009 年起，拥有数字专业知识的咨询机构（如埃森哲、德勤、麦肯锡、IBM、BCG）直接介入数字广告产业。这些机构将精益制造和精益营销的理论方法应用于营销接触点的价值传递，借助数字广告技术带来的丰富数据，重新定义了竞争优势。

到 2015 年，据 AdAge 报道，五大咨询集团在数字营销领域的收入已全面超过五大广告集团。与 4A 广告代理商相比，咨询行业被视为品牌赶超技术发展的希望。宝洁首席增长官毕瑞哲和埃森哲互动首席执行官布莱恩·维普多次公开表示，20 世纪的"广告狂人"模式已经过时。咨询行业长期占据产业投资分析的高地，常常在《经济学人》《哈佛商业评论》《大西洋人》等顶尖刊物上发表战略观点，从而有力地影响资本市场舆论和 CEO 的经营决策。

咨询业的关键职责是服务于企业未来发展的关键战略决策（包含品牌），涉猎人工智能、物联网、无人驾驶、智慧城市、区块链、元宇宙等前沿科技领域。这些领域的内容实际上

数字技术联结成更高维度的营销传播形态，对传统广告带来重大变革，详见本书第 2 章。

BCG 是发明了市场营销战略工具"波士顿矩阵"的波士顿咨询集团。

比广告界的"戛纳奖"和"大创意"更能吸引企业高层的战略投资兴趣。

在下一代数字技术生产力竞争中，Gartner等研究机构成功地引领了科技产业咨询的浪潮，吸引了众多大企业关注咨询公司开发的品牌增长营销技术。Martech创始人斯科特·布林克也成立了自己的咨询公司。

我们应该如何理解互联网技术的挑战？即新技术如何影响用户感知品牌的方式和共创品牌价值？技术传播学派的代表人物麦克卢汉曾预言"媒介应被广义地定义为'任何新技术'"。

首先，随着技术的演进，媒体环境也发生了变化。技术的力量冲击到了传统的麦迪逊模式，即广告巨头通过与品牌客户签订固定合同（与符合条件的广告公司长期合作）来赚钱的方式。随着快速消费品在电子商务环境中失去分销和定价议价能力，宝洁公司等开始削减传统广告预算。多年来，谷歌和Facebook在广告市场的收入位居前列。苹果和特斯拉作为精神领袖和颠覆性产品的代表，为新一代数字营销经理确立了创新信念，并且它们拥有前沿的设计师，无须将设计环节外包给4A广告公司。

其次，各种互联网技术和增强型科技消费行为提升了品牌策略的传播速度。例如，咖啡品牌Manner通过其应用定期发布活动，提高广告奖励，巧妙地促进了客户三天内的购买行为，通过提高奖励透明度和便捷性，无疑增强了顾客忠诚度。类似地，将技术集成到消费行为中（如航空公司APP），使用户可以随时随地与品牌进行互动。

在数字营销的"上半场"，互联网和科技企业的形象是一致的。当大品牌企业遭遇互联网科技的冲击时，迫切需要调整未来的战略方向。咨询公司因此成为帮助CEO掌握新科技、投身新科技战略并改造业务流程的专家。与此相反，广告集团的战略主要是维持传统业务流程，保住行业寡头地位。咨询集团开始将客户企业的数千万元咨询费转化为数字营销咨询和数字广告技术方面的投入。具有前瞻性的企业更愿意在将自己打造成互联网科技企业上进行战略投入，这会导致广告与媒体预算被削弱，而数字广告技术创新得到加强。

5.1.3　影响者——KOL与MCN网红

在数字时代，影响消费者的关键在于谁能更贴近他们的人格和人际传播网络。在社交媒体上，从草根型网红到明星型关键意见领袖（Key Opinion Leader，KOL），因数字用户对自媒体的关注而成了重要的影响者。

影响者（Influencer），也称为KOL，这一概念随着互联网数字社交的兴起而诞生。通常，影响者被定义为拥有丰富、前沿、准确的商品、服务及观念信息，且能够被特定群体接受或信任，并在这些群体的购买行为上具有显著影响力的品牌化人物。

KOL通常的影响力价值标准包括以下三个方面：

1）真实粉丝量：衡量基本影响力。

2）信任度：衡量 KOL 说服用户行动的能力，可通过评论、转发、复购等黏性指标来衡量。信任度会受到 KOL 的人设和社会公众形象变化的影响。

3）所处品类的系数值：比如金融房产类的品类系数较高，快消零食类的品类系数较低，而大众 KOL 的系数处于中等水平。

明星，是指在传媒演艺领域内具有一定影响力的人物，泛指知名的演员、歌手、艺人、运动员等。早期的音乐、艺术、表演一旦涉足商品领域，便具有了可交换的价值，受经济利益驱动，明星之间展开了竞争。传统大众媒体曾是塑造明星形象的核心。

随着网络技术的不断进步和互联网的普及，"网络明星"现象逐渐引起了人们的广泛关注。

网红，即在互联网社交平台上受关注度高、活跃的人，他们更多依靠对消费者心理的洞察和生活体验的创造来吸引观众，如制作创意视频内容等，让用户迅速对博主发布的内容产生共鸣，进而成为粉丝。

网红自媒体需要不断进行内容创新，敏锐地捕捉用户需求，有时自媒体主播还需要进行一定的演绎。互联网社交分享平台上的用户传播扩散和内容推荐对于他们来说是重要的推动力。

广告主越来越重视新兴自媒体账号背后的影响者对粉丝消费者的强大号召力，由此诞生了数字广告的 MCN 市场。

MCN 矩阵，指的是多渠道（网红和影响者）营销服务机构。随着 YouTube 等平台内容的爆炸性增长，多渠道网络开始整合大量专业生成内容（PGC），从而构建出规模化、组织化的竞争优势。MCN 已成为"网红经济"中的广告运作模式，通过联合成百上千的网红自媒体，形成了强大的自媒体传播矩阵。

网红经济一方面帮助内容生产者专注于内容创作，另一方面为他们对接广告主平台，评估粉丝流量并进行推广，包括公关、商演、通告和公益等，综合服务旨在扩大流量和实现商业变现。MCN 能够涵盖用户生成内容（UGC）、专业生成内容（PGC）和官方生成内容（OGC）这三种传播类型。

用户生成内容（如原创微博、知乎问答等）展示了用户的原创力。专业生成内容则是由具有一定专业能力的人或组织生产的内容，如经验分享或产品测评，官方生成内容则是由官方注册的专业工作者制作的内容，常见于新闻网站和客户端等。

MCN 作为综合服务机构，集中了这三种新型广告形式，更好地满足广告主的需求。这与传统电视广告片（TVC）中使用形象代言人的方式不同。数字广告中的 MCN 传播，通常依靠自媒体矩阵来覆盖特定品类的用户群体，这些矩阵通常由专家自媒体、明星自媒体、网红自媒体、消费者达人等组成。

MCN 结合了自媒体经纪公司、公关公司、广告公司和媒介采买机构的功能，成为数字广告行业的重要组成部分。一般而言，MCN 公司掌握的影响者账号数量在 200 至上千家之间。截至 2020 年，中国境内注册的 MCN 机构数量超过了一万家（大多是本土创业公司）。据国家市场监督管理总局统计，至少有一千万人从事自媒体行业，相比之下，有统计的中国广告行业从业人数约为六百万。

与 4A 广告代理商不同，MCN 机构更加专注于数字社交平台上的影响者渠道，直接研究自媒体矩阵在数字用户品类和内容热度上的覆盖。领先的 MCN 机构甚至能够从互联网平台获取 API，开发自己的社交品牌数据分析系统，能够同时展示社交内容平台自媒体账号、热点事件、内容热度和品牌排行。因此，MCN 机构具备直接接受广告主委托进行数字广告和营销传播的能力。

5.1.4　消费者自发传播品牌

在这个充斥着数以千计广告信息的数字时代，创意广告一直努力自我改革，以免造成受众的认知和审美疲劳。然而，伴随电子产品成长的"Z世代"已经树立起"信息屏障"，用以调整自己接收商品信息的数量。消费者对广告的怀疑主义和回避行为日益增长，这开始限制广告主的传播效果，即传统广告的效用逐渐减弱。

消费者的怀疑主义主要源于对强制曝光广告的反感。基于这一点，各国立法监管开始加强，要求数字市场上的"广告"与自然（推荐）内容之间有明显的区分标识。

另一个对广大消费者产生重要影响的理论是行为经济学中的预期理论。

预期理论，由 2002 年诺贝尔经济学奖获得者，普林斯顿大学教授丹尼尔·卡尼曼提出，人在决策时会在心里预设一个参照点，然后衡量最终结果是高于还是低于这个参照点，高于参照点就是获利，低于参照点就是损失。参照点不同，"获利"和"损失"就不同，其价值感受也不同，形成选择和决策差异。

改变人们心中的参照点，就会改变其价值感受，进而改变其选择和决策。为了让消费者明白真正的价值并做好决策，2018 诺贝尔经济学奖得主理查德·塞勒在 2011 年提出了 RECAP 消费者模型——Record（记录）、Evaluate（评估）、CAP（Compare Alternative Price，比较替代价格）。

预期理论佐证了数字内容推荐可以打破品牌知识缺陷，为用户寻找新的价值平衡点。

消费者的真实体验（数字化）和用户使用后的分享，成为其他消费者评估商品价值的重要依据。热搜榜、正在购买的用户数量，以及同时使用某商品联网服务的人数，这些数字化信息指标都具有强大的影响力。用户评论区的分享具有不可小觑的网络影响力。评论区的内容能够让消费者改变对品牌的看法，用户间的"激荡回声"能够放大顾客或网红的声音，并让品牌发起的信息和预期的真相进行对比，从而严重削弱了广告的效果。

年轻消费者的知识积累和伦理意识在不断提升，对于品牌付费强制植入"硬广告"呈现抵触心理。2004 年 Cho 等学者提出广告回避理论（AAT），该理论清晰阐释了消费者具有从品牌信息拦截前"溜走"的特征。数字用户抗议页面中被强制植入不相关的广告，这导致人们不再认同广告一直是对媒体提供必要财政支持的传播的原则（19 世纪订立）。

接触点包括了消费者与品牌间的所有互动，这些互动要求客户通过真实体验流与品牌进行价值（信息）交换。以往对于互动的讨论通常集中在品牌向客户传递的真实服务与产品，以及如何形成所需的价值。品牌被人们基于对其体验的感受来评价，无论这些体验是真实的还是虚拟的。接触点或评论区的重要性取决于数字用户旅程的特性，以及相对于整体营销传播业务，其价值创造或分享的重要性（参见 2.2 节）。

舒尔茨、温德和凯勒倡导将数字营销转型、战略知识管理和商业智能结合起来。通过咨询公司的指导，帮助首席执行官构建"万物传播"和"无缝体验"的理念，并将其贯彻到改造消费者旅程体验的接触点蓝图中。

奔驰总裁米切利在其关于 CDJ 的著述 *Driven to Delight: Delivering World-Class Customer Experience the Mercedes-Benz Way*（《驰向愉悦》）中指出，品牌拥有一个完整的接触点网络。他强调需要详细解析消费者与品牌之间的每一个接触点和互动，并认为在购买与服务循环的任何节点都能提供卓越的客户价值。

消费者在数字环境中获得的权力不仅使他们变成更为积极的参与者，还为他们随时随地参与服务和产品的改善过程提供了众多品牌机会。尽管机会更多，但消费者的行为对品牌而言是一把双刃剑，无论是在线电商和社交平台、跨界体验网络，还是用户生成的创意变革，都不是品牌可以刻意控制的领域。

体验营销专家斯坦和拉马斯山认为，价值创造过程中的接触点基本上塑造了活跃的消费者关系型品牌。数字技术加强了品牌互动和接触的频率，使得顾客有机会重新评估自己对品牌的看法，每个接触点都能形成新的品牌价值观念。

5.1.5 本土数字广告技术公司

数字广告技术本质上源自互联网数字技术。这就意味着，数字广告技术公司可能无法从传统的 4A 广告传播集团中诞生。

与 20 世纪初海外 4A 广告代理商的诞生不同，本土数字广告技术公司大多创立于 21 世纪，这些新兴的广告技术公司都有互联网技术专家，并将业务发展的重点放在数字广告技术产品上，而不是传统的"创意"上。在中国，出现了一批本土数字营销公司，如好耶（AdForward）、互动通、聚胜万合、亿动（Madhouse）等，它们实际上与互联网平台协作，共同构建数字广告生态系统。

互联网基础设施具备信息通信技术的双向传播特性，为用户创造了信息传播的无缝体验。这使得"广告产品"和"用户流量"成为新的产业起点，与传统广告公司所代理的固定媒体（版面）市场具有本质区别。

信息通信技术的发展推动了全球级用户应用的开发，集结了全世界计算机科学家的智慧，重塑了连接世界的互联网系统。大品牌企业广告主和主流广告代理商在互联网早期

（2010年之前）未能充分预见互联网技术在迭代创造新商业经济方面的潜力，尤其是在广告技术实现双向互动，连接消费者需求方面缺乏远见。随着技术广告产品的革新发展，这些代理商和传统广告主逐渐在数字广告业务中落后。

"一次性广告战役"也是4A创意广告和数字广告之间的"重大"差异。本地数字广告技术公司（互联网广告开发者）从未把"广告战役"作为企业的重要业务经营模式。

互联网广告开发者将广告作为创新产品和技术进行扩散，目标是让广告主长期活跃使用营销传播技术产品，创造活跃用户流量，保持为消费者创造使用价值的数字体验。与之相对，经典广告强调由创意广告专家技能驱动，广告集中地展现为创意内容和广告战役。然而，单次战役业务价值难以留存，广告代理商和创意大师的名字也很难直接让消费者知晓和订阅。

广告主很快认识到自己不能像互联网那样直接用网站服务黏住用户，特别是还要依赖于互联网可寻址技术，实现通过用户数据驱动广告业务。

我国互联网广告技术的发展主要由两方推动：一方是互联网平台，平台对其广告资源的开发和利用越来越规模化，也越来越自信（事实上，中国互联网科技对标了美国的互联网GALA巨头，争夺全球重要市场的份额）；另一方是本土数字广告技术公司，从好耶开始，到易传媒、聚胜万合、蓝色光标、亿动等，都在持续开发技术广告产品并培育数字广告市场。

因此，中国本土形成了一个与国际4A广告制度不同的数字广告主导力量。这两方既相互合作又相互竞争。本土公司借鉴了4A广告集团擅长的整合媒介资源投放和一揽子交易佣金制度，同时坚持创新广告业务制度流程，以更好地适应中国互联网平台的发展速度与消费者应用浪潮。

亿动是中国本土成长起来的移动广告（营销）技术公司，2006年成立后就开始构建第一个移动广告网络，早期服务于移动梦网之外的免费WAP站点。它开发了移动互联网广告网络，对广告位进行标准化和智能化改造，然后通过合约一次性卖给广告主。同时，亿动也提供技术制作的创意策划，帮助广告主在手机上试水移动广告营销并与顾客互动。

到2018年，亿动的创意策划制作在其营收中的占比已经降低到不到2%。

部分数字广告技术公司被互联网平台直接收购。例如，阿里巴巴收购了易传媒，并成立了阿里妈妈广告平台，成为最早占据数字互联网程序化广告市场的技术平台之一。

更多数字广告技术公司出现，打破了传统广告业由4A广告集团垄断竞争的格局，极大地丰富了我国第三方广告市场。众多数字广告技术公司的创业者进一步发展，建立了数字营销技术公司。这些广告营销技术公司辅助企业主搭建自身的广告系统和营销系统，与互联网广告平台的全渠道营销体系实现全面对接，成为中国数字广告业务领域中最活跃的经营者。

5.1.6 数字广告经营竞争

至此,本书已经解释了图 5-2 所示的五种竞争力,并且介绍了五类新型数字广告市场,每类市场都有着自身明确的营销服务价值。广告行业规模并未缩小,相反,数字广告市场深度融入互联网商业版图,实现了技术升维和市场升维,从而实现了加倍的增长。

数字广告成功绕过了传统媒体与渠道的"双轨制",新一代的广告开始创建和改造全新的连接商品营销和终端市场消费者的路径。这样,一整套新兴的数字广告与营销传播行业体系应运而生。前后对比可参见图 5-3 和图 5-4。

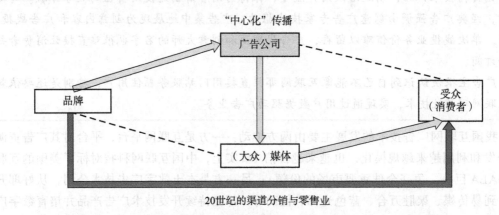

图 5-3　20 世纪大众媒体时代的传统广告业"中心化"传播模型

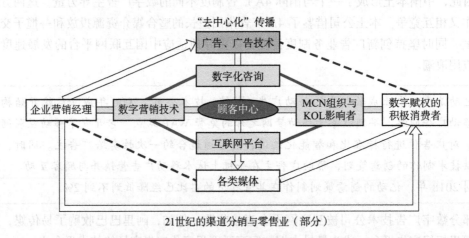

图 5-4　互联网"去中心化"传播模型(传统广告业主要竞争对手)

图 5-4 集中展示了数字时代广告业的新生代竞争力量。传统广告业的"创意+媒体"行业职能遭遇到数字广告行业的"解构"。数字技术创新为用户创造价值,在模型中加入了新的模块,包括数字化咨询、数字营销技术(数字广告技术)、互联网平台、MCN 组织与

KOL 影响者，以及数字赋权的积极消费者等。

这些新生力量活跃地持续生产、使用和消费数字广告，而且绝大多数在 2000 年前尚不存在。从图 5-4 中可见，与传播学的 5W 控制模型不同，数字广告生态实现了广告业升级和市场类型的赶超替代。

数字广告生态主要由新兴数字广告产品的发起者和业务经营者组成。这些新兴组织将主营业务牢牢绑定在数字经济和数字生产要素上，实现了更高效的信息传播型营销服务，推进了各产业商品服务的供给与需求分配。

5.2 数字广告产品系统

中国科学界研究系统理论的先驱钱学森先生认为系统是由相互作用、相互依赖的若干组成部分结合成的具有特定功能的有机整体，而这个有机整体又是其从属的更大系统的组成部分。

5.2.1 建立广告系统观

在海外广告学教材中，关于系统的讨论并不多。许多学者通常将系统归类于管理科学下的管理信息系统。然而，数字广告业的兴起（尤其是在中国）应当归功于互联网广告技术专家建立的互联网平台程序化广告系统。本节将重点介绍这一内容。

数字广告系统主要围绕大型互联网平台构建，已经覆盖了全球数字消费者。进入数智时代的深水区，要想跨越数字广告与营销传播的大洋，就必须驶入数字广告技术产品的远洋航道。

互联网广告经历了快速的技术创新与迭代。广告传播的思想和观念原本混杂在新闻、教育、公共服务、免费娱乐之中，互联网平台将其与商品服务营销融合。互联网数字广告致力于满足任何消费者需求，其核心在于如何在广告位填充对用户价值更大的商品信息，并在"匹配"过程中将平台利益最大化。

数字广告在价格与产品体系上完成了创新，服务于全球最大的数字经济市场。数字广告将其优势发挥到极致。与传统媒体框架下的原有广告产品不同，如今的数字广告价格和产品已经转变为用户的数字意图，通过计算得出的价格被投放到互联网平台的广告位市场中，接受广告主之间的出价博弈和消费者 CTR 效果的后向评判。数字广告跳出了工业社会时代由大众传播学所框定的心理营销操纵术与设计艺术的经典业务范畴。

相比营销学，数字广告帮助互联网技术打通了用户的终端需求，并引领企业互联网营销的数字化转型。中国互联网广告行业自发组织案例和模型建设，探索打破西方营销管理六十年来形成的经典理论框架，形成具有中国特色的现代化数字营销广告理论。

5.2.2 广告程序化技术系统

2016 年，美国佐治亚理工大学计算机学院的柯普兰教授团队首次对数字广告技术进行系统性的研究，整理并发表了 *In Depth Survey of Digital Advertising Technologies*，跨学科地指出数字广告系统与传统广告业务存在显著差异。

柯普兰总结的数字广告技术系统于 2016 年在美国 ACM 和 IEEE 会议上亮相，标志着计算机科学家领导的广告团队的数字广告技术已经超越了传统 4A 广告行业和大众传播广告学领域。该系统的关键之处在于指出了广告业采用的"简易"模型——即较粗箭头表示的路径，代表了最简单直接的业务路径。然而，现实中的数字广告系统技术发展历经了程序化广告革命，已经较为复杂。

该模型涵盖了主要的程序化广告技术，例如用于聚合多个广告商的 DSP（需求方平台），以及聚合多个发布者的 SSP（供应方平台）。此外，ADX（广告交易平台）与证券交易所相似，因为它集合了所有的买家和卖家。这些实体主要围绕"数字广告位"划分成买方和卖方，其中卖方包括发布者、SSP 和卖方广告网络（ADN），买方则包括广告主、DSP 和其他买方广告网络。ADN 和 ADX 在这个体系中同时承担两种角色。此外，在这个程序化数字广告系统中，从广告主到用户的所有路径都是可能的。其中的货币流向用虚线箭头表示，信息流则以双箭头显示（见图 5-5）。

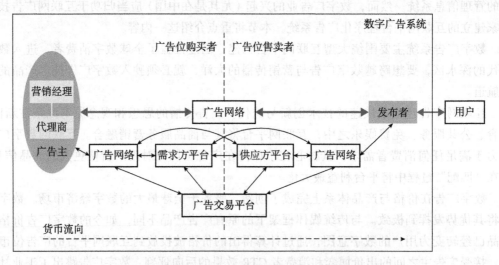

图 5-5　柯普兰团队的数字广告技术系统模型

在该模型中，广告主是资金来源，而用户则是广告位活动的启动者。流量必须由用户发起，并流向媒体发布者（或 APP 开发者提供的应用程序）。计算机技术专家根据 ICT 原理"改道"传统广告，独立创造了程序化广告技术的产品系统。

程序化数字广告技术建立在数字信息通信和计算机技术之上，使用户、发布商和广告主能够在广告系统中与互联网广告运营商进行交易。网站的发布商创设了广告空间，希望广告主付费将广告投放到其页面上，这需要发布商与广告经营机构之间进行数字化协作。

尽管大型广告主可以直接与大型门户网站进行协商，但这种直接合作方式并不适合互联网上数以百万计的发布者和广告主之间的"配对"。数字广告公司创建了广告网络和广告交易平台，代表了众多广告代理商群体。广告网络基本上位于发布商和广告主之间，而广告交易平台则为各种实体（包括广告网络、供应方平台和需求方平台）之间的广告空间提供竞价和销售服务。因此，当用户在网页上看到多个广告时，这些广告展示很可能来自多个不同的来源。

5.2.3 六大程序化广告技术产品

下面将重点介绍程序化广告的六大技术产品。

1．广告网络

广告网络（Advertising Distribution Network，ADN）是最早的将所有广告交易双方连接在一起的实体之一。ADN通常独立运用服务器来实现广告的程序化，其中一部分服务器负责管理发布者，另一部分则管理广告主及其广告位需求。大型互联网广告网络能够有效管理和运营主要的发布者。

ADN也被称为在线广告联盟，早期主要解决长尾流量的分散销售和采购问题。通过将众多媒体的长尾流量集中起来，统一定价并售卖给广告主，ADN在此过程中获取服务费，类似于广告主和媒体之间的中介。

ADN推动了广告的标准化和精准化，降低了广告主的成本，提升了网站收益和用户体验。然而，ADN也存在局限性，如缺乏开放性，因为各个ADN之间并不相通。这促使互联网技术专家致力于连接不同的广告网络，从理论上实现覆盖全网用户和全部广告位。由此，程序化广告交易平台应运而生。

2．广告交易平台

广告交易平台（Advertising Exchange，ADX）起源于一个理想，即将多个ADN互相连接，支持交易价值和流量互补。

广告是网站的主要收入来源之一。原因在于不是所有网站都能进行电商活动，但大多数网站都可以发布广告以获取收入，只有极少数网站能够让用户心甘情愿直接按服务付费。最初的互联网广告运作没有标准化，效率低且成本高昂，类似于传统广告代理模式。随后，互联网广告专家开始升级技术，整合资源以降低成本，迎来了更高效、自动化的广告网络联盟时代。

ADX主张建立实时竞价（RTB）交易模式。媒体将广告位接入ADX后，广告主可以根据自己的人群定义选择流量，在每次展示时实时出价。ADX会选取出价最高的广告主作为胜出者，并将其广告素材传给媒体进行展示，从而完成一次交易。

ADN和ADX的出现满足了广告主对数字流量的采购需求，但同时也引发了新的问题：

第一，需要优化决策流量价值。ADX推广了实时竞价交易模式，要求广告主必须实时决策是否对当前流量出价。若缺乏相关数据支持，广告主便难以判断每个流量与目标用户的匹配程度和价值，从而难以做出出价决策。

第二，实时出价交易技术存在难度。每次面对ADX传回的流量时，广告主需要依靠机器自动（减少人工投入）评估流量价值并出价。这要求广告主转变为数字广告策略的制定者与执行者。

第三，面对多方ADX存在挑战。若广告主需要对接多个ADX，就必须有完整的技术系统对接方案。2010～2016年，程序化广告的主要发展阶段使国内广告技术公司在与4A广告代理商的竞争中形成了技术领先的优势。此后，4A广告集团开始并购广告技术公司。

3. 需求方平台

为了解决ADX上广告主的主要痛点，需求方平台（Demand-Side Platform，DSP）应运而生，成为广告主和ADX之间的桥梁。DSP是面向互联网广告位需求方的程序化广告交易服务平台，这里的需求方包括广告主及其代理商。通过DSP，广告主能够接入广告位并执行广告投放，还能够设定投放预算、单价、数量、物料等，将利益最大化。

考虑到DSP接入了市场上的多数ADX，因此广告主只需要对接一家DSP即可。此外，DSP很快得到了DMP（数据管理平台）的支持，通过DMP可以对ADX传回的流量进行自动筛选和识别，判断流量与广告主目标用户的匹配程度，并据此出价。

在程序化广告的早期，DSP通常由独立的第三方（如好耶、易传媒）而非互联网平台（如阿里巴巴、腾讯）建立，因为DSP更贴近广告主，致力于帮助广告主实现利益最大化。DSP产品的核心特征有两项：一是RTB和优选等程序化流量采购方式；二是支持需求方定制的用户细分能力。

这两项特征使得广告位需求方能够明确划分和定制用户特征，按照定制的用户特征来采购广告位，这就需要广告市场开放出价程序化接口给买方和卖方。如果只根据供给方的用户划分来采购，那么非实时竞价的ADN便可执行。在广告位的买卖中，双方不仅要讨论价格，还需要就用户广告位特征进行协商和意见交换。

定制化用户特征是广告主策略中受众定向的关键，一般依据广告位特征、上下文特征和广告特征来实施定制化用户划分。

例如，假设某电商网站计划针对其老顾客投放广告，这时老顾客的用户ID就成了一种定制化用户特征划分的依据。显然，只有该电商平台自身才掌握这个用户群标签，其他媒体或广告网络，不论数据能力多强，都无法精准标定这样的用户群。

再以另一例说明，某银行想要接触其信用卡的潜在客户。这需要基于银行现有顾客的行为特征和人口属性进行分析，据此特征拓展新的潜在客户群。这个过程既需要借助需求方数据，也需结合媒体或第三方数据，其产出的人群定位与广告主紧密相关，也属于定制化用户划分。

在 GDPR 出台之前，这类业务较易实施，但在此之后，跨平台的个人信息在用于广告交易时必须合法合规，这使得业务变得复杂。实际上，这促使了企业开发解决跨平台数据业务问题的新型复杂营销技术产品。

在技术层面，DSP 满足了程序化交易的需求，在产品层面，它是广告策略与甲方客户数据分析策略的复合应用。要将策略落地为实际行动，每次展示中都需要精细决策用户和出价，使得需求方为了实现"精准营销"的目标，像推荐系统那样精细地执行广告预算。这也使内容推荐系统和数字广告技术这两大互联网产品实现了完美的融合。广告主通过 DSP 具备了互联网媒体平台内容推荐系统的能力，从而升级了品牌管理运营用户流量的技术。

4．供应方平台

供应方平台（Supply-Side Platform，SSP）是面向互联网广告位供给侧的程序化广告交易服务平台，支持网站和 APP 发布者通过 SSP 将自身流量库存的广告位纳入交易业务链，并管理广告渠道、交易模式、库存资源，最终实现媒体主发布商收益最大化。SSP 在最大程度上代表了网站发布者的利益。

我国的网站或 ADX 自建 SSP 发展较快，它们成为互联网平台所拥有的广告业务，而不是独立第三方。在我国，第三方 SSP 的数量总体上少于海外，这是因为互联网发布者对"流量广告位"拥有较强的资源权力。尽管 SSP 最初由本土数字广告技术公司推动，但主流互联网平台迅速通过并购和开发自有广告位资源管理系统，并扩展到 DSP 及 ADX 交易领域。

我国主要互联网平台均在加强建设自有生态系统。一方面，由于 SSP 程序化产品技术壁垒不高，在互联网供给侧迅速普及，SSP 的主要竞争优势在于主流网站的流量资源；另一方面，互联网平台首先控制自有广告资源，其次还通过自建广告网络和广告投放平台的方式，控制了大量网站发布商的广告位。

互联网平台搭建自有的 SSP，不仅是为了自行销售广告，更关键的是便于调控内部流量和优化广告价值。这些平台通常将自己的优质流量单独出售，而将长尾流量接入 ADX。通过建立 SSP，互联网平台可以直接与各媒体对接，减少中间环节，实现更精细化的广告位管理，超越了传统大众媒体广告"发射后不管"的效果。

DSP 代表广告主的利益，而 SSP 代表媒体的利益，它们都依赖于数字广告技术商和平台的运营服务。至此，程序化广告技术的四大主要平台产品介绍完毕。数字广告技术的核心不在于广告的展现形式或创意内容，而在于掌握数据、控制流量和加强分析能力，从而更精准地理解用户需求。这主要催生了两种产品：面向广告代理商的交易平台产品，以及支持精准化 DSP 程序化广告业务的 DMP 产品。

5．交易平台

交易平台（Trading Desk，TD）位于广告代理商侧，在 DSP 之后出现，使广告代理商能够统一管理多个独立 DSP 的投放。TD 的功能包括分配投放预算、制定和调整投放策略、查看数据报告等。在我国市场的发展中，许多 TD 是由 4A 或其他代理公司为适应市场技术形态的变化而收购或孵化出来的产品。当数字广告进入程序化广告交易的快速发展阶段，4A 广告代理公司在 2010~2016 年间认识到，人工媒体采购方式落后于数字广告技术，必须开发自有的采购交易平台以适应数字广告交易业务。

无论是对接 ADN 还是对接 DSP，TD 都需要通过互联网数据接口来自动完成流量选择和优化。在程序化交易普及后，TD 的主要对接对象变为各种 DSP，这反映了广告数据技术和数字广告市场权力的转移。

例如，如果品牌在微博、微信等多个互联网广告平台都有广告投放，管理起来将非常复杂。TD 作为广告代理商为广告主管理的采购后台，通过 API 可以直接采购各个广告投放平台的广告位，实现统一管理。

6. 数据管理平台

数据管理平台（Data Management Platform，DMP）的诞生标志着数字广告技术的进化，它主要用于记录和保留广告用户数据，旨在为 DSP 提供精准识别用户的数据支持。ADX 旨在吸引广告主，实现向有需求的用户精准投放。

广告商迅速意识到，如果没有DMP自建数据特征系统支撑广告投放标签策略，就无法有效判断 ADX 接入的海量流量资源在广告位价值方面的潜力。DMP 将分散于多方的数据整合并加工，形成可用于分析的广告位数据集。通过记录分析用户的历史广告接触行为，为接受广告的用户 ID 打上标签（例如，"跑步"标签代表对户外跑步感兴趣的人群），然后提供给 DSP 等平台，用于比选购买"广告位"。

为了满足广告投放的数据需求，DSP 促使广告主、媒体和 ADX 都精准识别广告位，因此各方开始建立 DMP，市场上也出现了独立的第三方 DMP。DMP 的核心在于广告用户的数据标签，其覆盖的用户数据越广泛且来源越可信，垂直领域的深度接触反应数据越丰富，其价值就越高。因此，DMP 数据的采集涉及用户人群信息的搜集。最初，广告用途的 DMP 数据若被用于其他领域，如金融和医疗，则很容易发生敏感信息泄露和不当商业活动，对数据处理和交换使用不当可能引发公众安全危机。数字营销进入"下半场"后，DMP 中管理的数据需要经过匿名化、去标识化处理，转为非个人身份信息。总的来说，DMP 提供数据分析、管理和调用服务，向需求方平台、供应方平台、广告主和互联网媒体合规地提供数据服务。

程序化广告技术能够将处理过的用户广告位数据留存下来，供识别使用。在早期程序化广告交易系统的建立过程中，各方都认识到掌握更多用户特征数据实际上提升了其平台计算用户流量广告位的价值。计算广告学者认为，数字广告匹配用户的核心问题在于数据科学——机器可通过目标函数来解决问题，计算广告引擎自然导向数字营销和管理自动化。

4A 广告集团原有的媒体采买公司迅速向 TD 转型，否则就要被程序化广告市场淘汰。

在《个人信息保护法》出台后，前端广告链路通常就不再处理到用户 ID 层级，但至少需要精细到人群。

在本书出版前，海外广告学教材在这方面明显缺乏准备，相关理论还停留在对传统媒体数据效果反馈的模型计算阶段，尚未进入大数据科学领域。

5.3 企业视角下的数字广告系统

在互联网时代，广告学知识体系出现了跃迁，广告学科正迈入数字广告生态的复杂系统科学领域。越来越多的学者认同广告学科范式的迁移。1.2 节中提到，数字广告技术的跨学科组成包括计算机科学、市场营销学和广告学。马特豪斯等学者列举出了计算广告的三大来源学科。

数字广告的兴起促进了营销和品牌理论的转变，真正的数字营销需要由数字广告来创建。IMC 理论早已建立在广告和营销的交叉领域，融合了广告（传播讯息）与营销科学的核心内容（顾客数据库、顾客终身价值和财务支出回报）。在市场营销学和计算机科学的交叉领域，早就存在顾客关系管理和直复营销科学。全链路营销、大数据和广告技术使得营销和传播领域开始经历数字化重建过程。

5.3.1 搭建数字广告生态

在传统广告领域，广告被视为营销组合中的促销环节，代理商的职能业务集中在"洞察、创意、媒介、效果"等方面。然而，随着互联网环境的整体变化和数字广告技术的升级，马特豪斯提出了以计算引擎为核心的数字广告生态体系，如图 5-6 所示。

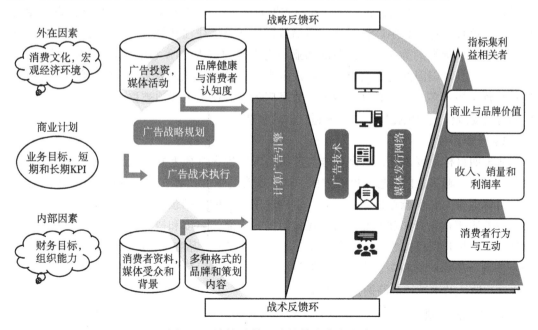

图 5-6　计算引擎驱动的数字广告生态

马特豪斯的数字广告生态图展示了技术广告营销的全新格局。从消费者文化、生活方式和宏观经济环境出发，构成了数字广告生态的外在因素，直至销售成果的最终实现。

1. 外在因素

外在因素有消费文化与宏观经济环境：消费文化涉及研究用户的生活方式和价值观，如教育背景、家庭背景、收入阶层等，以便更好地理解消费者的行为习惯和心理动机；宏观经济环境：包括所在国家或地区的经济发展阶段、经济制度、市场体系、国民生产力水平、财税制度以及贸易和国际收支状况等。

2. 内部因素

内部因素有财务目标与组织能力：财务目标指企业在特定环境和条件下应实现的基本目标，主要涉及经济效益和市场规模发展的规划指标；组织能力包括组织结构、核心业务能力、内部管理机制、团队管理、企业文化及信息化能力等。企业从组织能力出发，设定业务计划目标、短期和长期目标，并划分为市场战略。

3. 商业计划

商业计划的目标描述了企业成功的最终标准。这些目标规定了企业计划实现的最终结果，包括量化企业行动的预期结果的指标（例如，月活跃用户数量达到一百万以上），以及明确目标的定义和实现目标的预期时间。

1）短期目标

广告战役的短期目标主要是推动商品和服务的销售增长。在传统营销中，短期目标通常设定在一年以内。然而，在数字广告的效果导向下，短期目标与广告投放周期密切相关。例如，以单日计算的数字广告投放的短期目标，其效果往往在投放后的一周内显现。短视频广告的投放周期约为3天，而谷歌和亚马逊支持的广告CTA（用户行动召唤）实现数字应用下载，其可归因的转化效果周期可设定为一个月。因此，数字广告营销的短期目标要比传统营销短得多。在互联网环境下，数字广告"战役"更多地被称为广告活动，具有可以随时启动或停止的敏捷特征和快速适应的营销特征。

2）长期目标

从长期目标角度来看，数字广告与传统品牌广告在本质上并无太大区别，主要聚焦于品牌知名度、购买意向和忠诚度等方面，这些通常与年度销售收入相关联，作为宏观指标。长期目标通常与长期营销战略相结合，重点在于持续的营销预算。一般而言，长期广告战略不仅着眼于市场开拓和产品销售，还包括提升产品知名度和树立企业良好形象。营销经理通常将维护长期目标的广告称为品牌广告。简而言之，品牌广告的投放主要关注曝光量、创意质量、品牌记忆和美誉度。与短期目标不同，长期目标无须直接考核销售效果，只要年度销售收入达到营销战略的预期即可。

4. 广告战略规划

制定具有战略性的广告规划及战术性策略，这些活动需要由不同类型的数据源来支持。

1）广告投资

在企业经营管理阶段，计划投入一笔资金用于自身的宣传推广，目的是在社会群体中造成较大的影响力，这是企业公共宣传活动或品牌行动的有效方式。

广告成本是投资还是费用？

广告大师奥格威有一句名言："每一则广告都是对品牌的长期投资。"广告主所投资的广告费用是企业经营投资中的一种，纳入企业成本。

霍普金斯认为："广告的唯一目的是销售，广告是否盈利取决于广告引起的实际销售。"伯恩巴克也认为："在广告界中，如果有人说他的目的不是销售广告中的商品，他就是一个骗子。"

广告具有投入产出的商业本质，使广告主产生对广告的需求，企业才愿意做广告，这是广告投资得以存在和发展的基本前提。

数字技术带有效果预期，克服了原先广告投资对销售效果的作用难以说明的弊病。数字广告成为计量投入产出的精细化策略。

2）媒体活动

媒体活动涉及媒体传播和媒体资料的采集和记录，包括在指定参与者的日常业务过程中记录的所有媒体传播。这些活动不仅包含关于媒体公众传播的信息，还包括品牌行动和消费者认知信息。

3）品牌健康

品牌健康是一个反映品牌在社会中的影响好坏的定性指标。与仅为量化的品牌知名度不同，品牌健康更多地表达了品牌的整体影响力和市场地位。

4）消费者认知的信息

消费者认知指的是消费者面对品牌、产品时的即时反应。过去这类信息需要通过市场调查活动来收集，而现在则通过数字广告营销技术，如顾客体验管理、顾客浸合管理等方式进行。第10章将详细说明该项广告业务。

5．广告战术执行

广告战术执行是企业常规经营中的营销传播活动，通过使用多种传播手段来发布广告，以推广商品、技术或观念为营销目的，执行策略转向精细化运营的营销活动。

1）消费者画像

构建消费者画像所需的信息数据包括：人口统计特征（性别、年龄、受教育程度、收入水平、对品牌的偏好程度）、人口分布区域等。群体画像应区别于个体信息。第一方信息是企业记录的关于顾客习惯的数据，第二方信息指企业在电商广告交易中使用的互联网平台或其他公司的数据，第三方信息是企业从政府或其他公司购买的有关消费者的信息。

2）数字渠道用户

数字渠道用户指习惯使用互联网应用的用户。这些用户群体具有各自不同的心理和行为特征,在实际应用中不再仅仅基于社交内容或电商应用的互联网渠道进行区分。第9章将对数字广告的用户与数据展开详细说明。

3)数字渠道场景

对数字渠道场景的分析涉及解析消费者的当前状态,如移动或静止、在家还是在公司等,还包括主要信息内容、用户社交关系的强弱,以及场景所提供的服务、信息、内容和商品的时效性、不可替代性、平台交易撮合等属性。

6. 多种格式的品牌和策划内容

在数字广告领域,品牌讯息和内容呈现出多样化的形态。这包括通过不同的媒体渠道、不同的创意表达和不同的互动方式来传递品牌信息,实现与目标受众的有效沟通和互动。

1)多种格式的品牌讯息

内容营销被视为一种与传统广告不同的新型营销方式。这类创新内容旨在促进用户与品牌的连接,但并不总是直接讲述商品品牌。其形式多样,包括新闻资讯、真人事件、社交媒体帖子、定制信息图、博客、视频播客、案例分享、电子书、白皮书报告、问答等,均可用于社交媒体内容发布。其中,用户分享的照片是最常见的内容形式。

2)各种形式的内容转发

内容转发指的是从多个来源渠道选择内容,然后在企业社交媒体频道上进行分享。转发过程通常不需要用户原创内容,但用户需要认可内容的来源。这涉及搜索、发现、整理、评论以及向用户展示内容的过程。

这两个方面共同构成了内容数据库,结合了广告信息、内容营销和其他品牌资料。在企业到消费者的营销内容矩阵中,营销技术系统开始构建数字内容资产,为数据处理和运行做好准备。第8章将对数字广告内容板块展开详细说明。

7. 计算广告引擎

随着越来越多的数据汇入计算引擎,人们使用多种算法和广告技术来创造品牌信息,然后通过不同的广告网络进行分发。营销经理越来越多地使用互联网广告平台(包括计算引擎),而大型企业品牌主更倾向于构建自己的营销平台,以便直接对接多种电商和广告渠道。

1)计算引擎

计算引擎是专门处理数据的程序。例如,针对互联网平台的广告位数据,计算引擎结合用户特征数据、场景数据、广告数据和价格的约束函数,进行多家广告主的竞价计算。

2)程序化广告技术

程序化广告技术是连接发布者和广告商(广告主)的复杂网络化协作技术,其主要业务阶段都已形成了具体的实体,如 DSP、SSP 等程序化平台。

3)广告网络分发

广告网络分发即广告服务器投放,网络广告的具体执行、存储和投放主要通过广告服务器完成,实现将广告内容投放到发布者的网站和应用程序上。

8．指标集

针对不同的利益相关者，数字广告活动的结果需要通过不同层级的指标来评估，这包括品效销等多方面的指标。

1）消费者行为与互动

数字广告最直接的结果表现在用户行动上。用户看到广告后，是否有点击？是否在社交媒体上进行了转发、点赞或评论？是否因看到广告而采取了行动？

2）收入、销量和利润率

数字广告能够带来的销售、转化、下载、激活、收入和盈利等关键业务指标，这些都可以加入数字广告指标集。

3）商业与品牌价值

企业的商业与品牌价值可以通过多种标准来衡量，如企业按季度的收入变化、股价等。企业还需要关注是否实现了超出预期的回报。

9．战术反馈环

数字广告技术实现了动态反馈循环，能够识别出哪些广告信息效果不佳。这种反馈机制可以准确地证明哪一部分广告信息正在发挥作用，因此能够直接推动营销策略的修正。

10．战略反馈环

战略反馈环可以帮助企业调整广告战略和经营目标策略。企业可能决定在营销战略的不同部分中运用人工智能技术。

上述十项职能构成了由计算引擎驱动的数字广告。数字广告的营销职能进一步扩展后，会渗透到企业营销和管理的数字化中。从业务模型层面来看，广域集客营销就是在持续追求数字营销创新。

5.3.2 智能技术嵌入广告营销

从广告计算的角度出发，更多的数据被收集和整理以用于循证营销，形成数据智能分析和内容场景对效果的影响，这就是智能技术应用。图 5-7 所示为马特豪斯提出的以计算广告为中心的数字广告系统，数据智能被嵌入计算广告技术系统中。

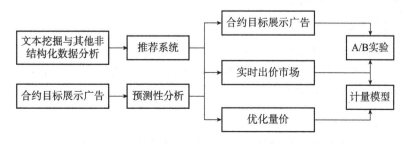

图 5-7　马特豪斯以计算广告为中心的数字广告系统

由计算引擎驱动的数字广告业务系统集结了数据、技术和营销结果，催生了众多基于人工智能技术的新应用。如图5-7所展示的，这些智能化广告应用深入到不同的数字广告阶段和使用场景中，主要包括9种类型，具体说明如下：

1．文本挖掘与其他非结构化数据分析

以往企业依赖外聘调研机构和焦点小组来了解消费者的看法，如今主要通过文本挖掘、社交媒体数据分析等非结构化数据分析方法来获取消费者洞察，并将这些信息融入用户数据库中。

2．结构化数据分析

大数据技术现在广泛用于衡量顾客行为。互联网行业使用用户行为数据洞察来管理，用户的主要内容行为和广告行为，这减少了对自我报告数据（如传统问卷调查）的依赖。现在结构化数据和数字广告指标集被一起用于打通场景行为，增强了机器处理广告决策的能力。

3．推荐系统

广告讯息与消费者（广告位）匹配的AI方法的突破点在于推荐系统（RS）和智能预测分析。推荐系统尝试估计不同内容对不同用户的效用，基于用户内容互动历史效果进行测算，随后优化内容与广告推荐的比例。

4．预测性分析

预测性分析广泛使用统计学和机器学习模型来预测各种结果，如用户点击广告的概率、用户通过订阅服务进行购买的可能性、用户的流失风险等。面向广告网络的智能程序化技术可以使用机器学习模型来预测广告在不同渠道的效果。

5．合约目标展示广告

合约目标展示广告（GD）侧重于按CPM计费。这种方式虽然依旧基于合同来确定广告活动的总量和展示单价，但其售卖对象已经由简单的"广告位"演进为"广告位＋人群"。GD涉及通过数字技术分析用户及上下文属性，并由服务器根据这些属性和广告库存的素材动态决定广告选投。这一新模式充分发挥了互联网技术手段的优势，将数字广告投放转变为运筹学"匹配"的广告产品运营问题。

6．实时出价市场

实时竞价（Real Time Bidding，RTB）是互联网在线广告的一种公开竞价交易方式。在DSP和SSP的市场中介作用下，实时出价市场允许多个广告主同时竞争同一数字广告位（即针对特定用户的广告展示机会）。

指实证调研的问卷体系，长期以来成为媒体研究和市场调研公司的技术方法基础，也是20世纪以大众传播学为代表的社会科学和以市场营销学为代表的商科和经济科学的主要理论验证方法。

7. 优化量价

在满足量价的条件下，优化问题涉及在众多广告方案或参数值中寻找最优解，以使系统的目标值达到最佳状态。计算引擎负责实时决策，同时使用机器学习来监测竞争者，对匹配的素材和广告位进行价格调整（升或降）。

8. A/B 实验

数字营销已深入广告投放技术中，显著提升了广告实验设计及经济指标模型的有效性。通常情况下，平台账户的广告主可以在一个小时后观察到用户流量对广告的实时反应效果。互联网平台开始熟练运用 A/B 实验，通过"匹配"来控制不同用户流量群组。

9. 计量模型

在通过实时用户流量观察广告效果的基础上，广告科学发展出可智能调整的计量模型。

在计量模型中，可以调整营销策略的示例包括：

1）辨别广告投放目标，对不同商品的广告营销设立不同的目标，是衡量即时点击事件、短期转化率，还是在涉及多个接触点时关注更长期的衡量指标（比如一周以内的游戏充值）？

2）MTA（多接触点归因模型）问题：当用户接触到多个广告，比如电视广告和全渠道数字广告时，如何计算并比较某一接触点的广告价值与其他接触点的广告价值？传统广告媒介测量大多使用 MMO（媒体多渠道模型），这种模型只能测量宏观效果，而现在数字技术的精细化管理使单独测量广告效果成为可能。

3）其他相关性、因果关系和内生变量分析，如 ROAS（广告投资回报率）问题。例如，如果企业发放优惠券，可以轻松衡量用户是否兑换了该优惠券。然而，优惠券的商品范围和时限如何修改？如果将优惠券发送给无论如何都会购买的顾客，那么营销广告实际上就是在减少利润。

由此可见，计算广告营销模型可用于提高数字营销策略的效果增量。

在这一领域，企业营销计算模型与互联网平台广告计算模型展开了博弈。企业拥有多种社交内容渠道和电商应用的全渠道投放资源，而互联网平台则提供多类型广告主可选的广告位。尽管营销目标都是为了提供满足用户需求的商品、服务、内容和信息，但平台和企业的营销目标存在明显差异。

总的来看，企业在数据量方面可能受到限制，企业营销经理评估的不同用户群体的广告算法模型差异很大。此外，品牌主要求数字广告投放场景安全，并限制向同一数字用户的投放频次等，都使得计量模型变得更加复杂。

通常认为，互联网平台持续连接用户数据是建模计算的前提。因此，平台计算模型的数量级远高于单体企业，平台还具备用户、讯息和商品的全样本大数据，能以 A/B 实验的形式随时进行测试的竞争优势。

随着互联网平台数字广告体系的壮大，全渠道的平台广告位价格开始显著上涨，甚至开始侵蚀品牌的渠道费用和主营收入利润。对此，企业营销经理的主要应对策略是自主投资建设数字广告营销技术和用户应用流量渠道。这通常需要借助咨询集团或第三方数字营销公司的技术服务，因此，数字营销业务就包括信息化建设，吸收数字广告技术与产品，并提高企业自身的数字营销技术能力，目的是恢复其在互联网平台上的强势品牌地位。然而，最终是选择平台作为购买入口还是品牌官网作为购买入口，是由消费者行为习惯决定的。

5.3.3 理解场景与消费者数据集

用户在极其丰富的数字场景中接触广告，因此理解用户所处的场景数据对优化广告营销策略至关重要。

如图 5-8 所示，广告场景数据的重点在于理解消费者所处的场域，分析用户的购买决策路径。场景（Context）显示了"谁、为何、怎么做、什么、何时、在哪里"。

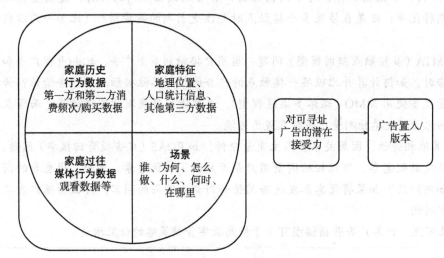

图 5-8　场景数据强化的数字广告技术
（原图得到马特豪斯教授授权使用）

例如，研究报告显示亚马逊的 Alexa 智能音箱可以通过用户的说话方式判断用户是否感冒。当它发现你的嗓子有问题时，就可以预测你是否生病了，然后寻找合适的机会推荐商品，比如感冒药。此处，按照当前法律法规和伦理要求，厂家需要让用户知晓机器具有这个功能，并且完成授权。大量体感监测设备（如手环和智能手表）都具备用户生理数据监测和提醒的相关功能。

这只是众多案例的冰山一角。更多高质量的场景数据持续提供更高层次的个性化目标价值。企业营销技术面临的挑战在于是否准备好处理消费者的真实场景活动，并合理开发不同意图的用户行为。

广告主和数字广告技术公司正在转向使用大数据技术重建广告业务经营系统。按照互联网思维，数字化品牌需要建立数据集，即基于现有的用户对话行为集、购买行为集和使用行为集构建品牌方的回报数据集。如图 5-9 所示。

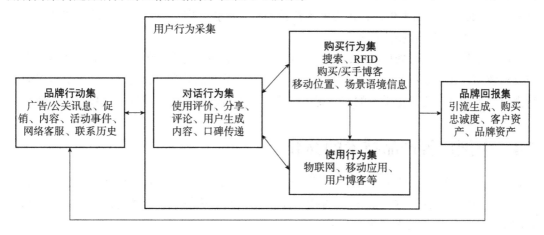

图 5-9　数字广告用途的大数据行为

以上内容数据的拆解和科学分析已经在进行中，目标是提升各个数据集的效果指标。

在推荐系统领域，Netflix 赞助了一项名为 Netflix Prize 的活动，提供了 100 万美元的奖金，竞赛目标是比 Netflix 自身的推荐系统更准确。Netflix 为此提供了诸如镜头数据库、短视频脚本、背景演员角色识别等数据，以及用于教学和研究的训练数据集。推荐系统服务于商业预测领域和广告竞争，所有数据集基本都由互联网平台提供。

另一个例子是沃尔玛提供五万美元奖金给能精准预测某超市销售额的团队，这只是大数据和预测分析在商业领域应用的小型活动。你可以想象，实验对象甚至可以细化到货架上的单个商品、电商平台的商品展示，甚至是特定品牌的进店渠道广告等。

显然，无论是企业还是互联网广告平台，都需要大量的数据集和竞赛来改进自己的方法。如果你有志于从事计算广告领域的工作，建议关注数据科学分析的职位，并研究数字广告行业正在发生的变化。数字营销经理面临的挑战是掌握数字广告、数字环境、大数据和人工智能算法的方法和技能，以发掘它们的组合创新价值。

实际上，几乎任何智能领域的变化都可以被研究并应用于广告领域。例如，自动驾驶领域的自动路线导航算法是否可以用在广告中，来构建类似的自动导航式数字广告流量渠道？

广告营销开始构建一种跨学科的知识系统和理论体系。掌握专业知识、说服力和传播理论的广告业者，必须与计算机科学家和营销科学家共同努力，开发更优秀的计算技术广告营销系统。同时，请注意积极的消费者和主动的用户行为。个人在工作和家庭生活中熟练地切换接触点，数字环境使得消费者更容易拒绝品牌植入。在海外，有三分之一的消费者使用垃圾邮件过滤器、广告拦截器或禁止呼叫列表等手段来抵制不请自来的广告。

未来的品牌营销将趋向于在收到消费者邀请后再进入他们的生活。品牌希望创造出为消费者主动创造价值的接触点，如开发消费者喜欢的移动应用程序，或游戏、娱乐形式的内容营销产品，提升数字用户的体验价值，创造更美好的生活。舒尔茨建议改变20世纪"硬广告"的大众传播思想，转化为内容营销和浸合体验。广告信息必须帮助消费者发现商品的价值，否则将会被拒之门外。

规模化数据的实时处理能力，也是互联网时代之前的广告人未曾拥有过的。数字广告系统要求使用营销传播的数字化能力来处理互联网经济下的商品和内容流通，满足消费者的生活需求。国内外广告理论学者的前沿观点认为，广告与营销传播领域发生了数智化革命。

5.4 中国广告产品技术的演化

数字广告产品作为智能时代企业营销的核心引擎，经历了一系列的演变和发展。本节将概述中国广告产品技术的演化，涵盖广告网络、搜索引擎、社交和电商广告，这些元素共同推动了数字广告技术产业的变革。

随着互联网的快速发展，数字广告技术从最初的门户网站广告发展至今日以计算广告为核心的复杂系统，已经渗透至社交网络、电商平台、APP下载等多个领域，如图5-10所示。

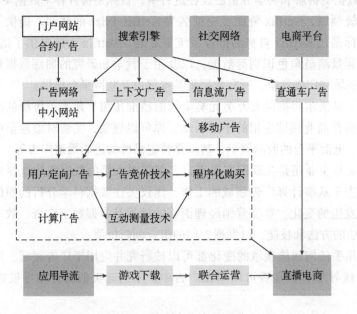

图 5-10　数字广告产品系统

本节简要介绍了数字广告系统的产品大类与演进，更详细的阐释请阅读作者的另一本书《数字广告系统：技术、产品与市场》，该书由机械工业出版社出版。

5.4.1 数字广告演变的主要阶段

1. 合约网络、搜索引擎与社交网络

在 2010 年程序化广告技术兴起之前，数字广告已经经历了三个重要的发展阶段：合约广告、搜索引擎和社交网络。

第一阶段的变革是从合约（展示）广告到广告网络的转变。合约广告是一种基于合约的广告采购模式，诞生于 2000 年互联网站兴起的时代。这种模式是广告代理商模式的延续，其中合约制商务模式包括遵循广告代理商的业务条款，接受后付费模式，类似于品牌主与广告商及网站之间的广告业务流程。在这个阶段，品牌主和广告商提前确定了网站供应方的广告位作为合约标的物。

展示量合约广告（Guaranteed Display，GD）在广告位的基础上增加了用户流量的承诺，这种合约广告对展示量担保的性质延续了品牌方主导的营销意愿。GD 很快成为在线广告的主流方式，这种方式与传统广告的按天计费、直接购买的方式开始产生区别。

合约广告的核心在于按 CPM 计费。这种方式仍然通过合同确定一次广告活动的投放总量和展示单价，但售卖的对象开始从单纯的"广告位"进化到了"广告位+人群"。随着网站流量的增长，开始根据用户标签来区分和售卖流量，这提高了广告主对 CPM 付费的意愿。用户流量的标签化满足了广告主对投放对象"精准化"的营销目标。

在数字广告的发展历程中，一个重要的里程碑是从门户网站的注册用户标签开始，用户数据直接应用于广告商业活动。随着互联网用户从主流门户网站向更广泛的网站分散，大量中小网站希望加入数字广告市场，从而催生了广告网络。

广告网络汇集众多网站的剩余流量，在互联网上形成"平台效应"。大型网站由合约广告主优先选择流量，其余可售卖的广告位则交由 ADN 处理。中小网站通常难以直接接触广告主，通过加入广告网络，完全委托 ADN 进行广告售卖。售卖方式通常为广告主阶段性竞价的合约广告模式。ADN 以其革命性的产品功能，聚合大型网站的剩余流量和中小网站的大量长尾流量，以人群或上下文标签的方式切割流量并售卖给广告主，使得"广告位"售卖不再依赖于广告主"指定"的网站广告位。

ADN 极大地提升了广告主和媒体长尾流量的售卖和购买效率，发挥了互联网的优势，形成了平台经济。这为本土广告业指明了道路，展现了互联网平台经济数字生产力革命的一部分。

数字广告的第二次变革是从搜索引擎发起的。搜索引擎创造了一种新型的数字广告营销服务，即用户主动搜索后回应的广告。最初是自然搜索服务，即企业无须付费，搜索引擎通过抓取网站信息和用户搜索词向用户推荐网站信息。同时，搜索引擎也提供了付费搜索服务，即企业为推广搜索链接付费，这种服务称为搜索广告。企业为获得更优的推荐网站排名而支付费用，通常按照 CPC（Cost Per Click）模式。

CPC 模式促进了数字广告引流用户，实现了个性化的营销信息服务。搜索引擎实现了信息满足用户需求与用户导流营销同步进行，促进了顾客和品牌网站的双向价值增长。经由搜索引擎信息分发平台，网站信息满足了用户的信息搜索需求。

从搜索引擎的发展开始，属于互联网平台的数字广告时代真正开启。搜索引擎可以视为整个数字广告技术和产品变革的重要创新源泉，开启了上下文广告、信息流广告、直通车广告，并与合约广告共同推动广告网络的发展。搜索引擎具备联系全部网站的能力，将中小网站的"广告位"纳入数字广告交易市场，极大地解放了生产力。

搜索引擎通过在搜索结果展示页中同时呈现自然推荐链接（由搜索计算引擎生成）和搜索广告链接（由搜索计算引擎和广告主的 CPC 竞价生成）创造了上下文广告。上下文广告（Context Ad）最初是根据用户的搜索意图在展示界面向用户展现与搜索词相关的广告主付费链接。后来出现的通用网站的上下文广告则是根据用户所在网页的场景展示内容特征标签，用以匹配广告主投放的广告。

与上下文广告相关的另一个概念是原生广告（Native Ad），即看起来像网站或 APP 自然内容的广告。原生广告虽然容易与信息流广告混淆，但其实现方式更为广泛，不局限于信息流技术。原生广告在品牌推广和效果推广中都被广泛使用。

社交互联网广告的诞生代表了数字广告的第三项变革。2005~2012 年，全球很多国家都加入了在线社交媒体高速增长的队列。在线社交互动规模迅速扩大，很快超越了百万活跃用户，达到亿级规模。在线口碑和社交网络方式快速推动了数字营销的发展。

社交网络的技术扩散使得用户创造的内容数量激增，用户生成内容（UGC）在这一时期变得越来越普遍。在社交网络上，UGC 成为占主导地位的内容话题，品牌开始向中国新型数字营销公司学习如何与 UGC 共创社交营销。这引发了三种具有重要影响力的数字广告效应——关键意见领袖（KOL）、品牌自媒体和在线口碑营销（WOM）的崛起。

品牌自媒体紧随关键意见领袖（KOL）之后出现。在 2010 年前后，中国的企业品牌开始积极加入社交媒体，开设官方自媒体账号。这些品牌自媒体账号不仅发布公关新闻，还将广告和营销活动引入社交媒体，与明星代言人及粉丝互动，从而产生了多种丰富多彩的品牌社交媒体内容营销新方法。

在线口碑营销同样成为数字营销的重要组成部分。营销经理发现用户生成的评分（1~5级）和评论（文字）与产品销售水平正相关，产品的评分和评论对销售有显著影响。因此，品牌网络舆情聆听与监测迅速成为公关营销的一个增长点。

2010 年后，智能手机成为主流的移动终端设备，互联网的数字传播与营销功能因此变得更为丰富。移动社交数字营销（DSMM）成为用户赋能的主要功能，促进了用户在体验各类商品服务时主动发布内容，这种真实的体验分享给品牌主发起的广告讯息带来了挑战。移动互联网应用的爆炸式增长使得广告营销职能不再局限于内容与社交互联网，而是更迅速地拓展到电商、应用下载等领域。

随着移动社交应用的发展，信息流广告逐渐出现。信息流广告，即出现在信息流中的原生广告，它与信息流内容保持相同的形式，是数字营销领域的一个重要组成部分。这种广告会在消费者浏览信息流内容和列表的过程中逐步呈现。因此，信息流广告通常被安置在原有信息流内容之后。

移动广告的主要功效在于适时推荐和分发用户所需的应用、内容和商品。行业内从未预料到能从游戏充值和应用下载中获得巨额的数字广告收入。移动领域的广告通过创新技术与消费者连接，形成了使用价值和渠道收入的新分配模式。

移动广告营销的真正价值在于，移动设备可以成为个人专属的"答案盒"。这主要是因为移动设备能够在移动状态下即时搜索信息、联系人，进行娱乐、拍照分享、视频通话，甚至同时进行以上所有活动。对于营销经理来说，新的挑战是如何创造引人入胜的移动媒体专用广告，这些广告需要包含商品和品牌信息，满足当代消费者的期望，并提供真正的价值体验。用户在移动应用上的广泛活跃使得移动广告的目标转向"用户+服务"的专属解决方案，这为移动数字营销开启了无限的创新可能。

在整个互联网经济的发展进程中，移动广告和应用服务起到了联结各方的作用，将所有数字产品服务的参与方紧密联系起来。原本由品牌主和代理商主导的媒体广告业中加入了新兴的互联网广告主和中小企业主。数字广告成为企业、平台和消费者之间的桥梁，即企业广告主通过广告位触达普通用户和活跃的数字广告消费者。

2．计算广告体系与程序化广告技术

计算广告主要解决数字广告定价的市场优化问题，将数字广告置于供需平衡的经济学市场规律中，因为其价格具有明显的市场学特征。广告竞价模型是程序化广告技术的先导，与用户特征工程和数字广告测量系统一起，构成了计算广告的"钻石"结构。这四个模块紧密结合，构成数智时代广告的核心计算特征，如图5-11所示。

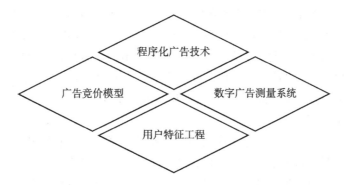

图 5-11　计算广告"钻石"结构模型

计算广告技术确立之后，数字广告呈现出复杂科学系统的新特征。数字广告产品的多种形态均可纳入计算广告的核心公式进行衡量。

计算广告是指通过数据来计算广告位（用户特征标签）、广告内容、广告竞价和广告场

关于"钻石"结构模型的更多介绍请参见《数字广告系统：技术、产品与市场》一书，此处仅做简述。

景的匹配交易模式，依赖更强的计算能力、算法模型和技术基础架构来创建或传递消息并监测广告用户交互的效果。

互联网科学家开发的计算广告将数字广告转化为工程化问题，通过求解约束方程为用户寻求最大价值信息。这一计算方程为数字广告位交易处理带来了具有更高技术维度的数据科学理论和计算博弈。数字技术助力互联网创造出无限的数字广告交易机会，促进消费者信息需求与商品信息供给的有效对接。计算广告增强了互联网平台时用户数据的价值变现能力，但也导致广告主普遍缺乏互联网平台级的用户数据，从而难以准确计算用户在线旅程行为和比较价值。随着互联网平台发展数字广告产品并拥有更强的数据计算能力，中小广告主趋向于直接依附于互联网平台，购买数字广告与营销产品。大型广告主则需要建立超越互联网数字广告产品的广告营销技术，才能发展数字营销的全渠道和全链路能力。这最终推动了数字广告生态的发展和新一轮数字营销技术的创新。

计算广告在竞价市场领域全面引入博弈论、信息经济学和行为经济学理论，形成了首价竞拍制度、第二价拍卖制度等专题解决方案。计算广告使用的竞价模型推动了程序化广告的技术购买，在效率层面远胜于传统广告的媒介采购，因此被全球数字广告业务领域的技术专家和互联网科技企业广泛采纳。

3. 电商平台、应用导流与直播电商

随着数字广告技术发展至程序化广告的成熟阶段，数字广告开始向外拓展，融入电商平台的各种广告模式，并且出现了互联网应用下载的广告与联合运营模式（如游戏），直至发展到直播电商，未来还将进入生成式人工智能和元宇宙营销领域。

电商广告指的是广告主在电商平台上投放的关于商品和服务信息的广告，面向电商购物平台的访问用户。电商平台中包含搜索商品广告与零售展示广告，它们与商品的可见度直接相关，引导用户点击详情并最终完成销售。尽管电商主要以直接销售佣金为平台营销服务目标，但广告收入一直是其主要收入来源之一。电商广告平台同时也是商品销售平台。

电商平台推出了"双11"和"618"等购物节，能够引发大量用户流量和购买。这使得企业营销者将大量人力、物力和广告投入汇集到电商节庆的广告活动中，成为商品品牌参与的年度大型促销博览会。

应用导流的广告产品，例如苹果应用商店，通过广告和应用下载实现营收。应用下载和游戏娱乐一直是互联网行业中长盛不衰的话题。网络游戏的兴起使互联网成为重要的游戏分发渠道。免费加商店道具等各种新运营模式被开发出来，成了网络游戏的主流。游戏广告推广涉及CPM曝光广告、注册下载付费、激活付费和受冲分成等不同的广告收益模式。

互联网游戏市场给数字广告带来的最大变化，是迅速尝试并迭代所有广告与营销计价方式，最终归结出两种最有效的策略：

1）中小游戏按下载注册数量付费；

2）平台联营模式采用高比例的分成模式。

随着游戏高额的发行佣金涌入娱乐应用类广告市场，腾讯和网易等巨头开始投资制作大型游戏并加大品牌广告投放，以占据市场先机。

直播电商广告产品在中国电商和直播行业的创新下诞生。直播电商系统（如抖音、淘宝直播、快手）在实践中创新了连接消费者的巨型电子交易市场（C2M2B）。直播电商逐渐成为一种通过实时传播媒介构建的商业领域，被视为培养用户圈层的人设品牌营销传播渠道。直播购物中以主播商家为主导的"在线社群"能够产生显著的私域化流量聚集效应。

所有这些类别都带有互联网广告的基因，极大地改变了传统"硬广告"的面貌。当数字产品满足消费者需求并达到一定规模时，便形成了一个新的市场。据国家广告研究院报告显示，直播电商行业尤为引人瞩目，在中国迅速崛起，仅用五六年时间便发展成为规模达到2万亿元的行业，其规模甚至超过了数字广告收入（约1万亿元）。2023年，《互联网广告管理办法》中添加了直播电商类型。

这种变化趋势为广告业未来的转型指明了方向。中国在数字营销（广告）组合方面的创新，将产生更多新的子类，并且一定会综合运用广告、电商、游戏等，以满足终端消费者需求，实现互联网场景下的价值和效率提升。学习数字广告生态，应当充分认识到这一点。

5.4.2 广告业竞争与数字广告产品

本书已经归纳了数字广告产品演进系统、程序化广告技术和数字广告业竞争者的生态结构，它们一起构成了数字广告系统的框架简图，如图5-12所示。

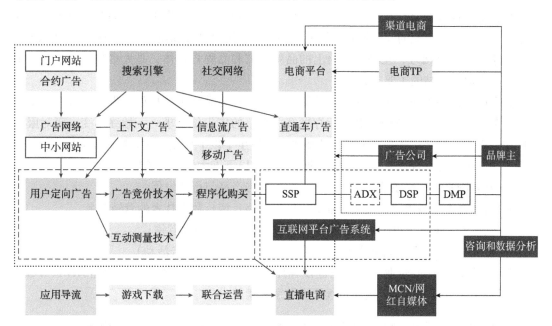

图 5-12 我国数字广告系统的框架简图

数字广告系统主要分为两大部分。左侧展示了数字广告产品的发展演进，在程序化广告购买阶段达到计算广告的成熟状态，从而将数字广告应用于电商、下载导流、游戏应用和直播电商等新兴互联网业态。

右侧则以互联网平台的广告技术产品为核心，它们推动了产业化数字广告生态的组织变革。其中"广告公司"所在方框部分展示了基于互联网平台广告系统的程序化广告技术核心，具体包括2016年由计算机科学家开发的程序化广告技术产品，如DSP、SSP、ADX、DMP等。中国大型互联网平台发展了广告投放系统，形成了自有程序化广告投放平台，吸引广告主业务，品牌及代理商直接开设账户执行投放成为主流。

右侧板块指向了推动产业数字化的广告组织变革，包括：

① **广告公司**：包括传统广告代理商、数字广告技术公司和兼具两者特征的数字营销服务商。

② **咨询和数据分析（集团）**：通常善于研究企业发展战略，并在数据模型分析和数字化转型上具有优势。

③ **MCN/网红自媒体（机构）**：代表网红和自媒体公司参与到数字广告业务系统，持续输出内容，服务大量粉丝用户。

④ **渠道（TP）电商和直播电商**：都是数字营销机构或个人，代理经营品牌在某个或数个平台的电商业务，优势在于具有直播经验与用户认可的优质人设，或有具备电商运营经验的团队。

⑤ **品牌主（本土数字营销企业）**：例如投入"自嗨锅"等国潮商品的营销策划、销售和运营，有些成功的数字营销企业直接转型为品牌主经营。

品牌主在面临数字广告业务的激烈竞争中，必须联结和留存顾客，同时广泛集客，这离不开数字用户所依赖的互联网技术服务。为了吸引用户订阅和使用，品牌积极创建APP；然而，小程序、订阅号、互联网平台上的品牌电商和品牌自媒体，是大多数品类中数字用户接纳品牌数字联结的主要方式。

数字广告产品形态不断变迁，但其核心目的——为品牌主"投放广告给具有需求意愿特征的数字用户，达成营销获客和留存顾客关系"的广告位需求——始终不变。面对服务品牌主的需求，数字广告系统的营销传播供应商发生了以下变化，主要影响了4A行业广告代理制的广告商的广告业务，数字广告业务主要由以下五大经营者承担：

1）互联网平台广告系统，居中领导了数字广告产品与行业发展。

2）管理咨询领域集团，提供企业数字转型战略，增长数字技术的营销业务。

3）大量MCN网红和自媒体，在社交平台发起广告与内容营销。

4）电商TP代运营或直播电商，共同加入电商平台（含广告活动）。

5）本土数字营销企业，首先建设程序化广告交易技术体系，如构建ADX、DSP、DMP等数字广告技术产品，进而持续开发数字营销技术。

我国本土数字营销企业（如蓝色光标、利欧集团等）在2015年前，凭借在技术广告领域及数字营销市场的先发优势，迅速成长为我国数字营销板块的主要上市集团公司。

数字广告系统不仅独立于传统广告传媒业，而且完全由互联网企业主导。从用户请求到发布者，再到广告网络，再到广告客户，数字广告产业流程的功能，包括广告产品、货币化、网络、安全、隐私、人力和资源消耗，都由快速响应的技术专家开发。数字广告系统形成了一种以机器介导的程序化技术交易机制，开发出细粒度级的数字广告，提供更专业、可精算和敏捷的建模能力，用以维护高质量的"广告位"交易。

数字广告系统简要说明了数字广告行业中活跃的经营机构，以及传统广告业面临的竞争挑战和新市场机遇，明确了数字广告技术平台如何融入互联网平台经济的商业模式中，它构成了中国互联网经济快速发展的核心支柱。随着广告行业新经营者的加入，数字广告系统也被不断推广到各行各业的数字营销和企业数字化转型进程中。

5.4.3 数字广告覆盖供需链路

数字广告系统已拓展到我国传播营销与物流的供给与需求系统。数字广告不再是向代理商付费，借道"媒体"传播其创造信息的"推销术"。在互联网环境下，数字广告居于数字链路营销中枢，通过调配信息，集中处理了观念、内容、服务和产品的卖方集合与买方集合的市场活动。

原有的营销传播建立在以商品营销和渠道流转为基础设施的商业系统之上。如今，随着数字技术的融合，营销传播已建立在以互联网连接、交易和支付为基础设施的商业系统之上。基于互联网平台，数字广告充当着供应方集合与购买方集合之间的中介桥梁。通过数字化的内容和观念创造有效的用户传播互动，帮助商品与服务对接消费者需求。

数字市场中出现了更多无形的服务、内容和观念、应用、游戏，以及其他文娱和网络服务类商品，许多商品不需要线下物流渠道的递送服务，而是经广告营销后直接通过线上渠道传递给用户。未来还将不断出现脱离线下物流和真人服务的商品和服务。相比之下，脱离数字广告的商品服务营销规模已经极为有限，如图 5-13 所示。

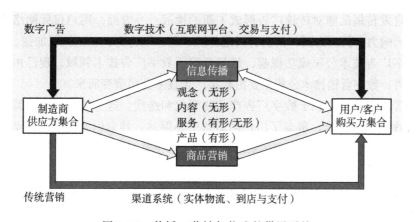

图 5-13 传播、营销与物流的供需系统

因此，数字广告推动了数字营销发展到新阶段，即数字化价值链的开放和营销数字化转型。数字广告生态更加丰富了中国式现代化数字营销的商业系统。

从经济学的角度看，信息流是商流的基础。商流、信息流、物流、资金流、人员流共同构成了数字消费品供给和需求交换的市场。数字广告处理的是信息流，牵动着整个数字互联网供需满足的交易效率。信息技术已经起到了决定性作用，这使得传统广告的创意讯息和媒体思维已经无法满足数字时代的发展需要。在平台型社会中，数字广告技术实际上超越了具体的品牌关系。可以说传统广告主要依附于品牌主（营销管理的促销组合），而数字广告实际无须依附于品牌主。数字广告几乎完全融入互联网平台的产品结构和商业营销内容，直接服务于数字社会的广大用户。从这个角度，方能理解为何说数字广告进入了复杂科学系统的学科领域。

5.5 本章小结

本章总结了数字广告生态位，探讨了数字广告市场的竞争者、技术、产品和演变。数字广告市场的竞争者大多来自20世纪的广告传播行业之外，五种竞争力量构成了全新的数字广告产业模型。

占首要地位的是互联网平台开发的数字广告产品。平台掌握着互联网优势资源——数字广告位，迅速成为数字广告产业的新领导者。我国数字广告业务一举超越了原本由4A代理商掌控的广告传媒行业市场。

咨询行业加速推动了数字战略转型和产业组织变革，成为制造业品牌和互联网品牌的智库，帮助企业在数字化转型和数字营销建设中融入科技战略。

社交媒体用户自发传播的出现，产生了KOL和网红，通过MCN机构运营，现已成为数字广告（营销）的重要推手。广告主有可能通过成百上千个自媒体广告实施口碑营销"种草"。

消费者自发传播品牌对传统广告形成了新的挑战：一方面，用户仅凭网络人际传播就能建立营销影响力；另一方面，消费者回避传统"硬广"行为，自主控制加强。

本土数字广告技术公司成功崛起，最早开辟了数字广告技术领域，现已由互联网广告平台发展完善，数字营销技术公司主要由数字广告技术公司演变而来。

数字广告生态的核心在于数字广告产品的演化和迭代。这主要得益于计算机科学家发展的广告程序化技术系统，覆盖了门户网站与中小网站、搜索引擎、社交移动、电商与应用等领域。数字广告交易的技术产品系统建立了一个完整、统一的技术产品市场。

数字广告涉及"匹配"广告位特征、广告特征和上下文特征的计算工程学问题，进入了复杂科学系统领域。这与20世纪广告学被定位于文学、创意和艺术设计的交叉应用学科相比，呈现出本质的区别。

数字广告已成为互联网的基本商业模式之一，引导着互联网应用形态、商业模式的不断创新，实现用户流量增长和消费者需求满足。

数字广告业竞争者、程序化广告技术产品、数字广告产品系统，这三者环环相扣，共同构成了中国数字广告行业市场的整体架构。数字广告生态已成为互联网经济和企业数字化转型的关键数字生产要素。

本章术语与重要概念

品牌（广告）的五竞争力模型	需求方平台（DSP）
社交本地移动技术（SoLoMo）	供应方平台（SSP）
技术接受模型（TAM）	（代理商）采购交易平台（TD）
创新扩散理论	数据管理平台（DMP）
数字营销战略	计算引擎
影响者（Influencer）	广告战略规划
意见领袖（KOL）	数字广告技术（产品）
预期理论	GD 合约广告
广告战役	按点击次数付费（CPC）
互联网"去中心化"传播模型	上下文广告
程序化广告技术产品	信息流广告
广告网络（ADN）	移动广告
广告交易平台（ADX）	计算广告"钻石"结构模型

本章思考题

1. 互联网经济的"三驾马车"是？你最看好其中何种细分类别互联网产品的发展？请给出你的理由。
2. 请用数字广告行业五竞争力模型，分析一下数字广告行业新的领导者的地位。你更看好哪种类型的数字广告公司未来的竞争力？
3. 很多学者认为数字广告生态的核心是计算广告能力，那么想要运用计算广告能力，要满足哪些前提条件？

Chapter 6 第 6 章

中国数字广告营销图谱

本章指引

本章旨在指引读者理解中国数字广告营销的图谱工具，解读市场中的数字广告，营销导航地图。自 2010 年起，随着微博、微信等社交媒体的全面崛起，以及智能终端、移动通信和位置分享应用的发展，中国的数字移动社交营销在用户活跃度和互联网产品营销方面超越了海外发达国家。这一快速变化的消费趋势打破了全球 4A 广告传播集团掌握的业务规律与经营过程。本土原生的数字广告（营销）公司在新兴活跃的数字市场中表现出色，许多中国数字营销创业者在 2008 年后纷纷发现了数字广告的"新大陆"。

从 2009 年开始，十余种数字广告图谱相继出现，这些图谱由各类研究机构、企业和专家组织发布，包括程序化广告生态图、技术广告产品图、营销技术生态图、数字营销生态图、数字媒体生态图、社会化媒体格局图、互联网平台营销生态图、互联网数据厂商生态图等。这符合数字广告领域的前沿性和复杂系统学科特征。

多数图谱每年都会更新，而程序化广告技术图谱在鼎盛时期甚至按季度更新，符合中国数字广告营销产品的超高增长速度。以往没有教材和著作对此进行综合整理，这为营销经理、广告经营者和学生理解、掌握数字广告营销带来了挑战。许多行业领袖和专家学者一度认为，数字广告营销技术和市场发展太快，难以沉淀出知识体系。然而，企业家、学者和营销经理又都认同，理解数字广告营销生态体系的变化对于洞悉中国的数字营销行业至关重要。

本章致力于图解数字营销从广告技术发展到营销技术的必由之路，全面扩展 20 世纪西方定义的广告业，提供中国式现代化的数字广告营销生态导航图。重点完成三项任务：

❑ 梳理中国市场上主要的数字广告营销生态图谱种类，充分解释图谱的适用范围和发展趋势。

❑ 解读数字广告营销图谱中新兴广告类别的产品、技术、经营者所组成的市场。
❑ 关注中美市场在数字广告、数字媒体、数字营销、营销传播服务方面的联系与区别。

6.1 中国社会化媒体格局概览图

最早的中国社会化媒体格局概览图是在 2009 年由 Kantar Media CIC 发布的，之后该系列图谱持续更新。其他数字广告营销图谱大多是在 2010 年后诞生的。

在中国，虽然网易、新浪、搜狐这三大门户网站以及百度搜索引擎自 2000 年起已被广泛使用，但社交媒体的崛起才真正使网民成为常态化的数字用户。社交媒体的兴起不仅赋予了用户自我组织社交的能力，形成了强弱社会关系和人际传播，还构建起平台型社会，对传统媒体构成了"破坏式创新"，从而诞生了以社交媒体为中心的新图谱。

社交媒体带来的革命性变化在于：媒体技术创新的社会普及周期大幅缩短，用户共同创造和传播内容价值的宝库被打开，同时还突破了大众媒体的形态，让几乎每一种数字互联网产品形态中都融入了社交功能。图 6-1 展示了 2013 年中国社会化媒体格局的概览，这张图常被新媒体广告教材选用，因为它很符合新闻传播学视角对新媒体的解读。

图中内圈主要展示了海外互联网社交媒体的龙头企业，表明中国互联网行业和数字用户开始认识到中美两个数字市场的对应关系。海外的数字互联网创新不断被中国市场吸收。

海外企业和产业经研究发现，中国互联网企业在构建生态方面有极强的意愿和能力。中国互联网平台擅长扩展自身服务业务，如果市场流行某功能，绝大多数互联网企业都会添加该功能。这种强烈的同业学习和模仿能力，与海外互联网企业有着明显的区别。

在社会化媒体格局图中，无论是基础功能网络（如问答、百科、博客、文档、签到）和核心网络（如微博、社交网站、即时通信、移动社交、视听&音乐、论坛、消费评论、电商），还是增值衍生网络（如社交电商、社交游戏、内容聚合、社交搜索）和新兴/细分网络（如社交电视、图片分享、企业社交、商务社交、婚恋交友、在线旅游、轻博客），都在不断拓展社交功能和开展业务竞争。

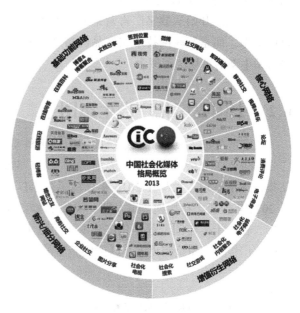

图 6-1 中国社会化媒体格局概览（2013 年）

2010年，新浪微博在中国网络界崛起，标志着"中国微博元年"的到来。随后，《人民日报》宣布2011年为中国"政务微博元年"。社交媒体的使用习惯已普及于中国智能手机用户，显示了改革开放后中国社会公众接受先进技术赋能的情况，在这方面中国超越了全球绝大多数国家。

中国社交电商的消费者使用量和市场供需交易量，一次次超过了西方国家。自2012年8月今日头条的诞生，再到2016年9月抖音（后来海外推广时叫TikTok）的出现，中国社交媒体加强利用算法挖掘社交关系，用以强化对用户兴趣标签的内容推荐。在中国文化中，社会关系占据重要地位，持续作用的社交互动促使用户主动使用社交媒体，不仅用于社交，还将社交关系应用于实现所有传播和营销目的。短短几年内，微信的使用量就超过了短信，通过智能手机，中国消费者在一定程度上跳过了桌面互联网，实现了弯道超车。中国网民消费者不常用邮件工具，几乎让这一发达国家必备的成熟营销工具淡出市场。

中国社会化媒体生态揭示了消费者已经脱离海外大众传播学"受众"定义，快速过渡到"网民"行为识别阶段，进而进入数字用户常态化使用阶段。本书观点与海外学者的观点不同，互联网平台并非仅仅是社交媒体，它们超越了单一的传统媒体属性，整合了用户的社交关系，并通过技术赋能，促使用户的积极主动行为超越了传统媒体的传播功能 。媒体级的信息传播属性只是互联网平台提供的综合营销服务功能之一。互联网为传播学科打开了一个升维的信息互联的经济和社会空间。

2019年，Kantar将此系列图谱更名为"中国社会化媒体生态图"，并进行了最后一次发布。经过十年的社会化媒体发展，数字互联网观察者放弃了使用"割据式"媒体饼图形态（不符合我国用户流量状态），转而采用"生态图谱"的概念。2010年前流行的"网民""数字媒体"概念开始从数字广告营销的行业术语中退去。中国广告市场发生的主要变化不是媒体形态，而是互联网技术与产品的持续创新。接下来将进入新兴图谱，全面更新数字广告营销生态的市场经营概念。

6.2 中国程序化广告生态图

数字广告进入复杂科学系统的标志性事件是程序化广告技术产品的兴起。此后，数字广告学进入了复杂系统科学的新航道。互动广告局（IAB）在2014年定义了程序化广告产品集，佐治亚理工大学在2016年总结了数字广告技术大全。程序化广告在中国从2010年至2022年经历了初始期、爆发期、成熟期和衰退期，其中衰退期主要指第三方程序化广告市场。在这十二年间，程序化广告发生了巨大变化，形成了一个极为复杂的生态圈。中国程序化广告生态图绘制出了互联网创新后的广告技术产品和业务生态。

 由林升栋、顾明毅、康瑾等翻译的《当代广告学与整合营销传播》（第16版）专门指出社交平台功能实际要比媒体属性更丰富，即媒体属性只是社交互联网整合提供的功能之一。

6.2.1 勃兴的中国程序化广告生态

自 2012 年以来，RTBChina 几乎每年都会发布生态图，有时每个季度更新一次，有时每半年更新一次。这些图谱反映了中国数字广告（程序化）技术的发展脉络，展示了数字广告市场的结构和演变。

我们着眼于中国程序化广告业务的蓬勃发展时期，特别是 2013 年第一季度 RTBChina 发布的中国 RTB 广告技术生态图。选择 2013 年的版本，是因为它准确地确定了程序化广告生态中的市场类别和广告产品，并有技术领先的公司全面入场。到了 2016 年，程序化广告业务达到了巅峰，图谱中包含的公司数量是 2013 年的十倍，国内号称经营程序化广告业务的公司数以千计。随后在 2018 年 GDPR 实施和中国广告营销技术市场的重组影响下，程序化广告生态迅速进入成熟期后的衰退阶段。因此，选择这一时期的图谱更能展示行业生态的爆发性增长前景。

图谱中展示的主要技术类别代表了程序化产品的核心组成部分，包括广告主-TD-DSP-ADX-SSP-互联网用户。这张图最接近柯普兰所描述的程序化广告技术图的标准化形态，也符合计算广告教科书中对程序化广告交易业务产品的定义。实际上，中国的程序化广告在互联网平台和第三方市场之间经历了显著的变化。

图 6-2 中的 RTB 代表经典的 RTB 程序化广告过程，即广告位的实时交易竞价。这个过程包括广告主侧代理商的交易平台接入需求方购买平台，通过程序化广告交易网络（与其他需求方平台进行多方竞价），获取供给方交易平台的"广告位"标的，最终在媒体网页端向消费者展示。因此，RTB 本身被视为一种"理想化"的交易状态 。

柯普兰在其早期的总结中指出，数字广告产业已经在许多方面超越了传统广告。他特别强调了 ADN（广告网络）的持续重要性。ADN 是一种较早出现的程序化广告技术，与后来的 DSP-ADX-SSP 技术并行存在。ADN 的出现早于普遍的程序化广告技术，具有革命性的产品特点。它的核心功能在于批量聚合大型网站的剩余流量和中小网站大量的长尾流量。这种流量切割方式基于人群或上下文标签，使得广告主可以更灵活地选择广告投放，而不再局限于广告代理商想要售卖的指定网站广告位。

"不指定"广告位的售卖模式对广告行业的市场规则形成了"破坏式创新"。它的关键在于摆脱了传统媒体与代理商的关系，促使发布者突破自有网站资源，转型为互联网广告平台，积聚起数字经济的"规模效应"。

4A 广告代理商和广告主习惯"指定"购买媒体版面位置，并且按照传统媒体播放量来计算付费。从广告网络产品开始，品牌主开始只购买感兴趣的用户流量或上下文标签流量，

自 2014 年后，RTBChina 将图谱名称改为"中国程序化广告技术生态图"，意指 RTB 只是程序化广告技术可用的竞价机制之一，RTB 不再代表我国程序化广告的核心目标。RTBChina 的中文名称也改为中国程序化广告科技资讯网。

由 ADN 提供针对中介"批量"购买广告位的服务,将主要网站的剩余流量和无数中小网站流量全部纳入按使用流量购买和投放的商业模式。

图 6-2　2013Q1 版中国 RTB 广告技术生态图(源自 RTBChina)

广告网络这种具有优势的交易模式,被程序化广告继承下来,转化成互联网平台广告系统的交易优化程序。中国互联网集体接受创新的速度高于海外。2014 年以后的市场创新持续改变着中国程序化广告市场的面貌。

到 2015 年 1 月,以阿里巴巴收购易传媒为标志,大型互联网综合广告投放平台迅速崛起,短短一两年内就开始主导程序化广告市场。

大型互联网广告平台实际上"颠覆"了原有的第三方程序化广告竞价模式。广告主(或代理商)可以直接在这些平台上开设账户,充值后投放程序化广告。平台的系统自动计算广告位的供给量和广告主的需求报价,从而进行动态流量计算和交易撮合。

6.2.2　中国程序化广告生态的快速迭代

中国的大型互联网平台在生态系统中占据了优势。通过上市公司的财报可以观察到程序化广告业务的交易额显著增长。DSP、DSPAN(Demand-Side Platform Ad Network,需求方平台广告网络）以及以出海业务为主的广告网络都面临着来自大型互联网平台的激烈竞争。只有少数优秀本土数字广告技术公司被并购（如易传媒），而更多的公司则转向代理大型平台的广告业务。这些公司的佣金百分比点差通常是个位数，远低于传统广告代理商从挣得媒体处获取的代理费（15%是常规费率水平）。数字广告技术公司早期开发的DSP和SSP等独立平台，现在只有少量还在第三方程序化市场。

本土数字广告技术公司在程序化广告的上下游业务中迅速扩张，出现在从TD、DSP、ADX、SSP到ADN的不同赛道上。这个现象是由市场利益和业务需求双重驱动的结果。

在理想状态下，第三方程序化广告的每一个环节都有业务服务费用加成，市场的活跃促进了公司的涌入，加速了市场业务的发展和迭代。与国外同行不同的是，中国的程序化广告技术产品并没有采取服务费模式（例如，总广告流水的3%），而是采取了掌握广告预算的代理佣金模式，旨在最大化各层收益，并尽可能在自己的多样化程序化产品体系中完成业务，减少与下游公司的交易。例如，易传媒早在2010年就建立了SSP与DSP的上下游业务关系。互联网平台很快就掌握了这一商业模式的诀窍。

程序化广告市场演化的最终结果是：

1）在市场演化的最终阶段，我们看到了显著的变化。起初占主导地位的第三方程序化广告技术业务开始"让出道路"，让位于能够直接接入大型互联网综合投放平台的广告主和代理商。这一转变意味着广告市场的结构和运作方式正在发生根本性改变。

2）中国的DSP逐渐向DSP＋ADN的混合模式发展。DSP最初的核心是为需求方（即广告购买者）提供服务，它依赖于ADX提供的多方竞价机会来实现实时竞价交易。但随着大型互联网投放平台的崛起，ADX的影响力减弱，RTB模式也逐渐不再是DSP的主要发展方向。取而代之的是，ADN通过预定价格购买广告流量，成为第三方广告业务的支柱，这种方式以较低成本高效获取广告位，支持广告业务的发展。

3）在DSPAN模式中，广告资源的直接采购、RTB、担保投放优化（Private Deal Bidding，PDB）和其他程序化定价模式得到了拓展，这在一定程度上削弱了早期理想化的全面公开的RTB"证券市场型"竞价交易机制。

4）SSP和ADX这两个类别在成熟期之后开始融合，形成了新的类别——"程序化广告供应方"。在海外市场，程序化广告技术的流程采用的是由ADX竞价平台分别对接DSP和SSP的经典模式。而在中国，随着生态图的迭代和重新改造，平台链路得到了精简。

供应方平台（Supply Side Platform，SSP）原本是指媒体方提供收益优化和程序化售卖广告位的平台。但是国内头部互联网企业纷纷自建大型广告投放平台，第三方SSP就失去了头部和前排的互联网媒体广告位。

我国SSP经营者主要采用批量采购中腰部和尾部互联网的ADN差价盈利模式，而非为媒体端"收益优化"的经典SSP模式。

我国 SSP 多数将广告位库存的程序化售卖能力以 ADX 形式推广给 DSPAN，SSP 与 ADX 的边界比较模糊，因此统称为"程序化广告供应方"，基本代表了独立于大型主流互联网广告投放平台的第三方程序化广告供应方。

独立 SSP 程序化广告供应方无法售卖大型互联网广告投放平台的广告位，但是大型互联网广告平台通过设立程序化广告供应方，反过来可以售卖中腰部互联网站流量广告位。

5) DSPAN 最初是指由 ADN 转型而来的 DSP。图 6-2 中的许多公司都是自 2000 年以来在互联网广告网络技术领域不断创新的数字领袖。本土的程序化广告 DSP 通常掌握着广告主客户资源，并已经通过互联网媒体发布广告业务。然而，随着大型互联网平台直接获取广告主客户账户资源，DSP 和 DSPAN 在国内市场正式合并为"程序化广告采购方"，与单一通过 ADX 购买 SSP 流量的 DSP 平台区别开来。

独立的"程序化广告采购方"难以获取大型互联网广告投放平台的高品质流量。与此同时，这些广告平台也依赖于广告技术代理商（如蓝标、利欧）来优化广告主的账户管理和广告投放。这里面临的选择是：保持独立性（维护各自的广告位和流量规模）还是联合（与大型互联网平台合作）。由于基于不同的用户流量，这两种选择构成了程序化广告生态中两条截然不同的经营路径。

在 2015～2018 年，中国的大型互联网广告投放平台逐渐建立，这导致了独立的程序化广告交易链路和市场的萎缩。随后，在程序化广告技术的生态图谱中，部分公司停止更新其程序化广告产品业务。

6.2.3 成熟期的程序化广告生态

程序化广告已逐渐成为购买广告位的常规技术，就如同空气和水一般必不可少。数字广告在全球范围内逐渐成为主流市场。

在美国市场，独立的广告技术公司并未采用"中间商赚差价"的模式。对于那些不拥有媒体资源的独立广告技术公司，其主要业务是提供 SaaS 的广告营销技术、数据和咨询。根据 2018 年的数据统计，美国超过 80% 的展示类广告已通过程序化方式投放。在 2020 年之前，美国网络广告市场的增量主要由拥有平台资源和数据流量的谷歌和 Facebook 所把持。

2018 年后进入数字营销"下半场"，需要在数据合法合规的大背景下操作程序化广告。海外广告专家预测，未来主流媒体通过程序化方式售卖广告的趋势将可能仅与一两家广告交易平台对接，并直接与多家需求方平台进行合作，以获得更好的利润和控制权。这将进一步削弱开放式广告交易平台的作用，并减少优质库存通过这些交易平台的交易机会。

用户标识体系的变化和隐私保护的加强，使得独立程序化广告技术的基石——用户标识体系开始面临重大挑战。

在 Android 10（即 Android Q）之前的生态中，用户画像技术和 DMP 技术产品实质上涉及对用户信息的未经授权使用（例如，通过扫描安卓手机中安装的 APP 列表、分析 APP 使用模式来构建个体"画像"）。

目前，全球范围内的立法和技术进步对 DMP（数据管理平台）以及各类消费者数据平台施加了严格限制。在法律和技术的双重约束下，安卓体系原有的"用户画像"技术面临严格限制，迫使"精准定向"的移动程序化广告技术转向不针对个体的定向方式。这包括媒体内容定向、市场定向（如城市、省份）、LBS（基于位置的服务）、技术定向（例如手机操作系统版本、新旧程度、价格）以及群体标签等。国内主流手机厂商发布的 Android 10 系统手机及其后续系统升级，对程序化广告的数据供应造成了重要影响。

Android 10 系统通过阻断安卓 APP 获取 IMEI 等手机内的永久性 ID，对 APP 实施隔离，从而影响了独立 DMP 系统的运行。这些系统将经历一个安卓用户 IMEI 历史画像数据的逐步流失，然后基于有限的数据范围，使用全新的 OAID 进行重建的过程。

在新的技术和法规环境下，第三方数据的获取难度大幅增加，而第一方数据变得愈发重要。互联网平台的"围墙花园"优势得到加强。程序化广告进入"下半场"，只有在完备的用户授权协议、隐私条款以及合法合规的框架下，才能进行用户画像的构建和精准化广告的投放。

海外研究显示，在 GDPR 实施之前，即 2008 年计算广告兴起至 2017 年程序化广告的黄金十年内，支持程序化广告业务的用户数据供应充足。2013 年便出现了潜在数据提供方（DMP）、数据交易方和标签管理数据服务的相关业务模式。在 GDPR 法规颁布之前，数字广告技术公司开发的 DMP 技术已经成熟，数据已成为程序化广告的"原油"，并在 2018 年后被广泛视为"营销的原油"。

DMP 具备帮助广告主在程序化广告投放中识别用户标签（价值）和筛选（退回）供应方推荐的"广告位"的技术能力，记录了大量标签数据、标志性商品和品类的广告投放效果良好的用户数据，通过筛选这些用户，推荐相关品类商品，可以获得更好的广告效果。

在 GDPR 通过以及各国加强个人信息保护立法后，拥有用户数据的 DMP 首先需要用户授权才能用于广告业务。在程序化广告市场中，大多数 DMP 数据归第一方广告主所有。通常，只有互联网平台和品牌主官方网站（电商）才能获取用户的授权许可个人信息。独立第三方 DMP 要么努力获取用户的明确授权同意，要么放弃使用用户个人信息数据和个性化标识系统。

数据交易平台在国外较为常见。在 GDPR 规范实施之前，数字广告行业的许多经营者发现通过各种途径采集的用户数据可以有效用于广告投放，有时甚至被"不法分子"用于金融、保险和服务贸易等行业的推销活动，涉及各种违法违规行为。中国实施《个人信息保护法》后，金融、保险、医疗等类别的用户数据被视为敏感个人信息，需要受到严格监管和保护，广告业通常无法接触此类数据。

因此，在数字营销"下半场"，直接的个人数据交易处理服务在第三方广告领域大幅减少。大型互联网平台的数据报告服务和数据供应普遍遵循严格的隐私规范，不再将用户数据转交给独立广告技术公司。同样，广告主也很少将用户数据（包括来自 CRM 系统）开放给独立广告公司处理。第三方公司因此失去了两大最主要的用户数据来源，有一些公司开始转向直接获取用户授权数据。

DMP 技术实际上也加入了大型互联网平台的数据供给与管理综合服务，巩固了第二方数据的强势地位。以巨量引擎（字节跳动的广告业务中心）为例，它的业务能力开始转变为平台数据分析和科学管理商品服务。谷歌分析等代表数据测量与分析业务，成为数字广告技术的主流产品。广告品牌保护、真实性、可见性在国内外受到广泛关注，品牌安全保护和投放验证服务相应地加入数字广告生态。

2019 年后，主要大型互联网平台的数字广告版图持续增长。2021 年，随着中国个人隐私保护法规颁布及监管机构对 APP 违规获取个人信息行为的打击，用户数据在未经授权的情况下，只能以脱敏和匿名形式合法存在。这促使企业加强 CDP 等第一方数据平台建设，中小企业更依赖大型互联网平台的数据服务及自动化广告投放平台 API。数字广告营销技术公司开始提供更多营销服务，满足企业数字营销需求。

2020 年左右，中国的自主科技生态推出新的广告设备标识标准，程序化广告中新兴的国产广告标识 OAID 在中国安卓手机上的普及率从最初的 10% 增长到超过 50%。中国广告协会推出 CAID 系列，支持国产移动操作系统，推动基于 OAID 的数据生态体系和标准化建设。在全球范围内，iOS 15 版本之后，对 IDFA 的使用采取更加保护隐私的 Opt-in 机制，所有 APP 需要申请权限获得用户许可后才能使用 IDFA。

综上，在中国程序化广告生态的核心领域，即"程序化广告采购方"（DSP & DSPAN）和"程序化广告供应方"（ADX & SSP），参与公司的数量从高峰期迅速减少。2019 年后，中国程序化广告生态图谱基本定型，各方的产品形态与市场业务分配基本稳定，至 2024 年未见大的变化。图 6-3 标志着数字广告技术高速发展时代的结束，"下半场"市场进入营销技术时代，数字广告生态将迎来更高维度的技术、市场和法律增长。

在程序化广告领域，广告验证和监测分析业务仍具有优势，但公司数量趋向集中。随着 GDPR 和《个人信息保护法》的实施，面向程序化广告的数据交换和交易逐渐退场。广告内容的程序化创意成为焦点，大型互联网平台纷纷入局，像筷子科技、特赞这样的优秀公司纷纷涌现。程序化创意主要是指对广告素材进行数字化创作和应用智能技术，而非依赖用户数据。

2018 年后，中国的程序化广告技术开始进军传统广告媒体领域。随着智能电视和 OTT 业务的普及，Programmatic TV（程序化电视广告）成为程序化广告的新增类别。

程序化电视广告是程序化广告新类别，主要特点在于将传统媒体广告市场转型成为数字化广告和程序化投放市场，代表了传统媒体广告市场接受程序化广告技术改造的总体趋势。

以智能电视为例,采用程序化广告是利用技术手段实现数字广告购买和销售的市场经营和管理。程序化广告可以根据广告主定义的参数,使用自动化流程在网络、移动设备、应用、视频和社交媒体上购买数字广告位。

图 6-3　中国程序化广告技术生态图（2022 年）

与此同时,还有 Programmatic DOOH（程序化数字户外广告）,这种数字户外广告大量借鉴了移动广告技术和数据。这代表了传统户外广告经营者在加速向数字广告产品转型,更符合数字广告市场的交易条件。

这些技术改造趋势表明,中国的媒体广告代理商正在全面向互联网行业主导的数字广告业转型升级。其中,程序化广告技术和市场的发展成熟是一个重要里程碑。据 eMarketer 统计,美国 80% 的广告业务是通过程序化广告技术完成的,而中国数字广告市场收入约占全部广告市场收入的 90%,其中绝大多数是依靠程序化广告技术在数字广告平台上投放完成的（也包括程序化电视和程序化数字户外广告）。

6.2.4　中国程序化广告生态反思

中国程序化广告生态图谱的发展可谓变幻莫测。2012~2016 年间,随着企业的不断加入,数字广告营销界一度高度重视"大数据用户"和"精准广告"。

2012年，中国的程序化广告迅速爆发，吸引了互联网巨头投身数字广告行业。互联网巨头开放各自的广告网络，拥抱程序化，并自建交易系统。阿里巴巴的TANX、百度的BES、腾讯的ADX等流量交易平台相继开放。同时，大中型互联网公司也构建了自己的SSP或ADX并加入程序化市场，原本仅在内部平台交易的数百亿流量开始在公开市场上销售。这标志着中国程序化广告技术生态的起飞。

以DSP产品为主要业务的数百家程序化广告投放公司迅速崛起，其中包括聚胜万合、MediaV（利欧数字集团）、舜飞、爱点击等，展现了行业的迅猛发展势头；各种专业术语，如DSP、SSP、ADX、DMP、TD、RTB、PMP等开始广泛传播，标志着行业知识的多元化和成熟度的提升；智能算法、机器学习等人工智能技术开始成为行业的核心竞争力，为程序化广告注入了新的活力；大数据驱动的"精准营销"逐渐成为程序化广告的代名词。

中国的程序化广告市场在2016年左右达到繁荣顶峰。

国内外广告公司、4A公司、第三方监测机构和互联网巨头纷纷投身其中，使得广告生态圈日益丰富和复杂。然而，到了2017年之后，市场热度有所下降，主要原因可归纳为两点：

一是多家公司在跨类别竞争中出现，引发了利益冲突。由于国内广告行业倾向于提供一站式服务，更多的公司希望涉足其他领域以获取更多利润，导致本土程序化广告市场变得复杂且多变。例如，监测公司开始参与投放业务，投放公司进入交易平台领域，交易平台涉足媒体发布等。这一时期，许多海外独立的程序化广告技术公司退出了中国市场。与此同时，海外程序化广告市场却保持了稳定的增长。

二是头部互联网平台纷纷通过自建交易平台进入程序化广告交易领域。这些大型平台将"竞价机制"内嵌于自身的平台算法中，不再对外开放DSP竞价。大多数广告主（包括代理商）无法进行议价，只能开设广告账户并等待平台算法决定竞价结果。因此，广告主通过DSP向ADX竞投，从多个SSP接收流量广告位的程序化交易方式被大型互联网投放平台边缘化。为了增加收入和更好地控制广告质量，中国的大型互联网平台掌握了超过90%的程序化广告流量和交易。

程序化广告在2018年前已经成为数字营销行业的先锋力量。随着时间的推移，数字广告技术与互联网平台的广告营销服务产品紧密融合。2019年之后，程序化广告的生态图谱趋于成熟和稳定，数字广告营销的创新大旗传递给营销技术生态图谱，推动整个数字广告生态的持续发展。

6.3 中美营销技术生态图

中国的数字广告营销是在追赶海外先进平台的过程中逐步发展起来的。程序化广告最初源于海外，被中国的数字广告技术公司迅速引进和改造，并最终由中国互联网平台的广告投放产品完成超越。新的营销技术随后继续推动了数字广告生态的发展。

6.3.1 Martech 横空出世

营销技术（Martech）这一概念最早由美国 HubSpot 的研究员斯科特·布林克（Scott Brinker）在 2011 年提出。自 2021 年起，市场营销学者纷纷对这位业界专家的开创性研究表示惊叹，指出这个领域几乎所有的研究论文均指向了 Martech 体系，因其鲜明的数字技术特征而区别于传统营销学理论。布林克每年都在发布关于"营销技术生态图谱"的全球演讲、咨询报告和趋势预测。他认为 Martech 基本涵盖了所有广告技术，并且服务于企业营销目的，形成了以数据智能化为核心的营销技术集合。2019 年，在 Convertlab 发起的中国数字营销技术峰会上，笔者请布林克研究员详细解答了他眼中中美数字营销技术发展的异同（见图 6-4）。

此处选取了 2019 年的营销技术生态图谱 Martech 5000，这是自 2011 年以来最完整的经典图谱，由布林克创立的 Chiefmartec 机构发布，如图 6-5 所示。

图 6-4　笔者 2019 年面访 Martech 提出者斯科特·布林克研究员

这份图谱在 2018 年 GDPR 实施之后诞生，成熟地反映了全球营销技术与广告技术在数字营销"下半场"发展的融合。Martech 5000 图谱为国内数字广告技术公司向数字营销技术公司转型提供了战略方向指引，它正式将数字营销技术划分为六大领域和 49 个类别，涵盖了全球 7040 家科技企业。这份 Martech 5000 营销技术生态图谱之所以重要，在于它揭示了数字技术正在重塑营销的现实。每个类别的复杂性都足以扩展成一本书。

布林克总结出的规律是，从数字广告技术开始，数字营销已经贯穿了消费者与商品信息传播和营销管理的全部路径。布林克用这一技术生态图谱有力地呼应了拜伦·夏普的营销观点："20 世纪的经典营销理论殿堂，将要经历互联网数据与智能技术的重建。"

布林克提出"营销和顾客之间的距离正在坍塌"。宝洁前 CEO 拉弗雷提出了购买的第一真相时刻（First Moment Of Truth，FMOT）；当顾客最终体验到所购买的产品，就到达了第二真相时刻（Second Moment Of Truth，SMOT）。消费者是否喜欢？他们会再次购买吗？

经典营销管理长期建立在"长距离消费者旅程"的基础之上：首先是营销刺激，即通过广告触达消费者，建立对品牌的认知和兴趣；随后，在未来某个时点，消费者在品牌和竞品之间做出购买选择，这依赖于他们的记忆作用。

需要注意的是，传统营销观念认为广告与实体交易之间的物理和时间距离较长，可能是几天、几周甚至更长。这就是为什么"近因"和"频次"概念在传统广告学中如此重要，即广告效果理论：通过持续投放广告才能抵消掉衰退效应。

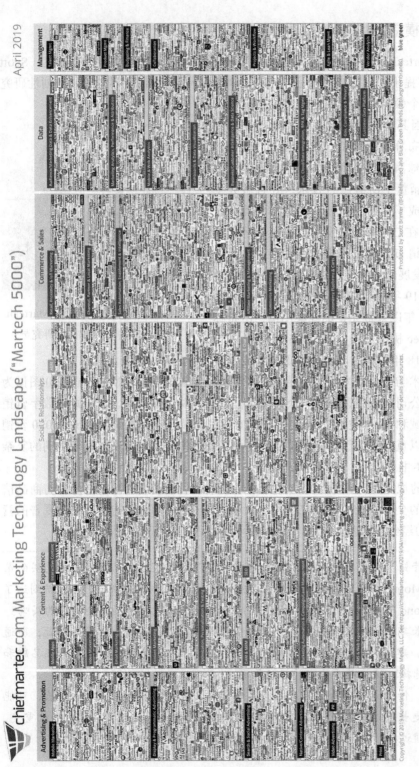

图 6-5 全球营销技术生态图谱 "Martech 5000"（2019 年）

感谢布林克研究员许可使用。

但在数字广告和移动营销的世界里，这种距离被极限压缩。现在，消费者在遇到数字广告时，可以立即点击或搜索以满足好奇心。谷歌将这称为"零点真相时刻"(Zero Moment Of Truth，ZMOT)。潜在用户可以访问品牌网站，搜索他人对产品的看法，查看品牌社交媒体表现，对比竞品，甚至了解自己的社交网络中朋友和同事对品牌的看法等。

数字广告使得消费者体验之间的距离"坍塌"到只有"一个点击"之遥（one Click-through），购物者在这个关键的 ZMOT 可能被迅速获取，或快速失去。

经典广告传播所创造的"品牌记忆时差"开始被消弭。整合营销传播的理论宗旨"营销即传播，传播即营销"再次得到了验证。

布林克的技术思想被哈佛商学院整合营销传播学者芭芭拉·卡恩深入发展。多位前沿专家在《哈佛商业评论》上发表了多篇文章，强调数据科学如何重构多个学科的"科学与艺术"，对企业和营销的数字化转型产生了深远影响 。

6.3.2 深入解析 Martech 5000

为了帮助读者更清晰地理解数字营销技术的分类，本节对 Martech 5000 的结构进行了绘制。Martech 概念模型的理论价值在于明确指出数字技术的复杂性如何改变营销职能，企业营销的全面数字化转型将分为两大部分：广域集客营销（数字广告营销）和企业内部管理与供应链营销。数字广告生态系统直接对应企业的广域集客营销功能，使得数字营销系统成为所有企业营销数字化转型的核心战略。

图 6-6 揭示了整合营销传播学者对广告领域和社交客户关系领域的一体化视角。左侧的三大板块重点在营销传播领域，包括广告与促销、内容（创意）体验、社交与关系营销，这在中国互联网企业中通常被称为营销中台。这里的广告侧重于传统广告定义，实际上，营销传播的三个板块都属于数字广告的全链路范畴。广告与促销领域主要集中在前端链路，包含七个子类别；内容（创意）体验领域是内容营销与沉浸式体验的主要增长板块，包含九个子类别；最后，社交与关系营销领域包含十个子类别。

图 6-6 右侧则侧重于管理数据营销，包括电商与销售、数据和管理三大领域。这反映了互联网企业在构建数据能力方面的努力。其中，电商与销售位于消费者交互的前端，致力于实现销售和交易，包含六个子类别；数据领域不断强化，形成数据中枢平台，连接前端的电商界面和后端的管理支持系统，包含九个子类别；管理领域则位于数字营销技术的后端，支持整个组织的所有职能和行政财务工作流包含七个子类别。

品牌相关传播（不仅限于品牌发起的传播）和用户真实体验的差异，始终是社交客户评论的源泉 。

卡恩教授 2021 年研究推进了消费者旅程模型 CDJ3.0，从而更新了 2015 年麦肯锡提出的 CDJ2.0 模型，从理论层面打通了学界与业界实践。详请见 10.1 节。

参考科特勒的《营销管理》。

1）广告与促销概念已成熟，始于互联网广告，目前主要以程序化广告形式存在，支撑了全球互联网平台企业的主要营业收入。

2）内容（创意）体验领域拥有巨大发展潜力，浸合理论代表着广告领域的前沿，基于卓越的数字化管理，对应于内容营销和客户参与互动体验的发展方向。

3）社交与关系营销领域，CRM在20世纪主要处于营销的后端（与传统广告的关系不大），但在21世纪，随着BBS用户讨论社区和社交媒体的崛起，影响力社群和用户评论互动成为品牌传播、营销与广告领域的热门研究主题。

4）在电商与销售领域，营销技术促进了从广告促销、内容体验和社交客户关系产生的需求转化为实际交易和销售。消费者旅程从理论和实践上超越了传统的AIDMA模型，重塑整个链路。互联网平台和咨询集团证实了每个消费者接触点阶段都能直接促成电商销售。中国互联网业界将这种模式称为短链营销，这激发了阿里巴巴的AIPL模型和字节跳动的5A-GROW模型的创新。

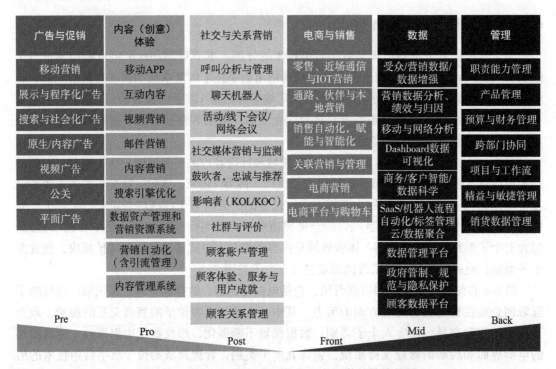

图6-6 Martech 5000营销技术生态图谱的结构简图

值得强调的是，处于领先位置的程序化广告技术首先完成数字化转型，拉动整个营销链路从起点到终点的拓展，最终连通互联网电商购买后的用户社交分享，实现数字广告营销技术的全链路改造。程序化广告技术市场的成熟并非广告市场的终点，而是企业数字营销链路改造的起点。因此，数字广告技术主导了数字营销技术的发展。

营销技术生态图谱实质上展示了数字营销工作的全新发展规律，对20世纪科特勒营销管理学派所确立的4P营销组合（包括促销组合）中将广告外包给媒体代理商的做法形成了"破坏式创新"。广告学科的逻辑起点从这里发生了划时代的变化。数字广告成为推动数字用户接触点闭环的核心引擎，也是数字营销的技术核心。

互联网广告技术手段使得"数据"真正成为营销传播的基础，形成了互联网平台层面的全链路营销用户旅程闭环，实现了信息传播和商品营销的完整统一。以数据为中心，广告内容在接触点上流转，创造了广域集客营销层面的"广告与促销—内容与浸合体验—电商与销售—社交与顾客留存"闭环过程。数字广告生态中的"行为、数据、接触点和内容"真正构成了技术广告营销产品的闭环，如图6-7所示。

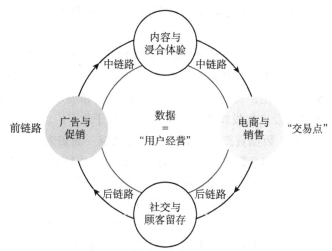

图6-7 营销技术生态图谱形成的全链路营销闭环

6.3.3 营销技术生态图谱的48项要素

广告与促销技术集

1）移动营销：涉及移动端（如手机与平板计算机）的广告投放及相关技术开发。

2）展示与程序化广告：以实时竞价（RTB）和私有竞价（PDB）为基础的自动广告采买，代表技术包括DSP、SSP、ADX。

3）搜索与社会化广告：搜索引擎营销（SEM）和社交媒体广告投放。

4）原生/内容广告：一方面是互联网平台自动计算的广告与内容推荐系统混合呈现；另一方面是网红和内容营销者创作的品牌内容素材，实现原生内容效果。

5）视频广告：视频广告的制作和投放。

6）公关：与数字媒体对接的公关。

7）平面广告：数字化平面广告。

内容（创意）体验技术集

8）移动APP：品牌主开发的消费端技术应用，以APP形式存在于用户移动设备上，提供即时的直接服务和定制化信息界面，并广泛使用SDK技术，监测、优化APP中的用户行为,助力广告服务器投放。

9)互动内容:以互动形式为主的内容,早期多基于 HTML5,包含交互式广告和广告小游戏,目标是增加用户使用时长和提升品牌数字互动体验。

10)视频营销:通过视频形式提供营销服务体验。

11)邮件营销:通过电子邮件与客户联系,实施营销服务,属于直邮促销广告范畴,在海外广泛流行。

12)内容营销:利用品牌相关内容(如软文、富媒体等)进行营销服务。

13)搜索引擎优化(SEO):致力于学习并适应搜索引擎的规则及其变化,通过对链接内容的优化,提升在搜索引擎中的排名和展示效果。SEO 与搜索引擎营销(SEM)不同,SEM 涉及广告投放费用,而 SEO 则属于数字广告技术应用和技术营销产品服务的范畴。

14)数据资产管理和营销资源系统:涵盖对内部和外部数字营销资产(包括视频、文字、图片和音频等)的统一管理,以灵活支持品牌的各类数字营销活动。DAM 系统作为一种技术解决方案,使营销人员能从一个集中枢纽管理、组织和分发数字化资产。该系统旨在帮助企业将数字化资产与使用者相互连接,提供有意义且可衡量的客户体验。DAM 解决方案需要满足 10 项涉及内容生命周期管理的特征,包括数字资产引入、存储、搜索、发布等环节,实现对广告内容的数字全生命周期管理,其关键是具备用户数据的存储、管理、分发和测量功能。

15)营销自动化(含引流管理):旨在连接数据、接触点和内容,针对不同消费者设计客户旅程,实现个性化营销协同的自动化,主要包括营销活动流程设置、实时交互、机会发现与管理、接触点管理和运营报告等功能。外部通常对接内容资源管理、全渠道触点、A/B 测试工具、网站分析技术和数据中台等。营销自动化(MA)和引流管理(LM)的有效运用都建立在对数字广告成熟技术的深入理解和应用之上。

16)内容管理系统:主要集中于广告主自有渠道/媒体,对营销内容进行管理、检索和适配,例如在自有网站上为不同消费者设计不同页面和内容展示。这包括营销内容的制作、管理和客户体验管理中所涉及的技术。

社交与关系营销

17)呼叫分析与管理:管理消费者电话沟通的呼叫中心,并分析通话质量、营销服务和相关数据。

18)聊天机器人:作为品牌与消费者之间在线实时对话的自动化互动工具,应用于售前咨询、自动销售响应、客户服务等场景。

19)活动/线下会议/网络会议:涉及活动、线下会议的技术管理(如邀请、签到、预定、流程管理等)以及在线会议平台的应用。

20)社交媒体营销与监测:包括舆情监测、意见领袖分析、情感语义分析和社交营销运营所需的工具。

21）鼓吹者，忠诚与推荐：通过高级会员制、积分系统和社交支持系统来识别和促进品牌的积极忠诚者、高 NPS 客户和高推荐客户，建立长期合作关系和短期激励体系。

22）影响者（KOL/KOC）：自动化地将品牌主的需求与关键意见领袖（KOL）及关键意见客户（KOC）相连接，发起针对特定场景的调研、软文发布、粉丝互动等内容与营销传播活动。

23）社群与评价：为品牌主的自有社群以及众多第三方社群提供能够与消费者互动的技术工具和管理支持。

24）顾客账户管理（ABM）：ABM 是一种战略协同的营销和销售方法，强调对有效客户的关注胜于单纯追求线索数量。与广泛散播以收集需求的策略不同，ABM 专注于为目标重点客户提供服务。ABM 的目标是通过内外部信息的联动推进提升营销闭环的成功率，增加活跃用户度和平均客单价（ARUP，又称订单合同价值）。

25）顾客体验、服务与用户成就：通过数据分析、经验研究、市场调研等手段，建立和优化品牌主的顾客体验流程。通过展示用户成就与品牌荣誉的关系，驱动用户沿品牌价值成长阶梯前进，达成服务体验目标。

26）顾客关系管理（CRM）：通过实施和运营 CRM 系统，对企业消费者进行关系管理。CRM 系统的功能还可以扩展到收益管理（RM）和客户终身价值（CLV）管理，成为顾客服务营销体系的核心。

电商与销售

27）零售、近场通信与 IoT 营销：通过线下位置数据的收集和利用，实现精准营销。从传统商场导流的可视化系统转变为通过数字 APP 加强网点服务和本地快捷服务营销，已成为我国企业"新零售"战略的一部分。

28）通路、伙伴与本地营销：采用复杂销售模式的大型品牌会将部分预算分配给下游的代理商和经销商等合作伙伴，以进行联合营销，从而产生了连接品牌主与合作伙伴的联合营销工具。

29）销售自动化、赋能与智能化：当大企业内部拥有复杂的销售和营销体系时，将建立精准营销、商机管理、销售追踪等自动化流程，连接市场部门和销售部门。

30）关联营销与管理：对接异业合作伙伴和第三方独立资源的营销工具，例如银行利用自有数据和渠道为零售品牌进行交叉营销。

31）电商营销：在第三方电商平台（如 Amazon、淘宝等）上获得流量，吸引用户进入数字店铺进行购物。

32）电商平台与购物车：构建品牌主的自有电商平台，其中购物车是保留用户产品购买意向的关键工具，同时可用于计算 GMV。自建电商平台已经发展到移动端、小程序、私域店铺等数字零售形态。企业电商与互联网平台电商营销的主要区别在于是否拥有自有电商渠道，以及是公域流量还是私域流量。

数据

33）受众/营销数据/数据增强：通过数字广告获取受众数据反馈，将营销数据与效果对比，对定量数据进行增强形成指导营销的定性数据。

34）营销数据分析、绩效与归因：专注于营销预算和效果分析，通过数据分析功能进行归因并提出优化建议。归因的概念可追溯至营销学的属性理论，而优化建议则源自2000年后兴起的业务流程重组（BPR）和业务持续优化（BPI）理论。

35）移动与网络分析：企业自有网站和APP的数据分析及优化建议，代表性工具为谷歌分析（GA）。

36）Dashboard数据可视化：利用BI（商业智能）工具对数据进行可视化展示和报表定制，具备实时处理大数据的能力。

37）商务/客户智能/数据科学：使用算法简化复杂数据，提供统计级商业结论或清单级数据标签。

38）SaaS/机器流程自动化/标签管理云/数据聚合：通过互联网提供软件服务，数据管理中的IT（信息技术）涉及云服务、数据治理（自动清洗）、整合和标签管理等。

39）数据管理平台：属于营销数据中台的一种，管理消费者数字行为数据，主要支持数字广告投放。在程序化广告技术中，最早建立的DMP通常带有用户标签，目前大多转变为第一方DMP，以满足数据合规要求。

40）政府管制、规范与隐私保护：数字营销中数据使用的合规性、安全性审查，追踪及优化。在GDPR和中国《个人信息保护法》的严格监管下，互联网平台和品牌主普遍加强封闭的数据运行体系"数据花园"，对第三方数据交换和引入采取用户三方同意、智能合约备案或安全计算处理等措施。

41）客户数据平台（CDP）：属于营销数据中台的一种，系统管理广告主的第一方数据，可通过API接入第三方数据。CDP以线上线下顾客数据为中心，关注消费者的接收、反馈、互动、购买和使用行为数据，包括来自移动端、门店场景、OTT、可穿戴设备、物联网的实时和非实时数据，所有数据都可供营销者分析、整合、归因和预测。CDP超越了CRM的范畴，成为驱动品牌顾客价值的数据中台核心。

管理

42）职责能力管理：即人才管理，专注于营销人才的数据收集、管理与评估。

43）产品管理：为营销经理提供按产品开发思维进行的多个营销活动的统一管理。

44）预算与财务管理：涵盖营销预算的管理，包括预算的分配、使用情况和费用使用的合规性。

45）跨部门协同：提供营销活动跨部门沟通协调、日志和追踪的高效工具。

46）项目与工作流：涉及营销中的项目管理和跨组织协同的工作流管理。

47）精益与敏捷管理：在营销中采用"精益"理念，实施敏捷管理。

48）销货数据管理：根据各个渠道的销货数据提供数据面板（类似直播电商进行销售时的实时看板），以便对数据加以管理。

营销技术生态图谱展示了数字营销技术的发展趋势，如图 6-8 所示。

数字广告生态实际上覆盖了广泛的广域集客营销领域业务，进一步扩展了数字广告理论与营销传播的前沿知识。

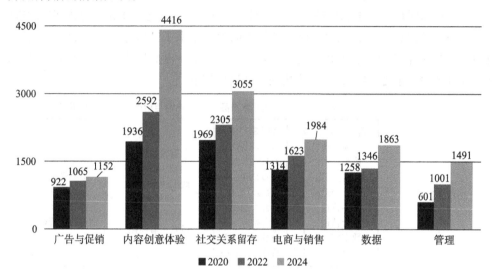

图 6-8　Martech 营销技术六大分类的发展趋势

6.3.4　中国数字广告营销技术生态

自 Martech 提出以来，海外营销技术模式历经十年以上的发展，已日益成熟。中美企业在数据处理和数字生态环境的发展路径上存在差异。广告营销技术的发展历程表明，中国互联网在借鉴海外广告技术的先进经验的同时，也形成了具有中国特色的互联网创新和改造。

早期，许多人认为将美国的创新广告技术引入中国市场就能轻易获得成功。但事实上，大多数尝试这样做的企业都失败了。这种现象也适用于各种互联网平台产品。原因很复杂，但最主要的原因是中国数字互联网平台主导的广告、游戏、电商市场发展了大量本地创新，更加适应本地消费者市场。在中国经营的品牌和数字营销企业都应积极加入到中国互联网数字广告的营销创新中。

中国营销技术生态图包括明略科技和 Morketing 的研究，以及互联网平台企业（如阿里巴巴、腾讯和字节跳动）自行设计的营销技术框架模型图。由于中国数字广告营销技术生态是在 2010~2020 年数字广告营销变革后建立的，因此行业研究缺乏统一的全貌图。笔者调研了国内 200 位数字营销领袖专家的观点，完成了《未来广告：中国广告业未来与数字营销传播前瞻（2025—2035）》，开始绘制中国数字广告营销技术生态图谱。

如图 6-9 所示，数字广告技术范围得到了明确划分。首先，最初创新由图中的广告技术产品板块发起，直接跳转联结到电商与销售，伴随着程序化广告推动的广告数据技术的产品板块，以及广告实效监测的网站 APP 分析技术，这些都属于数据和技术的新兴产品范畴。之后 CRM 和 SCRM 系统作为数字和分析的第三个创新产品板块加入广告营销技术。由于 SCRM 技术是在社交媒体发展后由数字广告人创新开发的，将留存顾客和顾客关系管理融入广告技术闭环营销生态循环系统中。最后，使内容（浸合）体验进行数字化改造以供应于广告技术产品的推送，同时，电商与销售的后端带来了销售组合关联的产品板块，同样打通了客户关系管理。这个系统的核心是"广告技术—电商销售—顾客关系留存—广告数据—内容体验—销售组织关联"，由内而外地逐层扩散。

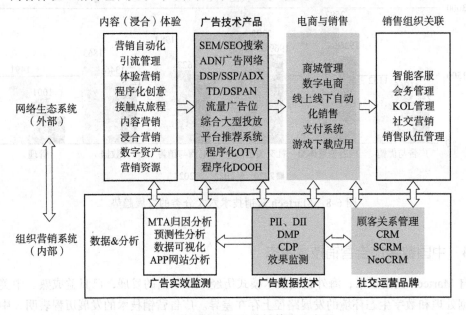

图 6-9　中国数字广告营销技术生态图

广告技术产品板块占据核心位置，显示中国首先完成了广告技术的全面数字化，随后带动了其他互联网营销技术的数字化。

电商与销售板块代表着互联网平台数字电商的数字化技术，一直是互联网经济发展的重要支柱。这一部分主要是互联网电商平台的独立发展，通常不被视为广告技术，但电商、游戏和网络服务都需要广告流量的支持，因此在中国，电商销售与广告技术形成了互补关系。更重要的是，电商和网络服务为后链路带来了顾客留存和顾客关系管理，程序化广告促进了新型广告数据技术的发展。这两项都得益于互联网平台作为程序化广告的数据供应商，实现了用户数据全链路运营，完成了数字广告领域的闭环营销旅程。

中国互联网电商与销售创新了移动支付习惯和线下物流系统。传统营销中的物流和渠道商品交付问题在中国得到了有效解决。中国电商物流通常提供"运费险"的退货保障，极大提高了线上商品交易中的消费者信任度与信心。

内容（浸合）体验的营销技术集是随着2016年数字广告技术的发展而壮大的，内容板块为日益成熟的"广告主－互联网"投放平台提供了源源不断的营销技术支持。当所有企业（包括代理商）都已熟练使用程序化广告系统时，竞争的重点转移到内容（浸合）体验板块。

由于2018年GDPR的实施，以及《个人信息保护法》对用户数据的严格监管，许多数字广告技术公司难以获取用户授权和直接处理一手用户数据，必须向"前链路"之后的"中链路"与"后链路"营销技术服务进行战略转移。它们正好适应了企业主想要精耕细作地经营数字消费者市场的需求，摒弃了仅通过互联网广告平台投放广告获得销售的简单模式。长期来看，以互联网平台为主的广告投放收入模式削弱了品牌的溢价竞争能力。

例如，如果消费者习惯于首先通过互联网平台寻找和购买商品，那么从长期水平上来看，他们在品牌购买路径上的忠诚度会降低。这种情况很有可能发生，因为数字技术使用习惯优于大多数品牌。换言之，中国消费者使用数字技术的习惯，强化了对互联网平台而不是对单一品牌的忠诚。

中国数字广告营销技术的发展，推动了企业经营者向数字增长营销的转型。首先，互联网广告投放平台成为程序化广告市场的核心，同时平台流量，包括电商应用和社交内容，吸引我国10.53亿网民每天平均5.5小时的使用时长（源自CNNIC中国互联网统计报告）。因此，近二十家头部互联网平台在推广自身平台流量和产品体系时不遗余力，对企业营销者来说，企业之外的网络生态系统已成为不可忽视的战略竞争和供应链合作力量。

其次，大部分数字广告技术公司起源于广告网络和程序化技术商，它们深谙本土数据市场并富有营销服务创新能力，也理解在互联网平台流量主导下的求新求变。数字广告技术公司积极开发数字营销技术产品，服务于企业营销主日益增长的数字营销需求。

最重要的是，大企业营销经理的数字战略思维发生了转变。在华运营的企业发现，原有的强大品牌传播系统和线下渠道系统需要向数字互联网市场转型。面对互联网流量广告和电商市场，即使是世界500强企业品牌也未必具有优势，大量本土中小品牌和自媒体流量经营者迅速崛起，获得互联网平台的政策倾斜，快速发展并夺取了不少海外大品牌的市场份额。

海外学者在2019年的《经济学人》上提出了一个很有趣的观察结论：中美互联网营销行业存在显著差异。在中国，数据生态价值系统在互联网平台的控制下易于流通，但平台间的数据流通却相对困难。而美国互联网平台领先企业虽然广告收入更高，却没有中国那样强烈的内生动力去并购上下游科技企业，形成生态系统。

6.3.5 中美广告营销技术比较

广告技术基于通过数字技术收集的数据，包括场景数据、广告位数据、品牌产品数据和用户数据（符合GDPR及各国立法监管要求）。相较于传统广告媒介购买形式，互联网平台控制的大规模广告位自动化处理，大大提高了效率。大型互联网广告平台的广告位溢价源于优化千人成本（optimized Cost Per Mille，oCPM）广告效果预估的双赢价值，借助机器学习技术开发而成。

优化千人成本已成为互联网平台广告经营者广泛采用的广告位定价模式，相较传统 CPM 出价模式更为先进。

1）互联网平台能持续辨识用户流量和广告互动效果数据，借助机器学习精准预测广告点击率和转化率。

2）广告主基于转化效果 CPL 出价，平台算法自动计算所需投放的用户群规模和数量。

3）平台在广告投放中将 CPL 出价转化为预估千人成本（eCPM）。

4）平台向广告主按 eCPM 收费，同时实现广告主 CPL 出价目标，即"买到"转化用户。

oCPM 方法展示了互联网平台利用数据智能，优选最有可能产生转化的用户群体，既提升了转化率，又降低了转化成本，实现流量获取与效果提升的双重目标。互联网平台通过此方法将计算广告推向智能定价，使广告价格与用户触达及转化效果紧密绑定。

互联网企业掌握着海量的品牌与用户流量竞投数据，能够准确预估品牌广告的触达、转化和浸合效果。成熟的投放预测数据经智能算法加强，成为技术驱动营销发展的核心。

中国的营销技术重视互联网平台数据生态与品牌主数据系统的共建，形成了当前国内数字营销技术的发展阶段与方向。表 6-1 展示了传统广告、中美广告营销技术的对比。

表 6-1 传统广告、中美广告营销技术对比

对比项	传统广告	美国广告营销技术	中国广告营销技术
数据	媒体调查	顾客+第三方数据	平台+顾客数据
数据收集成本	高，调研平台	高，合规风险	中高，合规风险
接触点	大众媒体终端	广告位、电邮/短信、呼叫中心、在线会议等	数字广告+浸合、消费者接触点、销售点、电商后台
单用户接触成本	CPM	eCPM/CPC/CPE/CPA	eCPM/CPC/CPE/CPL/CPS
营销物料	创意TVC	各种复杂形式	复杂模式/跳转/组合/留存
接触点背书	媒体公信力	品牌主背书	品牌主+平台云背书
消费者采购决策	前期（记忆）	前期（广告）、中后期	全链路阶段

传统广告依赖广播电视技术，主要优势在于大众媒体的广泛触达，但存在信息强制传递、缺乏互动、需要消费者固定收视习惯等弱点，通常用于消费者采购决策链的早期阶段。

美国广告营销技术的优势在于品牌的信任背书和全球互联网应用服务的广泛覆盖，以及快速吸收智能技术，接触点形式能够实现复杂的双向互动。不足之处在于接触点形式相对有限，且单个消费者接触成本较高。

中国广告营销技术的优势在于互联网平台生态驱动和全国用户的高度数字化生活方式，在数据层面形成了"消费者－互联网－品牌"的丰富数据体系，有合法合规的数据标准，

以及更全面的数字化接触点营销策略。由于互联网平台的活跃投放，中国广告营销技术着重于前后链路一体化，营销物料更加多样且富有创新性，如直播电商模式，而且在线营销服务费用覆盖品牌广告费、内容营销服务和效果广告佣金等多种模式。

中国市场的营销技术促进了品牌主更加开放地加入数字化转型，以适应互联网平台快速迭代创新的闭环营销模式，并更好地服务于用户主动联结（随时在线发起）。从数字广告到数字营销，实际上形成了一个由内向外扩散的互联网服务特征圈层。数字技术的升级革新不仅改变了数字广告，还整合了营销与传播两大学科属性。简而言之，数字技术改变了广告和品牌传播，现在开始改变企业营销。

数字营销与数字广告的区别在于两者的核心目的不同。数字广告的核心是数字广告位的计算，主要建立在计算广告与程序化技术组成的数字广告产品系统上。这包括DSP、SSP、DMP、TD、ADX等较为明显的数字广告技术，这些程序化产品都围绕着"数字广告位"展开，到2017年，这些广告技术已在国内外发展得相当成熟。超出广告位的更多营销技术职能实际上超出了技术广告产品的范畴。本书将其纳入数字广告生态，包括了从数字广告技术生长出来的营销技术。

例如，互联网平台掌握的公域流量是平台流量，私域流量则属于企业留存顾客，通过用户授权数据和订阅品牌关系，绕过公域流量形成数字顾客关系。企业为了掌握顾客数字化信息，数字广告业务因此发展成包含数据CDP、体验CEM和内容DAM，形成数字技术营销的全面业务升级。一系列全新的数字广告营销技术应运而生，不断拓展中国数字广告生态。

6.4 中国数字营销创新图谱

中国的营销技术与美国的营销技术发展在程序化广告高峰期（2012~2016年）出现了分歧。中国互联网广告投放平台并购和接管主流程序化广告技术。阿里巴巴率先打通前链路与后链路电商交易，于2018年发起了AIPL数字链路营销模型的创新。此后，持续有海外商学院和广告学院的学者、500强企业的营销执行官，像本土数字广告技术公司的品牌营销经理一样，学习互联网平台开发的中国消费者数字行为旅程的营销规律模型。

6.4.1 中国数字营销技术的产品元素

中国互联网平台在程序化广告建设阶段打通了全链路数据，使得数字广告营销发展迭代速度超越了海外。在数字营销及其市场推广应用领域，2012年海外领先中国2~3年，到了2017年，专家估计中国已反超海外2~3年。正是数字广告技术的爆发性生产力创造了这项奇迹，以下分类列出中国数字营销技术的76项产品元素。

数字广告程序化交易

1）需求方平台（DSP）+广告网络（ADN）：DSP与ADN结合组成DSPAN，补充第三方 DSP 在交易和流量上的不足，为广告主提供集中的广告采购交易系统。DSP 的广告采购主要以公开竞价为主。由于大型互联网投放平台直接服务于广告主账号交易，不再接受 DSP 公开竞价，因此第三方 DSP 的公开竞价功能受限，主要面向 SSP。ADN 则聚合大量无法直接面对广告主的长尾流量，集中采购后销售给广告主。

2）供应方平台（SSP）+ 广告交易平台（ADX）：在互联网发布者侧帮助平台管理广告位及售卖广告位资源。

3）广告交易平台（ADX）：支持多个广告主（或 DSP）竞价同一流量广告位的展示机会（由 SSP 提供）。

4）广告验证：量化评估广告展示和流量真实性，保障广告投放中的品牌安全，避免广告出现在危害国家安全或损害品牌形象的网站上。

5）广告监测：作为历史悠久的"第四方"服务，在广告主、媒体或渠道、广告代理之外。一般按约定效果指标进行结算，并按行业标准评估广告效果有效性。

数字广告分析

6）归因分析：研究广告效果产生的规律，指导广告投放在多接触点（渠道）营销上的分配。大型互联网平台的归因工具能有效识别用户在一定周期内的广告接触行为及购买和复购行为，组织全链路营销。品牌主视归因分析为数字广告营销技术建设的重要目标。

7）数据分析工具：包括基础统计学工具 SAS、SPSS、R 语言、Python、MATLAB 等，以及更高级的服务工具，如谷歌分析（GA）。这些工具借助大量统计学知识，辅助实现常用统计分析方法，让用户只需进行简单的按键操作和编写少量代码。无论是营销科学分析、广告分析还是计算传播，都离不开这些基础的统计学工具和数据分析软件。

8）商业智能（BI）：BI 工具将庞大的商业数据分解为底层数据、经营层数据、战术层和战略决策层数据，并通过可视化图表向企业高管和营销经理展示。在大数据技术兴起之前，BI 工具主要由 IBM、SAP 等公司以咨询服务和集成信息管理系统的形式提供。

9）市场研究：源于媒体调研、社会和市场调查，以及二手资料分析。通过抽样数据对广告、品牌、营销及相关商业问题进行研究，提供专业的研究报告，如行业竞争力研究、产品定价研究等。互联网时代的规模化实时数据处理能力，使得营销问题可以迅速得到大数据分析的反馈。

10）营销效果分析：对广告营销活动进行定性和定量评估，辅助广告主通过设定指标比较、行业水平标杆比较、周期增长比较来评定营销效果。它包括传统媒介计划的营销组合建模分析（Marketing Mix Modeling，MMM）和数字营销能力的多触点归因（Multi-Touch point Attribution，MTA），前者偏重于 4A 广告体系的媒体覆盖和渠道投放方法，后者依赖于互联网用户的跨终端数据识别分析。随着互联网平台广告的成熟，传统方法的使用频率有所下降。

11）营销人工智能：随着机器学习、知识图谱等技术的成熟和新应用场景的开发，人工智能已经渗透到广告营销数据科学家的日常工作中。人工智能的作用是使数据分析更高效和自动化，挖掘日益增长的数据中的潜在价值，通过机器学习设定目标、发现商业机会和分析结果以支持决策，同时也高度结合了数据分析师的知识和经验。

12）知识图谱：作为新兴的人工智能技术，与传统的关系型数据库分析不同，知识图谱使用图数据库形式"客体（点）、关系（边）、属性（值）"来表达内容间的关联。它可以帮助经营者建立事物关系分析模型，提炼数据表达的信息和知识。其表现形式注重可视化呈现，已被大型互联网平台、通信运营商、汽车企业等知识管理密集的组织广泛使用。

全渠道营销 / 广告

13）广告投放服务供应商：基于程序化技术手段，为广告投放和管理提供自动化平台。广告主可以自主采购媒介资源，利用算法和技术实现目标用户的精准定位，旨在实现人与流量效率双提升的智能化广告营销。广告投放服务器主要连接程序化广告系统。

14）营销自动化（Marketing Automation，MA）：类似于数字广告中的广告服务器和网站或APP，作为广告主的私有资源配置器，帮助整合数据、内容和接触点资源，根据用户画像配置最佳内容和接触点策略。互联网广告投放账户已完全程序化，现今MA主要指接入效果广告、直效内容、营销互动以及顾客体验的自动化。

营销数据平台

15）数据管理平台（DMP）：最初用于整合分散的第一方、第二方和第三方数据，建立统一的技术平台。现在主要用于存储和细分用户ID和广告数据，将标签应用于程序化广告业务，为不同广告主投放提供人群包和用户画像。目前支持多方匿名脱敏数据的收集和管理。

16）客户数据平台（CDP）：品牌方建立的用于收集和统一多个来源的第一方顾客数据的平台，为每位顾客建立全程用户画像，帮助分析、跟踪和管理顾客互动。

17）顾客体验管理（CEM）：注重提高顾客整体体验，关注与顾客的每一次接触（包括广告、内容浸合、反馈交互和交易），通过整合售前、售中、售后各种顾客接触点，为顾客传递有价值的信息，创造匹配品牌价值的体验，促进提升品牌关系与顾客价值，最终增加销售收入和品牌资产价值。

18）数据湖：营销数据中台的一种模式，整合所有营销（广告）相关数据、个人信息保护数据和运营数据，不仅支撑营销职能，也是企业数字化转型的重要工具。

19）数据清洗：获取合法数据后，需进行基本处理以满足数据管理合规和数据安全要求。处理步骤包括标准化数据、数据ID打通和异常数据剔除，这是数据资产管理中的隐性技术和成本壁垒。

此处表述为"客户数据平台"，刻意与企业管理中顾客数据管理加以区分，实际客户指用户。传统广告行业习惯用"客户"指广告主，顾客指消费者，不适用于此处。

数据业务与来源工具

20）顾客关系管理（CRM）：管理顾客关系的目的是建立品牌忠诚。重点是经营常客计划，通过会员优惠和积分晋级制度吸引购买顾客成为会员，留存常客资料。借助有效的激励制度可吸引复购。同时，CRM 是电商营销的终点、顾客建档的起点，以及品牌方私域流量广告新业务的起点。

21）社交顾客关系管理（SCRM）：相较于传统 CRM，SCRM 更强调社交性和互动性。借助 SCRM 可以在社交互动中挖掘与顾客沟通的机会，了解顾客需求（意图），并持续收集顾客数据。

22）业务运营数据：品牌主在数字营销和广告投放过程中沉淀的大量业务相关数据，这些数据主要来源于广告、内容营销、场景投放、用户接触后的点击跳转和转赞评等，即使在无用户数据的情况下也能生成。经过收集分析和处理后，这些数据可以对数字广告营销业务的决策提供重要支持。

23）社交媒体（第二方）数据：社交媒体为广告主提供的是其自有账号下的粉丝数据，例如微信公众号平台上粉丝的 ID、基本属性及各种行为数据。用户在使用社交媒体服务时，实际上借助的是互联网分配的社交用户名称进行在线身份展示和内容推荐。

24）电商（第二方）数据：电商平台提供给广告主的主要是销售数据，包括消费者姓名、地址、联系电话、购买商品品类等。如果品牌主在电商平台开设自营店铺，还会获取用户的浏览、关注、购物车行为等数据。

25）其他媒体（第二方）数据：各类垂直网站、APP 根据自身优势为广告主提供的数据，如资讯网站提供的下载和文娱应用数据，汽车、母婴等垂直网站提供的广告投放、内容营销和销售线索数据等。

26）第二方数据：首先是用户授权互联网平台使用的数据。可以理解为用户将互联网平台视为品牌，与之建立长期关系并常态化使用其服务。目前，GDPR 和中国相关法律均规定，处理含个人信息的第二方数据时须告知用户并获得授权许可。

27）数据服务（第三方）供应商：遵守相关法律法规，为广告主提供数据服务的供应商。

28）数据交易（第三方）平台：独立的第三方数据交易平台，提供数据加密等技术手段以交易和交换数据，同时须符合数据合规要求。

29）数据技术（第三方）服务商：向营销技术领域提供数据技术服务，如隐私计算、联邦学习、区块链技术等。详见 10.2 节。

营销内容管理

30）内容管理工具（CMP、CMS）：协助广告主管理、标签化和分发各类内容（图片、视频、文字等）的系统。更多信息见 8.2 节。

本书中顾客关系管理（CRM）是早期一直沿用的翻译词汇，下文部分图谱可能使用"客户关系管理"，实际含义是一样的，请读者了解。

31）品牌生产内容（BGC）：涵盖专业广告创意机构、小型创意热店或广告主内部创意团队，专门为广告主制作专业品牌内容。

32）专业生成内容和用户生成内容（PGC/UGC）：由 MCN 机构、KOL 和 KOC 等机构和个人生成的内容，主要在社交媒体上发布。

33）第三方创意平台：内容创作和采集的中间商，预先大量制作和采集内容，统一管理并向广告主销售。

34）程序化内容生成：主要用于批量生成广告内容。提供一定素材后，只需给出创作方向指导，由算法半自动或全自动生成符合要求的营销内容（文字、视频、音频和图像）及其组合创新。

35）动态创意优化（DCO）：通过整合文字、图片等元素，自动创作标准化内容的系统。例如，旅行类网站需要大量旅行目的地背景图片，并在上面标注目的地名称、价格和售卖数量，通过 DCO 可以批量自动生成类似的标准化格式图片。更多信息见 8.1 节。

36）内容创意提取：自动识别、加标签、减帧截图、审核广告与品牌内容，自动识别广告视频中的商品属性、品牌名等信息。

37）明星和知识产权生成内容：由独立的知识产品拥有者，如迪士尼、漫威、原神角色等提供的内容。

38）内容衍生定制：结合品牌信息衍生定制 IP 内容，对用户观看场景进行定制化投放，助力品牌吸引更多用户。

39）私域营销运营：为品牌广告主提供私域营销具体运营服务（代运营），直接参与品牌内容发布和活动运营，目前主要指基于企业微信的社群私域运营。

数字广告营销

40）视频音频：包括爱奇艺、腾讯视频、芒果 TV、优酷等主要的长视频在线服务平台，三大运营商和歌华等运营的 IPTV 有线电视，以及其他视频 / 音频平台。

41）短视频：以抖音、快手为代表的竖版短视频和直播平台，因其流量和商业模式的特殊性，已从在线视频中独立出来，形成一个单独的类别。

42）物联网营销：在智能家居、可穿戴设备、车联网等物联网终端上进行营销服务信息推荐，目前在国内外均属于创新领域。

43）垂直媒体：覆盖汽车、3C（计算机、通信、消费电子）、体育运动、母婴亲子、家居装饰、女性奢侈品、金融、旅游出行等垂直需求领域的专业媒介。

44）互动媒体分享：互联网社交应用通常鼓励用户分享照片、短视频，甚至直播等多媒体内容，具有各种独特的交互功能。

45）用户点评：在真实世界中，口碑主要通过亲朋好友传播。用户点评类社交平台提供集中反映用户声音的功能，将用户评论、商品服务评估等内容转化为其他用户浏览的社交媒体广告，可用于指导消费者做出购买决策。

46）内容社区：除了分享信息和搜索答案外，这类社交媒体允许用户发布、查找、共享和讨论不同类型的信息、观点和新闻。内容社区平台通常会聚集专业人士、领域爱好者进行专题讨论和知识交流，如知乎、豆瓣等。

47）社交洞察：分析社交媒体产生的数据，用于支持业务决策。包括舆情监测、明星/KOL/KOC评估、公众号运营分析、消费者社交画像分析、竞品分析等。

48）MCN（Multi-Channel Network）：网红经济的集成化运作模式。MCN内容平台为消费者提供KOL矩阵传播，连接主流互联网平台的网红、达人，为品牌营销传播服务。

49）搜索引擎营销：包括SEM和SEO，SEM是通过支付广告费在搜索引擎（如百度、谷歌、搜狗等）后台账户中获得关键词检索结果上的竞价区域排名。SEO则是优化自然搜索结果的技术手段，目的是提高网站在搜索引擎中的自然排名，吸引更多用户访问。

50）信息流广告：位于社交媒体用户动态或资讯媒体和视听媒体内容流中的广告，形式包括文本、图片、视频等。

51）数字户外广告：与传统户外广告不同，如今的电梯屏幕、自助售卖机屏幕、自助POS屏幕等已联网并支持在线更新广告内容。通过线下大屏，品牌和广告主可以通过视频、幻灯片、数字海报甚至互动内容进行宣传，还能根据线下覆盖范围内的消费者画像定向推送内容。

52）视频媒体：包括OTT和OTV，亦称智能大屏，通过智能电视、智能机顶盒等在电视屏上展示广告，具备独特的主广告形式（如视频贴片、开机广告等），与互联网广告存在差异。广电运营商、智能电视机厂商正将其作为转向数字广告的重点阵地。

直效互动内容体验

53）短信营销：通过短信向消费者发送营销内容，受限于各国法律法规。很多地方主要应用于顾客服务。

54）电话营销：通过电话呼叫中心进行营销，受限于各国法律法规。人工智能语音服务正逐渐替代传统人工客服。

55）会议营销：指线下传递信息的活动，如B2B行业客户会议及B2C领域的车展、家居展等。当前线下会议营销已能实现远程自动签到、注册管理等数字化操作。

56）电子邮件营销：通过电子邮件进行的相对传统的营销方式。

57）品牌自有小程序/H5/APP/网站：起源于品牌自有媒体与官方账户，旨在打造忠诚顾客订阅的官方媒体账号及活动运营平台。少数银行、汽车、通信运营商等能吸引用户下载和活跃使用APP，大多数品牌依赖小程序、H5和网站等数字接触点，由技术服务商建设后交由品牌运营。品牌自有媒体矩阵除了内容营销运营，也需提升用户流量，引导用户至小程序进行交易。

58）网站（站点）分析：通过埋点技术收集消费者在自有渠道、网站或APP的用户行

B2B（Business to Business 的缩写）营销服务，是指企业间市场的营销服务，对应于B2C（"Business to Consumer"缩写）营销服务，即企业对消费者的营销服务。

为数据，广泛应用于网站、APP、小程序、H5 等各种品牌自有接触点。

59）目标客户营销（Account-Based Marketing，ABM）：诞生于 B2B 行业的关系营销方式，针对访问广告主官网、APP 等平台的实名客户，通过 IP 地址获取企业客户信息，根据访问路径预判需求，进行针对性营销。

60）智能客服：基于深度学习及自然语言处理技术构建的机器人接线员能快速解决大部分简单客服问题，并高效筛选复杂问题交由人工解决。提供问题推荐、理解、对话管理、答案、话术推荐和会话摘要等能力。智能客服外呼面向潜在顾客，根据业务场景自动发起机器人电话外呼，初筛实名顾客并邀请进一步沟通。

61）A/B 测试：旨在测试目标受众对不同广告刺激或营销策略的反应和认可度，从中找出最优的广告素材和策略。A/B 测试通常通过互联网技术动态发布内容页面，是一种供应方的比选营销传播方法。目标用户通常不会意识到正在进行的 A/B 测试。平台的 A/B 测试能迅速（秒级）淘汰不受用户欢迎的广告素材，保留效果较好的广告素材。

电商平台与零售支付

62）电商营销：包括以下 8 种主要形式：

- 综合电商，如淘宝、京东等传统货架式电商平台，占据数字零售电商市场份额的一半以上。
- 生鲜电商，如盒马、每日生鲜等。
- 内容电商，通过 KOL 或 KOC 创作的内容引导消费，如小红书。
- 小程序电商，利用微信中的小程序进行电商购买，例如有赞、微盟等提供的小程序电商工具。
- 私域电商，广告主在自建 APP 或网站、微信、抖音、快手等第三方平台中的私域流量池中建立的电商体系。
- 会员电商，如云集、认养一头牛等会员制电商平台。
- 拼团拼购，如拼多多等团购、拼购类平台。
- 直播电商，电商的新兴模式。

63）电商广告营销：使用电商平台提供的标准化营销工具或第三方工具进行营销，如淘宝的钻展、淘宝直通车，京东的快车等。

64）电商平台站内搜索营销：电商体系内的搜索营销技术逻辑与互联网搜索营销类似，聚焦于电商平台内的商品推荐与内容关联。

65）电商分析：基于广告主自有的电商销售和会员数据，以及电商平台提供的用户数据和标准化工具，进行产品定价、爆品策略、促销效果等分析。

66）电商 TP：为广告主提供电商端到端的策划、运营、销售支持，具有对电商体系的

Account 是指企业客户的账户，ABM 也译作"基于客户账户的营销"。

深刻理解和成熟运营经验。国内知名的有宝尊、丽人丽装等。

67）电商出海：为实体产品出海提供营销推广解决方案，助力跨境电商企业和出海品牌构建海外电商营销体系，包括媒介策略、营销推广、建站运营、支付物流等方面。

68）零售营销：指零售从业者对商品、服务或创意的观念、定价、促销和分销进行经营与执行，旨在创造符合消费者个人或家庭需求的交换过程。

69）地理位置营销：依据广告主自身商店和服务门店的经纬度，利用第三方（如电信运营商、电子地图服务商等）提供的带经纬度的数据服务，结合消费者位置进行地理邻近的营销，多用于数字零售行业。

70）数字钱包：包括在线支付及数字卡包等功能。支付宝、央行数字货币、微信钱包，以及 Apple Pay 等，均属此类。

数字营销服务

71）数字营销教育：从事数字营销人才培养的教育机构，如谷歌学院、淘宝学院、百度学院等，旨在提高操作人员的业务技能。高校体系也在加快推进数字营销理论和实践课程建设，例如数字广告学、计算广告、国内外数字广告平台实践等。

72）数字营销（技术）媒体：在数字营销领域进行研究分析、图谱制作、传播评奖和行业推广的媒体。海外有 Chiefmartech、Gartner、eMarketer，国内有秒针、Morketing、移动营销联盟等，腾讯和巨量引擎等互联网平台也设立有相关研究院。

73）供应商评估：第三方研究公司或中立机构收集广告主反馈，对数字营销供应商进行评估。包括 Gartner、Forrester、R3 等，开始建立标准化出版物。国内有中国广告协会和中国信通院联合创办的互联网广告技术实验室等独立运营的专业研究测评机构。

74）数字营销咨询：基于咨询方法制定有助于品牌及制造商在线营销业务进行数字战略转型的方案。提供数字营销顾问团队帮助企业完成数字化转型。

75）数据合规：确保个人数据在广告主收集和使用过程中符合当地法律，主要保护消费者的隐私权，进行个人数据的确权与合规处理。

76）数字营销投资：涉及针对营销技术企业的投资。资本方包括大型互联网巨头、上市公司（如蓝标、利欧等）、风投机构（如红杉资本、澄志创投），跨国咨询公司和 4A 集团也曾参与对数字营销技术公司的投资。

有了以上纷繁复杂的数字营销技术产品元素和数字营销服务变革，就需要创建相应的行业图谱。

6.4.2　中国数字营销创新的主要图谱

从 2019 年起，我国涌现了大量数字营销生态图谱，先后有十余家企业机构自行研制。其原因有三：

一是海外连续出版的 Martech 营销技术生态图谱为国内广告营销技术的转型发展提供

了参考；

二是中国互联网平台的营销传播理论模型（以 AIPL 和 5A-GROW 模型为代表）已走上独立于海外营销理论的发展道路；

三是中国互联网广告营销进入数字营销的"下半场"，数字广告技术在程序化方面已经发展成熟，开发企业转向更广泛的营销技术服务，第三方的广告公司为承担用户数据保护责任，必须退到企业品牌和互联网平台后方，合法合规地处理用户数据。

这些重大转型要求数字广告营销公司重新定位自身职责，特别是明确广告营销技术的发展方向，整个数字广告生态开始经历重大范式转移。

1. 中国数字营销拓扑图

2019 年底，秒针营销科学家于勇毅　领衔创造出中国数字营销拓扑图，精确描绘了从广告主到 AIPL 客户旅程的全部广告营销技术创新，如图 6-10 所示。中国互联网数字营销研究图谱与布林克领导的 Martech 5000 图，在同一年成为数字营销的里程碑。

如图所示，数字广告生态系统紧密覆盖了整个客户旅程。图中第一行基于阿里巴巴首创的 AIPL 模型给出，这表明闭环的全链路营销思想已成为数字营销业界的指导原则，取代了传统的 AIDA 模型以及国际 4A 广告集团创造的 AISAS 或 SIPS 模型。在 AIPL 模型下，客户旅程的不同阶段对应着各种数字营销技术产品线，包括数字广告、社交营销、搜索引擎、直效营销、用户体验互动和电商平台。如此清晰的模型和产品业务分布是海外营销管理和广告学教科书中从未有过的。

图 6-9 的底部描绘了广告主侧的数字广告营销实力，体现在对于可用于营销的用户数据的掌握上。这些数据分为第一方数据、第二方数据和第三方数据。其中，数据同源和终端数据可识别的基础是可寻址技术。

中间区域展现的是数字营销的主要业务过程。程序化广告技术是其中的驱动中心，中国绝大多数数字广告都是通过程序化广告技术投放的。程序化广告技术的成熟发展，使得基于程序化广告的监测技术成功地向计算广告科学和广告营销人工智能领域迈进。

广告主的营销经理通过建设自有广告营销数据平台，努力平衡自身的数据科学能力，以实现数字营销效果分析（ROAS）的商业智能。自有数据平台系统的主要表现形式是 DMP 和 CDP，输出方向是企业建设的全渠道营销管理平台，包括广告投放管理系统。广告投放管理系统通常由数字广告技术公司帮助大企业建成，既能连接程序化广告技术系统，也能直接连接广告投放系统（互联网广告平台 API 通常仅对部分大企业开放）。

此外，许多企业努力建设私域流量，通过营销自动化技术，绕过公域互联网程序化广告，发起私域"广告"营销传播活动。企业的私域流量通常通过直效营销和互动内容体验维持顾客留存。企业广告投放和营销自动化对内容素材数量的要求提高，开始引入内容管理和创造工具，利用人工智能创造广告和内容。因此，广告内容生产需要为数字广告和私

本书图 6-10~图 6-13 的引用均得到了秒针营销研究院和于勇毅研究员的授权许可，在此表示感谢。

160　变革篇

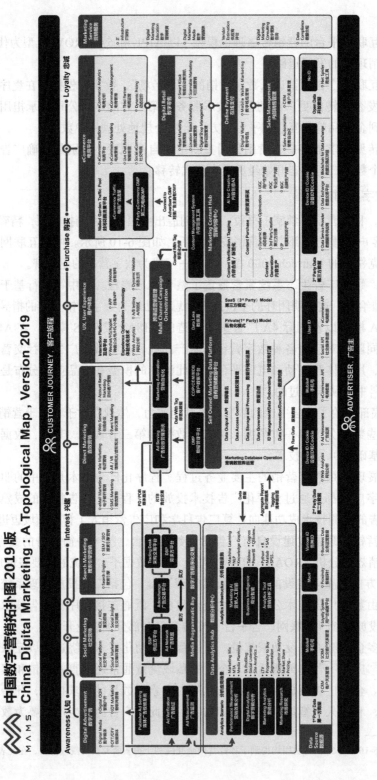

图6-10　中国数字营销拓扑图创新

域营销前线不断提供"弹药"。

在右上角的电商平台板块下，依次给出了数字零售、在线支付和内部销售管理板块。这些通常不属于广告领域，但也受到广告闭环接入数字零售的影响，从而加速了品牌企业零售管理和商品销售流转的周期。

IT架构（如营销云和分布式存储）、数字营销咨询（业务搭建战略）和数据合规业务对数字广告营销的主要阵地形成有效支撑。白皮书报告、专著和教材也为行业提供了数字营销教育。

2．中国数字营销登山图

数字广告业作为先行者，继续推动数据、触点、交易和内容这四项数字化转型来源在数字营销领域的全面应用，如图6-11所示，它们构成了数字广告营销的基础。

企业营销经理可以利用数字营销登山图检查营销数字化转型的实现情况，如CDP、第一方DMP支持的广告投放管理系统、自有电商管理、动态创意优化、内容资产管理等关键环节的数字化进展。

3．中国数字营销地铁图

中国数字营销地铁图按照数据、内容、触点、商业交易四大领域，划分出14条数字营销业务"地铁"线路，如图6-12所示。

中国数字营销地铁图的主要特点可以归纳为以下四个方面：

第一，自2018年GDPR立法以来，数据成为企业数字营销工作的中心。从第一方数据、第二方数据、第三方数据到数据分析，再到建设营销数据平台，数据已成为营销的"原油"。虽然传统的广告学和营销学也重视数据研究，但真正使数据成为营销核心的是最近二十年互联网广告技术在数字营销"上半场"的努力。如今，这些宝贵的营销资产和技术方法已由广告营销技术公司转授给广告主。

第二，内容的多元创造和机器智能的引入。广告（营销）创意原本是广告大师的"专属"，现在已广泛传播至普通大众。随着内容数据的丰富和人工智能技术的成熟，机器理解和创造内容的能力也日益增强。

第三，以顾客为中心的触点。顾客通过各种触点与企业接触，这一复杂的系统过程即为营销传播。整合营销传播理论指导下的全渠道营销和全链路营销，以用户流量为核心，代表着接触点广告与内容的互动，最终转化为销售交易。数字广告（程序化交易）、搜索引擎营销（广告）、社交营销（广告与分享）的营销内容投入，共同推动了直效营销、顾客体验（创新数字内容）、用户体验（技术使用行为）的提升。传统的营销漏斗和传播漏斗模型在闭环广告营销模型面前相形见绌。

第四，商业交易既是数字广告生态的终点，也是其起点。数字营销技术直接连接电商平台，完成营销目标（但数据进入电商封闭花园）。同时，也帮助企业主建立数字零售和私域电商的自营用户流量体系（摆脱电商封闭花园）。电商、金融科技、新零售成为数字营销

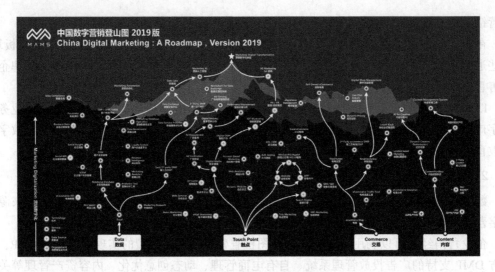

图 6-11　中国数字营销登山图

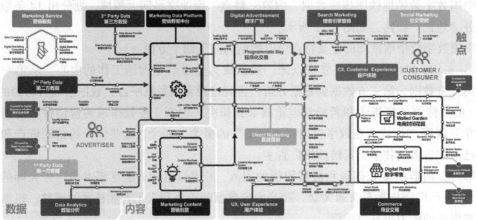

图 6-12　中国数字营销地铁图

生态的基础设施,也是发展投入的新领域。

此外,营销服务体系相对独立于核心业务领域。这意味着数字营销咨询、媒体、教育和 IT 架构等,必须实实在在地提供具体的营销服务(前四项数字营销任务)。广告职责直接融入企业数字营销业务增长的流程中。数据合法合规和行业标准伦理建设,同样成为未来数字营销发展的重要增长点。

数字营销地铁图还为行业展示了位于核心区域的"换乘站"营销技术,包括客户数据平台、广告投放管理系统、内容管理工具、目标客户营销以及营销自动化等。这些内容也是本书后续重点章节的主题。

中国数字营销登山图及中国数字营销地铁图共同展示了数字广告营销生态的终极目标——营销数字化转型。

4．中国数字流量链路图 2020

2020 年，于勇毅继续在明略科技的营销研究院整理并发布了中国数字流量链路图，如图 6-13 所示。

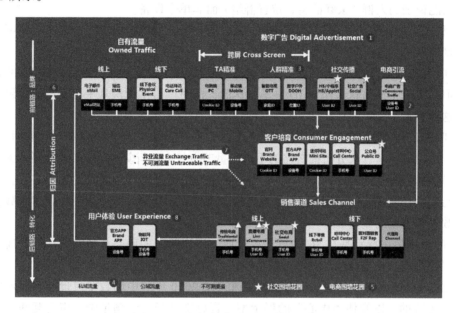

图 6-13　中国数字流量链路图 2020

要理解中国数字流量链路图，需要了解以下三大前提条件：

第一，广告技术从前链路的品牌广告延伸至后链路的转化销售，形成数字营销全链路与全渠道运营。这是数字广告技术驱动营销技术发展的根源。

第二，企业的核心数字营销工作集中在广域集客营销，着重于流量获得方式，因此需要区分公域流量（属于互联网平台）和私域流量（品牌主掌握的用户数据和营销传播专属链路）。

第三，互联网平台主要分为社交内容平台以及电商和应用下载平台。在 GDPR 和中国《个人信息保护法》实施后，互联网平台加强了数据保护，企业品牌也开始执行用户数据的"只进不出"策略。

中国数字流量链路图展示了数字流量的价值，从单一节点演进到跨节点链路。图中详尽描绘了广告主可掌握的所有流量节点、连接方式及效果评估体系，帮助品牌主构建自身的流量链路。图中还展示了中国数字广告生态的 8 大创新点：

1）数字广告（广告主可以付费购买的广告流量）：根据用户识别 ID 分类，流量形式分为视频音频、短视频、直播、融媒体、综合资讯、智能硬件、本地生活、垂直媒体、应用工具、社交、搜索、智能户外、电商 13 类，主要用来区别自有流量。

2）设备号：主流的 ID 包括浏览器端 Cookie ID，移动端的 IMEI、OAID、安卓 ID、IDFA、MAC 地址等，社交和电商平台的 UserID，以及广告主自有 CRM 的手机号和 Email 地址，OTT 和 DOOH 能识别到家庭和位置的 ID，而数字广告技术公司在使用到用户识别 ID 时，需要获得用户授权。

3）人群精准：在 PC 和移动平台上能够精确到单个设备（TA 精准），而在智能电视和户外，只能识别到人群（家庭群组、位置群组）而非单个设备。

4）私域流量：图中"私域"指广告主在数据收集、信息传播、受众选择层面可自主掌控的流量节点。

5）电商围墙花园：平台通过建立自有的 UserID 体系，实现平台内部用户 ID 的识别和打通，但对广告主而言这些用户 ID 是不可达的，同时广告主无法从平台获得清单级的用户数据。这种模式主要集中在社交和电商主流平台。

6）归因，是营销效果评估的核心算法。"归因"在不转移用户数据和不打通用户 ID 的情况下，通过统计学算法分析前链路的不同流量节点投入，计算其对最终转化的贡献。

7）异业/不可测流量：指在广告主公私域流量模式外，获取流量的其他方式。"异业"流量是与其他广告主进行流量置换，"不可测"流量指无法通过行业通用的技术和数据手段追踪其数量和规模的流量。

8）用户体验：特别是在 3C 和汽车等行业，用户购买的商品具备在线功能，通过数据优化可以改善用户使用体验，并推送加工信息，构成一种流量节点。

相比图 6-1 所示的中国社会化媒体格局概览，2020 年的中国数字流量链路图形成了升级换代。传统的"以媒体为中心"的展示型广告思维已经无法满足中国市场互联网经营为消费者和企业提供整合营销传播服务的需求。

中国数字广告营销生态在 2010～2020 年间经历了巨大变革。从 2010 年流行的数字媒体市场分析，发展到了 2020 年细粒度层级的流量链路分析。广告传播超越了碎片化、社交化、数字化媒体，汇聚至数字链路闭环营销范式体系中，具体见数字广告基于全链路营销闭环的营销技术生态图谱的结构简图（见图 6-6）。

6.5 本章小结

本章介绍了数字广告营销技术生态，从 Kantar 的中国社会化媒体格局概览开始，到中国数字流量链路图结束，展示了中国数字广告营销生态如何逐步达到精细化管理流量的运营水平。中国数字营销创新图谱为读者学习和解读中国数字营销的所有相关图谱提供了良好的帮助和指导。

随着全球范围个人信息保护和隐私立法监管加强，部分设备厂商升级了对用户（设备）识别 ID 的发布标准和保护策略。例如，在 Android 10 以后，IMEI 设备标识已被限制读取；从 iOS 7.0 之后，苹果禁止开发者获取 MAC 地址，对 IDFA 默认为关闭状态，Safari 海外功能升级对于用户设备接入 IP 地址进行隐藏。

从互联网平台驱动的数字广告，到企业发起的数字营销，再到营销的数字化转型，最后是企业的数字化转型，中国的数字广告生态进入了一个由内向外扩散的技术、产品、市场发展阶段。

经典的 4P 营销组合理论面临着以"数据、内容、触点、商业交易"为基础的数字营销增长理论的挑战。中国数字营销的创新技术致力于实现营销的数字化转型，并探索理论与模型创新。

在中国数字广告营销技术生态的发展中，大型企业主对数字营销的理解不断加深，集中在战略咨询、信息系统建设、渠道建设、品牌建设等方面，并持续加大对数字广告营销技术建设的投入。

营销传播服务离不开数字广告技术和营销技术，同时也需要领域内的行业达人参与广告内容和营销服务模式创新。

从 2019 年起，中国互联网行业在许多应用领域领先全球，创造了流量链路闭环营销的数字营销生态系统。很多国际企业开始重点关注和学习中国互联网行业的数字营销组合创新。

本章术语与重要概念

广告技术（Adtech）	全球营销技术生态图
营销技术（Martech）	内容（创意）体验技术
中国社会化媒体格局	中国数字广告营销技术生态图
中国程序化广告生态图	中国数字营销拓扑图
实时竞价交易（RTB）	中国数字营销登山图
需求方平台广告网络（DSPAN）	中国数字营销地铁图
程序化电视广告（PTV）	中国数字流量链路图

本章思考题

1. 2009 年后中国集中诞生了大量数字营销生态图谱，请分析一下突然爆发的原因？
2. 中国互联网创新诞生了全链路营销闭环"广告与促销—内容与浸合体验—电商与销售—社交与顾客留存"。除了"广告与促销"（前链路）和"电商与销售"分别有明显的广告学和营销学科归属外，你认为新增的内容与浸合（中链路）和社交与顾客留存（后链路）是否属于数字广告领域？请简述理由。
3. 中美广告营销技术的发展道路有所不同，请用本章知识分析其发展差异，标注中国广告发展模式和美国广告发展模式各自的优点与缺点。请你为未来数字营销技术公司提供一些建议，应该如何取长补短？

Chapter 7 第 7 章

人工智能广告

本章指引

人工智能旨在使机器具备类似人类的智能，甚至在某些领域超越人类。2000 年，智能计算在谷歌搜索引擎的 PageRank 算法中成功应用，为后续互联网广告匹配计算工程提供了示范：如何通过寻找最优"匹配"提升消费者的自然搜索结果使用价值（同时增加付费搜索结果的广告价值）。如今，具有智能计算能力的搜索引擎已经代表了全球每年 2500 亿美元的搜索广告市场。此外，几乎所有互联网平台都应用了智能计算技术。

计算广告的通用公式于 2008 年诞生，"讯息要'匹配'给用户"成为计算机科学家在完成广告位运算、广告主推送、用户接受广告与内容的任务中的核心。计算机学科以此为基础，推动计算广告向智能自动化方向发展，创造出程序化广告等数字广告技术产品。在广告位数据和计算技术的推动下，大型互联网公司建立了综合性的投放平台，允许广告主在平台系统内出价，智能计算价格成为每家互联网广告平台的必备能力。

2017 年，各大互联网公司均建成了智能广告平台。这些平台通过 API 与数字代理商（广告主）的广告账户对接，包含人群标签管理、广告素材管理和价格预算管理等功能，在互联网广告平台内部智能计算广告价格和匹配广告位。数字广告公司（代理商）不能再使用第三方 DSP 向互联网广告平台询价和购买。主要的数字广告代理商迅速转向，改为服务于大型广告主在平台上智能化投放广告（内容素材）方面的业务需求。

2021 年，首批数字广告技术代理商建成了智能广告创意生产系统，其优势在于代理商开始避开"如何获得用户数据授权"的合规问题，专注于广告投放效果的循证计算、广告创意素材的内容标签计算和广告创意生产的智能辅助工具开发。

简言之，如果广告主想面向多个互联网广告平台进行高频更新和批量广告素材投放，就必须采用机器自动生成和供稿给大型投放平台的技术。在这方面，中国互联网广告平台和数字广告技术公司构建了智能广告生成流程,满足了广告主密集投放的需求。

本章将深入介绍智能技术对信息传播和广告的影响,重点解释三个问题:

- ❑ 人工智能的起源和发展,阐明其赋能广告营销的主要进程;
- ❑ 介绍中国互联网平台的智能广告模型、产品和系统;
- ❑ 解释中国数字广告技术代理商的智能创意模型、产品和系统。

7.1 人工智能与广告发展

人工智能在传播领域的发展与信息符号控制技术和自动化技术密切相关。它的起源与计算机科学和传播学有深厚的学科交集,这与数字广告技术的发展相辅相成。

7.1.1 人工智能的起源

人工智能通常被认为起源于 1956 年在美国达特茅斯学院召开的夏季研讨会。1953 年,麦卡锡建议香农邀请智能领域的顶尖学者贡献文章。这些学者一部分是逻辑符号学家,后来成为计算机理论专家;另一部分来自诺伯特·维纳(Norbert Wiener)的"控制论"学派,维纳的研究关注信息和通信系统的自动控制,传播学和控制论之间的关联主要体现在信息传递和系统控制的理论框架中。到了 1956 年夏天,麦卡锡在达特茅斯举办学术活动,策划了人工智能早期发展的议题,并得到洛克菲勒基金会对香农等学者的资助。

人工智能早期的发展议题包括:

1)自动计算机:指可编程计算的概念;

2)编程语言:探讨如何使计算机能够使用人类语言进行编程,不同于 Java、C、C++ 等具体编程语言;

3)神经网络理论与技术;

4)计算规模理论:涉及实时数据处理的规模化问题;

5)机器的自我改进:即机器学习;

6)抽象概念的计算构建:让计算机理解和存储人类容易辨识但难以精确定义的概念;

7)随机性和创造性:与数学计算自动化相关。

达特茅斯会议的重要性在于正式提出了"人工智能"这一概念。会议汇集了将对人工智能领域做出重要贡献的学者,他们共同奠定了这一最终影响人类发展的新兴科学领域的发展基础。这里要特别介绍两位参会的大师:

克劳德·香农(Claude Shannon),数学家、电子工程师和密码学家,麻省理工学院博士,信息论的创始人。1948 年,香农发表了划时代的论文《通信的数学原理》,奠定了现代信息论的基础。香农不仅是信息通信和计算机学科的主要奠基人,也对系统科学理论、传播学基础理论、信息经济学理论做出了重要贡献。

赫伯特·西蒙（Herbert Simon），计算机科学家和心理学家，获得了诺贝尔经济学奖和图灵奖，芝加哥大学政治科学博士，曾任卡耐基理工学院工业管理系主任。他在心理学、管理科学、系统工程、经济学等领域对中国大陆学术界产生了深远影响。

香农和西蒙都是跨学科研究理论的杰出代表。

人工智能研究源于数学与信息技术的交汇，属于复杂科学系统。营销传播位于社会经济应用领域的末端。数据、算力和算法在互联网广告平台中的不断成熟，体现在资源、人才、市场都集中于大型互联网平台，这使得酝酿了半个世纪的人工智能技术（尤其是机器学习）在广告营销领域取得了重大突破。

人工智能技术能高效处理大规模数据集，进行分析、预测，用于广告和营销的自动化。更重要的是，人工智能系统能够自我学习以改进其功能。传统软件完全依赖于编程设计工作，除非进行软件更新，否则系统能力难以提升。相比之下，先进的人工智能系统（如ChatGPT）能在一定范围内自行实现编程，通过对抗性机器学习，实现解决问题的终极目标。

7.1.2 智能广告的研究探索

数字时代的方法论是通过数据驱动，将算法应用于机器的自动制作流程。互联网科技先导下的平台经济不断将数字消费者的用户流量转化为内容和服务中创造的需求"广告位"，推动所有数字营销进入内容社交与电商零售的使用场景。

人工智能是如何应用于广告的？尽管人工智能技术在广告中的应用已经相当成熟，但几乎没有相关书籍详细讨论过。读者首先需要理解人工智能所涉领域的关键技术知识体系，如图7-1所示。

智能广告的问题领域在中外学者间存在研究差异。海外广告学者（带有大众传播学科特征）主要关注社交媒体文本广告的计算研究。他们集中研究社交媒体发帖，应用神经网络等智能分析工具进行语言处理和语义分析。研究热点包括文本预处理摘要、词组挖掘、主题建模、监督机器的文本分类、语义主题标记等，如图7-2所示。

海外广告学者对人工智能的重点研究方向与中国计算传播学和计算新闻学专业改革方向相近，但与数字技术推动的数据科学与智能广告营销有较大差异。中国广告学者认为，人工智能广告是在数字广告系统发展后诞生的，对广告学科存在影响的主要领域包括：

- ❏ 计算广告价格与数字广告价值；
- ❏ 程序化广告投放的计算人工智能应用与开发；
- ❏ 广告制作中的生成式人工智能发展；
- ❏ 数字广告产品发起营销组合创新；
- ❏ 满足以上条件的数字广告公司组织与流程变革。

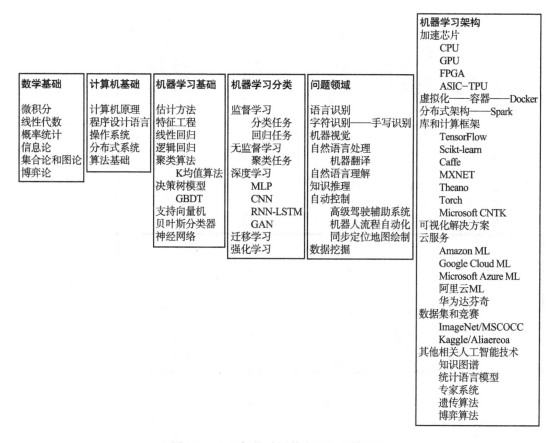

图 7-1 人工智能关键技术的知识体系图

7.1.3 智能广告发展道路

中国的广告程序化技术主要由互联网平台主导。互联网平台开发的"匹配"供需信息系统成为数字广告技术和产品的核心。因此，人工智能在开发创新广告产品时，首先提升的是广告投放活动的营销传播效率。

2000 年之后，中国积极发展互联网经济，互联网技术提供了工具级的基础设施（包括交易数据）。在消费者数字化程度较低的年代，就已经开始探索数据智能，当时称为 BI（商业智能）。主要应用包括数据仓库（Data Warehouse），归类于管理科学的信息系统领域（未包含广告）。2010 年前后，随着国内互联网零售和社交媒体平台的兴起，数字技术极大地改变了零售商业，广告营销成为互联网科学家应用智能技术的首选领域。图 7-3 展示了中国零售业智能发展的三个阶段。

方法	这种方法如何运作？	这种方法什么时候使用合适？	如何执行此方法？	好处	缺点
文本预处理摘要	将每个社交媒体帖子分解为词干，删除停用词，并按所有帖子中的单词频率排列	通常适用于快速查看文本，但不适合用作检测主题的唯一方法	可以使用Python和R代码，SMM无须编码即可使用此方法	通过可用的软件包运行，非常简单，并且在大多数情况下不需要多少计算资源	由于短语处理不当等诸多限制，单独使用此方法不能作为主题的最终决定因素
词语挖掘	区分哪些词应作为短语保留在一起，并在所有帖子中按短语确定性排列	当研究人员认为主题在社交媒体帖子中准确地表示为明确的短语时适用	可以通过GitHub找到AutoPhrase的代码，也可以通过SMM使用	文本预处理摘要的重大升级，仍然允许全自动主题检测	虽然通过处理SMM可以更轻松地运行，但是通过原始代码库运行起来有点复杂
主题建模	通过算法汇总来自彼此相关的社交媒体帖子的单词，敢次于下研究人员，从单词簇中定量定义主题	当帖子中未明确提及主题时，并且在主题之前，需要定性分配主题之前，需要计算辅助整合主题相关单词的计算方法时适用	提供了各种Python和R软件包/代码，也可以通过SMM使用	在编码分析和机器自动编码分析和人工衡量分析能水平对平衡中的单词提供了很好的帮助	主题的质量取决于编码人员的技能水平
监督机器的文本分类	将经过人工编码的社交媒体帖子研究人员主题，并使用它们来训练数学模型，然后模型就可以对未编码的帖子进行分类	适用于人类已经定义并编码了领域内希望从社交媒体人员随后希望从社交媒体帖子中检测到这些"预定义主题"	机器学习最受认可的软件包是Python的Scikit-learn，也可以通过SMM使用	允许对主题进行最高级别的微调	正确训练主题非常耗费时间和资源
语义主题标记	使用知识库（如Wikipedia大型人工编码培训主题集）通过算法标记带有主题的社交媒体帖子	适用于诸如Wikipedia之类的存储库包含适当的主题，并且已足够更新，可以用作社交媒体标记中发现主题的适当计算训练集时	TAGME当前是用于社交媒体等短文本的最合适的工具，并且具有正在运行的API	利用了广泛的Wikipedia众包知识库，该知识库提供了社交媒体帖子最新的主题可能性	Wikipedia可以由任何人进行编辑和更新，因此存在对主题进行错误分类的可能性

问题领域: 机器学习基础

图 7-2 美国社交媒体广告（内容）分析基础与方法集

（源自 Computationally Analyzing Social Media Text for Topics: A Primer for Advertising Researchers）

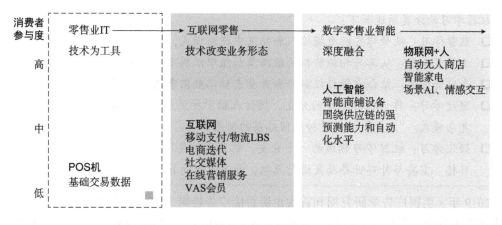

图 7-3　中国零售业智能发展的三个阶段

中国互联网领军企业通过迅速探索移动支付和快递物流,建立了消费者信任的购买环境,进而增强了互联网企业的数字竞争力。电商与广告平台也遵循"摩尔定律",不断创新迭代,努力赶超海外同行(如亚马逊、谷歌、推特和 Facebook)。主流社交媒体("如两微一抖"、B 站、小红书)也快速发展,培育了大量数字用户。

相关数据显示,2016 至 2022 年间,中国互联网电商的广告收入(占数字广告市场份额约 45%)明显高于互联网社交和搜索平台广告收入之和(约占 35%)。而美国电商亚马逊的数字广告收入(约占 10%)则低于谷歌和 Facebook 的总和(约占 70%)。我国互联网电商在建设程序化广告平台后,致力于利用人工智能技术加强商品和广告推荐。

在这个背景下,大多数商超也在向线上电商运营转型,同时致力于发展线下到店引流"广告"。社会商圈的数字化和智能零售应用加速发展,中国的数字消费者活跃度处于全球领先水平。2020 年后,中国互联网发展进入以智能技术推动零售业数字化转型的阶段。到 2023 年,我国接近一半的消费品零售额都由互联网数字零售贡献,这一比例远高于其他国家。

数字广告营销覆盖了智能家电、场景 AI、情感交互和网红直播驱动的供应链能力等领域。物联网在家庭和工作场所中使用的,实现了深度数字融合。数字化技术驱动的传播和渠道创新,为中国人工智能应用提供了广阔的舞台。

在人工智能领域,从机器学习算法、大数据管理到机器人技术和神经科学都在不断发展,人工智能的应用范围日益扩大。中国本土广告自 2010 年后相继进入数字化、程序化和计算化阶段,到 2018 年左右进一步发展到智能化阶段。

机器学习(自我学习的 AI 技术)是人工智能的核心,通过自动程序从可用数据中提取知识,使机器能够自行"学习"规则,不需要人为指令。采用"算法"来"训练"模型,提高处理特定任务的模型性能。

摩尔定律是指,当价格不变时,集成电路上可容纳的晶体管数目约每隔 18 个月便会增加一倍,性能也将提升一倍。

机器学习的分类简述如下：
- 监督学习：从带标签的数据输入和结果中找到模式，以对新数据做出预测。
- 无监督学习：从具有相似特征的数据集和组中识别不同特征。
- 半监督学习：结合少量标记数据和大量未标记数据来训练模型。
- 深度学习：作为机器学习的分支，模仿人脑中神经元层的活动，学习识别数据中的复杂模式。"深度"指大量神经网络层的使用。
- 强化学习：机器学习领域的一个分支，机器通过奖励和惩罚的机制来学习，以实现目标。需要与外部世界反复进行互动，而不仅仅是接收输入和答案来构建模型。

2019 年，美国广告学研究期刊首次出版智能广告特辑，集中刊发了 5 篇论文，作者包括中国学者陈刚、美国学者马特豪斯等。次年，该期刊再次出版计算广告特辑，刊发了马特豪斯等学者的 6 篇计算广告专题论文。2020 年，笔者在《现代传播－中国传媒大学学报》发表了中国智能广告模型，提出互联网平台中心视角，首次为智能广告研究划分出通用功能（业务流程）与智能技术种类两大维度的关系。该分类法的提出早于 2021 年罗杰斯在美国广告学研究期刊的智能广告特辑中发表的人工智能具有类型、学习、功能的三个主要维度的观点，如图 7-4 所示。

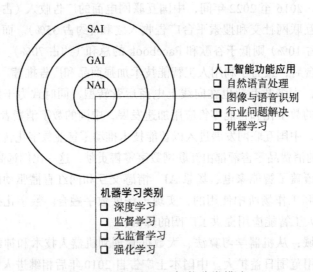

图 7-4　罗杰斯人工智能分类模式

图 7-4 中梳理了广告学人工智能研究的重点方向，指出广告营销的革新问题不在于计算机学者开辟的强弱人工智能和机器学习类别，而在于行业解决问题的应用体系层面。人工

马特豪斯和 Huh 教授召开了一个为期数天的闭门研讨会，多达 24 位广告学者和 2 位业界专家（德勤数字的 Jonathan Copulsky 和 WPP 集团的 Stewart Pearson）聚集讨论人工智能和计算广告的定义问题和框架理论模型研究。

智能广告的技术应用体系主要分为四类：
1）语言类领域，包括字符识别、自然语言处理、机器翻译、文本分析处理等。
2）图像、视频的自动识别与机器学习创作。
3）数据科学和业务结构逻辑。
4）自动控制领域，包括智能驾驶系统、运动智能等。

智能广告的重点领域应放在创新广告活动的价值链上，也就是第3类数据科学与业务结构逻辑，相当于对广告知识系统的重构。这意味着所有广告业务模型要实现数字化和智能化，都需要经过互联网广告投放平台的检验。

7.1.4 人工智能赋能广告营销

智能广告是数字广告技术、产品和流程的升级。人工智能广告知识围绕已实现的数字广告市场业务，实现数字营销与传播一体化，主要解决的问题涉及互联网平台推荐广告流程、数字广告技术公司制作广告流程和其他生成式智能广告流程。

智能技术开发的基础包括强大的计算能力、海量数据、大量联网设备和传感器，以及基于云的系统架构服务能力。通过各种数字化渠道和终端能够采集到巨量的运营数据，企业需要投入资金开发智能营销技术"栈"来处理这些数据，从而传递有价值的信息，并从结果中推断和学习优化。先进的数字营销平台能够大规模收集、分析和处理数据，实时处理、解释和评估数据集。

人工智能技术的核心机器学习是一门多领域交叉学科，研究计算机如何模拟或实现人类的学习行为，以获取新知识或技能，重新组织已有的知识结构，不断改善性能。因此，数字广告从计算广告开始就具备了发展智能的技术路径。

高级机器学习技术应用于数字广告，主要提供优化解决方案的能力，提高转化率、用户参与度，完成循证营销传播，并降低顾客流失率。高级机器学习还包括：

- **深度神经网络**（Deep Neural Network，DNN）：人工神经网络能够处理大量数据，并根据接收到的训练数据调整计算，不需要任何手动修正就能适应输入数据。
- **深度协同过滤**（Deep Collaborative Filtering，DCF）：协同过滤是推荐系统常用的方法之一，这个方法基于一个原则——有相似购买历史的客户在未来很可能会购买相似的产品。
- **动态时间规整**（Dynamic Time Warping，DTW）：DTW是一种按照距离最近原则，构建两个长度不同的序列元素的对应关系，评估两个时间序列之间的相似性的技术，预测可能在速度或频率上有所不同。
- **关联规则挖掘**（Association Rule Mining）：用于识别大数据集中变量之间的关系。例

社交媒体广告智能识别（文本分析）是一个具体传播场景问题，对广告智能化的价值和市场影响并不显著。

如，频繁模式挖掘模型利用 FP-Growth（FPG）和 Apriori 关联规则挖掘算法检测在单一交易中经常一起购买的商品集。FPG 算法遵循持续学习的方法，意味着模型会随着时间的推移而不断进化，并适应通过新加入的数据流原料增添新变量计算式。

在计算智能和感知智能之后，广告复杂科学系统正在经历认知智能的发展阶段。

未来主义者认为，人类最终将开发出能自我思考的智能机器人，这就是人工智能研究将要完成的任务。这不仅仅是完成重复性、耗时的工作，而是具备真正的智能——认知智能能力的机器人，通常科学家认为这需要通过图灵测试①。

认知智能包括机器自动理解、记忆、学习、推理、产生知识、规划、决策和创造。对于广告而言，认知智能可用于与顾客建立联系（营销传播运营），并创造交互满意度和电商应用转化。

人工智能支持的认知营销需要强大的计算能力、大量数据、大量联网设备和传感器，以及基于云存储和云服务的能力。例如，ChatGPT 能进行在线实时聊天式对话并生成作文，同时开始向图像、视频和音频生成领域发展，提供"非单向搜索"结果的营销服务。

阅读案例：雷克萨斯的智能创作广告

2018 年后诞生了一条完全由人工智能编写的广告剧本——用 60 秒的 TVC 讲述了新款 ES 轿车的故事，用于新车上市发布。"一名雷克萨斯工程师对他所创造的作品倾注了很多爱意。当他的汽车被带走，面临着被毁灭的威胁时，他目送着它，泪流满面。这辆车按照规定要强制进行碰撞测试，而且在电视上面向公众直播，工程师也在忐忑地观看，最后，特有的自动紧急制动系统使得汽车逃离险境，展示了这款车型具有的主要卖点特性。"

雷克萨斯当时将 AI 广告与常规电视广告的宣发活动周期和预算进行了对比，整个周期包括开发这种特定 AI，使用数据进行训练，训练数据里含有 2001 年以来全球获奖广告 TVC，通过标签识别与消费者连接最紧密的情感共鸣点，及特别能承载人类思想的信息。为避免语句重复，也避免缺乏品牌独特性，AI 训练数据还加入了雷克萨斯专属品牌形象和项目指南等数据，以此来保持脚本的原创性和品牌专属的著作权。

7.2 大型互联网平台的智能广告系统

大型互联网平台基本都已建成广告投放系统，利用程序化广告技术计算匹配用户流量，形成了"用户流量生成广告位，通过平台智能广告系统售卖给广告主"的基本原则。这就是互联网平台中心的智能广告流程，即人工智能首先被用来提升计算广告的投放效率。

---

① 图灵测试指，如果机器在现实场景中能够非常好地模仿人回答问题，以至提问者在相当长的时间里误认它不是机器，那么机器将被认为具有人类思维能力。这为人工智能开发者设定了"认知智能"的最高标准。目前还没有机器能够通过。

7.2.1 智能广告的"两层"产品体系

人工智能作为机器代理,致力于在复杂环境下实现目标。互联网平台形成了"用户—互联网—品牌"的平台型交易模式,完美契合了人工智能在复杂系统环境下计算匹配交易目标的能力。

2018年后,中国90%以上的数字广告投放都是通过广告主(代理商)在互联网平台上开设的广告账户,输入创意素材、设定广告主出价后,完全交由互联网平台的程序化广告计算引擎投放的。程序化广告的DSP-ADX-SSP体系迅速加入互联网广告系统的计算引擎中。智能广告产品由大型互联网广告投放平台开发,目标是在平台内优化匹配数字广告位。

智能广告诞生了"两层"体系,即互联网平台先建构"首要"的平台智能广告(产品系统),然后代理商(广告主)再开发"自有"的智能广告产品系统,用来对接平台智能广告。

2018年,美国西北大学的马丁·布洛克和密西根州立大学的李海容将智能广告定义为以消费者为中心的、数据驱动和算法介导的品牌传播行为。2020年,华南理工大学的段淳林将计算广告定义为以数据为基础,以算法为手段,以用户为中心的智能营销方式。2021年,罗杰斯将智能广告定义为,基于人和机器输入,能自动进行机器学习并执行任务,使用一系列机器功能的品牌传播。

本书将智能广告(平台)定义为基于可辨识用户流量特征,使用确权合规的数据和算法,遵循本国法律和伦理规范,自动计算广告位价格和推荐内容,围绕数字接触点定制和匹配讯息的营销传播模式。

智能广告定义需要满足2018年后数字营销"下半场"中政府加强立法保护的要求,其三大特征如下:

1) 以可辨识的用户流量特征为中心:智能广告应以可辨识的用户流量特征为中心,真正体现数字广告技术和围绕广告位计算价值的构成优势。数字广告首先基于互联网平台识别用户流量,然后利用计算智能推荐商品内容,利用机器学习匹配推荐广告。

2) 多方数据的确权:特别指用户数据的授权。欧盟的《通用数据保护条例》、美国的《加州消费者隐私法案》以及中国的《数据安全法》《个人信息保护法》均有明确的法令规范。互联网平台在投放广告时对用户数据的使用必须符合所在国家的法律法规监管审查,互联网平台须获得用户明确的授权同意,并按等级管理数据与个人信息。

3) 广告场景算法的合法合规性:机器自动处理信息的智能算法须体现出公平正当的社会伦理准则,符合本国相关法律法规的要求。

通过计算机科学家的开发,通过数据和算法实现信息的"供需匹配"高效且可监测,成为平台智能广告的基本运作模式。人工智能以机器代理的形式在复杂环境下优化匹配广告、价格与用户需求,同时必须遵循法律法规的约束,保证其在合法范围内运行。智能广告(平台)产品的出现使广告成为品牌主"广域集客营销"的自动化数字营销活动的一部分。

智能广告与数据密不可分。要利用标签识别和挖掘用户偏好,互联网平台依赖消费者提供的数据,包括画像信息、交易习惯等。互联网收集的丰富用户基础数据,能精准追踪和响应个体用户的网站内行为,因此需要避免个人化追踪成为法律监管的问题,保护用户拥有不被智能个性化广告追踪的权利。智能广告(平台)的大规模数据采集和机器自动学习处理还可能触发消费者数据隐私问题,对品牌商业伦理造成影响,甚至影响国家和社会的数据安全。当前,中国广告主和互联网平台都极重视消费者隐私,重点关注数据安全,特别注重依法保护个人信息和算法推荐的合规备案工作。

智能广告的首要任务是为互联网平台提供数据实时计算"匹配",平衡和满足用户、广告主和平台三方的利益。平台开发的智能广告进一步强化了数字广告系统,使之独立于传统广告的"洞察、创意、制作、投放(效果)"4A 代理商流程。智能广告(平台)和代理商广告已成为两种不同的广告业务职能。计算机科学与人工智能技术的升级,将广告从传统文科转变为复杂科学系统。

7.2.2 平台的智能广告模型

广告业不再是仅凭借专家创意即可引领时代商品潮流的专业领域。智能广告技术对广告业实施了实时数据规模化的科学升维,从根本上改变了其来源学科基础。2017 年,整合营销传播学者探索出以互联网平台为基础的智能广告闭环营销概念模型,代表中外广告学者对互联网广告的研究进入数智时代。笔者融合了马特豪斯提出的"用户-接触点-品牌"层次模型和闭环链路营销方法,提炼出模拟互联网平台广告运营的中国智能广告模型(见图 7-5)。

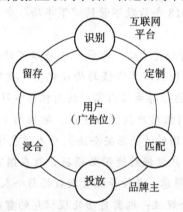

图 7-5 中国互联网平台的智能广告(平台)模型

中国互联网的智能广告(平台)模型围绕着用户数据生成服务,用户流量位于中心。平台的"广告位"销售的是用户看到广告的机会。用户流量以数据形式记录在互联网平台上,通过智能算法预测广告推荐,为消费者建立触达和双向交互的效能。

已发表于《现代传播—中国传媒大学学报》。

互联网智能广告围绕着广告位提供服务，旨在在满足用户需求的同时，满足品牌主在数字营销链路上的市场功能需求。人工智能加强了平台广告的数字业务流程运作能力。这一闭环包含六个顺序关联的过程：识别、定制、匹配、投放、浸合和留存。最终，留存数据通过用户的"下次访问"与平台相连，形成新的闭环过程。由于互联网平台掌控着统一分配的用户识别码（UniID），用户数据行为被完全追踪并记录（经用户授权给平台）。平台的智能广告通过"算法推荐"商品、内容和服务，促进用户形成消费者忠诚。智能广告也是平台向数字用户提供的信息服务。平台测量用户点击、浸合和跳转购买的效果数据，作为广告位偏好指标和用户体验满意指标。

品牌主位于系统外围，需要借助互联网平台的智能广告产品实现数字营销链路，而非仅仅购买广告曝光量。这与传统广告商使用媒体的简单模式不同。数字营销的绝大多数接触点，包括广告、浸合、电商交易、留存，都在互联网平台的覆盖范围内。因此，平台智能广告实际上还包含了为品牌主预留的浸合互动和电商跳转导流。

阅读资料：**互联网平台用户**数据保护的升级管理。

互联网平台从识别用户登录开始追踪用户的各种数据，并使用这些数据来为品牌实现商业目的。2021年《个人信息保护法》立法监管升级，互联网平台需要合法地获得用户授权来使用用户数据，并且承担更大的用户数据保护责任，即不得在未经用户许可的情况下将个人信息数据转交给第三方。互联网广告平台已避免将用户实名信息和手机号等用于数据打通和数字广告交易。

以下分别对这六个顺序阶段进行介绍。

1）识别

随着互联网实名管理政策的实施，网络注册用户的身份识别成为平台履行本国法律责任和义务的关键一环。这一过程涉及用户访问行为和基础数据的分析，以构建初始用户画像 。这些数据有助于通过标签形式预测用户需求。在数字化分析的帮助下，登录用户被转化为"用户标签库"，进而促成智能广告产品的形成。重要的是，在新的法律管制下，互联网平台并不会将"用户标签库"出售给广告商，而是根据广告位的展示机会，选择相关的群体标签，通过计算引擎来分配广告。广告商则需要通过设置关键词标签来估算广告投放的规模和市场价值，但他们无法识别到平台的单个用户。尽管许多广告商在CRM系统掌握顾客实名信息，但在《个人信息保护法》的框架下，这些信息未经授权不能直接用于互联网广告业务。

2）定制

互联网平台可以根据用户的属性、社交关系和主动订阅需求，实时生成个性化页面。

 包括基础的人口统计信息、地理统计信息、主观爱好订阅、注册使用服务日期、使用频次、时长、设备、高峰使用时间等。

在用户登录后的200毫秒内,程序化技术会自动提取和推荐内容,预测用户的兴趣和行为,从而配置浏览页面的内容。大多数展示内容通过算法实时推荐,生成广告位,这就引出了如何智能地填充和生成广告图文内容的问题,成为第二类"自有"的智能广告(代理商)产品,即程序化创意(详见7.3节)。同时,互联网平台本身也直接提供一些智能创意工具。

3)匹配

互联网平台提供的内容(a)既满足用户的需求驱动特征(u),也符合平台和品牌推荐系统的特征(c)。匹配阶段主要优化用户接收信息的效果。平台会从多个品牌的信息中进行筛选,找出最能满足用户使用互联网平台达成其目的的内容。这一阶段的智能广告产品是实时动态广告位,要求平台对商品广告品类和用户特征进行精准匹配。广告位的机器学习模型($r(a, u, c)$)会依据用户的历史偏好进行预测,同时考虑广告主的竞价优势、用户满意度、内容质量分数以及当前热点趋势的相关性。

4)投放(竞投)

在平台预测广告位匹配的情况下,会出现几个优选商品品类。与此同时,广告商开始对广告位进行出价竞投。这一过程是智能广告计算竞价的关键环节。从竞投开始,智能广告产品向广告主开放,进一步促进广告效率最大化。

在传统广告投放中,印象数(Impression)的统计存在局限性,通常依赖于年度调查机构的抽样预估。舒尔茨指出,多数海外媒体调研公司都受4A广告集团的影响或接受其投资,导致传统广告效果数据与广告机构之间存在千丝万缕的联系。

智能广告投放的核心在于通过广告服务器实现精确监测。这种监测不仅参考真实数据,还可以通过诸如SDK之类的行业标准化工具进行第三方监控。这样,用户与数字广告的实际接触——包括时间、地点、使用设备、持续时长及来源——都为广告流量提供了可靠的证明。因此,平台上智能广告的真实监测数据可以在通信技术的支持下为广告主提供更精准的点对点计数。

5)浸合

智能广告的目的是通过链路营销加强平台的广告效果。当前阶段的智能广告产品包含多种浸合形式,如内容、交互、体验,以及数字服务等,这需要数字用户共同参与来创造价值。浸合还意味着互联网平台为广告主提供跳转链接,使其能够设置引导用户行动的CTA。CTA会涉及品牌、平台产品、用户及网红等,这要求为数字广告设计创新的在线体验。

通过智能广告向广告主开放CTA,可以引导品牌构建从广告"投放曝光"到"用户行为交易"的完整链路过程,实际推动了用户向购买渠道转移。智能技术在此过程中主要用于处理数据互动,并(借助机器学习)计算广告位直接转化效果的变化。

6)留存

留存用户是实现平台智能广告营销创新的关键。留存涉及流量用户接受智能广告(商品和服务),并在互联网平台上保持使用习惯,用户变得更加熟悉平台推荐的商品内容和广告,这有助于提升智能广告服务，并产生新的"优化重定向"智能广告产品。

用户如果留存（附带品牌浸合数据）在互联网平台上，就证明了流量用户的忠诚度，显示智能广告是一种以用户满意为本的平台营销活动。请注意，互联网平台的营销服务（包括智能广告）对用户的满意度忠诚度的数据留存优先于品牌主想要的顾客的忠诚度及数据留存的关系。

"优化重定向"指的是留存用户在下次登录时，广告交互数据的召回和计算能够帮助调整下一次广告策略，从而激发服务体验的创新。

"用户－互联网－品牌"形成一个价值整体，顾客忠诚度和黏性不仅是品牌营销的目标，也是互联网平台营销的目标。平台通过顾客留存来获得用户忠诚，从而增强"用户－品牌"价值关系的营销服务。

品牌主也希望获取自己的顾客在互联网平台上的优化重定向数据，以便自动调整广告策略，但中间隔了互联网平台，互联网平台通常掌握全品类投放和用户数据。

综上所述，中国智能广告模型的"识别－定制－匹配－投放－浸合－留存"六阶段闭环，展现了互联网智能广告营销自动化链路的全貌。新模型不仅实现了用户识别与留存的循环体验，更是打造了一个完整的数字广告系统，其中智能技术推动了营销与传播链路的全面闭环。与传统的 5W 传播学模式和营销漏斗模型不同，中国智能广告模型整合了数字消费者的营销闭环，从理论上融合了阿里巴巴 AIPL 全链路营销模型和字节跳动 O-5A 营销模型的精髓。

在数字营销的下半场，中国智能广告模型展现出独特的"洞察与创意职能"和"媒介浸合职能"，导入了海外广告学教材中没有出现过的"留存顾客与重定向"概念。中国智能广告模型不仅拓展了广告（数字）的定义，还开创了浸合和留存关系的营销 CRM 新领域。该模型解答了中国营销生态图谱中全链路营销闭环的理论问题。

智能广告模型的出现标志着中国互联网平台在传播与营销职能上的重组，广告业务模式的"破坏式创新"来自大数据和智能技术的普遍应用。互联网广告平台的发展不仅汇聚了智能广告模型，还推动了用户数字化转型和品牌数字营销的持续变革，将互联网平台转变为数字营销的中枢。

在留存、识别、定制这三个阶段，互联网平台控制了整个流程。这主要涉及平台对用户的广告位智能推荐服务，其中所有数据均由平台掌握，广告主（代理商）难以干预。而匹配、投放、浸合这三个阶段，则向广告主（代理商）开放合作。在这一过程中，智能广告产品通过广告主账户的竞价（无论成功与否均有反馈）实现了计算分配。

CTA 体现了数字广告在互动营销效果上的优势。匹配基于（机器）预测，竞投是（机器）自动决策，而浸合则是 CTA（机器）效果验证及服务追踪。在图 7-5 中，上下两个"三阶段"类别的串联，差别在于品牌主是否能参与智能广告平台的价值创造。智能广告平台的发展表明，互联网平台已能够利用机器学习技术成熟地预测和计算广告位的匹配价格、广告与商品标签和用户行为效果,科学地证明了数字广告是以互联网平台广告位为核心,推动数字营销创新的关键。这一切都是中国互联网道路实践和广告产业的原创理论知识,智能广告模型有效地丰富了数字营销增长理论体系和闭环链路方法论。

7.2.3 其他人工智能技术应用

人工智能技术多种多样,根据不同业务需求被应用于智能化产品的开发。这些技术主要提高了信息生产处理的效率,但并未直接纳入智能广告的整体架构。单纯依赖个别智能技术产品,无法完全解释中国互联网平台智能广告和机器自动计算的主流趋势。因此,有必要区分其他人工智能技术在不同业务应用场景中的作用。

人工智能技术的应用通常始于数据采集,随后进行数据聚合,设定需求场景,并完成数据配置。这意味着原始数据经处理后成为营销商业化的自动输入来源。数据处理大致可分为七种需求场景,每种需求都需要采用不同的智能技术,如图 7-6 所示。

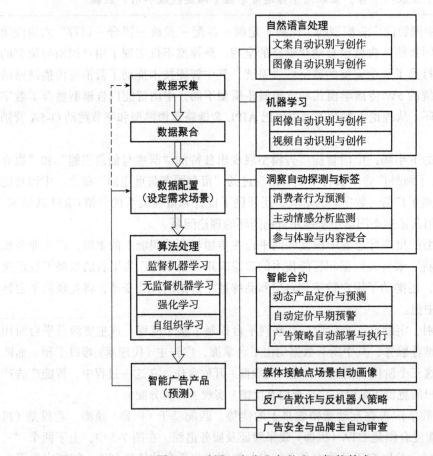

图 7-6 适用于广告业务的人工智能技术

- 自然语言处理（NLP），主要用于文案及图像的自动识别与创作。NLP 技术已经发展得非常成熟（例如 ChatGPT）。在社交媒体广告中，通常采用自动文本分析与品牌渠道监测。
- 机器学习（ML），主要用于图像和视频的自动识别与创作。这种 AI 技术在需求场景中的应用也已日趋成熟，许多前沿的广告技术企业都已有所涉猎。
- 洞察自动探测与标签，涉及消费者行为预测、主动情感分析监测、参与体验与内容浸合，通过多种传感器技术、智能数据处理和算法应用来实现。
- 智能合约，包括动态产品定价与预测、自动定价早期预警及广告战略自动部署与执行，其发展受制于区块链技术的成熟度和关于用户数据的各项规定。
- 媒体接触点场景自动画像，这一业务场景的特点是以深入理解媒体接触点场景为核心，而非仅依赖消费者用户数据。
- 反广告欺诈与反机器人策略，旨在开发适用于当地市场的媒体安全环境监测与流量验证。
- 广告安全与品牌主自动审查。

反广告欺诈与反机器人策略以及广告安全与品牌主自动审查业务建立在互联网平台的智能广告、数字营销与广告商的智能技术，以及品牌主的智能技术的基础之上。品牌主需要明确自己的需求，可以自行开发，也可委托数字营销与广告技术公司开发，甚至直接向互联网平台提出新技术产品要求 。

在设定需求场景并完成数据配置之后，便开始算法处理，主要包括监督机器学习、无监督机器学习、强化学习和自组织学习四种方式。如 2017 年阿尔法狗在围棋比赛中战胜柯洁，随后又被完全由阿尔法狗训练的高级人工智能——阿尔法 Zero 击败。阿尔法 Zero 使用了无监督机器学习和强化学习，引起了全球科技界的关注。请注意，在应用领域，算法并无先进落后之分。广告行业对算法的使用与其他行业类似，均是基于可解释规律的结果精确度来评判的，即寻求最优计算解决方案的工程化问题。

经过上述过程，企业才能实现可以完成预测任务的智能广告产品。在智能广告实施后，行为数据的效果将作为新的用户数据输入，进而进行机器学习的验证和优化。这些人工智能技术已经在不同的智能产品中得到应用，其中部分应用于广告。

智能技术还在迅速发展的过程中。智能广告的核心不在于智能技术应用的先进程度，而在于基于用户流量数据构建闭环营销的智能广告（平台）模型。例如，阿里巴巴的 O-AIPL 模型和字节跳动的 5A-GROW 模型，都是在中国智能广告市场实践后形成的规律总结，成为中国数字营销创新的理论基石。

互联网企业中的智能技术专家在数据挖掘和算法创新方面发挥了引领作用，在学习平

例如，2019 年在拉斯维加斯举行的消费电子展（CES）上，宝洁和联合利华作为广告主代表联合倡议，向 Facebook 和谷歌等提出数据透明化和品牌安全策略审查的新要求。

台智能广告时，有必要区分智能广告的核心流程和相关智能应用。总体来看，中国大型互联网平台的广告投放系统在数字营销的"上半场"建立了程序化技术和计算广告，在"下半场"发展出了智能广告（平台）产品系统和闭环营销过程。

7.3 数字广告代理商的创意智能广告

2018 年以来，在数字营销"下半场"的背景下，独立的程序化广告技术公司面临信息保护法规的挑战，即广告商想要获得用户对个人数据的授权变得更加困难。第三方数字广告技术市场也因此出现萎缩。这促使数字广告营销技术公司（代理商）向开发新的智能应用方向发展，为互联网平台广告企业数字营销奠定了基本市场结构。其中少数顶尖广告技术公司转向 DSP + ADN 混合流量业务，其核心价值在于集约买量和交易差价。

7.3.1 数字广告代理商的智能化

在平台建成智能广告系统后，接入互联网平台的数字广告技术公司转向开发创意智能广告业务。有实力的广告技术公司开始对创意业务流程进行再造，主要目标是实现两大任务：一是将 TD 升级为全渠道营销的创意供应系统，自动对接平台的智能广告系统，最大限度地利用平台数据；二是开发人工智能技术，提高创意生产效率，实现创意和投放效果的一体化，真正对接互联网平台的智能广告系统和全链路营销业务。

2020 年后，由于对个人信息保护的立法监管，数字广告代理商需要将开发重点转向"用户数据"以外的广告创意制作和开发。这决定了创意广告使用的数据主要包括广告数据、效果数据和场景上下文数据，而不涵盖用户数据。由于不再依赖用户数据，创意广告的数据使用不受《个人信息保护法》管辖。然而，根据《数据安全法》，使用互联网平台数据仍须获得平台授权。任何机构和个人未经授权私自抓取平台页面内容，也属于违法行为。与此同时，大型互联网平台收紧了对外开放数据合作的权限，并不提供数据转移服务，通俗来说就是"数据不出库"。

在主要互联网平台的智能广告系统加速计算流量广告位的背景下，传统创意广告（如视频和图片）的生产过程难以赶上广告位对素材的消耗速度。因此，数字代理商开发了创意智能生产技术，主要目的是"疾速"批量生产广告素材，满足平台智能广告系统的需求。这使得广告代理商的创意智能化业务脱颖而出，其前提是基于计算规则处理具体的业务和数据场景。由于互联网平台已成为中国最大的"数字广告公司"，因此中国的互联网平台在智能广告市场中占据了主导地位，占有了最大的智能广告业务份额。这促使中国互联网广告行业的代理商将业务流程和组织结构转型为创意供稿系统。本节重点讨论短视频广告领域代理商的智能广告（创意）产品。

7.3.2 "人机协作"的智能创意价值链

智能技术的创新首先推动了短视频广告领域创意生产岗位的变革。2020年，中国创意生产投放领域出现大量智能化活动，新岗位"广告优化师"诞生，其职责是管理广告主账户在互联网平台上的日常投放和广告费用消耗，操作互联网广告投放系统。创意流程受程序化广告和智能广告的影响，形成了数字广告业中"人机协作"开发创意制作广告的新业务模式。

在短视频广告领域，每天有数十亿条用户生成内容（UGC）和数亿条专业生成内容（PGC）展现在中国十亿数字用户面前。每条短视频需要在5秒内吸引用户注意，以提高一个平均时长为23秒的短视频的完播率，而99.5%的短视频广告的生命周期会在72小时内结束。

对于数字广告业来说，要想通过同样的素材裂变创造广告（维持投放），就只能依靠机器传递和放大，通过机器智能，可以成百倍地提升广告创意生成的效率。

智能广告创意制作流程的变革导致数字广告代理商的业务发生了变化，主要包括：
1）批量化生产广告主的创意素材，确保高效和多样性。
2）制定周期为两三天的创意投放计划，以灵活应对市场动态。
3）配置广告优化师专职跟进创意素材的执行情况，确保最佳投放效果。
4）构建TD自动化系统，对接抖音等广告平台，实现更高效的广告投放。

例如，创意团队需要为广告主每周制作超过50个创意视频，并确保这些视频在广告平台的投放符合逻辑，以保证广告消耗量达到每周60万元以上。团队的绩效评估将基于数字广告投放的效果和盈利能力。

在创意开发和效果评估等多个层面，数字广告代理商还运用智能技术分析（提升）素材批量化生产的性价比。中国的广告主可以根据不同的营销目标选择合适的智能广告创意业务。

平台的智能广告系统能够自动分配广告位。例如，抖音短视频广告的投放不仅取决于品牌主的预算，还需要符合平台的智能化广告投放条件，即根据用户流量来预估广告效果，由机器自动计算广告投放的预估价格，并利用智能技术来审核创意投放的数字效果。这种做法取代了长期依赖"职业专家制"评审的4A广告传统，转而依赖机器智能来决定营销传播的效率。

在此背景下，人们对中国数字代理商在短视频广告生产创意方面重新构筑了价值链，重点是区分人工岗位职能与机器应用功能协作的新型关系。中国互联网平台短视频创意的高效率生产模式需要围绕创意组和优化师两大核心岗位构建。人工智能被广泛应用于创意开发和效果验证工具中，为创意业务系统提供稳定的创意效果分析。这表明我国广告行业的智能技术工具构成了一个有效的"人机协作"价值链，如图7-7所示。

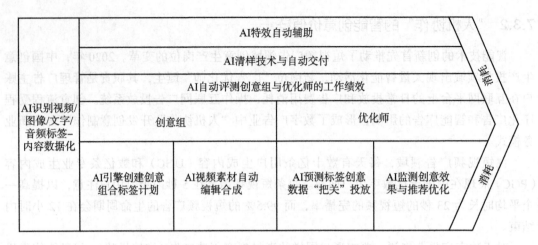

图 7-7 中国短视频智能广告（代理商）的"人机协作"价值链

该价值链模型分析法借鉴了哈佛大学战略学者迈克尔·波特在《竞争优势》中提出的企业价值链模型。值得注意的是，模型中智能创意的目标是以"广告消耗"为导向。

1. 创意要以"广告消耗"为目标

伦敦国王学院营销学教授道格拉斯·韦斯特研究广告创意时指出，创意开发与创意效果实际是分离的。广告创意大师普遍认同这一观点，并认为：

1）创意是最有价值的。

2）只要广告主预算充分，总能通过媒体策划完成投放目标。

如今，抖音平台开创了按日、按周计算广告费用的营销目标，直接以广告主的广告费用来评估加速创意效果与生产价值，这是中国广告界的一项重大革新。机器的加入改变了数字广告创意的领导权。这要求数字代理商不仅要保证稳定供应创意视频的生产能力，还要持续地将创意产品推向平台，争取用户流量的曝光机会。通过平台对质量竞价的排名考核赢取广告消耗，实现广告主的营销目标。

想要提升"广告消耗"并扩大平台（机器）广告投放，需要满足两个效果条件：一是平台向某个用户流量广告位发送广告视频（新鲜创意）并由用户完成观看；二是在每千次广告位播放后，平台智能广告系统即时统计"完播率""点击率""转化率"三个主要指标（点击率是转化率的前置指标），实时测量创意视频是否达到用户与品类满意预期的平均水平。智能广告算法据此决定是否向该广告推荐更多流量。因此，广告创意的价值就即时体现在该条创意短视频实际消耗的广告费上。创意效果的实时数据用于指导智能广告平台，影响广告代理商的智能创造逻辑。代理商利用智能广告平台评估创意生成绩效，同时加速利用效果数据来创造创意。

由此，智能创意广告与传统广告（创意）存在显著差异。

已发表于《现代传播—中国传媒大学学报》。

阅读案例：中国抖音短视频广告的智能创意

与传统广告规则不同，中国短视频智能广告系统依据平台原则（即平台对用户、内容和场景的算法匹配）自动决定投放。广告循证投放是根据完播率、点击率、转化率等指标的实时反馈进行的。循证是指"以终为始"地实现对创意效果的实时测量，机器学习是实现这一目标的方法。该方法最早是咨询集团"麦肯锡方法论"的一部分，现在被互联网产品经理广泛采用。以抖音智能广告体系为例，代理广告主账户的创意组和优化师的业务目标是生产能够获得更高"广告消耗"的创意视频。

依据消耗的广告费用，获得自身工作成果价值的证明和绩效，这种闭环循证的效果方法论迅速得到广告主和平台的认可。反之，如果创意视频投放测试未能达到用户流量的效果目标，就会被抖音平台判断为低质低效创意，在与其他广告的竞争中失去展示和消耗机会。

在智能创意前提下，创意组和优化师需要密切协作。例如，在一组抖音投放的广告计划中，通常包含3~5个主题方向的20~30条创意视频，共同实现广告主预期的总体广告消耗。数字广告代理商每周至少完成两组广告计划。中国短视频平台的用户流量特征是有很高的"磨损效应"，即多数创意短视频的投放生命周期在72小时内结束，之后就需要更换一组新的广告计划（含20~30条全新的创意视频）。中国短视频广告的投放节奏迫使创意组和优化师通力合作，使用人工智能技术辅助创意开发和效果优化，不断批量创造、拍摄和传递新的创意广告，以争取高于平台平均水平的完播率、点击率和转化率，从而实现扩大广告消耗的营销目标。

广告主的广告消耗都需要有一定数量的用户行动转化率作为保障，即如果达不成有效消费者行动（例如，最简单的指标就是购买金额），广告主随时可以停止投放，或调低出价。

2．人工智能辅助功能

图7-7的上半部分列举了三种常用于创意的智能辅助活动。

第一，AI特效自动辅助。抖音平台本身就集成了一些人工智能特效的自动辅助工具，这些工具被用户广泛应用，帮助他们制作流行内容（UGC和PGC），这些用户包括草根KOL、网红达人以及MCN机构。数字代理商也在积极开发AI特效和AI模板，以提升其在AI特效方面相对于"平台+UGC"的竞争力。

第二，AI清样技术与自动交付。具备大数据能力的代理商使用分布式存储和星际文件系统（IPFS）技术，IPFS是一个基于区块链技术的媒体协议，通过分布式存储和内容寻址技术，将点对点的单点传输转化为P2P（多点对多点）的传输。这样做可以对接互联网平台系统的实时数据文件处理，使用自动化技术替代传统广告业的清样和交付工作。

第三，AI自动评测创意组与优化师的工作绩效。数字营销机构的AI辅助功能能够根据创意组和优化师的ID计算个人产值，并评测正误。这一过程建立在高度数字化实时处理创意开发和效果投放的基础上。AI加入人力资源评测，精细量化创意工时，周期性持续测量投入产出比，推动数字化运营进入代理商数字生产力的人员作业中心。

3. 人工智能创意服务的主要功能应用

图 7-7 的底部展示了 AI 智能短视频广告创意批量化生成的四项主要功能应用，直接服务于创意组和优化师的日常工作：

1）AI 引擎创建创意组合标签计划。
2）AI 视频素材自动编辑合成。
3）AI 预测标签创意数据"把关"投放。
4）AI 监测创意效果与推荐优化。

前两项智能技术活动直接成为创意组的日常活动和生产效率工具，极大地降低了创意人员知识密集型的劳动投入。我国前沿的数字营销机构已经开始根据历史账户反馈和当前流行趋势，通过机器学习自动完成创意标签组合的计划任务。创意人员参照这些标签组合撰写创意脚本，组织拍摄和制作，并尽量多地使用智能视频素材自动编辑合成功能与 AI 特效，用数据和技术替代人力设计，提升创意生产能力。

后两项智能技术活动则直接成为优化师的日常任务和生产效率工具，极大地降低了优化师在进行操作决策时所需的营销数据分析时间。

AI 预测标签创意数据"把关"投放和 AI 监测创意效果与推荐优化之间形成了一个正反馈机制。通过这种机制，机器学习算法不断提升智能水平和准确性，使代理商的数字标准达到与抖音平台投放同步的水准。著名心理学家米哈里·契克森米哈赖在研究心流理论时指出，广告业传统上依赖职业专家制度来审核和发表广告。然而，在中国短视频创意领域，这一职能已经由互联网平台的算法接管。在时间效率和效果经验方面，创意大师的审核无法与智能创意平台相比。

创意组与优化师紧密配合，在工作中实时掌握 AI 算法对用户标签、场景标签和创意标签匹配的效果数据。他们制作出的创意视频能够在短视频广告平台上取得优异的投放效果，这在一定程度上削弱了由创意大师组成的职业专家评价体系的影响力。创意生产者被推到了广告效果的第一线，即数字创意直接经受用户流量行为数据效果的检验，无须经过传统的内部提案和外部审稿。

AI 监测创意效果与推荐优化，基于互联网平台天然具备大数据实时处理广告的效果数据，通过智能技术自动学习创意标签计算短视频广告效果数据，逐步推进元素级的创意优化。

只有少数前沿数字技术广告代理商（通常是年度总代理广告消耗数十亿元的头部代理商）才能申请获得互联网平台数据 API（并非用户数据）。

代理商据此为广告主提供围绕广告创意的定制化数据服务，这种数据分析和智能应用有助于数字代理商跨入咨询品牌增长和广告营销技术的业务领域。

智能创意的主要功能应用使得优化师和创意组能够在熟练使用 AI 创意工具的情况下，

开始边生产制作边创意,边测量效果,边精细化操作元素级创意组合。例如,广告优化师可以独立重新定位广告位(用户标签)和投放场景(标签),也可以配合创意后期编辑,在同一计划执行周期内调整素材和特效,而无须等到下一个广告计划再做调整。广告主不再审核智能广告平台的创意和决策投放,这极大地减轻了创意人"比稿 "的营业负担。

4. 智能引擎创建创意计划

"识别"用户流量的投放场景机会是智能广告业务中的首要技能。互联网利用神经网络技术进行文字和图像识别已超过十年,而视频和音频识别的机器学习技术也已有超过五年的应用历史。行业统计显示,近百种广告领域的人工智能应用已经具备成熟算法的自动识别处理能力,如图7-8所示。

提取 extraction	检测 detection	识别 recognition	标签 labelization
关键帧提取	场景检测	场景识别	场景标签
	实体检测	实体识别	实体标签
		产品识别	产品标签
			竞争产品标签
		敏感实体识别	敏感实体标签
	人脸检测	人脸识别	性别标签
			年龄标签
			情绪标签
			演员标签
			角色标签
			敏感人物标签
	动作检测	动作识别	动作标签
			情绪标签
			敏感动作标签
音频提取	音频检测	音频识别	音频标签
			敏感音频标签
		音乐识别	音乐标签
			敏感音乐标签
	语音检测	语音识别	语音标签
			语义标签
			情绪标签
			敏感语音标签
			翻译标签
文字提取	文字检测	文字识别	文字标签
			翻译标签
			专用文字信息标签
			特殊字体文字标签
			敏感文字标签
字幕提取	字幕检测	字幕识别	字幕标签
			翻译标签
			情绪标签
			会话标签
			专用词和信息标签
			敏感字幕标签
时间轴提取	时间轴检测	时间轴匹配	时间轴/关键帧标签
			制作人标签
其他视频信息提取	信息检测	信息识别	时间标签
			版权标签
			文件检索标签
			关键词标签
			投放标签

图7-8 人工智能成熟算法的自动识别处理(部分)

比稿是指广告代理商在争夺拥有大额媒体预算的广告主时,会参加策划方案竞标报价,与多家公司竞争。通常情况下仅有一家代理商胜出,得到全部广告委托业务(策划、制作和投放)。

头部数字代理商和互联网广告投放平台通过创意智能识别技术对创意素材内容进行数据化。AI 识别短视频创意是一整套综合技术，涵盖视频、图像、文字、音频标签的自动化识别，以及创意元素内容数据库，成为智能创意生产流程的业务起点。

例如，视频广告的秒级语义解析技术支持场景标签和剧情标签的提取。对于创意视频数据的计算，算法能够从 20 秒短视频时序中抽取出两个具有代表性的图像"幕"，并应用不同算法计算这些"幕"的呈现形式、场景、风格等维度的标签。使用平均精度（Mean Average Precision，MAP）或全局平均精度（Global Average Precision，GAP）进行评分，高分值的算法胜出，并随后推广到全部实时处理视频的标签识别。相关示意如图 7-9 所示。

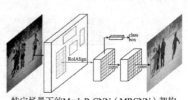

特定场景下的Mask R-CNN（MRCNN）架构

图 7-9　场景识别算法和物体识别算法的准确率评价

中国数字营销技术创新公司，如利欧、蓝标、特赞等，都开发了智能创意识别的解决方案。这些方案通过内容向量化数据和复杂神经网络，将创意内容识别为整体高维空间中的点，用于探索与用户、场景相关的标签点，并根据用户流量创意效果区分基于用户的相似性和创意内容的相关性。探索新创意的过程，经由机器学习表达为复杂算法的科学问题（基本参数）：

Creative = F (Popularity $(P_1, P_2, \cdots, P_n)$, Relevance $(R_1, R_2, \cdots, R_{n_2})$, Diversity $(D_1, D_2, \cdots, D_{n_3})$, Sequencing $(S_1, S_2, \cdots, S_{n_4})$)

其中，Popularity 为流行度，Relevonce 为相关性，Diversity 为多样性，Sequencing 为比较队列排序，其他的复杂要素尚未列入。

通过创意内容的数据化，智能广告（代理商）也建立了创意科学分析的工程化领域。中国很多互联网企业的主要业务是经营智能广告（平台）。由于实力雄厚，像字节跳动和阿里巴巴这样的企业也拥有强大的智能创意识别解决方案 。

平台与数字营销技术创新公司对于智能识别创意技术应用的主要差别在于，平台主要用机器学习创意内容分类来统辖管理平台上全部的内容，对其进行标签自动识别和数据管理。

7.3.3 代理商的智能创意模型

代理商的创意与其他类型的创意有所不同,必须具有营销目标,要解决广告主的问题并收取费用。一份针对 200 家中国数字营销企业和广告代理商的调研归纳出了短视频广告的智能创意模型,解释了平台与数字代理商如何利用人工智能技术实现大规模创意生产。

对于大型数字营销技术代理商,智能技术在广告创意制作中的应用涵盖"识别、定制、完成、审查、竞投、优化"六个阶段,形成一个闭环业务系统,直接连接互联网广告投放平台。相关示意如图 7-10 所示。

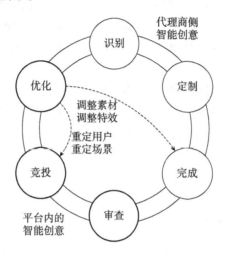

图 7-10 中国短视频广告的智能创意模型

图 7-10 中的六大步骤构成了一个顺时针运转的智能创意闭环,与传统创意流程形成了显著差异。这一流程主要用于批量生产短视频广告,并与平台的智能广告系统对接。智能创意模型中的识别、定制、完成三个阶段主要在代理商侧完成,而审查、竞投、优化三个阶段则需要在互联网广告平台内部完成。这一代理商流程有效地打通了图 7-5 中互联网平台智能广告系统的匹配、投放、浸合三个阶段,为广告商提供了对接平台自动化使用的可能。

1)识别

"识别"智能标签与创意计划任务是创意生产的首要步骤。智能技术建立的机器创意库能够从成千上万的广告商自产创意和更大规模的平台流行创意库中动态标注脚本,提取自创意流行分析和效果数据 。

创意组在启动新创意计划前,通过创意标签和数据解读的方式,能够掌握平台上的新创意标签、快速增长创意标签和爆款创意标签。然后结合定性定量方法生成创意标签库的计划任务,为创意人提供任务简报和数据效果说明。

机器学习的低密度广告素材标签和高价值广告素材标签组合,都成为智能化创意启发的产出结果。

创意组直接获得智能标签组合作为新建创意计划的基础,从而将时间和精力集中在创意脚本生产和拍摄资源组织上,高效完成创意任务。在没有 AI 支持标签脚本计划的情况下,创意组难以完成短视频广告批量化生产的任务。

2)定制

脚本定制与拍摄是创意组的核心工作。创意组分为导演编剧(演员选角)、场景摄制和后期编辑三个小组,每组由 4~5 名核心成员组成,包括导演、编剧(文案)、摄影、演员(主播)、设计剪辑(艺术)。成员通常需要身兼多职,如进行经济核算,盘点可外包资源角色和场景,甚至聘请专业演员或明星。短视频广告计划的创意团队每个工作日需要拍摄 2~3 组创意视频。定制阶段的重点在于计划好导演、演员和影棚的工作排期,并控制相关费用。制作中涉及的昂贵元素(如演员、场景、道具)都需要通过提高"广告消耗"来保证投入产出比。

在智能创意领域,创意组从一开始就将短视频与"大创意"区分开。短视频用户通常只能提供 5 秒的注意力,因此创意组的任务是制作大约 20 秒的创意短视频,巧妙地将商品和品牌信息植入,使其在瀑布流内容界面中尽可能吸引用户观看完整(减少流失),从而提高完播率、复播率等曝光和转化指标。

3)完成

在完成阶段,创意编辑人员使用 AI 素材自动编辑(混剪)和 AI 特效模板,将创意视频的编辑设计时间降至极低(最低仅需 5 分钟)。

鹿班系统是业内知名的 AI 后期智能编辑工具,能在 1 分钟内生成数千条特征各异的创意视频。

值得注意的是,定制广告的"千人千面"价值效用仅在用户需求端运用 AI 识别不同用户画像的特征,并且合法使用用户授权的确权数据时才能发挥出来。这是机器对机器"裂变"的量产能力的体现。因此,大多数代理商广告都不具备与用户特征相匹配的机器条件。

程序化创意公司(如特赞等)通过机器学习算法,能进行图像的拼装和替换,标题或文字的自动批量更改,以及音频素材的匹配与替换。视频的逐帧图层拼贴和虚拟引擎等技术在中国也实现了成熟应用。例如,渲染是数字广告后期非常耗时的任务,成本昂贵,而 AI 特效已经拓展到机器渲染,极大地降低了制作成本和工时,增加了短视频创意的艺术性。

AI 特效技术的加入减少了重复性劳动,使得人工可以转向开发不同的特效模板,教导机器自动识别应用,或创作可交互应用供用户参与。例如,"一键生成"类的个性化元素输入应用,有助于增加广告的浸合互动,同时附带用户授权许可条款,因此受到广告主的青睐。在前道工序每天拍摄 2~3 组创意视频素材的基础上,智能技术帮助实现了规模化量产,快速设计优化出数十倍元素变异的创意视频。

4）审查

审查是数字互联网广告领域不可或缺的业务环节，通常要求审查敏感词，主要通过智能工具自动筛选和过滤。除此之外，一些全球主要互联网平台还雇用了数万名内容审查员，他们将参与随机抽样和机器无法判定的内容审查。

例如，2018年扎克伯格在美国国会听证会上陈述，Facebook已经雇用了2万名全职内容审查员，当时占Facebook员工的三分之一，另外还有2万名兼职内容审查员。即便如此，这些措施也未能完全消除国会议员对Facebook上发布极端主义、憎恨、种族歧视、涉毒、恐怖主义等非法内容的担忧。

从全球范围来看，品牌主对数字广告内容安全环境的要求也在不断提高。

互联网平台都具有强大的审查能力，也担负相应责任，但是数字代理商仍然需要为创意组配备智能审查工具，以确保交付平台的创意投放业务顺畅进行。此外，数字代理商为了给创意计划提供更多变异选项，往往在20条完成好的创意视频之外再提供额外的创意素材供替换。补充的创意素材提前一次性通过，用于后期修改替换，也用于延长素材生命周期和增加广告消耗。

5）竞投

智能创意的广告竞投是互联网平台、用户和广告商之间的博弈过程，主要采用优化千人成本定价（optimized Cost Per Mille，oCPM）方法。互联网广告科学家刘鹏指出，oCPM竞价方法（形成eCPM价格）本质上不同于传统4A广告行业的CPM方法。

在设定广告投放计划时，优化师需要代表广告主给出单个转化的竞价，并设定广告主账户的投放预算，以及广告消耗节奏、投放启动时间。同时，还需要设定创意标签、场景标签和用户标签等条件。互联网平台能够智能识别创意标签，并依据广告账户的历史表现、首批千个用户流量测试数据来评估"完播率""点击率""转化率"。

根据公式 eCPM = 单个转化竞价 × 点击率 × 转化率 × 1000，计算每个创意视频的eCPM预测值，并与该品类/人群标签/场景标签的平均预期千人成本进行比较。如果eCPM优于平均预测值，则可以扩大投放；否则，降低该标签组创意视频的排序，减少甚至停止投放。

这种方法就是优化千人成本定价法。创意组和优化师作为一个团队，面临着平台oCPM预测算法及真实用户流量数据效果的检验。

创意组负责确保创意视频的完播率、点击率、转化率，而优化师则负责调整用户标签、场景标签，特别是转化竞价。eCPM价格可用来计算品类投放平均创意视频的千人成本表现，广告账户的动态eCPM值也会展现出长期稳定和短期波动的趋势。

提高预测的精准性有助于为创意组和优化师调整创意开发提供更好的依据。极少数代理商通过长期投放数据和创意标签的智能学习，能够准确模拟平台标签组的eCPM均价、点击率、转化率和转化出价。拥有智能竞投预测算法的数字代理商在面对没有此系统的创意广告和中小代理商时具有算法优势，能够更好地服务品牌主的广告消耗目标。

6）优化

智能创意的优化主要指创意效果投放（含测试投放）后的编辑修改，包含三种复杂模式：

- 平台自动优化调整价格（p）与投放标签（a）。
- 代理商优化师直接修改用户标签（u）与场景标签（c）。
- 代理商优化师和创意编辑调整素材与特效。

这一过程涉及创意内容的微调，以最大化广告效果。优化师和创意编辑密切合作，根据广告投放的实际效果和用户反馈，及时调整和优化创意内容和标签，以确保广告投放达到最佳效果。通过这种灵活且动态的优化方式，广告内容能够更好地适应不断变化的市场和用户需求，从而提高广告投放的整体效果和 ROI。

例如，在竞投阶段结束后，可以完成每条创意视频对千个用户的效果测试。在十分钟内，一个包含 20 条创意视频的投放计划（每条视频推给一千个用户流量）就可以启动跨不同标签组的创意素材 A/B 测试。

平台 AI 自动排序创意视频、创意标签组和效果数据，并根据机器学习的优化建议微调用户标签与场景，以期望排列出优于 eCPM 等参照值的广告创意视频。之后，可以将优胜创意视频的投放规模放大 10~100 倍，推广至 1 万~10 万用户流量库。再根据一次创意视频、标签组和效果数据的评估，决定是否再次放大 10~100 倍投放，推广至数百万用户流量池，依次类推，直至上亿级的全国用户流量池。

当扩大用户流量带来的反馈效果数据开始下滑时，平台 AI 将控制减少用户流量投放，并测试转换用户场景标签，观测效果数据的变化。智能平台将反复操作，直至完全停止用户流量的投放。

代理商的广告优化师通常会在仔细观察投放标签组和效果数据的基础上直接修改价格和投放标签，包括用户标签和场景标签。此外，利用代理商智能预测系统的辅助决策标签组进行调整。

最后，优化师和创意组还可以合作，在后台调整素材和特效。创意编辑可以在投放后，使用创意素材修补效果表现不佳的创意视频，然后重新进行测试投放，无须返回系统外重新提交平台审查。这显著提高了创意视频的生产效率，创造了更多的广告消耗。额外的创意素材补充优化有助于延长优秀创意视频的产品生命周期，这非常受品牌主欢迎，能带来更多的点赞、点击和转化效果。

广告创意计划（含数十条创意视频）最终都会结束其生命周期。数字代理商通常每隔 3 天就重新启动一轮智能创意计划，重新"识别"创建新的创意组合标签，并交给创意组更新广告计划。新近执行完成的创意视频标签组及其效果数据，在智能重建下一批次标签组的计算中享有较大的计算权重。

除了极少数属于"奢侈品"级别的大型创意广告需要数百万上千万元的制作费用，并由国内顶尖创意大师领衔之外，国内大多数广告由主流的数字营销公司与互联网平台联合制作，大幅度降低了短视频广告产品的制作成本，同时将每月的广告创意的生产数量扩张至2000条以上。

在2019年中国移动营销联盟（MMA）举办的中国营销技术年度峰会上，中国数字营销巨头蓝色光标的总裁赵文权率先揭示了一个重要趋势：利用智能技术，单个短视频广告的制作成本已经降至300元以下。这一成就彰显了技术的力量，近年来蓝色光标仅在字节跳动（巨量引擎）的总体短视频广告投放额就高达100亿元，这是一个不容忽视的数字广告市场规模。蓝色光标的财报显示，2023年的总营收达到了500亿元人民币。

同为我国广告业上市公司翘楚的利欧数字也采纳了高效的创意生产模式，研发了智能广告创意生产的价值链，引入智能绩效测量创意产能，创新调整了运营团队的组织结构。

在面对日益增长的平台智能广告需求时，头部代理商开发的智能广告大幅降低了单条创意的成本。在中国数字代理商市场中，蓝色光标和利欧数字这两家公司分别占据了榜首和第二的位置。

总的来说，短视频广告的智能创意模型是一个具备机器学习能力的闭环广告业务过程。它不仅需要数字代理商的创造和递送，还依赖于AI对标签效果的预测、用户流量的验证，并对不同的创意素材进行A/B测试，进而匹配并优化标签组，以扩大创意投放并增加消费。

广告的最终目的是促进消费。广告主可以获得高曝光率、有效点击和转化；代理商则从创意生产和账户服务中获利，并可能因优秀的创意广告消耗获得额外奖励；平台则从广泛的广告消费中受益，并可能对消费量大的广告主账户提供返奖补贴；用户则通过观看、点击和转化行为"投票"，表达他们对某些创意的偏好，反映他们对短视频内容创意效果的满意度，从而实现多方共赢的平衡。

最后，用户在短视频平台上的流量和停留时间的增加，也证明平台提供的内容和广告满足了用户的需求，这对于平台来说是极佳的营销效果。用户的活跃和留存是吸引广告主继续投放创意短视频的关键，如图7-11所示。

然而，正如经典广告教科书中所指出的，广告的本质在过去一百年中并未改变，仍然是"市场洞察、创意策划、媒介执行、效果评测"的循环，如图7-12所示。习惯上，4A代表了经典广告行业的核心。

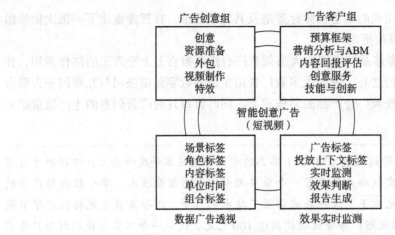

图 7-11 智能创意短视频"短平快"的处理流程

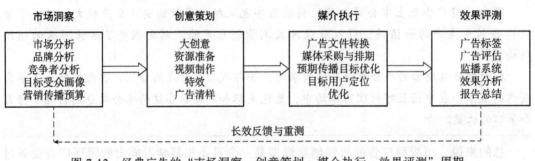

图 7-12 经典广告的"市场洞察、创意策划、媒介执行、效果评测"周期

自 2020 年起,中国的互联网广告业迈入了以数据和智能为核心的新时代。移动互联网平台的智能广告系统采纳了一种"两层"的广告投放策略,既涉及内部机制也包括外部市场的互动。

数字广告代理商面临重新定位的挑战:在大型互联网平台智能广告系统构成市场主流的背景下,代理商需要调整策略,专注于满足广告主对大量短视频创意内容的需求。中国的数字广告代理商正在转型,发展以智能机器为主导的数据广告创意及实时效果跟踪技术,同时运用先进技术支持创意团队和优化专家(代表广告主进行广告投放)的工作。

中国广告行业在数字广告智能化的发展道路上,主要聚焦于信息流广告、在线行为广告和内容定位广告等领域。在线行为广告利用用户的网络活动数据,通过收集和处理这些信息,为用户展示更个性化的广告内容。这些在线行为数据包括网页浏览记录、搜索历史、观看记录、软件使用情况、购物历史、广告点击率以及在社交媒体上发布的信息等。

内容定位广告是在 GDPR 和《个人信息保护法》等法律法规的严格约束下,互联网公司探索的新型营销模式。这类广告不是基于用户的在线行为模式,而是根据用户浏览的网页关键词或内容来匹配广告。例如,烹饪网站上可能会展示与烹饪相关的餐具广告。

这些新型广告方式离不开对用户使用场景数据的深度挖掘和分析，旨在为用户提供更加个性化的体验，同时为品牌传播创造更大的价值。人工智能在此过程中发挥着关键作用，它不仅构建了知识开发、跟踪、分类法等基础技术，还在创意生产和评估过程中引入了遍历规则集和评价规则，初步勾画出了 AI 在创意工作中的应用蓝图。

2021 年，海外的广告学者提出了利用人工智能支持的创意广告系统（Creative Advertising System）来生成和测试创意的构想。这种系统开始将创意定义为一种基于规则评估的探索过程。生成式人工智能等前沿技术的投入，为广告行业的工程化和未来发展铺平了道路。在中国，互联网平台和数字广告代理商的应用模型已经在数字广告市场中扮演了重要角色，每年为本土的数字广告代理商创造了数百亿元的收入，成为中国数字广告代理商业务快速增长的关键因素。智能广告代表了数字广告程序化系统发展的最新趋势，即平台主导的智能广告，这一趋势正在迫使数字广告代理商面对"两层"体系进行产品转型和发展。

人工智能技术的发展推动了创意内容的批量化生产，创新的闭环广告模型与数字供需链路相匹配，既丰富了国家的数字生产力要素，也为国民经济各行业所需的内容传播和供需效率提供了创新服务。

7.4　本章小结

本章详细探讨了构建在"平台—代理商"两个层级上的智能广告系统，它标志着数字广告业务向基于数据驱动的闭环智能广告（平台）模式的转型。这种转变彻底改变了 20 世纪以广告创意为核心的生产和运作流程。

智能广告（平台）的核心在于识别用户的流量特征，并在遵循国家法律和伦理规范的前提下，利用合法的数据和算法来自动计算广告位的价格及推荐内容。这种模式以数字接触点为中心，定制和匹配营销信息。

中国的互联网平台智能广告（平台）模型引领了数字营销的创新升级。这种模型由识别、定制、匹配、投放、浸合、留存六个连续过程组成，形成了一个完整的闭环系统。

互联网平台通过智能广告（机器学习）调整了品牌与消费者之间的联系。中国智能广告（平台）的主要方向是优化互联网平台中的广告展示系统，使之与用户需求更好地"匹配"。

在互联网广告的框架内，数字用户处于中心位置，由互联网平台管理的"接触点"构成了智能广告产品的内核，而广告主通常位于互联网广告平台的智能广告产品之外。

基于大数据技术的自动化广告位处理和广告"匹配"业务，使得互联网的智能广告（平台）在业务、数据和算法方面都领先于数字代理商的智能广告（代理商）系统，两者的营销目标不同。

为了与互联网智能广告（平台）的高效系统相连，中国的头部数字广告代理商创建了智能广告创意的新流程，包括识别、定制、完成、审查、竞投和优化。为了确保通向未来科技的营销竞争力不被滥用，全球范围内，各个主权国家正加强立法监管，以保护本国用户的数据安全和个人隐私安全。

本章术语与重要概念

摩尔定律	广告消耗目标
人工智能	广告循证投放
机器学习	智能创意
智能广告	比稿
互联网平台的智能广告模型	代理商的智能创意模型
优化重定向	审查
自然语言处理（NLP）	优化千人成本定价（oCPM）
广告优化师	内容定位广告

本章思考题

1. 根据本章介绍，哪几位著名信息技术专家和传播理论家参加了达特茅斯会议？你如何看待人工智能时代传播与通信技术的跨学科关联？
2. 请说明智能广告的"两层"体系的含义，并分析为什么要区分出平台智能广告（平台）和代理商智能广告这两种类型的智能广告产品系统。
3. 互联网平台开发的智能广告"六阶段"闭环模型，与数字代理商的智能创意"六阶段"闭环模型有何相同点和不同点？

创新篇

第 8 章

品牌内容

本章指引

　　自广告问世以来，人类的创意就为广告注入了一种"艺术性"的灵魂，使得广告既具备艺术性又融合了科学性。20 世纪的广告学不仅源自营销学和传播学，还深受艺术学科的设计特质影响。如今，数字广告又引入了全新的一级学科源泉，主要包括计算机科学（智能技术）、行为与心理科学（数据科学）以及法律伦理学（社会科学）。数字技术全面推动广告学科在"科学性"方面的主要变革。

　　第 7 章阐释了互联网平台与广告代理商的智能广告"双层"产品体系。从本章开始，将全面进入品牌企业侧的数字营销技术领域。本章重点解析品牌内容（创意），第 9 章阐释品牌顾客数据（用户），第 10 章则着眼于接触点体验（浸合交互）。企业发展营销技术的目的在于促进广域集客营销的数字化转型，通过智能技术提升广告与数字营销的科学性和系统性。

　　在数字营销的"下半场"，数字广告营销技术经历了重大的变革。"创意艺术"现在受到科学技术智能分析和互联网平台的严格检验。营销经理发现，程序化创意技术和品牌主的内容管理技术日益受到重视。

　　例如，汉堡王运用人工智能技术分析大量快餐视频广告，从而创作出一系列全新的创意视频。2018 年以后，中国诞生了阿里鹿班和京东莎士比亚等智能系统，这些系统专门用于创作文案和平面广告，以满足品牌在"618"和"双 11"等电商购物节中商家庞大的广告内容生产需求。

　　中国数字营销界的一个创新发现是，随着数字化生产的内容量迅速增长，消费者与品牌内容的关系逐渐从传统的"人找货"模式转变为"货（也就是内容）找人"模式。在这一转变中，基于大数据和机器学习的推荐系统扮演了重要角色。例如，筷子科技和特赞等国内领先的科技公司开发了智能内容管理系统，帮助品牌管理日益增长的广告内容和品牌商品元素，从而提高了内容管理的效率。人工智能技术被直接应用于艺术创作设计，成为国内外品牌科技创意增长的新方向。

从程序化创意开始，智能技术公司加入到数字广告生态的建设中。品牌对内容的数字化运营开启了全新的营销技术领域。内容技术服务已经形成了独立的营销技术商品（企业付费服务）。与广告业务的数字代理商不同，独立第三方创意技术公司不依赖于广告投放服务来实现盈利。

本章主要讨论以下内容：

- 程序化创意技术的产品、运营原理与商业应用；
- 品牌内容资产管理的营销技术发展；
- 人工智能（AI）生成的人物、图景和视频。

8.1　程序化创意

随着数字广告技术的兴起，营销经理普遍认为，数据驱动的方法已成为广告营销的核心。机器学习技术能够预测消费者互动、用户画像、市场定位、排期，并预估广告互动的绩效。大数据应用和程序化技术延伸到了精准化的广告物料，使数字广告能以图像、文本、音频、视频等多种形式出现在各种展示载体——特别是移动屏幕上。业界最初设想的"千人千面"广告设计相对简单，最早的程序化创意（programmatic creative）实际上源于自动编辑设计广告图像的需求。

互联网科学家开发的大多数人工智能算法都是开源的（例如 TensorFlow 的 LensKit），这些算法擅长执行重复任务和检索信息（如设计调整），但并不适合创造品牌故事或制定高级策略。选择合适的算法并准备充足的数据，通过输入有限的图片、品牌元素、文本，计算机可以自动搜索互联网数据库，使用科技企业定制调整的开源算法，生成超越人类设计师水平的创意图像。本节主要围绕图像和文字创意展开介绍，8.3 节将讨论视频生成。

程序化创意指的是由数据和算法驱动，实现对海量创意内容的批量生产，并对广告创意进行智能制作和优化。其常见应用包括创意制作工具，例如淘宝的自动海报生成工具等，主要帮助品牌主和广告设计师突破内容生产的限制。

广义上，程序化创意的发展方向是创意内容的人工智能自动化生成，分为按用户特征定制的广告和虚拟场景等未来技术。阿姆斯特丹大学的凡·诺尔特提出了一个品牌内容自

字节跳动的张一鸣首先提出"货找人"模式，实际是指商品供应者要不断创造内容，由内容在互联网找到用户，基于用户探索内容，而不是用户主动寻找商品（即"人找货"模式）。此处的商品供应者不限于制造商或经销商。

动生产（Automated Brand Content）模型，采用一种基于输入数据自动生成广告的未来主义数据驱动的智能广告方式。中国科技创新企业无意中创造和实现了海外广告学的"想象"。程序化创意能够接入平台侧"机器"反馈的"地理位置""性别""偏好""访问时间""访问设备型号和操作系统"等有限的用户信息特征，用于广告侧进行内容创意的个性化定制和"机器自动优化"。

由于是用户侧主动发起的，尤其是涉及上传个人图片或输入信息的定制化广告还需要机器进行图片合成，并加入用户的标识特征（如网名），所以这些在根本上属于用户交互的数字内容服务体验，而不是品牌主直接发布的"硬广告"。

许多营销经理都开始将程序化创意视为一种用户参与定制的营销服务内容。由于用户主动参与创作，这种方式更容易引发社交分享，帮助品牌进行传播，因此成了一种有效的社交营销策略。

在大型互联网平台的智能广告系统的支持下，实际上诞生了三种不同的智能创意工具。它们分别是数字代理商的智能创意产品（见7.3节）、数字广告营销技术公司的程序化创意（见8.1节）和AI创意工具（见8.3节）。最终，品牌主通过营销技术建立了品牌内容资产管理系统（见8.2节），将品牌使用的所有数字化内容统一管理起来，如图8-1所示。

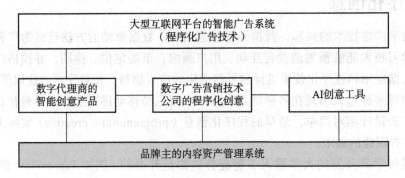

图 8-1　内容资产管理系统示意图

8.1.1　程序化创意理论

创意的科学起源可追溯至1960年詹姆斯·杨对创意过程的研究，他提出创意必须经历五个阶段——"吸收、消化、培养、激发和验证"，从而总结了创意人"流水线"式的生产过程。2012年，尼拉西和里德在 *Advertising Theory* 一书中提出了广告业创意"自治"理论，其中包括"突破并浸合"和"效果变异"两个关键概念。自治主要指广告创意的艺术性，这是广告学理论难以解释和传承的部分。此外，萨瑟和考斯洛提出了职业广告家的"两阶段"

参见 *Journal of Advertising* 上发表的 "Introducing a Model of Automated Brand-Generated Content in an Era of Computational Advertising"。

创意理论，即快速产生创意后迅速润色，这被称为"制造冲突后的分离和再聚合"。

数字广告在2010年进入程序化阶段，开始影响传统的创意理论。在20世纪40至60年代，也就是麦迪逊大道时代，创意就已经形成了"不可科学化"的理念，被海外广告学教材承认。尤其是广告专家提出的"自治"理论，认为创意的本质在于打破思维定式，具有非线性、感性、随机性和不可预测性等特征，这些观点主导了创意行业的发展思维。

然而，在艺术设计领域，人工智能模型通过长期学习标注图片训练集和进行对抗性训练，已经可以尝试分解艺术流派、品牌符号、商业平面海报的特征构成。如今的程序化技术已经被应用于广告创意领域，筷子科技的CEO陈万锋指出："程序化技术加入创意产业，不仅提高了图片、视频、文案生产创作的效率，更重要的是如何通过机器内容产品帮助客户获得市场收益。"

在中国市场上，多数人认为创意不是服务于获奖的。创意最终需要落实到用户的数字体验和消费者行为上，从而让广告内容成为商品服务在数字界面中的"引流使者"。创意图片则是广告内容的数字化"信息点阵"。在互联网数字广告业务流程的整个价值链中，智能技术公司为文本和图像程序化创意提供了处理工具，满足了时间紧迫、投放场景明确的现实业务需求。

计算机识别图像的重点在于将图片中有序、固定的设计样式分解为若干元素，进行数字化处理和创意组合。借助搜索引擎技术成熟的"热力图"和用户观看行为数据，可以通过流量实现图像设计的有效验证。

基于此，程序化创意带来了数字化处理图片的产品，借助这些产品，可以对需要重复劳动的排版业务进行升级，为广告创意过程引入自动化工具，优化创意策划、剪辑制作等环节。与传统创意的区别在于，程序化创意旨在让数据和创意实现结合，可用于数据和软件。

互联网技术服务引领着数字营销的转型。通过对创意产生的用户行为数据和营销效果进行分析，重新切分和认识品牌元素，使整个创意过程和结果都变得"有理论有科学"。

中国的程序化广告发展迅速，为程序化创意提供了充足的数据、业务和技能人才支持。自2012年起，营销经理开始接受程序化广告的新知识，两年后便开始接受程序化创意技术。最初采用程序化创意的主要是个性化广告，这与定制化广告有所不同。个性化意味着品牌不再对所有人展示相同的广告创意，而是根据用户特征标签属性调整创意内容元素，从而更贴近数字用户需求，实现了所谓的"千人千面"。因此，个性化广告顺应了计算广告推进的"用户特征、场景、广告"匹配工程化策略。而定制化广告主要指用户参与到广告与内容营销的创作中，生成带有用户特征的内容以满足用户需求，并提供可分享的内容。

在程序化创意技术出现之前，个性化广告主要依靠在不同市场细分渠道（媒体）投放不同的广告物料来实现，这种方式难以满足更高的营销效率需求。如今，广告专业人士可以根据用户标签、投放平台场景、时空限制条件等进行分组，展示的个性化广告更有可能符合用户需求。例如，不同的产品展示、优惠活动时限、本地化促销信息，以及明星代言人（联名品牌）海报等，都能吸引不同的数字用户。

设计师在设计广告时需要处理大量繁复的工作，更多时候需要修改的**不是用户特征变量**，而是语种、价格、促销时限、平台标识、工作日与周末、品牌活动、素材、商品、服务、已授权的人物和明星——甚至图片大小、边框等常规需要替换的**变量**。

　　程序化创意最初被用来改进广告设计中的日常工作和大量重复性劳动，特别适用于广告设计领域。例如，设计师可以利用程序化创意技术同时设计数千种适合主流移动设备广告位的广告，极大地节省了时间；再例如，在"双11"期间，同时设计数百种不同商品的促销海报（包括商品图片、多渠道平台图片），也能大幅节省时间。

　　这些工作主要通过计算机软件支持的工作流程自动化和大数据技术实现。因此，程序化创意技术已拓展到创意管理平台、动态创意和优化领域。

　　2018年，海外一项针对Twitter等内容分享网站的研究发现，约有30%的用户内容已经是由机器人利用智能技术仿照人类创造的。

8.1.2　程序化创意业务流程

　　技术产品的逻辑在于不断在用户应用中解决问题和发展。从这个角度来看，产品经理的商业化开发是一个重复过程，在每个阶段重点解决产业面临的主要问题、痛点和矛盾。只有把握住阶段性价值，才能理解和掌握创意技术的发展路径，使科学产品具备真正的解释力、判断力和预测力。

　　在2013年的广告技术生态（见图6-2）中，程序化创意板块尚未出现，但到了2019年，程序化创意已基本成熟，并且成为具有一定技术门槛的数字广告业务。

　　程序化创意业务是一种全新的创意模式，代表了内容生产方式和组织方式的变革。在这个变革过程中，创意产品不断应对复杂传播环境带来的挑战，原有服务模式不断优化，同时催生了许多新公司、新模式，形成了多样化的程序化创意行业格局。

1. 基本操作方法

　　图8-2揭示了按照不同人物模特与选用商品所展示的创意广告素材。向不同国家地区和人种投放数字商品广告时，必须考虑当地人口的使用行为习惯。由于全球范围内对伦理、多元文化和包容性的日益重视，持续向有色人种居住地区投放以白人模特为主的广告，极有可能会被注重自主文化和审美意识的当地消费者视为冒犯。

　　此外，品牌在对亚文化群体①进行广告投放时，需要特别小心，确保广告中的人物形象贴合用户的自身形象和浏览行为习惯，这样更容易获得用户的喜爱，并减少用户回避广告的行为。但是，亚文化被当地主流文化群体接受和包容的程度，将直接影响品牌价值与品牌安全。

---

① 例如韩流、日漫等都属于亚文化，跟中华文明共同体的主流文化具有一定程度的区别。

图 8-2　智能处理 SKU 出图

海外品牌主研究发现：在连续的广告投放活动中，向同一用户展示广告的频次应控制在 3~6 次（在较短周期内）。

神经营销学的研究结果表明：向同一用户多次展示同一商品的广告时，如果创意内容具有多样性，则转化效果更佳。

营销经理从市场调研中发现：传播环境的碎片化正在逐渐消耗观众的耐心。为了尽可能避免单一版本的创意，需要创造出兼容大量变异主题的创意群组。

中国学者在 2017 年整理的闭环营销模型中提出了程序化创意工具，也就是"云创意"类的开发工具。这类工具适用于具有一定设计能力且对质量要求较高的品牌主，主要解决尺寸规格变形和批量制作的设计业务问题。

计算机按照传统的模板化创意生产逻辑进行创意分解，通过技术控制模板中的内容要素。以横幅广告为例，筷子科将其拆解为 Logo、文案、按钮、背景等内容要素，如图 8-3 所示。

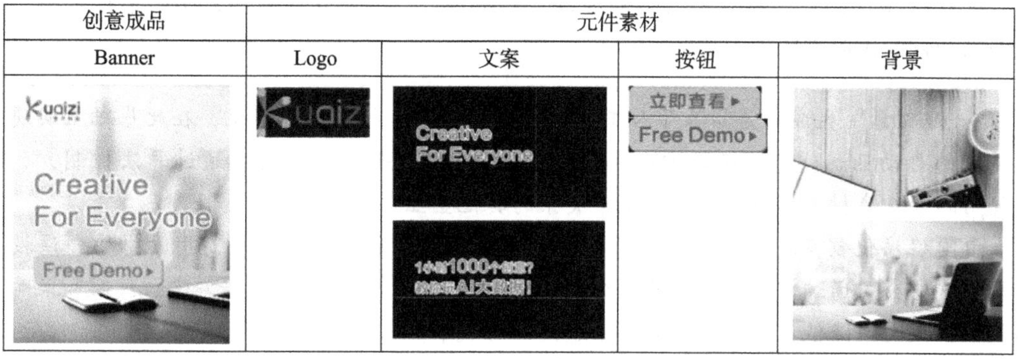

创意成品	元件素材			
Banner	Logo	文案	按钮	背景

图 8-3　创意成品和元素素材之间的组合计算

准备好多样化的素材后,在 Kuai Play 操作界面上设计一次就可以瞬间实现不同版本素材之间的全排列组合,并适配到所有设定好的尺寸,如图 8-4 所示。上边栏允许用户"定制"所需的全部图片尺寸。程序化创意已经实现了对机器识别图像元素的"一键创意"生成。

图 8-4　筷子科技创意云(Kuai Play)制作界面

针对中小企业(SME)的需求,程序化创意提供了 SaaS 服务,其费用低于一名专职设计师的年薪。中小企业通常缺乏创意能力,且能分配给创意内容生产和设计的预算相当有限。

在中国数字市场中,大部分长尾广告位流量是由中小企业购买的。中小企业提供了 90% 的就业岗位,在搜索、内容、电商和网络服务平台上,中小企业占所有商户的 90% 以上。独立程序化创意工具与平台店铺设计、网站设计、品牌建店费用,实际上都是中小企业商品经营的供应方需求。

"一键创意"生成,是指基于人工智能技术对创意素材进行标签化,在此基础上实现图片需求的自动匹配,能够在数秒内迅速生成多个创意供选择。此外,通过算法控制,已经被使用的创意素材不会被提供给有竞争关系的其他企业。

中国程序化创意技术公司提供的解决方案还帮助中小企业解决了商用素材的合法授权问题。这些公司通过与大规模图片库公司(如视觉中国、GettyImage 等)建立代理和采购合作关系,极大地降低了中小企业商业用途设计的成本。

例如,筷子科技提供"一键创意"SaaS 服务,根据客户从平台上调用创意的次数收费,价格与使用量相关,使用越多价格越低。

中小企业使用 SaaS 程序化创意服务，就像在百度和谷歌开设广告账户一样简单，企业对接平台的成本极低，素材的版权问题也得以解决。我国新生代中小企业擅长在淘宝网、1688、美团网、大众点评等交易聚合平台寻求稳定的业务技术关系。程序化创意服务能够帮助它们降低广告设计交易成本，有效应对复杂多变的业务需求。

2．主要应用

图片类程序化创意操作简单。图片元素的意义比较确定，也适合对线下准备好的素材进行批量化操作。普通商品海报的意义可以由机器理解为各元素价值的叠加，因此具有比较高的确定性，更容易被机器学习。

视频类程序化创意是近期的技术热点。与图片相比，视频类创意更能集中受众的注意力，且互动性更强，信息传播效果更佳。视频类程序化创意的挑战在于需要保证视觉和听觉上的音像匹配和自然衔接，这涉及更大的运算量和对视频素材的高要求。

例如，美图秀秀、Flipagram 等软件能将图片或短视频迅速合成为一段完整视频并配上背景音乐，是视频类内容快速创作的起点。在商业应用中，程序化创意延续了"元素降维"的分解思想，研发元素级别的自动排列组合、批量化制作的视频程序化创意技术，在视频标准结尾、促销信息控制等场景中得到了广泛应用。

文字类程序化创意需要更高级的智能化技术支持。与图片和视频内容相比，文字的意义受语法和语境的双重控制，同一语义单元在不同语境下的含义可能不同。对话式 AI 生成技术为文本创作带来了创新。

8.1.3 动态创意优化

动态创意优化（Dynamic Creative Optimization，DCO）通过实时的效果反馈来调整广告素材元素，如标题、文案、按钮等，优化广告关键绩效指标（Key Performance Indicator，KPI）。企业可以在广告展示设置中预定义图形元素集合，若创意中有动态变换部分，需要在展示给每个数字用户前实时生成。

DCO 产品允许广告主为每个原生广告属性提供多个素材资源，从而为每个 DCO 广告创造多个组合。不同的组合可能吸引不同的目标群体。

动态创意广告素材优化是新加入智能广告平台的原生广告组合产品。通过 DCO 广告，广告客户可以为每个原生广告属性提供多个素材资源，利用这些素材生成多种组合（例如，3 个标题、2 张图片和 3 个广告内容描述，能生成 3 × 2 × 3 = 18 种不同的原生广告组合）。

不同的组合可能吸引不同的人群，因此频繁展示某些特定组合可能有助于最大限度地提高点击率（CTR）和收入。DCO 广告也为广告主提供了一种识别从内容资产素材中组装的最佳广告的简便方法。在明确的用户标签与创意范围内，DCO 比内部 A/B 测试更具优势。

动态创意优化不只是用个性化数据填充一般创意，而是利用机器学习技术为每个消费者群组和场景标签实时选择最"重要"的视觉组件,从而优化内容和创意。动态创意优化也离不开程序化广告投放,它存在于互联网广告投放平台中,主要依赖平台自有程序化创意服务,部分第三方程序化创意植入平台系统运行。其"动态"之处在于,当创意内容收到用户流量访问行为反馈后,机器会自动替换元素,组合出新的创意内容。

动态创意必须依赖于用户在线行为,如页面停留时间、登录用户名和头像、"转赞评"、地理位置移动,以及平台识别的用户标签(可能基于搜索和访问记录、购买历史等),用以调整广告的生成制作,而不仅是投放。

1. 联合 DSP 变换创意

程序化创意平台将创意从"图片"维度解析到背景、产品图、文案、按钮等"创意元素"级别。在变换阶段的技术产品中,对每个元素进行编码,赋予唯一的 ID,创意内容的触发、效果监测、优化、洞察都通过标签、数据、算法实现元素级别的控制。

首先,对组成一个完整创意的各部分内容添加追踪代码。在云创意模板中使用的所有素材都以元素 ID 的形式定义标签,这样针对不同场景的多样化创意就可以通过元素 ID 配置融入一段代码中。例如,在某个航空公司的航线推广案例中,程序化创意将替换内容设定为:

Creative(天气,地域)= Background_C{c1, c2} + Slogan_A{a1, a2} + Location_U{u1, u2} + Logo

在图 8-5 所示的组合模式中,内容数据有六个,分别是背景 c1、背景 c2、文案 a1、文案 a2、地域 u1、地域 u2;场景数据有两个,分别是天气(场景数据)和地域(用户标签)。将内容转化为数据后,创意的触发规则细化为:

Creative(晴,广州)= Background_c1 + Slogan_a1 + Location_u1 + Logo
Creative(雨,广州)= Background_c2 + Slogan_a2 + Location_u1 + Logo
Creative(晴,巴黎)= Background_c1 + Slogan_a1 + Location_u2 + Logo
Creative(雨,巴黎)= Background_c2 + Slogan_a2 + Location_u2 + Logo

图 8-5 追踪代码的创意框架触发策略

由于程序化展示平台需要独立地保证交易投放过程的用户数据合规,因此 DCO 技术实际上可以避免将用户数据转移到广告主(商)数据库,同时 DCO 广告又能自动呈现在用户展示界面中。

当场景数据符合触发规则时，广告位上会显示相应的元素组合内容。将这些创意元素加入监测代码后，投放环节产生的数据会反馈回来，使每一个元素的效果表现都能通过技术分析得到评估。这种元素级别的数据标准是由程序化创意技术公司创造的，并成为测量程序化广告效果的有效方案。

通过对元素级别的内容效果监测数据的分析，创新性地解决了创意内容优化的问题。程序化创意与第三方 DSP 对接后的广告工作流程如下：

1）DSP 在给 ADX 返回竞价响应的同时，把相关的广告位页面信息及人群信息告诉 PCP。

2）PCP 根据这些信息匹配最适合的创意内容，并通过 DSP 最终返回给 ADX。

接入 PCP 后，DSP 返回给 ADX 的不再是通用内容 ad（advertising），而是加入代码控制的降维内容 adc（advertising creative）。

这种元素级别的"创意变换"在实时效果数据回流下得以实现。

技术的加入使得创意内容生产从依赖创意大师的经验转变为依赖行为大数据分析。其根本差异在于从给机器下命令转变为了理解机器得出的结论，从而优化了原本依赖职业广告专家进行投放策划的流程。

在第三方独立 DSP 和 SSP 市场广告投放场景中，DCO（动态创意优化）将 CMP（创意管理平台）和 DSP 结合起来，根据品牌主的第一方数据和 DMP 的第三方数据，将优化创意在用户广告位呈现。其流程如下：

1）与目标群体相匹配的用户访问网站时，广告位在平台上启动。

2）某广告活动竞价赢得广告位曝光机会，提供了 DCO 广告活动的广告标签。

3）用户浏览器向 DCO 广告发出请求。

4）基于品牌主洞察，决定此次广告展示哪些动态创意元素，然后插入推荐内容。这些内容可能包括动态文本字段、按钮、图像、视频和小插件等，通常动态提供 1～2 项而不是全部，由 CMP 准备。

经过这些步骤，用户就可以看到为其个性化定制的 DCO 广告。

2．联合平台智能广告变换创意

DCO 不仅涉及程序化创意，还涉及数据业务。基于平台拥有的用户数据，DCO 使用 A/B 测试等优化技术寻找更好的场景创意解决方案。DCO 结合创意与数据，智能计算广告内容对用户的影响力，形成广告营销的核心竞争力。因此，数据成为未来营销的"原油"。

围绕提高广告点击率、转化率等优化目标，加强创意内容与用户的关联，并通过测试和优化进行计算。企业实践探索显示，动态广告的表现通常优于静态广告，原因是动态广告可以按照时间顺序调整信息的呈现，使得 AI 创作视频技术更成熟。表 8-1 展示了程序化创意加入动态投放定制的三种方案。

表 8-1　程序化创意加入动态投放定制的三种方案

方案	HTML代码	橱窗代码	S2S对接
适用场景	广告位支持HTML代码 Banner广告首选	广告位支持HTML代码 产品数量较多	只支持图片物料 不支持第三方广告服务器
示例	Banner广告资源SSP或者第三方DSP	电商广告资源	腾讯广告平台、优酷广告平台
对接过程	1）合作方将创意的JavaScript代码推送到客户端 2）客户端向创意优化引擎请求创意内容 3）挑选合适创意并展示	1）合作方推送包含产品信息和橱窗代码的代码片段到客户端 2）客户端会向创意优化引擎请求橱窗模板 3）挑选合适的模板并展示商品	1）预先通过API将创意物料同步到合作方 2）当客户端请求广告时，合作方服务器向创意优化引擎发起Bid咨询 3）挑选创意并应答素材ID，合作方将创意展示给客户端
其他	定制广告位，只接受投放图片URL用于自行加载		

根据 DCO 的处理流程，其主要适用于 DSP 程序化市场中的前两个模型（HTML 和橱窗代码）。对于那些已不再接受外部 DSP 的大型综合性互联网平台，独立的程序化创意流程需要遵循代理商的智能创意广告流程。在此过程中，所有创意素材需要先通过审核，然后传递到智能广告（平台）系统内部。此后，根据平台公开的动态广告位标签规则进行程序化创意的匹配和优化。这样的动态创意优化投放测试和创意优化的联动，能高效达成广告主的关键绩效指标。表 8-2 展示了程序化创意与 DCO 的对比。

表 8-2　程序化创意与 DCO 的对比

	程序化创意	DCO
核心目的	程序化创意生成和展示——快速高效	创意投放的结果优化——提升效果
技术门槛	低，适用性强	高，基于A/B测试
成本	低，只做一版素材	高，多版素材，分组展示
得利者	媒体端（流量主、DSP）	用户端（即广告主）
投放基础	用户兴趣标签、历史数据	创意素材测试，实时数据处理
其他	为满足客户KPI，在此基础上的广告一般采用oCPA，或者由广告优化师进行调整	是对创意素材/投放人群/投放场景/投放时机的优化，"千人千面"

简而言之，程序化创意作为一种创意制作工具，能显著节约创意制作时间，并提高媒体端平台的投放效率。DCO 则在此基础上做了进一步优化。

另外，动态商品广告（Dynamic Product Ads，DPA）是一种搜索型投放产品，专门服务于大规模商品广告需求。通过接入广告主的数据，围绕"商品信息"向消费者提供动态创意，实现大量商品广告的批量投放。随后，根据广告主回传的数据，对创意模板和商品推荐进行优化。DPA 可视为 DCO 的一种特殊形态，其动态调整重点在商品信息上，而非创意元素。部分互联网平台倾向于分析不同用户对广告位和推荐内容的反应数据，而某些电商平台则更倾向于分析用户对广告位或推荐商品的响应。

8.2 内容资产管理

数智技术在广告与品牌内容的数字化改造中扮演着关键角色,这是企业推进内容资产管理的前提条件。从内容资产管理开始,数字广告技术过渡到了企业侧的营销技术。程序化创意起源于程序化广告,由于其专注于广告创意服务技术,因此通常被视为广告技术的一部分。而内容资产管理则主要位于企业侧,其核心用途在于管理品牌内容素材的供应链系统。

随着数字广告系统的成熟,程序化技术揭开了广告内容的"创意黑箱"。企业侧通过启动数字营销技术革新促进品牌内容素材供应链系统的转型发展。因此,创意内容管理成为企业数字化转型和营销增长的重要目标。

涉及创意广告生产投放的业务链路包括:独立程序化广告市场(见5.3节),大型互联网平台的智能广告系统(见7.2节),数字代理商的智能创意产品(见7.3节),独立程序化创意(见8.1节)。这些业务链路一起构成完整的创意产业链。最终,通过内容资产管理(见8.2节),企业方能开启覆盖CMP(创意管理平台)、WCM(网站内容管理)和ECM(企业创意素材管理)等不同名称与产品形态的营销技术建设,如图8-6所示。

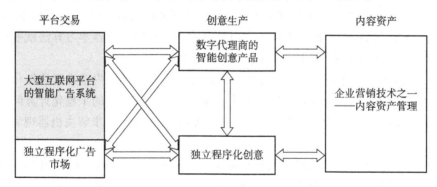

图8-6 位于数字创意链路末端的内容资产管理

这些业务链路展示了数字广告生态如何扩散到企业营销的数字化战略,进而加速推动企业的数字化转型。传统上,品牌通常依靠广告代理商的力量,通过不断的广告活动积累品牌与广告内容。然而,互联网大规模的内容需求使得传统广告的生产速度难以跟上机器智能广告投放的步伐。

创意数据库的核心功能在于管理从企业内外部获取的所有创意素材,因此成为广告和内容营销的初始源泉。创意的生成需要自下而上地由知识驱动。为了构建一个丰富的创意素材库并缩短创意发酵的时间,品牌必须统一管理其全部的内容资源(主要是广告),其中包括部分外部资源,而且这些外部资源常常成为创意生成的重要起点,由此引发了企业端对内容管理的需求。通过广泛的整合,内容资产管理系统可以帮助营销经理将多样化的内容有效分配给数字广告平台的营销技术引擎。因此,内容资产管理成为数字营销技术生态系统的一个重要组成部分。

8.2.1 内容数字化技术

就处理创意内容的数字化技术而言，关键内容包括：

1. 数据降维与创意标签

数据降维是指将样本从高维空间线性或非线性映射到低维空间的过程，这一过程在计算机科学和数学领域非常关键，其目的是获得高维数据在低维空间的有意义表示。在广告内容管理中，面对规模化生产带来的挑战，对创意素材进行降维管理成为一种有效的数字化管理方法。

创意素材的降维管理遵循现有模板化的创意生产逻辑，通过技术控制模板中的各种内容要素。具体来说，可以分为文字素材、图片素材和视频素材的降维管理。

在图片类智能广告创作系统中，系统需要学习的数据主要分为两类：用户需求信息和广告图像信息。对于用户需求信息而言，主要通过数据特征提取模块将复杂的需求信息转化为需求标签，并通过序列模型进行排序。广告图像信息的处理和学习主要体现在版面设计（Layout）框架的学习、产出与优化上，这是感知智能的关键，也是整个智能图像创作系统的基础。当大量的广告图像数据作为学习材料输入系统时，机器学习算法就能在设计框架上发挥作用，从数据中提炼出广告图像的设计规律。

数字智能技术在"计算"创意设计规律时，首先需要对创意内容进行标签化，将其转化为算法可理解的语言。创意内容的标签化实际上是一个可逆向的工程化计算问题。虽然艺术大师可能不愿承认，但是生成式人工智能（AIGC）正在一步步解决机器理解和生成创新的难题。

互联网科学家凭借技术实现了利用数据来"理解创意"，并成功反推出如何利用数据"创造创意"的解决方案。在将创意拆分成元素的逻辑中，最基本的元素标签包括位置、大小、类别、背景等。在此基础之上，还存在更复杂的元素标签体系，例如在模特这一元素类别下，还包括模特个数、性别、人种、身份等。

大型互联网平台和"智能创意生产"的数字代理商都一定程度地掌握一些人工智能技术，专门用于识别图像、视频中的创意素材标签，同时也用于程序化创意的自动化生产。

尽管广告业务上下游系统能识别出"无数个"创意素材标签，但在实际业务操作中，平台对"广告位"开放的"标签"数量是有限的。这种局限性源于技术产品在达到规模效益临界点时的必要适用性。如图 8-7 所示为对某品牌的创意内容进行标签化分解后，再将这些创意内容以数据化的形式存储在创意数据库中。数字科技公司使用机器算法识别的方法，快速构建创意内容的数据库标签和操作定义。

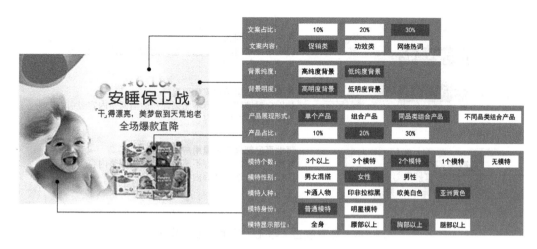

图 8-7 机器自动识别标签的内容数据化

2．创意元素的效果指标

AI 技术的第二个应用是为创意素材和元素赋予"加值"，并将其纳入广告效果数据的验证中，用于评估和比较创意元素在真实市场中的表现。在此过程中，必须有互联网平台提供的数字广告投放反馈，才能实现创意素材"质量分"的机器自动决策应用。

创意生产经营链路（见图 8-6）的构建，也是计算机科学的循证法的实践。循证法可以追溯到谷歌的 PageRank 技术，该技术通过分析用户浏览行为和网站间的真实流量，计算出每个搜索链接的质量分，并动态调整其在用户搜索结果页面的排名。品牌主自建的内容资产数据库就这样顺利地加入了数字广告生态链路。

热力图可以根据用户行为数据展示图片相应部分的观测密集程度，来测量原图的重点部分。在广告投放测量中，对于创意图片广告形式，可以进行页面触达、点击分布、阅读时长这三个维度的热力图分析。

（1）页面触达"曝光"的用户可视数据

如图 8-8 所示，用户自上而下浏览时，通过不同高度的触达比例可以快速了解内容是否能持续吸引用户阅读。

（2）点击分布的行为数据

如图 8-9 所示，通过用户点击页面不同位置的分布，可以快速了解哪些内容吸引了用户的互动。CTA（行动召唤）的直接广告效果来自点击分布（数字广告点击率的正常范围为 0.5%～5%）。

（3）阅读时长——"停留"与"跳出"在线行为数据

如图 8-10 所示，用户在线访问页面的数据，通过互联网数字技术转化为计算广告图片展示的深度效果指标。用户阅读内容的时长可以快速反映内容是否能持续吸引用户阅读。

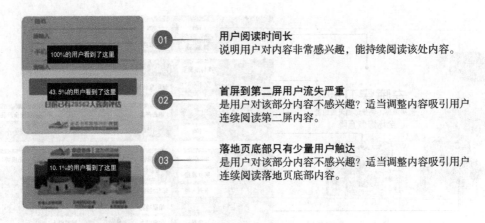

图 8-8　页面触达"曝光"的用户可视数据

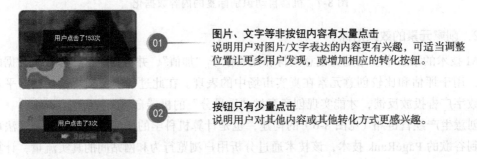

图 8-9　点击分布的行为数据

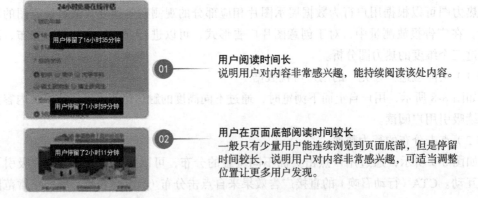

图 8-10　阅读时长——用户"停留"数据

以上三类数据分析均可用于评估创意图片的展现效果。通过数据分析，我们可以直接验证广告创意的用户效果和观测效果。随着数字广告生态系统内部相互依存度的提高，广告主能够整合来自不同流量源的用户数据，定量评估不同流量对最终转化的影响，从而实现广告投资回报率（Return On Ad Spend, ROAS）的计算。这套基于转化链路的评估和优化体系正在推动互联网平台从"仅展示广告曝光"向"全链路营销"转型。

3. 品牌数字化内容（商品信息）

智能技术产生新的商业价值方面发挥着关键作用。互联网上有大量的数字广告信息，它们有些既不是品牌广告，也不是为了吸引眼球的减价促销，而只是简要介绍商品的信息。由于网站页面提供的信息内容有限，没有人能在不了解用户真实需求的情况下直接提供商品详情页信息。请读者注意，在很多情况下用户也无法明确表达自己的需求①。

传统广告学认为，在确定营销策划预算之后，通常进行媒体广告策划和创意设计，涉及多个领域。数字广告通过全渠道和全链路连接，将商品销售和用户流量增长整合起来，使品牌营销经理开始将营销传播视为一个统一的、不可分割的整体。商品要被消费者购买，内容要被消费者欣赏或使用，必须在用户决策链路上实现打通。对于互联网平台上的智能图文广告而言，每一个都是基于"量入为出"的原则的，这已经非常接近整合营销传播学派预想的 ROAS 测算。

例如，以前无法负担广告公司设计服务费用的中小企业，如今可以通过程序化创意 SaaS 获得设计支持。很多中小企业的商品销售主要依靠渠道完成生意引流，而非短期效果难以衡量的品牌广告。数字营销放大了广告主的能量，加快了流量的全链路转换，朝向更短的链路并实现了更好的效果。如今，中小企业的营销获客预算更多地投入到了数字广告生态中，主要转向效果广告。中国互联网的发展改变了品牌营销和数字广告效果营销所占的比例。根据英国广告从业者协会（Institute of Practitioners in Advertising, IPA）的研究，海外品牌广告与效果广告的最佳投放比例为 6∶4，而在中国数字广告市场，这一比例变为 3∶7，效果广告已经占到 70%。请注意一个事实，中小企业通常投不起品牌广告。

在服务商业信息的双向传输和连续确认的过程中，数字广告平台的供需博弈已经成熟：

① 广告主将广告视为一种展现创意的方式，以可预测的转化率（个位数百分比）来引流商品交易。

② 消费者通常认为是自己在众多选项中主动选择了"想要的"商品。

③ 智能广告平台的"匹配"推荐引擎系统则利用大数据计算所有广告位展示的创意与商品交易的撮合效率。

以上构建了"消费者—互联网—品牌"模型，由互联网平台负责调度，完成广告位交易。在宏观层面，平台既是媒体又是渠道；在微观层面，创意既服务于用户内容，也是广告位商品。数字广告清晰地告诉我们，所有的图文信息呈现都是为了"满足"用户需求，这是一种商业意图。通过广告和内容引导用户流量与商品交易，营销经理不再仅仅采取广告战役策划的视角，而是将数字广告视为日常业务形态。

---

① 汽车诞生之初，当制造者询问公众需要什么样的交通工具时，得到的回答通常是"想要一匹跑得更快的马！"

刺激（创意）信息通过广告和内容营销传播到达消费者，直接反应、购买行为和调查数据又作为反馈信息返回，形成双向交互，如图8-11所示。

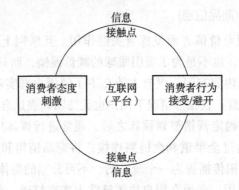

图8-11　广告刺激（信息）与消费者行为的双向交互

这促使营销技术公司使用数字化方式来"识别"图文信息（广告创意）。程序化创意公司将广告图像视为可动态调整的"网页界面"，即图文信息内部的元素都是可以通过计算排列来运营的。

图文信息需要按各种大小和格式调整，以在页面中找到合适的竞争位置。受到用户"转赞评"的行为激励，就可以突破重重挑战，逐渐优化其在用户界面中的显示位置，最终引导用户点击进入商品购买页面。

内容数字化的科学原理，与内容推荐系统和广告位计算引擎相似。尤其是当品牌内容元素得到标签化和数据支持时，后台就能观察到具体独立元素、元素组、元素排列组合的浏览量、热力图、完播率和点击转化等数据。因此，这些要素全部融入"数字营销即数字传播"的统一化进程中。商品营销需要与内容体验紧密结合。

数字互联网的崛起使得不同规模的公司都能更好地控制渠道支出。中小企业可以直接开设账户，购买广告位，并随时开展广告计划和营销活动。例如，谷歌和Facebook等科技公司提供了选择受众和投放广告的简单易用的工具。中国互联网科学家刘鹏最早总结出，数字互联网企业最大的收益来源不是传统大品牌主大规模投放的广告费用，而是成千上万中小企业开设账户进行的自营广告活动（直接越过代理商）。

由于数字互联网天然地利用数字技术理解人口、内容、行为等数据，并开发出易于使用的数字面板来显示结果，因此营销经理实际上可以测试不同的广告，并确定哪些创意元素和植入可以带来最佳效果。

随着程序化创意公司填补了互联网平台程序化创意工具与中小企业设计创意需求之间的空缺，数字互联网事实上已经建立了批量创意设计的市场。企业开始建设内容管理平台，通过SaaS技术全面接入程序化创意公司。

8.2.2 内容资产管理的源头

1. 知识管理与整合营销传播

20世纪90年代初,唐·舒尔茨、斯坦利·坦纳鲍姆和鲍勃·劳特伯恩共同撰写了整合营销传播教材《整合营销传播:因整合而有效》。他们提出,企业应将所有分散进行的对外传播战术和活动整合起来,使之成为一个统一的整体,既有益于现有顾客,又有益于潜在顾客。随着这一理论的合理性被越来越多的实践所证明,品牌逐步将所有与企业相关的内容都纳入统一的管理,企业内容管理系统由此诞生。

企业知识管理(Knowledge Management, KM)系统在2000年之前就已经诞生,它为客户提供了一套管理和应用企业显性与隐性知识的方法论和软件。这包括从音频、视频到扫描图像等各种格式的商业信息的管理,覆盖范围比传统关系型数据库更广泛,包括了所有结构化的数据和非结构化的文档。

内容管理解决方案的重点在于解决各种非结构化或半结构化的数字资源的采集、管理、利用、传递和增值问题,将其结构化,并集成到信息系统中,如ERP系统、CRM系统、SCM系统等,为这些系统提供更广泛的数据来源。

2. 资源服务器的内容管理

一般认为,最早的数字资产管理(DAM)系统是为电影行业的影视公司开发,用于管理影视剪辑文件的。1992年,Canto Software发布了Cumulus,这是初代DAM系统之一,具备缩略图预览、元数据索引编制和搜索功能。

21世纪初,基于服务器的内容管理系统开始支持通过互联网共享文件。之后,随着云存储技术的诞生,出现了新的管理和分发数字资产的方式。例如,IBM等公司开发了使用机器学习进行资产智能标记和交叉引用的系统,预测内容及创意需求,并向用户提供建议,帮助企业获得竞争优势。

3. 网站内容管理系统

2000年前后,互联网的快速普及促使品牌将自己的内容和信息发布到网上,以吸引更多的关注,这导致数字化内容的体量大幅增长。对于品牌来说,网站内容管理(WCM)系统开始显得越来越重要,从基本的HTML编辑器迅速发展为复杂的内容生产和发布工具。

WCM系统的主要功能在于管理网站的组成元素,包括文本、图片、音频和视频等,这些内容大多为非结构化数据。在早期的内容管理系统中就提出了内容生命周期的概念,类似于商品生命周期,内容(创意)生命周期包括创作、发布、测量、留档四个阶段,创意投放结束后需要进行留档。

在企业实践的过程中,人们提出了自我迭代式(或称循环式)的内容生命周期,即内容的生命周期是内容投放后引发用户和内容本身都发生改变,改进再投放的迭代过程。通过创意的数字效果实时测量,品牌可以对广告内容的生命周期进行测算。内容的价值最终由接触用户的效果决定。

8.2.3 内容资产管理系统

广告代理商的智能创意和程序化创意生产，为广告主解决了内容供应问题。营销经理不仅关注内容产出，还追求有效性：必须找到简化内容创建、管理和分发流程的方法，以缩小内容需求与供应之间的差距，从而提高营销价值和投资回报率。在这种背景下，内容资产管理系统应运而生。

1. 内容资产管理核心

根据科技研究机构 Forrester 的报告，2021 年全球超过 50% 的企业开始采购数字资产管理（DAM）系统，DAM 市场以每年 15%～20% 的速度持续增长。无论是为了加快企业内容数字化战略的实施，还是应对"云端协作"的需求，DAM 已成为企业数字化升级的关键部分。在中国，最早使用 DAM 的企业是零售和快速消费品行业的巨头，如联合利华，这些公司对管理数字内容有强烈需求。然后是一些具有前瞻性且有实力进行数字化尝试的大型本土企业。

大多数中小企业已经习惯在互联网平台上自建账户来管理素材和品牌内容，并直接使用 SaaS 平台的服务。很多企业在成长为大企业之前，甚至都没有意识到自己已经在使用 DAM 了。

DAM 软件能高效地存储、管理、获取、分发组织的数字资产（如文案、图片、视频、音频）并进行生命周期管理。随着企业进入数字营销模式，内容已成为商品与用户之间的纽带，因而内容管理系统的重要性日益增加。图 8-12 显示了数字内容资产管理的主要构成。

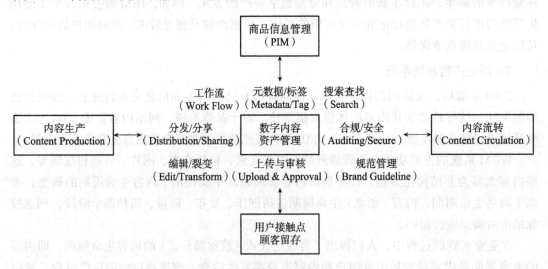

图 8-12 数字内容资产管理的主要构成

在中国广告界，第三方建设的内容资产管理系统称为**创意管理平台**（Creative Management Platform，CMP），即在数字营销活动过程中，为创意的存储、传输、应用和变更等活动提供管理服务的软件系统。CMP代表了广告主、创意代理方的利益，通过平台，广告主能够进入广告营销的创意环节，对创意内容进行智能标签化分类管理和合规检测，并对创意效果数据进行归集分析，最终实现内容运作的效益最大化。

智能标签是指应用AI和多模态信息解析技术对创意文件中的图像、文本、音频等信息进行分析，实现高准确率内容识别，并对图片、视频内容进行结构化处理，自动输出多维度标签。这些技术可用于创意资产标签化管理、创意智能分析、创意审核、创意检索、创意个性化推荐等多种场景，帮助使用者高效管理创意资产。

商品信息管理（Product Information Management，PIM）：打包的PIM解决方案使产品、商业和营销团队能够创建和维护经过批准的丰富商品信息的共享版本。PIM为多渠道贸易和数据交换提供了单一的、受信任的产品信息源。

整套内容资产管理系统的基本工作流围绕着内容生产、内容管理、内容应用展开，根据不同公司的需求，会演变出不同的组合。随着大型企业开始陆续引入，使用内容资产管理系统已经成为企业内部管理的趋势，其宗旨是强化对数字营销业务流程的管理能力。

例如，特赞曾经为联合利华设计制作了一套内容管理系统。该系统管理了企业多个品牌的公域、私域和内部协作的内容，通过标注和整理，使企业能够清晰地认知并高效地积累和掌控内容资产。通过这套系统，企业还可以利用智能技术对已有内容进行二次创作，产生更多裂变内容，并结合分析引擎对不同媒介渠道和竞品的内容进行对比。

DAM可用于多种营销场景下的多种内容类型和多种内容要素，最终以数字化形式提升内容使用效率和价值。

2．广告内容的效果溯源

企业将同一广告内容在所有投放点的效果数据汇总到一处进行统一管理。在特赞开发的广告内容管理系统中，通过开放的API对接连接器的设计，接通抖音、巨量引擎、磁力引擎、微信等平台进行广告投放，实现内容推送和数据回传。新兴互联网平台对于不涉及个人信息的技术应用数据API持开放态度，但是不同内容类型的数据完整度不尽相同。

内容管理系统虽然属于企业营销技术范畴，但其主要的"广域集客营销"使用场景正是数字广告。掌握用户流量的智能广告平台以及创新智能广告创意的代理商和程序化创意公司，都精通内容优化"匹配"的广告投放业务。数字内容管理整体建立在数字广告技术产品和市场的基础上。如果脱离了数字广告，相应的内容资产管理也就丧失了其最大的价值。

例如，通过抖音、巨量引擎连接器，将通过平台投放的信息流广告内容的创意ID和对应的表现数据对齐，打通品牌提供的后链路 ROI 数据，就可以在内容管理系统中将全链路的数据按单条内容的精细化维度进行整理汇总，如表 8-3 所示。

表 8-3 效果数据归因到创意图片（元素）

内容类型	数据回流	企业账户	数据维度
开屏与头图	客户向平台索取	数据报表	费用、曝光数、点击、跳转
信息流原生内容DOU+/企业号	抖音开放API	登录后API授权	转赞评、每日数和趋势
信息流付费投放	巨量引擎API	巨量账号API授权	前链路所有数据（费用、曝光、点击、转化、完播、转赞评等）
短视频/直播电商	巨量千川API	抖店管理API授权	前后链路数据（费用、曝光、点击、转化、下单ROI、成交）

企业品牌首先希望站在全行业的角度，让团队在实际项目执行过程中快速、及时且全面地调研各个丰富社交渠道的内容数据，以客观地制定接下来的策略。其次是拆解内容、效果数据与内容标签的组合，将单一内容进行结构化处理，拆解成单个元素模块。

在人工智能的生成对抗网络（GAN）训练中，每一句文案的表现力、字体颜色、内容调性与氛围、KOL 呈现的画面风格等都会影响整个广告创意的最终表现效果。以 KOL 视频分析为例，若将单一内容模块进行拆解，就可以得到图片、人物元素、产品元素、画面背景、口播文案、视频标题、介绍等，然后就可以在此基础上针对其中一段文案、一个图片元素进行剖析。内容、效果数据和内容标签这三个要素可以帮助品牌快速、精准地了解每个内容模块的表现效果。最后，可以通过 AI 技术构建内容标签体系，进行内容标签与内容效果数据的归因建模。

未来，内容资产管理系统会变得像 ERP、CRM 等系统一样重要。随着互联网平台成为智能广告的中枢，企业营销技术建设也会分为内容数字化、用户数字化、接触点数字化三大版块，分别对应内容资产管理系统、客户数据平台、顾客体验管理。

企业在管理营销技术与创意内容方面应当像管理在线商品 SKU 一样精细，将内容纳入数据科学分析的工程化场景。在这个过程中，企业可以大规模使用一致的信息、内容和资产。对于品牌来说，与消费者建立互动非常重要，这不仅能强化广告效果，还能促进品牌在数字化环境中的增长。要实现这一目标，关键在于运用数据（顾客信息）和接触点（交互体验），将它们融入营销技术和数字广告生态中。

内容资产管理系统在广告活动中扮演着关键的角色。它让营销团队能够在其活动中使用第三方内容，并将使用权和限制规则化（即完成数字内容资产的备案）。内容资产管理系统支持的版权保护材料类型范围广泛，包括产品图片、音乐（如录音、歌词或乐谱）、专业摄影作品、视频剪辑和 MV 等。

内容资产管理系统应遵循的应用原则至少包括以下两项：

一、透明可验证原则。在数据使用和交换的过程中，创意管理平台的参与方应记录数据的使用和交换情况，实现可查看与可追溯，以验证合规性和安全性。

二、促进版权使用的合法合规。通过技术辅助创意素材内容的确权，创意管理平台在确权方面提供支持，确保创意素材的建立、流转和发出均有操作者登记确权的记录存证。

服务于出海电商的企业特别要注重所使用到的内容的国际版权分类规范，甚至一个广告视频中所涉及的不同内容，其版权规范都可能是不相同的。

企业在数字营销的探索中已经实现了技术产品与广告个性化服务的融合。为了提供"千人千面"的个性化体验，企业必须使用户资产与内容资产的数据相匹配。

8.3 AI 生成创意

如果 AI 自动生成的图像或视频能够完美适配品牌创意，那么为何还要耗费时间和金钱进行价格昂贵、费力的影棚拍摄？AI 生成创意正是当今技术最先进的营销团队所倾向的解决方案。

8.3.1 AI 创作人物图

2014 年，生成对抗网络（GAN）开启了 AI 图像合成的新时代。GAN 采用深度学习方法（如卷积神经网络）进行生成建模。生成建模是机器学习领域的一项无监督任务，它能自动发现并学习输入数据中的规律或模式，从而生成或输出从原始数据集中按"高可能性"提取的新示例。

2020 年，GAN 取得了重大进步，能生成高分辨率、逼真、彩色的图像，这些图像与真实照片几乎无法用肉眼区分。在 2014 年之前，人工智能技术主要应用于文本领域，如自然语言处理（NLP）和自然语言生成（NLG）。NLP 主要指针对语音和文本等自然语言的自动操作。NLG 作为 AI 的一个子领域，能自动将数据转换为简单的文本内容。这项技术通过编写句子和段落来讲述故事，其能力已经能与人类分析师相媲美，并已进入市场应用阶段。

这两种技术目前已广泛应用于文案创作领域。借助基于 AI 的解决方案，我们能够生成合理的由数据驱动的营销信息。这些文本不仅能够反映品牌特征的独特表达风格，还能根据特定用户群体和品牌社区的需求进行个性化定制。

接下来，我们将介绍几家利用尖端 AI 技术创造营销视觉效果和广告文案的公司。这些公司的 AI 应用程序有效降低了广告代理商在创意设计上的时间和成本投入，为数字创意市场注入了新活力。

1. Rosebud.ai

Rosebud.ai 由拥有加州大学伯克利分校统计学和机器学习博士学位的 Lisha Li 创立，主要致力于解决在广告活动中生成理想模特面貌的问题，如图 8-13 所示。

图 8-13　AI 创作的数字人图像

借助 AI 技术生成营销视觉效果，减少了对创意人员的依赖，实现了更经济、更快速的解决方案。在广告活动中，设计师可以轻松地调整模型，以适应不同用户群体的多变需求。此外，还能根据详细的人口统计信息，使用各种视觉效果无限制地调整模特的面容。2020 年，该公司发布的研究显示，首批采用其用 AI 技术生成的模特的广告系列的点击率提升了 22%。

2．DataGrid

DataGrid 公司开发了一种自动生成全身模型的 AI 技术。该公司采用生成对抗网络（GAN）技术，以高分辨率合成贴近真人级别的图像，让人几乎无法区分真实人类与"虚拟人"。这些 AI 模型已经开始应用于广告活动和在线商店中。

该公司位于日本京都大学校园内，由专注于机器学习研究的京都大学毕业生冈田由纪和小川聪创立，并聘请东京大学教授担任技术顾问。

3．三星集团

2020 年，在 CES 展会上，三星集团的 STAR Labs 推出了 NEON，这是世界上首个能像人类一样交流并具有同理心的 AI 真人（Avatar）。NEON 不仅可以作为营销活动的模型，也预示着未来虚拟助手的发展方向，其对话技能和视觉质量还在不断进化。它主要基于两大引擎：CORE R3 和 SPECTRA。其中 R3 代表现实（Reality）、实时（Realtime）和响应式（Responsive），负责生成新的表情、反应和手势；而 SPECTRA 是一款专业的人工智能引擎，能够为虚拟助手的独特角色增添智能、学习能力、记忆力和情感。

NEON 的智能创作理念源于 STAR Labs 的首席执行官普拉纳夫·米斯特里，他主张应该让技术变得更加人性化，而非使人变得更像机器。

4．Zalando

Zalando 视研究和创新为公司未来成功的关键，因此成立了 Zalando 实验室，专注于人工智能、机器学习和自然语言处理领域的探索，由机器学习专家乌尔斯·贝尔斯曼领导，该团队驻扎在柏林，服务于这家在线时尚平台。

Zalando 的研究成果已直接应用于营销服务领域，助力品牌通过数据驱动的方法在其平台上开展更有效的营销活动。近期开发的一项新技术能生成穿着定制服装的时装模特的高分辨率图像，并可将服装或身体姿势图像转移到其他模特或用户形象上。

除了这些技术，机器学习在可视化广告方面也扮演着重要角色。伴随着数字人生产效率的提升，广告制作成本和时间已显著减少。

8.3.2　AIGC

AIGC 目前已突破传统的生成式人工智能技术的瓶颈，不仅实现了文本、图像、视频、数字人的实用化跨越，还大幅提升了内容生产效率。

品牌主正密切关注 AIGC 技术，该技术已成为科技和艺术界的热门话题。自人工智能诞生以来，绘画艺术一直被视为 AI 难以突破的领域。然而，在 2022 年美国科罗拉多州博览会的艺术竞赛中，一幅使用 AI 绘图工具 Midjourney 创作并经人工后期优化的作品《太空歌剧院》（见图 8-14）赢得了数字艺术类别的大奖，成为首个获此殊荣的 AI 生成作品。

图 8-14　《太空歌剧院》获得美国科罗拉多州博览会数字艺术类别大奖

2018 年，围绕文本的 AI 创建工具就实现了重大突破。AI 技术在文本创作应用，如识别翻译、写作文案 / 诗歌 / 小说 / 新闻等方面，已达到高精准度。例如，腾讯打造的"梦幻写手"（Dreamwriter）新闻写作系统，能在 22 种场景中快速进行写作。

在文字冒险游戏《AI 地下城》（*AI Dungeon*）中，用户输入文字后，系统会利用 GPT-3 模型来理解脚本，并生成接下来的文字，基本实现了上下文的前后一致性。

2023 年，使用 GPT-3.5 模型的 ChatGPT 由 OpenAI 公司推向市场，立即引发全球关注。ChatGPT 集聊天式搜索、多语言作文和互译、故事创作及自动编程于一体，成为回应式智能助理服务的新标杆。微软斥资 100 亿美元将其收购后，使用过该产品的人工智能专家表示，ChatGPT 在对话式文本创作方面的潜能甚至超过了谷歌搜索。

在乐曲生成、合成讲话、制作歌曲等领域，AI 的交互性和实时性也在不断增强。Tom Gruber 开发的自适应音乐平台 LifeScore 能够实时动态编曲。用户向 LifeScore 输入音乐"原材料"后，AI 大师会进行改变、优化并实时混音，创造出独特的音乐效果。

与文本和音频相比，AI 在图像/视频/3D 模型创作上的难度相对更高。英伟达推出的 Omniverse Avatar 集成了视频渲染（OmniVerse）、语音识别与交互（Riva、Maxine）、自然语言处理（NeMo Megatron）、AI 推荐（Merlin）等技术，能有效创建立体肖像并进行人机对话，广泛应用于人工智能助理等领域。

随着 AIGC 作品《太空歌剧院》获奖，Midjourney 成为热门焦点，已有多家国际知名报纸和杂志使用它生成的作品制作封面和插图。与此同时，中国的互联网平台和新兴科技企业也不甘落后，开发出了自己的人工智能绘图产品，并发布作品，示例如图 8-15 所示。

图 8-15　我国人工智能企业 AIGC 作品

AI 绘画程序的商用使得多媒体内容的创作成本显著降低。2023 年 2 月，成立仅一年的 Midjourney 注册用户数已突破 1000 万，营收超过 1 亿美元。其提供的付费生成画作服务，月费约为 30 美元（近似美国家用流媒体视频订阅费用），远低于传统插画师的创作价格和耗时，也比传统图片社（如 Getty Image）的版权费用低廉得多。

绘画本是一门需要天赋和长时间练习才能掌握的技艺，现在被 AI 简化成了类似于机器图文交互的"开盲盒游戏"。即使是未经训练的人员也可以操作，只需在平台上输入对作品的提示词（prompt），就能在数十秒内生成多幅作品供人类优选和迭代创作。AI 绘画的迅猛发展预示着它将在数字广告生态中掀起一场应用大模型接口的科技浪潮。中国的百度已率先开发了"文心一言"，越来越多的国内 AIGC 工具也随之涌现，使得 AIGC 技术变得触手可及。

文本生成视频也初露端倪。谷歌陆续发布了由 AI 生成的短视频，国内的百家号、TikTok 等内容平台也在加大 AI 方面的投入，更新辅助创作功能。谷歌发布的样片显示，AI

不仅能理解文字并生成高清动态影像，如骑马、冲咖啡等场景，还能在文字故事的基础上创作出 2 分钟以上的长镜头影像，如图 8-16 所示。

图 8-16 谷歌 AIGC 视频样片

其中，提示词描述了一段第一人称视角的动态故事，包括骑摩托车穿过街道和小树林，跑向一所房子，遇见大象和机器人等场景。这段时长 2 分 28 秒的视频是通过一系列的分镜提示词生成的，主要运用了 Phenaki 引擎和超级分辨率模型。

从文字、语音到静态画面，再到动态影像，再加上多模态组合和数字人，AIGC 正全面创新数字内容的各种形态。Gartner 的报告预测，到 2025 年，生成式 AI 创造的创意将占所有生产创意的 10%，而在 2022 年，这一比例还不足 1%。

8.3.3 Diffusion 技术革新

AI 生成艺术是 AIGC 领域的一个重要分支。它继专业生成内容（PGC）和用户生成内容（UGC）之后，成了一种新的利用人工智能自动生成内容的生产方式。此外，还有"生成式人工智能媒体"（AI-generated Media）这一术语，它是通过人工智能算法生产、控制和修改数字媒体内容的总称。AI 生成的图像与绘画，在技术和商业化方面都有着悠久的历史，这并非一个新兴的领域，而是一个不断进行技术积累和迭代更新的领域。

早在 2015 年，谷歌就发布并开源了 DeepDream，这是一种通过算法生成迷幻和超现实图像的技术。到了 2018 年，随着数字化合成技术的发展，社交媒体上曾经风靡一时的"脸萌照片""一键生成新海诚风格照片""生成童年照片"等图片效果，都体现了 AI 能力和算力基础的不断优化和成熟。

源自科技云报道 https://itcloudbd.com/yunshijiao/7671.html。

自 2022 年以来，AIGC 的底层技术发生了革新，尤其是 Diffusion 技术对 GAN 的升级。Diffusion 的文字转图像功能引入了全新的交互式创作方式，用户仅需使用文字描述，或者给出画面意象、故事、艺术家风格、构图、色彩、透视方法等条件，就能在数十秒内生成完整的绘画作品。这使得艺术创作变得像跑步一样简单——虽然人人都能跑步，但专业人士跑得更快。

随着 Diffusion 技术的崛起，去噪扩散模型（Denoising Diffusion Model）成了一种更强大的新型生成模型。其工作原理是通过反复向训练数据添加高斯噪声来破坏数据，然后通过逆向去除噪声的过程来学习如何恢复数据，如图 8-17 所示。

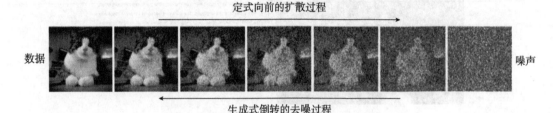

图 8-17 去噪扩散模型生成图片的过程

Diffusion 技术的发展推动了 AIGC 在艺术领域的应用。像 Stable Diffusion、DALL-E2、Midjourney 这样的大模型工具为品牌创意内容的生产提供了支持，进而成为数字人和元宇宙世界更广阔发展的先锋力量。

目前，AI 生成艺术工具主要在中、美、德等国发展较为迅速。在国内，主要的参与者是在 AI 和图片编辑领域有深厚积累的大型科技公司，如百度、美图等。元宇宙和虚拟数字人的开发者也逐渐加入了 AIGC 技术的开发行列。

1．Stability AI

Stable Diffusion 是一款海外颇受欢迎的 AI 绘画机器学习模型，于 2022 年 8 月 22 日上线，由 Stability AI 开发，并在 AI 开源社区 Hugging Face 上提供了 Web 演示版本。Stability AI 是一家成立于 2019 年的人工智能初创公司，总部位于伦敦。

目前，Stable Diffusion 已推出其商业版本 DreamStudio，提供了更快的生成速度，并提供 API 服务。它生成的图像如图 8-18 所示。

图 8-18 Stable Diffusion 生成的图像

2．Midjourney

Midjourney 是一款极受欢迎的 AIGC 工具，它拥有一个专门的研究实验室，致力于探索新颖的先锋媒体艺术，并扩展人类的创造力。Midjourney 由一个自筹资金的小型团队运营，该团队专注于设计、人文基础设施和人工智能的融合。最初，Midjourney 托管在 Discord 服务器上。2024 年，Midjourney 的用户数量仅次于拥有超过 2 亿用户的 ChatGPT。用户只需提供一个简短的文本输入即可开始对话式生成绘画。同时，Midjourney 拥有丰富的社区生态和详尽的文档指南，为开发者提供了友好的服务。如图 8-19 所示为 Midjourney 生成的图像。

图 8-19　Midjourney 生成的图像

3．DALL-E 2

DALL-E 2 旨在从自然语言描述中创建逼真的图像和艺术作品。该平台于 2022 年 4 月 6 日上线，与 ChatGPT 一样由 OpenAI 团队开发。在 DALL-E 2 正式发布之前，每周都有 1000 名左右种子用户加入内测。

到了 2022 年 10 月，OpenAI 将其文本生成图像系统全面开放给用户注册使用，迅速吸引了超过 150 万 DALL-E 2 用户，并且平均每天生成超过 200 万张图像。其主要特点包括文本到图像的生成仅需几分钟就能完成，并且生成的图像可以进行多次迭代；支持人工编辑和修饰功能，允许设计师自定义多层图像。

在人脸渲染方面，早期为了防止图片被滥用，DALL-E 2 会故意生成歪斜的眼睛或扭曲的嘴唇。最初，注册访问 DALL-E 2 的用户将免费获得 50 个点数，此后每月可再获得 15 个点数，每个点数可用于生成一张图片，额外点数的购买价格为 15 美元 115 点，1 张图约合人民币 1 元。图 8-20 展示了 DALL-E 2 生成的图像。

图 8-20　DALL-E 2 生成的图像

8.3.4 AIGC 的商业应用

从程序化创意开始，智能创意工具逐渐成为广告工作者的辅助力量，极大地提高了内容的生产效率。随着 AIGC 技术的发展，这种辅助作用更加凸显。

在当前技术发展水平下，技术与人的关系往往是互补的。技术能够处理超出人力范围的庞大数据，并从中发现规律，帮助人类生产出更高效、更具针对性的内容。在 AIGC 创意的未来发展中，技术将不断替代初级设计师的人工劳动。机器能够简便地生成固定业务场景的可用图片，如图 8-21 所示。

图 8-21　机器生成可供企业直接使用的呼叫中心图片

在我国，面向商业场景的 AI 生成艺术主要有以下几大发展方向：

1）用户端消费级修图应用和设计师端的即时设计智能工具是最直接的应用场景。这些工具不仅增加了产品的场景丰富度，还提高了用户黏性，如图 8-22 所示。

图 8-22　Adobe Illustrator 新增的 AI 生成艺术工具

目前全球各国对生成式人工智能（如 Midjourney）图片的版权法律尚处在立法讨论阶段，海外主流意见认为，大模型生成图像时需要人工给出提示词，机器创作本身不应被赋予人格权和著作者权利。这一问题引发的知识产权制度争议还将继续下去。

2）革新专业创作人员的生产方式。未来，大量创造性工作的主要职业技能将转向设计提示词和拼接数字化素材的能力，摒弃传统重复的手工劳作。

3）得益于广泛的 UGC 和用户个性化空间，AI 生成艺术紧密贴合了全民自媒体、低门槛内容制作的趋势。国内主要的内容生产和分发平台、电商平台、互联网企业将首先在自有产品生态中孵化 AI 生成艺术功能，帮助用户快速生产符合平台调性的艺术内容。头部数字广告代理商也必须提高自身的 AIGC 技术水平，以创造数字内容生产的新标杆。

4）由于 AIGC 符合“无代码”趋势，AI 生成艺术在技术营销产品上具有较高的潜力。它不仅受到广告公司、影视创作公司、自媒体、建筑设计公司等对艺术效果图有大量需求的企业客户的欢迎，在品牌主的内容资产管理系统上也能找到明显的应用场景。

在品牌主的内容资产管理系统上接入 AI 生成艺术的功能，能够促进消费者与品牌共创内容。在互联网思维下，AI 生成艺术迅速成为一门“数字化技能”。

随着 AIGC 不断走向成熟，品牌的内容资产管理系统未来也会面对自动化数字素材和应用丰富的对象。请注意，一个优秀 AIGC 公司的背后，都有一个开放共享的使用者社区及其引领的文化价值观。

图 8-23 所示是一个由种子用户发起的词库共享计划，帮助 Disco Diffusion 在 Google Colab Notebook 的测试版本提高机器理解和生成门槛。许多用户自发开发了工具，加入了关于艺术风格的引导和筛选的功能。

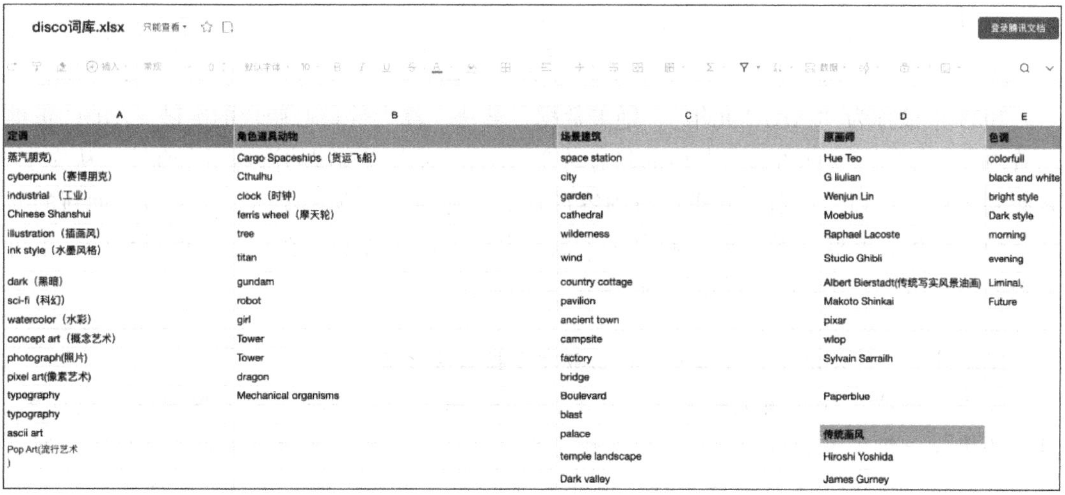
disco词库.xlsx

A	B	C	D	E
定调	角色道具动物	场景建筑	原画师	色调
蒸汽朋克)	Cargo Spaceships（货运飞船）	space station	Hue Teo	colorfull
cyberpunk（赛博朋克）	Cthulhu	city	G liulian	black and white
industrial （工业）	clock（时钟）	garden	Wenjun Lin	bright style
Chinese Shanshui	ferris wheel（摩天轮）	cathedral	Moebius	Dark style
illustration（插画风）	tree	wilderness	Raphael Lacoste	morning
ink style（水墨风格）	titan	wind	Studio Ghibli	evening
dark（黑暗）	gundam	country cottage	Albert Bierstadt(传统写实风景油画)	Liminal,
sci-fi（科幻）	robot	pavilion	Makoto Shinkai	Future
watercolor（水彩）	girl	ancient town	pixar	
concept art（概念艺术）	Tower	campsite	wlop	
photograph(照片)	Tower	factory	Sylvain Sarrailh	
pixel art(像素艺术)	dragon	bridge		
typography	Mechanical organisms	Boulevard	Paperblue	
typography		blast		
ascii art		palace	传统画风	
Pop Art(流行艺术)		temple landscape	Hiroshi Yoshida	
		Dark valley	James Gurney	

图 8-23　Disco Diffusion 词库共享计划编辑文档（部分）

企业营销经理正在密切关注 AIGC 带来的创新力量。在移动时代，个性化交互营销成为趋势。品牌需要根据每位用户的具体需求推送定制化内容，以提高效率和影响力。举个例子，一个千字图文脚本的视频，如果使用传统方法制作，即使不计算人员成本，创作周期也需半天至一两天。但利用图文转视频功能，可以在半小时内生成多条高质量内容（供选择），大大提升了创作效率。

随着内容形态的不断丰富，用户对音频、视频、AR等多模态内容的需求日益增长。这种趋势要求品牌能够快速且大规模地产出高质量的内容素材。

根据我国行业专家评估，如表8-4所示，AI配音技术已成为通用级人工智能技术的一部分；AI剪辑技术的成熟度也相当高，已被数字代理商用于处理创意素材；AI生成图片（从文本）技术迅速成熟，并在消费者端场景中迅猛发展，品牌专业服务方面的技术也已成熟；智能生成视频AIGC（从文本）技术发展迅速，几年内有很大的潜力赶上AI生成图片；AI智能图片转视频（3D）技术也趋于成熟；AI生成文章的技术得到了质的飞跃，因其引入了对话聊天式AI技术和Prompt，诞生了像ChatGPT和文心一言这样有质的飞跃的工具，国内领先的专业数字广告技术公司已经开始利用智能技术和专业领域模型功能，创造高质量的商品和服务广告文案。

表8-4 人工智能辅助内容技术发展评估（2022Q4）

科技类型	技术程度	C端场景适配	B端场景适配	潜力预估
AI配音	9	9	9	10
AI剪辑	7	6	7	10
AI生成图片	10	9	7	9
AI生成视频	6	3	5	8
AI 2D转3D	6	3	3	8
AI生成文章	10	10	9	10

2023年被称为"AIGC元年"。随着数据、算法、算力等核心版块的突破，AIGC正推动着内容创作的范式朝着虚实共生的趋势转变。AIGC对内容领域的渗透还在继续，从文字、音频到图片、视频，覆盖了几乎所有内容形式。品牌内容产业和媒体产业在组合创新的推动下焕发新生，互联网数字要素和科技为数字营销增添了光彩。在这一发展过程中，不可或缺的是"用户—互联网—品牌"的数字广告商业模式。

阅读材料：科大讯飞和百家号等推出**数字主播解决方案**

数字主播涉及行业领先的数字人技术、AIGC图文转视频技术和TTS语音合成技术。只需要输入一段文本和语音示范，就能快速生成带数字人主持演示介绍的资讯视频，可以自由切换多种语言，支持手语主持、24小时自动播报等真实场景下难以同时实现的多种功能。

直播电商也可以根据具体行业制作个性化创意数字人。在传统直播活动中，文案的撰写和选择往往是主观的，对不同的人提供什么样的内容没有一定之规，而将不同类别的文案内容标签化后，基于标签化的创意数据库进行分析，就能给直播电商脚本和视频制播提供明确的创意指引。

综上所述，从洞察分析到数字人生成的整个 AI 创作流程，都离不开人工智能内容创作技术，这些技术已被用于改变数字商业界面中的各类人际交互场景。未来的"货找人"需要依赖于创意内容，数字化创意内容的趋势是让人工智能加入创作过程。因此，数字广告营销的学习者必须掌握和关注人工智能前沿技术。

8.4 本章小结

智能广告的快速发展导致品牌需要有快速规模化生产大量高质量的内容素材的能力，品牌内容的广告营销技术应运而生。

随着互联网产业进入"货找人"的内容经济阶段，"创意内容"成为商品营销增长和与消费者建立紧密联系的关键。品牌开始重视内容资产，将其放到与产品资产和用户数据资产同等重要的位置。品牌内容的整合成为企业营销的核心要素，有助于提高企业的营销效率。

内容资产管理系统可以帮助企业将数字媒体资产集中在同一平台上，实现一站式的管理和发布。这些数字媒体资产包括各种图片、视频、音频、文档以及 3D 媒体文件。通过内容资产管理系统，企业可以建立面向多渠道、多平台的营销与个性化营销需求的数字内容整合管理能力。这包括对内容的存储、组织、管理、访问和分发，以及对品牌体系的内容数据进行确权。

通过人工给出提示词，AIGC 工具可以自主生成内容或辅助内容生产，创作出风格新颖的内容。AIGC 技术已经被应用于广告文案与艺术构思、图片绘制与视频制作等业务领域，显著提高工作效率。

本章术语与重要概念

程序化创意	企业知识管理
品牌内容	创意管理平台
"货找人"模式	智能标签
用户定制化	商品信息管理
个性化广告	生成对抗网络
"一键创意"技术	数字人
动态创意优化	AIGC
动态商品广告	提示词
内容资产管理	去噪扩散模型
数据降维	AI 生成艺术创作工具
内容数据化	生成式人工智能
创意生产经营链路	

本章思考题

1. 什么是 DCO（动态创意优化）？
2. 企业营销技术中的内容资产管理系统与第三方创意管理平台的联系与区别是什么？
3. 你使用过 AIGC 工具吗？如果使用过，请举例说明你对国内外不同工具的使用体验，以及它们在文字和图像上的表现。

第 9 章

顾客数据平台

本章指引

在 19 世纪，矿产原材料和劳动力资源是主要的生产要素，到 20 世纪，管理制度和物流走到了舞台的中央。进入 21 世纪，数字广告营销技术促使企业加速开发数据资源，数据成了未来营销的"原油"。本章将重点介绍面向数字广告的数据平台管理，并以顾客为核心，展开企业营销的数据变革。

在过去，数据管理实践经历了如沃尔玛"啤酒+尿布"案例的商超 POS 商品数据分析阶段，及塔吉特"向未婚妈妈邮寄商品单"案例的后台大数据匹配分析阶段。这些案例反映的是渠道商识别和挖掘顾客消费数据的能力，但还未触及互联网时代的数字广告技术。

随着数字广告系统发展并整合进入数字广告生态，广告领域极大地受益于数据科学。企业开始关注在平台型社会中形成的新型价值关系："用户—互联网—品牌"。互联网平台掌握了大量数据，包括元数据、用户数据、内容数据、行为数据、交易数据、物理轨迹数据、联网通信数据，以及平台上所有商品和服务的数据、内容与店铺数据、自媒体经营者数据等。

互联网平台掌握的这些数据被用于提供面向所有用户和商品内容的交互传播和营销服务。数据分析成为服务用户和品牌顾客的重要能力，数据本身也成为衡量商品及广告供需关系的关键指标。随着平台数字经济的发展，我国政府已将数据要素纳入国家重要发展战略规划。

企业面临的挑战在于如何管理和利用顾客数据。营销传播管理者需要升级数据战略，建立强大的、持久的消费者－品牌关系。这需要将消费者数据、广告数据和商品销售数据转化为企业广域集客营销的有效工具。数字广告技术的发展延伸至企业营销技术，加强了营销链路与用户运营的联系。

本章将从管理者视角出发,探讨数据在数字广告营销中的采集、管理、传递和应用,以及如何处理消费者与品牌的关系。企业要区分平台留存用户和私域顾客,需要建立有效的数据平台管理消费者数据,协调与互联网平台的关系,利用用户数据提升消费者在广告营销链路中的活跃度、满意度和忠诚度,支持丰富的消费者信息互动与关系营销运营。

本章将重点介绍顾客数据平台,包括以下三项主要内容:

- ❑ 顾客关系管理成功得到数字广告技术的升级,融入数字广告生态;
- ❑ 计算广告和程序化广告技术的发展,创造出数字广告独有的数据管理平台;
- ❑ 顾客数据平台在数字营销"下半场"开始兴起。

9.1 顾客关系管理升级

顾客关系管理(CRM)系统最早指基于顾客订单的客户服务关系管理软件,属于营销信息系统。它要有实名顾客信息数据库,能够联动客服中心沟通解决顾客投诉问题,主动联系顾客进行后续服务,进行活动邀请和客情维护,还要有顾客生命价值周期分析、RFM分析、常客计划管理VIP顾客服务等功能。

2010年后,社交媒体的崛起使得社交顾客关系管理(Social CRM,SCRM)迎来新一轮发展。SCRM新增了品牌与用户社交媒体账户的运营,主要涉及建立与运营品牌自有社交媒体账号并"吸粉",接管社交营销活动的订阅和留资,负责互联网社交平台的品牌活动推广、舆情监测、品牌广告战役声量(Share-of-Voice,SOV)分析等。

与原有的CRM系统不同,SCRM系统主要是由数字广告技术公司在互联网广告平台的基础上协作开发的,服务于广告主社交营销业务。

进入数字营销"下半场"后,SCRM继续向"广域集客营销"升级,企业的数字化运营及私域流量问题需要新的解决方案:需要通过接触点互动发现潜在顾客,并通过营销将其转化为顾客;需要通过数字通信(微信、SMS、站内信、Widget信息)保持顾客沟通和营销服务;需要通过数字化转型(将商品服务模式移动化)让用户主动采用技术服务;需要基于数据留存、识别和重定向技术,将顾客个人身份信息和其他可识别数据资产化。这些功能绝大多数都要建立在数字广告技术的基础上。

在互联网时代之前,CRM主要涉及的是由企业营销售后部门发起的顾客订单服务与关系维护业务,与广告关系不大。然而,在数字营销的"上半场",社交媒体的崛起使企业开始在互联网社交媒体平台上构建新的顾客关系管理系统,将社交舆情检测、品牌声量分析、搜索引擎优化、在线点评口碑等内容纳入其中,大幅拓展了社交广告在用户关系中的作用。

到了2018年,数字营销进入"下半场"后,品牌对CRM的升级集中在数据层面的留客运营和关系维护上。包括互联网平台的公域流量和企业的私域流量,品牌与顾客的关系更加紧密地建立在数据关系之上。失去用户数据实际上就等同于失去用户关系和联系渠道,更不用说品牌顾客忠诚了。因此，数字广告就此改变了原属于营销信息系统的 CRM 系统，将其纳入了数字广告的复杂科学系统。

9.1.1 顾客关系管理

从局域网时代开始，航空、电信、银行和汽车行业纷纷开发专业软件来支持顾客服务与关系营销，处理大量顾客关系数据，即利用当时的软硬件和网络技术，为企业构建一个收集、管理、分析和利用顾客数据的信息系统。这促使了早期 CRM 系统的诞生。

早期的 CRM 系统是一种管理顾客订单服务关系的专用软件。它收集顾客在购买渠道留下的个人信息，使企业能够主动为顾客提供后续服务，加强品牌营销并维护顾客的忠诚度。与此同时，ERP（企业资源规划）系统、SCM（供应链管理）系统和 MIS（管理信息系统）等以生产管理为重点的系统也开始发展，但只有 CRM 系统是主要面向外部消费者的。

在 CRM 系统初期，几乎所有顾客信息都是由销售人员手动输入和维护的。但随着搜索引擎和社交网络的兴起，企业开始使用互联网平台提供的开放 API，构建社交顾客关系管理（SCRM）系统，自动获取相关用户数据。随后，广告主通过自建网站和 Cookie 技术直接获取访问者数据。

未来学家艾略特和克利夫兰提出的 DIKW（知识管理）模型描述了数据、信息、知识和智慧之间的关系结构，其中每个层级从下一个层级中提炼新的价值和特征。数据层（D）是最基础的层级，信息层（I）生成内容，知识层（K）形成用于指导策略的规律，而智慧层（W）指引价值观、制度与战略方向。DIKW 模型已经成为数字社会分析重要性概念及价值基础的通用模型，常用于信息科学和知识管理。DIKW 模型在广告行业的数据驱动底层逻辑如图 9-1 所示。

图 9-1 DIKW 模型在广告行业的数据驱动底层逻辑

在传统广告行业中，广告人的"洞察"主要基于市场研究行业提供的一手消费者调研报告，但市场研究行业与广告行业实际上是分离的。数字广告营销则源于互联网科学技术，以数据层为起点，通过机器实现数据的输入、存储与处理。它提倡广告专家、咨询专家、法学家及未来学家共同参与，一起实现广告大师一直追求的"创意智慧"和知识呈现。

数据：通过可监测和可识别的数字信号，对客观事物的数量、属性、位置及相互关系进行抽象表达，以便在所需领域使用数字化方式进行保存、传输和处理。

信息：指具有时效性、逻辑性和一定含义的经过加工处理的数据流，对决策有价值。人类的记忆和感知通常从信息层开始，具体表现为内容和消息。

知识：通过归纳、演绎、比较等手段对信息进行挖掘，使其具有价值规律，与已经存在的知识体系和理论结合，从而将高价值的信息转变为知识。

智慧：针对物质世界中的问题，基于已有知识，通过分析、对比、演绎和归纳，找出解决问题的新原则。智慧意图从人类已有知识中发现更深层的价值思辨，从而指导和变革人类认识世界的方式。

随着时代的发展，人们对顾客关系的认知不断深化，其内涵进一步得到丰富。CRM对企业的价值体现在提升顾客满意度、降低成本、提高员工效率、辅助科学决策等方面。CRM系统不仅是一种技术解决方案，更是一种管理思想，主张将顾客视为企业的首要资源，通过深入开展顾客数据分析来不断完善顾客服务和满足顾客需求，从而提升顾客满意度和忠诚度，实现顾客终身价值的最大化。从这个角度来说，CRM是管理理念、营销传播模式及信息平台的综合体。要了解营销经理如何看待CRM的作用，请参阅以下内容：

"如果你对我有兴趣，我会创造一切机会让你跟我交流；我能记住你告诉我的所有事情；我会越来越了解你，越来越聪明地和你相处。关于你，我想比竞争对手知道得更多，所以我能为你做竞争对手做不到的事。你可以从我这里得到你在其他地方、更小代价得不到的东西。也许你想过离开，但是与留下来继续和我在一起相比，你的成本会高出许多。"

这是CRM系统对用户的追求，也是CRM营销必须依赖数据来理解顾客的根本原因。在前互联网时代（1990~2005年），CRM帮助营销者构建了以下五个理论和模型：

1) 关系营销

企业通过为顾客提供服务，与顾客建立紧密的联系，并通过提高顾客的参与感，与顾客建立起良好的合作关系。关系营销强调的是双向互动，将顾客视为永久的伙伴，与之建立互利互惠的价值关系。这种关系是基于信任、依赖、共享价值、相互尊重和关怀、双向沟通等因素构建的。强调的不仅是功能价值的满足，还有主观偏好和品牌情感。以格鲁诺斯教授为代表的欧洲关系营销学派主张采用服务主导逻辑（SDL），强调维护顾客关系而非单次交易获利，提供定制化的顾客体验。

2) 一对一营销

一对一营销是在充分掌握了个体顾客信息后，针对个体顾客的个性化需求开展的定制化、有针对性的、互动性的营销活动。与传统营销相比，它具有明显的定制化优势。CRM

系统从收集消费者信息开始，旨在识别、追踪、记录个体消费者的个性化需求，并与之保持长期的良好互动，最终实现一对一营销。

3）顾客价值 RFM 分析模型

人与人之间天然存在差异，不同顾客的需求和价值也各不相同。RFM（R 代表最近消费日期，F 代表消费频率，M 代表消费金额）分析模型对顾客群体进行多维度评分和标签化，将顾客细分为不同的类型。然后，针对不同的顾客类型开展有针对性的营销，为高价值顾客提供高标准服务，预警顾客流失，确保企业获得利润并健康发展。

4）顾客生命周期价值

顾客生命周期指的是企业与顾客从开始建立关系到完全终止关系的全过程。这个过程可以分为考察期、形成期、稳定期和衰退期，有些学者将其细分为八个阶段：识别、获取、分类、理解、定制、交流、提交和留存（retention）。由于顾客生命周期主要用于价值计算，因此很快产生了顾客终身价值（CLV）的概念。高级 CRM 系统都配备了估算 CLV 的工具模块，通过数学公式拟合单个顾客或标准顾客在时间线上的商品购买与使用过程，计算未来的消费金额与总营销成本。

作为营销数据科学的一个重要方法，马特豪斯深入研究了 CLV，帮助品牌建立顾客的全生命周期营销策略。CRM 可以提供顾客数据，记录顾客关系随时间变化的轨迹，描述顾客关系在不同阶段的特征，使得 CLV 成为企业科学分析和管理顾客的重要工具。

5）精准化营销

科特勒在 2005 年提出"精准化营销"的概念时，社交媒体才刚刚兴起。精准化营销依赖信息技术，收集顾客的相关数据，通过技术平台进行统计分析，从而掌握每个顾客的消费倾向，并通过电话、邮件等方式进行一对一营销。随着移动时代的到来，数字广告升级了传统的电话和邮件营销方式。得益于互联网的双向传播交互特性，效果反馈会立即体现在实时行为数据中，汇总到互联网后台管理者的决策分析界面。

互联网数字技术的内生数据科学特性，使 CRM 系统的功能发生了转变。数字广告生态中的 CRM 系统主要处理企业在展示广告、销售产品或提供服务等场景下与顾客的关系数据。其宗旨是吸引新顾客并将其转化为付费用户，提高老顾客的留存率并鼓励他们转发、分享信息和介绍新顾客，从而增加企业的市场份额和利润，增强企业竞争力。CRM 系统已成为企业"广域集客营销"的重要组成部分。

9.1.2　社交顾客关系管理

互联网的出现改变了大众传播时代顾客关系管理的方式。2005 年后，社交互联网的崛起极大地放大了互联网的核心功能——连接用户。这里所说的连接有两种形式：一种是人与信息的连接，另一种是人与人的连接，即嵌入生活的社交网络（都是数据层连接）。

从最早的网络论坛到人人网、QQ，再到移动互联网时代的微博、微信等产品，都是连接用户社交内容的平台，属于社交网络的一部分。品牌讯息（广告）也跟随社交媒体的崛起,在互联网上迅速扩散。社会化媒体、社会化营销等概念应运而生。

品牌讯息在社交互联网平台上的传播形成了全新的社交营销效果。随着品牌主加快进驻社交媒体,开设"官方"账号,持续发布广告与品牌活动,迅速吸引顾客和用户成为其"粉丝"。随着大量用户订阅品牌自媒体账号并持续与之互动,社交顾客关系管理(SCRM)的概念应运而生。

SCRM 的概念于 2009 年由格林伯格提出,并迅速成为社交数字广告和新营销技术的代表。在数字化技术平台、自媒体商业化原则和社交互联网的共同作用下,SCRM 与消费者保持着一种合作的对话关系,使双方能够在可信和透明的经营环境下提供互利的价值,促进了消费者主导的"对话式"品牌新型顾客经营活动。

SCRM 已成为品牌主在社交互联网上通过营销传播提升顾客满意度和品牌声量扩散的全新阵地,覆盖用户售前、售中、售后三大环节。与传统 CRM 相比,SCRM 主要关注社交媒体和社会化内容创造两方面,在用户主体、流程、时间、渠道、动机和方式上与传统 CRM 有所不同,它基于互联网数据,创新了以下四项功能。

1)通过创建和运营自有社交媒体账号来"吸粉",直接管理品牌活动后的订阅和留资,形成宝贵的品牌顾客运营基础。

2)通过社交平台的品牌活动推广,开启舆情监测,分析(管理)品牌广告战役声量。

3)运营明星或 KOL 代言的品牌广告内容,以及用户传播型的营销活动。

4)建立顾客信息数据(含品牌掌握的顾客个人信息数据)的社交媒体网络版本,实现线上用户数据与线下真实顾客个人信息的有效融合。

相较之下,传统 CRM 更多的是整理顾客(消费者)的各种背景资料、消费情况等,并录入系统以持续进行跟踪,包括对顾客购买的后续记录归档。

SCRM 拥有数据技术和社交媒体的原生技能,因此强调消费者参与品牌活动和双向互动。消费者不再只是单纯以顾客账户记录的形式"静态"存在于企业数据库中,而是活跃在社交媒体上,主动成为品牌的关注者、聆听者、建议者、共同传播者。

数字用户在社交媒体上的"转赞评"活动产生了大量内容数据,构建了用户数字化社交的"强弱"互动关系网络,加上用户主动发起的搜索"关键词"等,这些数据共同为价值创造带来了新的创意。

对企业而言,随着移动办公场景的诞生和智能手机、平板计算机的逐渐普及,基于云端存储的多终端访问成为必然选择。CRM 系统和 SCRM 系统都需要转型至移动数字平台。SCRM 系统面向的是少则几万条,多则几百万甚至上千万条的消费者数据,因此对服务器的配置要求更高。

企业新建的 SCRM 系统一般支持除传统媒体以外的大多数互联网平台,可以接入电商的店铺后台管理系统(通过平台通信接口和数据接口)。这样,数字顾客就可以用他们喜欢的方式与商家随时互动,而无须通过 400 电话呼叫。例如,用户现在可以直接在 Twitter 或微博上"@"品牌官方账号，等候客服的即时回应。

企业很快发现，社交媒体技术能带来更好的顾客服务，同时获取更多的市场洞察和用户数据。由此可见，SCRM 系统本质上并非由传统的 CRM 产品发展而来，它们起源于不同的时代，基于两种不同的数据结构。

SCRM 系统从 2010 年左右开始崛起，这也正是数字广告技术飞速发展的时间。营销者的注意力转向了 DSP、SSP、ADX、ADN、DMP 组成的程序化广告市场。企业通过 SCRM 系统管理线上用户数据，并将新数据与原有 CRM 系统的数据打通，从而精准获取营销目标用户群体，进而完成广告的精准投放和持续营销获客。

SCRM 系统迅速融合了程序化广告领域的 DSP 与 DMP，从而更精准地利用用户数据进行广告投放。它主要处理的是社交网络上的品牌内容数据，以及品牌主新获取的在线客户数据，这与传统 CRM 系统处理的数据在规模和维度上显著不同。传统 CRM 系统主要用于企业售后服务和客户联系，存储的是客户的个人信息，如手机号码、住址、电子邮件地址以及购买商品的金额等。

CRM 系统中的客户电子邮件地址主要被用于直邮广告营销领域。在我国，除了 B2B 市场外，电子邮件广告使用较少。但在海外一些地方，手机号码的使用受到了更加严格的法律法规监管。直邮手册不仅是售后维系客户的手段，也是售前营销传播的重要方式。与社交网络上用户主动的双向传播工具相比，这些传统的传播方式在互动性和便捷度上都无法与社交媒体传播相媲美。

在数字互联网技术中，最关键的一项是可寻址技术（用户），用户持有的数字终端设备码是接入互联网的关键识别标志。通过信息通信技术能够识别并记录这些设备码。

随着互联网数据和数字广告的融入，企业看似可以更大限度地掌握用户数据。但 2018 年欧盟《通用数据保护条例》（GDPR）的出台，以及我国针对个人信息保护的立法监管，成为数字营销"上半场"和"下半场"的分水岭。

首先，营销者发现他们无法再像以前那样，从数字互联网渠道轻易获取或购买含有个人信息和设备识别码的用户数据。

其次，企业和互联网平台都必须承担更高级别的用户数据保护责任，否则可能面临巨额罚款①。许多知名企业和互联网科技公司因此受到各国政府的处罚。在中国，2015 年通过的《刑法修正案（九）》和 2017 年实行的《网络安全法》中都增加了新条款，明确任何个人和组织在违反个人信息保护的情况下应承担法律责任。

最后，企业意识到，通过 CRM 系统获取的数据通常是基于顾客明确授权的，但如果未经顾客单独授权，就将数据提供给互联网平台和广告代理商（用于广告营销），就违反了相

---

① 欧盟 2022 年通过的《数字市场法》规定，如果"守门人"公司不遵守规则，欧盟委员会可以对其上一财政年度的全球总营业额处以"不低于 4%，但不超过 20%"的罚款。

关法律法规。"品牌—互联网—顾客"之间关于数据与顾客关系的博弈就此展开。

SCRM系统为企业提供了更多与顾客沟通的渠道选择，包括电话、短信、聊天、邮件或社交媒体应用（如微博或微信），尤其是即时通信工具类的社交媒体应用。在这些传播的背后，SCRM系统帮助着企业实现更丰富、更实用的顾客洞察。例如，通过情感语义分析工具实时处理文本语料，了解顾客对企业、品牌或特定产品和服务的情感。

SCRM系统的额外优势在于，它让企业能够更快速反应、回复甚至预测顾客的需求。通过追踪与顾客的社交互动，企业能够让客服乃至整个业务链的经营活动更快、更完整，从而提升顾客满意度。对于市场部、销售部和客服部而言，SCRM系统可以帮助品牌发掘更多销售线索，让顾客更频繁地看到品牌的活动，进而参与成为社交媒体活跃圈的一部分。

SCRM系统的具体职能包括以下五个关键方面：

1）社交用户视图：在数字时代，顾客常常活跃于多种社交网络。SCRM系统能够集成不同社交平台的信息，实现对顾客社交媒体活动的全面追踪。这样，企业可以更深入地洞察顾客与品牌之间的互动，无论是现有顾客还是潜在顾客。

2）社交互动：企业在通过社交网络与顾客互动时，可以模仿顾客间的交流方式，更加亲密、自然和即时。品牌在社交平台上保持话题的开放性，例如邀请顾客参与围绕产品的对话，这就形成了一个就服务质量、支持等问题以及企业社会责任等话题征求顾客意见的机会。

3）社交聆听和情感分析：SCRM的社交聆听和情感分析功能使企业能够有效地洞察和解读公众对品牌的看法。通过关键词（如品牌名）监控，企业可以追踪品牌相关的讨论。这不仅可用于发现潜在顾客，也有助于洞察行业趋势。结合情感分析，营销经理不仅能够知道人们何时在谈论品牌，还能理解他们的情感和价值观。这对品牌管理至关重要，能够让企业及时应对负面反馈。

4）社交顾客服务：当用户通过社交媒体对产品提出投诉时，企业就有机会通过解决这些问题来改善服务并建立品牌价值。积极有效的顾客支持能够逆转品牌的负面形象。SCRM系统还能将这类互动作为顾客活动审计的一部分，帮助企业更深入地了解每位顾客，并开发激励用户的策略。

5）社交媒体管理集成：SCRM系统可以将社交媒体管理与CRM系统的传统功能（如销售渠道、联系人管理工具等）集成起来。

2020年前后，中外广告学研究者开始将"消费者发起的传播"纳入广告定义，认为自有媒体、付费媒体和挣得媒体的互动网络对广告产生了深刻影响。这无疑就将SCRM业务囊括了进来。信息在消费者社群中的有效传播往往比单一品牌自媒体的影响力更大。越来越多的企业营销经理开始寻求新的目标用户群，并在这些群体中引发关注，挖掘需求，这成了SCRM在数字广告领域的新发展趋势。

9.1.3 留存顾客与忠诚顾客关系

在数字营销的"下半场"，企业越来越注重数字化用户和私域流量方向的CRM，不仅关注数字增长，也着眼于顾客留存，旨在实现基于用户数据资产的"广域集客营销"。涉及以下四个重点：

第一，广域集客，即通过数字广告和接触点互动来吸引潜在顾客，利用营销内容和工具实现顾客转化。这也是数字广告的总体目标之一；

第二，全面掌握数字通信工具，如"两微一抖"、B 站、小红书等，提供双向传播的能力，同时保持高强的营销服务技能；

第三，企业的数字化营销转型包括商品服务模式的转型，关键是要转变为用户更愿意主动采用的技术服务；

第四，强化用户流量的留存、识别和重定向工作，将获得顾客授权的个人信息和其他可识别数据资产化（按法律法规要求对 PII 和非 PII 数据区别管理）。

企业掌握的用户资产数据根据来源和属性可分为基础信息、个人信息、行为习惯、外部数据、主观观点、环境影响、态度、隶属关系。如果按照严格的标准区分，公域流量指的是平台用户流量，私域流量才是真正属于企业的顾客资产，如图 9-2 所示。

图 9-2　顾客资产的 360 度视角

"公域流量和私域流量"的问题再次触及了"用户—互联网—品牌"关系的本质，即"用户"到底是更加忠诚于互联网平台的用户，还是更加忠诚于企业品牌的顾客。在数字营销成熟之前，这从未成为企业品牌的问题。人们习以为常地认为品牌即指大企业、大商超和大媒体，是现代社会消费文明的缔造者。

私域流量的顾客留存和数字化管理，以及后链路广告对忠诚顾客关系的管理，已成为数字广告生态中的重要职能。特别是自 2020 年以来，随着互联网总人口时长开始见顶，即互联网用户渗透率和用户每天使用的流量时长都达到高峰，用户流量及相关数据变得极为重要。这些数据的作用不断扩大，包括：

- 数据成为企业内外运营决策的绩效表。
- 数据成为营销自动化和买卖交易的通行证。
- 数据成为用户隐私保护和信息资产化的凭证。

原先的 CRM 系统旨在解决用户关系数据问题，主要处理消费者账户价值与营销顾客关系。随着顾客资产和顾客生命周期价值成为企业的核心竞争力，企业开始将营销工作建立在顾客数据的基础上。

数字广告生态提供了全链路营销的基础，流量的真正价值不在于获客成本，而在于如何运营和维护顾客关系。品牌在寻求连接时，能使用的技术手段和用户数据量，以及预测用户再次连接到品牌专属接触点的能力，是至关重要的。用户数据是存储在互联网平台上，还是存储在品牌方（私域顾客），对品牌的数字营销能力有非常大的影响。

由于用户通常会持续使用互联网平台，互联网平台的用户数据普遍比品牌方掌握的顾客数据更加丰富。品牌方在留存顾客管理方面，需要解决如何将从互联网平台购买的顾客数据转移到企业侧的数据平台的问题。同时，企业的 CRM 系统需要建立管理跨多个互联网平台和线下场景的全渠道营销留客数据与关系的能力。

广告营销战役通常旨在一次性吸引消费者或赢得其关注。通过重复的广告信息传播，推动消费者从路人（passer-by）阶段，开始接受信息并产生偏好，进而关注品牌的线下商品，并鼓励其尝试购买，最终预期成为品牌的忠实顾客。这一过程正是经典消费者行为学中所描述的用户旅程。

在数字时代，另一种用户旅程逐渐显现，即用户通过订阅、留资、加入社群、参与互动等数字技术途径与品牌建立联系。品牌开始探索有效的方式来留存用户，并提供机会让用户主动与品牌连接。

在传统广告中，通常只计量单次营销活动的预算花费相对于消费者商品交易总额（GMV）的投资回报率（ROI），以及曝光数（Impression）对品牌印象的影响。根据百分比转化率的原则，为了获得付费客户，企业往往需要支付数倍甚至数十倍于未付费用户的广告费用，以此共同分摊投放成本。

企业的呼叫中心（Call-center）每个座席的成本也是基于有效电话（成单销售的基础）量来计算的。在数字时代，品牌更愿意为客户的参与体验买单，例如汽车企业愿意为试驾投入大笔预算。

然而，在品牌传播领域，传统广告长期依赖 GRP（评价广告达到目标受众的广泛程度的指标）体系，Impression 的成本是根据强效和弱效媒体触点来计算的。区别在于，强势媒体由于被认为对受众效果较好，**CPM** 较高，而特定场域空间型媒体由于受众规模有限，CPM 较低。

随着数字技术的出现，广告营销竞争开始转变为用户数据的竞争。

经典的传播漏斗模型与金字塔营销漏斗模型在数字时代交汇，即营销传播"无缝"转入售后互动的交界面。传统营销经理所关注的"大众市场"受众，在转变为顾客并完成购买后注册登记，实名加入企业营销系统，此后品牌对顾客的真实意图的预测和需求满足将通过营销系统的联系和推动来实现。

近年来，麦肯锡咨询集团、沃顿商学院以及 IMC 学者的大量研究发现，套用漏斗模型来解释数字营销未必还有效。主要原因是传统营销的核心——长线程传播模型——在数字时代难以再适用。

流量的本质是数字用户媒介使用行为的变革。 用户流量如同水流，一旦开启，就会贯穿传播、商业和营销的三个系统：企业的外部传播系统、内外交接的营销界面系统、企业侧的营销系统。

互联网平台引领的广告生态系统变得越来越强大，已成为一个无地域限制、具备节庆造势能力的数字商业运营体系。在这个基础上，品牌主内外交接的营销界面的数字化重构，转变为互联网平台商圈的"数字开店"。互联网跨越了传统媒体属性，具备了营销渠道的职能，这解释了互联网电商全面挑战传统（线下商圈）渠道分销的商业逻辑，也就是新零售对线下零售的影响。

数字营销的升级带来了 SCRM、DMP 和 CDP 技术，DMP 和 CDP 从其诞生起就属于数字广告技术，本书开始将 SCRM 界定为数字广告技术。新型的顾客数据关系要求能够从售后营销端开启后链路广告，以贴近数智时代的数字用户行为旅程。

9.2 数据管理平台

数据管理平台（Data Management Platform，DMP）作为互联网技术发展的产物，为 DSP 和程序化广告投放提供关键服务，其定义超出了传统广告、营销和传播理论的范畴。

9.2.1 DMP 的定义与原理

DMP 起源于 2008 年，其核心功能是管理线上程序化广告的投放数据，以支持目标用户的定向和个性化投放。这一平台的作用在于收集和整合与数字广告相关的各种合规数据，同时具备数据分析和管理能力，可以为需求方平台（DSP）及程序化广告业务提供数据调用服务。

CPM（Cost Per Mille）是指品牌通过大众媒体传播每千人触达的成本，通常在几十到几百元。所有企业营销都需要广泛接触潜在受众，对于不确定的受众（潜在消费者意图不明确），单个消息播放的购买价格大约在几分到几角钱。

DMP 的数据库旨在服务程序化广告交易，主要利用广告监测数据、网站分析数据以及部分第三方数据。DMP 的数据格式相对固定，数据的来源和去向明确，主要支持 DSP 对接的程序化广告投放平台。在数字广告产品中，DMP 的实施难度相对较低。

随着程序化广告的崛起，DMP 首先证明了大数据广告技术服务能够创造价值，使得数据变成一种可交易的宝贵资产。科技研究机构 Forrester 指出，DMP 能够管理和整合第一、第二和第三方数据，通过对这些数据进行标准化和细分管理并输出，营销经理能够更准确地对目标受众进行挖掘、洞察并制定营销策略。DMP 的目的是指导程序化广告交易的投放对象，实现以数据（代表目标用户）为中心的广告投放运营，以确保跨平台广告的一致性和整合营销传播。

2010 年，DMP 最初由第三方数字广告技术公司建立，主要在广告网络（ADN）和需求方平台开展程序化广告交易业务之后，针对从互联网投放端（供应方采购平台）和互联网广告展示网站（Publisher）回流的用户终端识别数据，进行数据库存储和标签分析。

2011 年，海外广告数据交易中介平台 BlueKai（后被 Oracle 收购）发布了《白皮书：解密 DMP 数据管理平台》，概述了 DMP 的定义、功能、应用方法和整合数据资源的方式。白皮书还详细描述了 DMP 的框架，包括数据采集、分类、分析、迁移和对接，以及系统的可扩展性和规模化等方面。

2015 年，国际数据公司（IDC）发布了白皮书《移动互联网数据管理平台助力企业精准营销、精细运营》。在这个白皮书中，IDC 探讨了移动互联网 DMP 的成因和发展趋势，认为 DMP 已经从早期的广告服务平台演变为企业顾客营销的核心数据引擎。目的是帮助企业通过技术手段管理、经营和消费顾客营销数据，从而准确把握顾客行为特征，实现精准营销服务，提升市场竞争力。

DMP 最开始使用了 Cookie 数据，数字广告技术公司将用户浏览器 Cookie 数据和访问终端联网识别号用作接受广告投放的基本标识符。这些 Cookie 和访问终端联网识别号实际上就代表了用户在浏览网站发布者（Publisher）的内容页面时自动生成的"广告位"。

当用户流量到达网站服务器后，广告服务器需要立即将数字商品"广告位"挂牌到 SSP+ADX 的程序化广告市场上，从而实现后台层面的无缝交易运营。这个市场由买方和卖方两者组成。在卖方将"广告位"上架到数字广告交易平台时，除了提供 Cookie 数据和访问终端联网识别号字段外，还要附加代表用户特征的标签，这些标签由多触点用户行为数据构成。

例如，对于某个"广告位"访问终端的描述可能包括"之前买过图书""之前订阅和浏览过汽车商品网站""之前下载过应用游戏""之前将化妆品加入了购物车"等。这些行为数据都会转化为标签，由发布者为其"广告位"商品自动进行记录。

大型互联网广告平台和数字广告技术公司的广告产品，也会对"广告位"的发布者进行评估和描述，比如"该发布者是苹果手机用户专业论坛"，或者"这个发布者是网络游戏下载类 Alexa 流量排名前 50 的网站"等。因此，程序化广告卖方平台（代表发布者）和程序化广告买方平台（代表广告主）双向交互，共享了"广告位"数据描述的两类信息：

第一类是 Cookie 数据或访问终端联网识别号字段，用于广告投放计数，一般将一个识别号视作一个独立访问用户（模拟为个人）。

第二类是此次"广告位"交易中，对该"独立访问用户"的画像标签，描述了用户"近期发生的"或"可能发生的"行为意向，有些还包含人口统计特征。

在广告主（数字代理商）眼中，第一类信息实际决定了广告交易市场中双方可以"谈判"购买或退量的依据：终端基础标识符。

买方平台技术广告产品（DSP 等）可以通过 DMP 所掌握的终端数据信息自动识别出卖方平台技术广告产品（SSP+ADX）提供的可交易"广告位"，在识别出卖方平台"推送"的"广告位"终端数据信息后，优选出广告主认为更接近广告投放目标用户的终端基础标识符，确认对这些"广告位"进行报价和投放。同时，按照之前约定的百分比，退回一部分卖方平台"推送"来的广告位数量。这就是**退量**。

"广告位"被退回就意味着具有优选资格的广告主放弃此次出价。卖方交易平台又要在 50 毫秒内将其"转推"给下一个 DSP 平台"供选"。由于整个广告交易要在 200 毫秒内完成（否则发布者就会失去广告位投放的收益），所以平台需要限制退量。

通常最多两次退量后，就要进入保底价格（MRP）广告投放市场，即不再开放给外部市场，而是由基础级投放的广告"兜底"。保底投放价格要比广告主谈判出价低很多。

在广告投放的管理和统计过程中，买方最终需要考虑的是广告活动费用及其细粒度数据处理能力。这种能力在很大程度上取决于 DMP 掌握的基础标识符数量，该数量也成为营销经理衡量平台大数据广告服务能力的关键因素。

买方是否愿意为特定的广告位曝光机会（O）支付溢价，实际上也取决于这两类信息。从技术运营方法来看，这涉及根据卖方提供的标签判断该广告位背后的消费者是否就是广告营销的目标对象。在数字广告系统中，这一过程通常由"机器"根据设定的条件或某种算法自动完成。

不同的广告主会有不同的选择策略。例如，汽车厂商可能愿意为那些标签显示"已经看过同等级轿车"或"收藏和关注专业垂直汽车网站"的用户出更高的价位，以获取展现本品牌内容的机会。当多个广告主同时参与竞价时，每个广告主对目标投放对象的价值判断不同，因此出价也会不同。广告主可能胜出获得展示机会，也可能失败并失去这次机会。整个过程通常在短短 50 毫秒内由"机器间"双向传播技术完成。

9.2.2 DMP 积累数据的用途

DMP 的数据积累主要是为 DSP 等平台提供识别用户价值的数据支持。程序化广告交易平台吸引广告主的一个重要因素是能够将广告精准、定向地投放给有需求的用户。要实现精准投放，DMP就要提供丰富的数据支持。广告主（代理商）很快意识到，如果没有DMP自建的数据特征系统来支撑点对点的投放出价策略，就无法对接ADX+SSP接入的海量广告位资源，进行价值自动评估与决策。

广告代理商和数字广告技术公司有不同的技能导向。代理商的主业是接受广告主的"委托"进行广告投放，而数字广告技术公司的主业是开发和运营广告位，不断创新数字广告技术产品，构建持续发展的数字广告市场。

这两者在交易平台（TD）上完成交汇。数字广告技术公司通过构建DSP和ADN完成TD的搭建。广告代理商通过TD加入整个数字广告市场。通过并购与合作，双方在2016年后开始技术与代理市场的融合，都能直接为广告主提供数字广告服务。

广告集团的媒介采买平台面临的技术挑战主要在于ROI的优化，需要合理选择受众定向条件，并在每个用户群体上优化出价（精细到人群），以在满足数量要求的同时优化收益，这是一个复杂的组合优化问题。

通过出价和选择人群来控制每一次展示，实施每天24小时的常规广告活动。

DMP的作用是整合和汇总来自多方的分散数据，然后将其加工成可直接利用的数字资产。例如，通过记录和研究用户的历史行为轨迹，为每个用户ID打上标签，然后将这些数据提供给DSP使用。DMP的核心是终端数据及其所含标签记录，这些终端数据可用于评测用户需求与广告投放计数。数据覆盖越广泛，可信度越高，价值就越高，尤其是接近垂直领域的深度用户数据。

为了满足广告投放的数据需求，DSP推动广告主、媒体、ADX/SSP等各方建立自己的DMP。同时，大量第三方DMP也随之涌现。值得注意的是，在GDPR生效和中国实施《数据安全法》之前，市场对于来源于用户终端的数据并未明确划分权属，也未界定数据保护和数据交易权利。因此，与这些数据相关的各方，发现广告有"识别终端数据用于广告投放"的需求后，便纷纷入局。

在2012年，我国仅有少量DMP供应商（见图6-2）。到了2016年程序化广告市场发展高峰时，已经出现了数百家DMP供应商。广告主采集的第一方数据、互联网平台和移动运营商的第二方数据、数字广告技术公司的第三方数据——甚至来源不明的用户数据库，都参与了数字市场的交换和交易。然而，随着严格的数据保护立法和行业监管，2019年后DMP市场规模迅速萎缩，供应商回到十余家的水平。

理想的精准画像，在于打通个人用户的各种终端数据，如IP地址、用户手机号和电子邮箱等，将通过各种数字渠道获得的数据标签应用于全渠道营销。然而，随着个人信息保护相关法律法规的生效，DMP相关责任方发现，精准画像所带来的收益已经无法抵偿触犯社会伦理与法律的巨大风险。DMP上的用户信息数据如果被不当应用于其他领域，就容易引发敏感信息泄露问题，极易引发公共安全危机。全球很多国家都发生过影响较大的个人信息泄露事件。围绕用户数据和个人信息产生的违法业务，绝大多数并非由广告引起，而是隐私数据泄露导致的。缺乏保护的 DMP 数据在交易中极易直接泄露。

在我国程序化广告交易系统的发展过程中，所有参与方越来越重视"用户—互联网—品牌"产业结构。用户通过访问终端接入互联网，在这过程中产生用户标签和行为标签等终端数据，供品牌使用。DMP 成为传统营销学"品牌—消费者"顾客关系之外新兴的用户数据来源。

掌握更多的 DMP 用户特征数据，能有效提升各方在数字广告系统中计算用户流量广告位的定价权优势。在计算广告领域发起的程序化广告市场中，广告匹配用户的核心问题属于数据科学范畴。借助 DMP 数据的支持，可以优化广告匹配。数据成为营销与传播的"原油"。

9.2.3 DMP 的转型与发展

早期，广告主库存的采集、使用和交易用户数据一般由第三方程序化广告 DMP 管理。随着欧盟 GDPR 的生效，全球范围内都对互联网巨头（如 Facebook）主张"通过开发用户数据售卖广告业务"的做法提出了质疑，世界各国关于个人信息保护和数据安全管理的法规随之加强。

互联网平台原来的第二方 DMP 数据开始合并到广告数据系统中台，主要关注点转向数据保护和合规，关闭了用于外部存储和交换的数据 API，用户数据仅供内部使用。

1. 互联网平台第二方 DMP 转型

2015 年，阿里巴巴开始建设自有互联网广告投放平台，并整合了 DMP 产品，使其成为平台内部的一部分。2016 年，阿里巴巴推出了数据银行（databank），这个数据银行起源于平台服务于广告投放的 DMP，能够追踪投放人群的表现，并按照各种标签进行人群细分。它不包含品牌主第一方的数据管理功能，其细分标签的维度和灵活性完全由平台自行操作定义。数据银行展现了平台自有数据在人群广告投放追踪和人群细分方面的能力。

阿里巴巴还拥有大型一站式投放平台，涵盖效果广告类别的钻展、直通车和品牌广告类别的 Unidesk 体系。在程序化广告成熟的市场环境下，主要的互联网企业都建立了类似的一站式投放平台，集成了原有的 DSP-ADX-SSP 产品。这些大型投放平台摒弃了传统SSP+ADX 供应方广告位售卖方式，而是直接对接广告主账户（或广告代理商运营的品牌主账户）。

同时，阿里巴巴通过数据银行向广告主（TD 代理商）提供"优选广告位"服务。广告主和代理商在互联网平台开设的广告账户中操作"选量"服务，第二方 DMP 实际上已经成为互联网平台内部为广告主提供的额外服务产品。为了符合相关法律法规要求，互联网平台不再将第二方 DMP 的用户数据对外开放，广告主在使用数据银行服务时，也无法看到用户数据，只能查看优化前后的数据报表结果。

2. 广告主第一方 DMP 的发展

广告主可以通过广告投放后的吸引方式，例如浸合内容、商品或服务，鼓励用户主动点击授权信息（进入许可营销模式），从而合法地保留用户 ID 和数据，但这也需要严格遵守用户许可的业务范围。

根据相关法律法规的要求，广告主第一方 DMP 实际上不能随意将用户数据转移给第二方平台和第三方代理商。以海外的案例为参考，由于广告主未能保护好用户数据而导致数据泄露（尤其是含个人信息的数据），无论是否造成社会危害，欧盟和美国加州都已经采取行动，分别依据《通用数据保护条例》（GDPR）和《加利福尼亚州消费者隐私法案》（CCPA）对企业进行处罚，对于 500 强企业的罚金甚至会高达数亿美元。

因此，大型广告主严格控制了自有 DMP 用户数据的存储和使用。2018 年后的一个主要转变是，不再允许使用代理商服务器来存储和管理广告主第一方 DMP 数据。

2012 年，我国的数字广告技术公司率先开始开发第三方 DMP 产品，主要用于程序化广告的 DSP 业务。然而，从 2017 年开始，随着相关法律法规的相继出台，企业开始建设自己的第一方 DMP，将原有的大量第三方 DMP 数据转移至第一方 DMP，接管 DMP 数据的控制权。广告主通过将代理商的业务活动严格限制在第一方 DMP 服务器上进行，确保数据不外泄，以此保障数据安全。

广告主的 DMP 数据与企业的 CRM 系统数据的打通，实际上是指匹配关联两个系统中的基础终端数据 ID。DMP 数据主要来源于广告主的采集和投放，聚焦于终端用户数据；而 CRM 系统数据则主要来自品牌商品交易的客户留资，聚焦于手机号码、地址、电子邮箱等个人信息，金融与通信行业还涉及身份证号、银行卡号等敏感信息。在不借助外部力量的情况下，DMP 与 CRM 系统的打通只能通过消费者的个人信息识别（PII）来完成。这种技术需要经过用户明确授权，不能直接实现。

数据库的打通，指的是基于用户 ID 标签的"并表"操作。也就是说，CRM 系统中的交易数据，基于消费者的用户 ID，匹配 DMP 中同一消费者的标签数据，从而共同融入企业的统一用户数据库中。

DMP 以设备终端数据 ID 为主，在立法加强后，DMP 难以包含 PII 数据，因此从 DMP 侧打通 CRM 系统数据基本不可行。但 CRM 系统在经历 SCRM 系统的升级后，会增加设备终端数据，这使得从 CRM 系统侧打通第一方 DMP 数据成为可能。

需要指出的是，用于广告投放业务的企业 DMP，从数据合规角度来看，也应当避免包含用户的个人信息。企业掌握的授权用户个人数据管理，则留给客户数据平台（CDP）来解决。

3. 代理商第三方 DMP 的发展

从购买、收集和交换用户 ID 与广告位特征起家的第三方 DMP，现在需要符合当地相关监管法律法规的要求。这里主要是说受个人信息保护监管的合法第三方数据业务、非用户授权业务应使用确权数据、脱敏数据和匿名数据。2018 年后，数字广告技术公司开发和运营的第三方 DMP 大多已转交给了广告主。

第三方 DMP 很多直接部署于 DSP 产品侧的服务器，形成所谓的"DMP 前置机"，即为了实现数据库实时对接而进行的部署。

在大型综合广告投放平台之外，独立 DSP 在我国的程序化市场仍有一定的份额。为了保持第三方广告位市场的竞争力，许多平台纷纷与 ADN 产品合并，形成了 DSPAN（Demand-Side Platform and Ad Network）。这些平台学习大型互联网平台的自有 DMP 数据服务方案，从而具备了 DMP 接入服务的功能。

DSPAN 通过利用 ADN 产品，直接控制大量网络广告位，因此可以被视为第二方广告投放平台。企业选择数字代理商的 DSPAN 平台（及其附属的 DMP 服务），就相当于使用第二方 DMP。同样地，除非数据完成脱敏和匿名化，DMP 数据总是需要保留在内部，且不能外泄。广告主可以通过代理商使用 DMP 功能。在前置机模式下，广告主可以使用但不需要购买和存储 DMP 数据。

在程序化广告运营中，DMP 数据主要被外部供应商和媒体发布商使用，且只能存储用于广告投放的匿名 ID，而不得存放涉及个人信息的数据。投放的标签也需要经过脱敏处理。例如，某 ID 的标签为"XXL"，可能代表连续两周浏览汽车相关内容但尚未完成购买的高意愿潜在消费者，这种定义一般需要经过脱敏或匿名化，才能提供给广告主侧的数据分析团队使用。

在数据存储和运算方面，DMP 可以部署在广告主自有服务器上（成为第一方 DMP），也可以托管在第三方云平台上（SaaS 型 DMP 或第三方 DMP）。第三方 DMP 的优势在于能预先对接投放平台，自带算法、标签和数据治理模块，能为企业节省大量实施时间（甚至直接前置于广告服务器，接近零时延），从而显著降低实施成本。

第三方 DMP 的功能包括对接程序化广告匿名的广告投放数据、广告监测数据以及网站分析数据。DMP 实时处理数据的能力有利于广告主快速完成营销决策。例如，通过启用 DMP 服务，可以优化数字广告活动的投放效果。

有些代理商为广告主提供搭建 DMP 的技术并代为运营，用 DMP 为数据驱动的定向广告活动提供目标受众，并使用第二方或第三方数据扩大受众范围，以触达更广泛的目标市场用户。代理商不能再自行聚合和处理多个广告主的 DMP 用户数据，但可以将从用户行为和人口统计数据得出的洞察以活动总结报告或用户概况报告的形式提供给广告主。

部分网站发布者通过第三方建立的 DMP 来分析用户行为信息，以了解访问者的活动、兴趣和动机。这主要用于开发和优化个性化的广告体验，如产品推荐、定向广告等。对于出售广告空间的发布者而言，利用 DMP 数据发起相关性更高的广告活动，可以减少用户对广告的抵触情绪。

随着移动互联网的爆发，数据在电商生态、数字广告、零售生态、会员经营、营销科技等多种融合业务中的使用场景不断扩展，衍生了如第一方 DMP、第二方 DMP 和第三方 DMP 等多种概念，引发了概念的混淆和定义不清。本节对此进行了有效的梳理。

在移动互联网和程序化广告迅速发展的阶段，数据管理平台无论是终端数量、数据维度还是数据量级，都达到了极高的水平。然而，DMP 的技术实现质量参差不齐，跨平台的技术对接协议和技术参数也较为随意，这已经影响到了行业协作效率。随着《中华人民共和国数据安全法》《中华人民共和国个人信息保护法》《互联网广告管理办法》等法律法规的实施，数据收集、使用、加工、提供和委托处理都面临着更高的安全合规要求。

广告行业的发展重点在于聚焦广告场景，建立规范化的数据接入、数据管理和数据使用等各项技术标准已经成为行业共识，这有助于促进 DMP 及程序化广告系统的健康、稳定发展。

9.3 客户数据平台的管理

随着程序化广告技术成为数字广告行业的独特产品，企业数字营销的需求日益高涨。数据保护和营销技术的升级发展催生了客户数据平台（Customer Data Platform，CDP），标志着数字广告营销技术推动了企业侧营销的数字化转型。

随着广告技术和数字营销的进步，企业开始积极收集和处理与顾客相关的数据。这些数据通常来源于社交、电商、本地生活、信息咨询、娱乐和广告等多种互联网平台，通过整合这些信息，企业能够更全面地给顾客画像，为个性化广告和营销活动提供更细致的用户数据基础。

CRM 系统和 SCRM 系统分别负责售后顾客维护和社交媒体用户运营，而 DMP 则专注于数字广告交易平台。虽然这三者各有侧重，但它们的共同目标是利用数据自动决策来推动数字营销。2017 年，CDP 在我国的广告营销技术领域出现，在数字营销"下半场"的互联网环境中，随着第三方程序化广告和 DMP 数据产品的"退潮"，越来越多的品牌主开始重视企业侧所有用户数据的统合管理，大量企业开始建设 CDP，希望打破原有职能部门的数据运营思维，向数字营销增长的精细化运营转型。

9.3.1 CDP 的定义与作用

数字消费者通过多种互联网工具与品牌进行互动，这为品牌提供了大量收集数据的机会，从而进一步提升新型消费者与品牌的关系。这些数据原本分散在企业外部的互联网平台和广告商处，或存在于企业内部各个部门和业务的"孤岛"中，企业难以有效管理所有的顾客数据资产。因此，品牌企业开始建设 CDP，整合不同来源的数据以驱动广告营销系统运营。

1. CDP 的定义

随着数字广告技术的发展，企业希望通过一个平台来汇集所有数据，同时满足不同业务部门的数据需求，构建以"客户数据中心"为核心的技术产品。

2013 年，戴维·拉伯提出了 CDP 的概念。CDP 的目标就是汇集所有客户数据，并将这些数据存储在一个统一的、多部门可访问的数据平台中，使企业各部门都能轻松使用。其数据来源和对应渠道如图 9-3 所示。

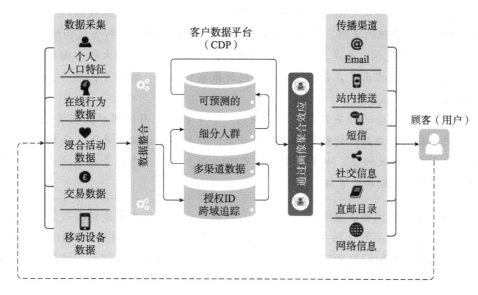

图 9-3　CDP 数据来源与对应渠道

CDP 主要收集用户在企业 APP、小程序、官方网站、H5 等接触点留下的数据，包括交易订单、用户行为、产品服务对象数据等，这些均属于企业掌握的第一方用户数据，主要由企业自己管理。此外，企业还可以接收来自外部系统和第三方 API 的数据，包括广告营销活动数据、数字市场分析数据等。

从这个角度来说，CDP 是企业跨系统管理和运营用户数据的平台，负责客户数据和用户授权数据的集中采集与整理，从而加强数据协同、数据流动，以及数据驱动的广告营销决策，提升企业的信息处理和数字营销技术能力。

作为一种更广泛、更集中的客户数据管理解决方案，CDP 旨在与其他平台协同工作，为品牌提供服务，提高营销综合能力。CDP 的技术难度高于 DMP 产品，它定位于企业数据中台，旨在构建一个围绕数字消费者的数据大集市，支持各种需要用到用户数据的广告主营销场景。

数据中台是中国互联网数字广告营销领域的一个概念。在 2016 年，阿里巴巴开始探索整合实施中台战略，提出"大中台，小前台"的组织结构和业务机制。其中，前台作为一线业务，能够敏捷、快速地适应市场变化。数据中台则集中整个集团的数字、运营、产品、技术能力，为各个业务前台提供强有力的支持。

营销科学家于勇毅认为，数据中台对应了海外"数据湖"概念，旨在解决企业数字化转型中遇到的数据问题，比如治理数据孤岛，实现企业内部数据在部门单位内的融合、连接与协作使用，从而推动企业的数字化转型。

在阿里巴巴的数据生态系统中，淘宝、天猫、盒马鲜生等业务板块每天都会产生大量有价值的数据。为了实现不同业务群的数据互联互通，最大化地挖掘数据的价值，需要用跨事业部和跨职能管理的思维，建立统一的"数据中台"，对数据进行管理和使用。

企业加强CDP建设，也是为了在互联网平台"数据中台"的强大能力面前建立竞争优势。大量品牌方已经推出了自营电商业务，同时微信公众号、服务号、微店、直播电商等数字营销渠道也迅速发展。

目前，企业一般会通过多种渠道获取数据。如果企业现有的用户数据资源没有打通，那么由于用户接触企业品牌的数字渠道比较分散，接入终端比较多元化，数据形态比较多样，数据整合难度会比较高。如果没有建设CDP，企业将无法系统分析用户旅程，这与转向数字营销增长的长期趋势不符。

CDP适用于那些消费者复购率高且企业自有体系能够收集大量消费者数据的行业，如奶粉、零售、运动用品和化妆品行业等。由于CDP通常只能实现相同结构的数据源之间的对接，例如两个使用同款SCRM系统的广告主，其底层数据结构就是一致的。这为基于SCRM系统和DMP来建设CDP创造了条件，重点在于数据结构标准化。

不同于过去的信息管理系统通常需要半年甚至一年的开发实施周期，CDP的建设和治理相对容易，实施周期可以缩短到以月计算。经历程序化广告发展浪潮后，我国数字广告技术公司的产品部署实施周期通常以周为单位，而SaaS服务 甚至能做到以天为单位完成部署，直接服务于业务经营。

在建设CDP的过程中，企业应该强化以下内容：

1）数据采集聚合

CDP能够快速连接市场、销售、客服等各部门的客户数据，无论是实名客户还是匿名客户，都可以在CDP中根据业务定义完成合并。这可以为企业提供完整的、不断更新的顾客画像，而不仅仅是外部营销服务交付的统计报告。

2）数据流动使用

CDP具备快速对接企业内外部各个数据源的能力，包括广告投放平台、CRM系统、客服系统、网站、APP、大数据分析与商业智能应用等。数据只有流动起来才能产生价值 。在互联网快速变化的环境下，存储后不进行使用和交换的数据几乎没有价值，而且大多数用户数据只要保持静止状态超过半年，在数字广告营销领域就基本失去了价值。

2022年底发布的《中共中央 国务院关于构建数据基础制度更好发挥数据要素作用的意见》中强调了我国的海量数据规模和丰富应用场景优势，指出应该实现数据流通全过程动

SaaS是数字营销软件系统的一种交付方式，通常计算、存储等硬件资源是由数字营销技术厂商提供，所有客户企业以租用形式共享的。

互联网经济中大数据活动的重要特性之一。

态管理，在合规流通使用中激活数据价值。这包括对数据的分级管理，确保数据在合法合规的框架下得到有效利用。

3）数据分级管理

CDP 具备整合所有流入企业侧的客户数据的功能，包括 DMP 和 CRM 系统的数据。CDP 的数据使用和流动同样需要合法合规。这不仅包括对外数据传输交换的合规，也涉及按部门业务需求对数据进行分级管理。对于不同的用途，数据保护的标准也有不同。

4）数据驱动数字营销业务

CDP 作为数字营销增长的驱动中心，是企业营销数字化转型的标志性成果。营销经理可以根据需要选择数据源，对用户进行标记，决定数据传递到哪些平台等。CDP 应提供简单易用的控制界面，使经营团队能够直接在 CDP 上操作，方便数字广告营销业务的开展。

2．CDP 的作用

CDP 的作用就在于推动企业营销的数字化转型，帮助企业提升营销效率，优化营销效果。企业可以通过建设 CDP 实现企业侧用户数据基础的营销闭环。如图 9-4 所示，通过数据融合和打通，CDP 可以为企业展现完整的顾客行为轨迹，其功能包括：

1）绘制客户专属标签画像：CDP 能够融合多维度数据，绘制客户的 360 度全景画像，从而让品牌进行社交化、细粒度、追加品牌情感的营销互动。此外，CDP 集成了企业在各个渠道上与客户互动所产生的第一方数据，从移动端到 Web 端、POS 系统、后端产品供应链、支付服务、物流取货，再到客服系统、CRM 系统和 SCRM 系统，企业因此能够对客户全景画像进行持续更新，并基于此灵活制定各种营销策略。

2）分解客户生命周期阶段：CDP 使企业能从多层次（潜在客户/客户）和多维度（人口统计学/兴趣/购买意向）进行客户洞察，识别客户所处生命周期阶段，预测其 CLV，并采取相应营销策略进行精细化运营。

3）获取新客户和激活老客户：CDP 可以追踪用户过程数据，差异化处理不同客户转化过程中的获取、激活与服务策略，帮助企业实现客户增长，提高转化效果。

4）支持个性化和定制型内容（广告），提升客户体验：通过洞察数据和判别客户属性，根据客户的兴趣、特点和购买行为等，"细粒度"地安排广告内容，并测算合适的时间、渠道和方式进行推送，优化客户体验。

5）指导程序化广告位的购买策略：企业通过 CDP 进行品牌与用户分析，明确市场定位，制定推广方案。通过投放效果的实时监控，优化互联网站资源的组合投放。

6）归因分析，持续优化：企业通过数据反馈结果，对营销全链路环节进行分析，找出影响客户行为的关键因素，优化营销战术，选择合适的投放渠道，实现每个营销环节的提质增效。

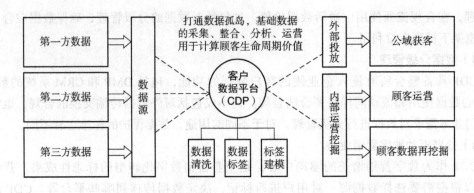

图 9-4 企业 CDP 的作用

CDP 作为企业内客户数据的单一真实来源，强制执行整个组织的通用数据标准，确保数据的准确性、一致性，以及符合内部隐私和安全策略。这些数据可以被传递到企业业务团队使用的任何工具中。在 CDP 的帮助下，企业业务团队可以更快地采用新工具，每个团队成员都能在统一的客户数据库中工作。

CDP 可以为企业的营销活动提供非常多的好处，让企业通过数据深入理解用户，以及用户对广告营销和产品使用的反应，最终营造更能打动人心的客户旅程。

总的来说，企业建设 CDP 的目的是从数据出发，深入理解客户的实际需求。CDP 不仅涉及管理咨询，特别是在营销数字化转型领域，它还可能引发组织结构优化和业务流程再造。

9.3.2 CDP 的数据类型与比较

CDP 包含的数据类型主要有：

1）交易订单数据：来源于 ERP、CRM、电商系统的各类交易信息，如关于卡券、订单、购物车、退换货等的记录。

2）行为数据：客户在微信公众号、企业网站、APP、小程序等企业掌握的接触点上产生的大量行为数据，比如关注公众号、提交表单、访问页面等。

3）产品及业务对象数据：与客户行为分析高度相关的数据，如库存和产品价格，这些数据对于零售客户分析至关重要。

4）外部工具产生的数据：依赖于大量外部数字化工具，如报名表单、邮件、微课堂、微店等系统产生的数据。

5）第二方互联网平台数据：来自社交互联网、内容互联网、电商互联网和应用下载系统的数据，如广告、邮件、信息发送后客户的阅读、点击等行为数据。

1. 与 CRM 系统的比较

传统 CRM 和会员管理系统主要用于客服，基于销售服务记录之类的少量历史数据构建用户画像。CRM 系统管理的是已完成购买的实名客户数据，难以识别匿名客户行为并获得洞察。同时，传统 CRM 系统无法从各类数据源吸收大量数据，录入端相对封闭，从外部系统获取数据的成本较高。

相比之下，CDP 可以连接各种类型和来源的客户数据，不限于内部数据和外部数据、结构化数据和非结构化数据，以及实时数据和非实时数据。这种收集和连接数据的能力，使企业能对所有用户情况有全面完整的理解，并及时作出反应。企业还可以从 CDP 中搜集 CRM 系统中没有的数据，并将其传递给 CRM 系统，从而对出自 CRM 系统的用户画像进行补充。通过 CDP，还能将 CRM 系统中的数据传递给其他营销技术系统、广告投放平台和商业智能系统等。

2．与 DMP 的比较

DMP 主要服务于程序化广告，提供"筛选"用户流量的功能，尤其是通过 Cookie 等终端用户识别技术实现用户的重定向识别。自 2018 年起，DMP 中的大部分信息需要匿名化，主要用于广告目的，通常不包含客户个人信息。2020 年谷歌升级了 Cookie 安全管理，使得识别的设备终端 Cookie 会在 90 天后过期（即无法识别）。

与 DMP 不同，CDP 主要存储广告主的客户数据和商业机密数据（包括历史采购记录和采购者关键信息），因此一般只能构建在广告主自己的服务器上。与 SCRM 系统和 DMP 相比，CDP 的技术要求和成本更高。CDP 会同时关注匿名客户和实名客户，并且客户信息采集的接触点更为细致。其区别与联系如图 9-5 所示。

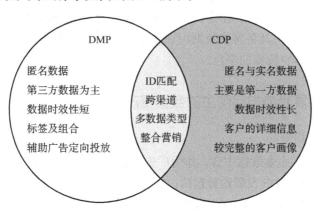

图 9-5　DMP 与 CDP 的区别与联系

曾有观点认为，扩大 DMP 的数据采集范围，打通全部交易数据后就能合成 CDP 数据。这种观点并不现实，因为在数字营销"下半场"对 PII 数据的强力监管下，数据合规和确权已成为各方关注的焦点。DMP 主要适用于第三方 DSP 等企业外的广告投放系统进行数据交互，需要减少有合规风险的数据来源。随着数字广告技术进入成熟期，推动了业界加大区分 DMP 与 CDP 的数据权属与业务范围，其详细比较如表 9-1 所示。

表 9-1 DMP 与 CDP 的比较

	数据管理平台（DMP）	客户数据平台（CDP）
数据类型（含 PII）	大部分是匿名数据	客户与用户授权的PII数据、第三方数据、匿名数据、DMP数据和营销互动历史数据
数据源	Cookie、终端ID和用户ID	自有/线下采集、互联网平台、业务合作
数据详情	通常保留信息的时间有限，或基于Cookie的寿命（90天）	CDP收集广告效果数据，能够存储大容量的历史信息，归并于用户ID标识
用例	创建标签、筛选TA群体、广告定向使用	单个客户与群体视图，链路与归因
测量	事件驱动后24小时	持续且实时
激活	DSP	直接与客户交互（含SCRM等）
分析方法	Look-alike建模	A/B测试和机器学习
ID	匿名数据、设备终端识别	真实客户信息、终端识别和匿名数据
投资	第一方百万级，第三方十万级	百万到千万级，持续建设系统投资

从第三方 DMP 到第一方 DMP，再到 CDP，最后到企业数据中台（或海外的数据湖），构成了企业用户数据管理的主要发展路径。对于企业来说，比较稳妥的方案是从风险较小的实施方式开始，在技术和商业角度方面由浅入深，逐步增加资源和团队投入，实现自有服务器的 DMP 系统的稳定运行后，再纳入 CRM 系统和微信公众号等 PII 营销数据来源，开发更多的广告营销应用场景，实现 DMP+CDP 的功能。

数字广告营销技术的基础是数据的自动采集过程，而这又是以互联网通信技术为基础的。因此，数字广告技术公司在拓展 CDP 业务方面相比前互联网时代的 CRM 厂商更有优势。总的来说 CDP 是唯一具备客户数据识别能力、实时处理能力——并且可外包开发、可开放结构的企业管理客户数据的平台。

9.3.3 CDP 的发展趋势与品牌主的数据资产观

1．CDP 的发展趋势

CDP 的发展方向是企业数据中台，作为广告主数字营销能力（特别是智能技术营销）的基础设施。值得关注的 CDP 发展趋势包括：

1）配合首席数字增长官（CGO）或首席数据官（CDO）的职能

随着企业的数字化转型触及营销组织资源结构，原有的 IT 部门、市场营销部门、销售部门、售后服务部门等组成的营销管理架构造成了客户（数据）管理的混乱，职责不清，导致业务人员无所适从。数字营销"下半场"的主要目标在于改变 20 世纪形成的部门职能分工，通过数字化转型改变营销。以宝洁、联合利华和埃森哲组成的"数字广告三巨头"为例，它们推动了企业设置 CGO 职位的趋势。CGO 的首要任务是领导 CDP 的建设，推动营销的数字化转型。类似地，CDO 掌管企业层面的数据分析团队和数据运营资源，对企业的数字化转型负责。营销的数字化转型涉及跨部门协同机制的改造，将广告营销活动与销售及服务质量关联起来，计算 ROI（投资回报率）和 ROAS（广告支出回报率）。同时，由 IT 部门作为支持者协助营销中心解决数据驱动增长评估的问题。

2）线上数据向线下门店数据拓展

CDP 原本更多处理的是线上数据（如广告监控数据、网站分析数据等）。自 2017 年阿里巴巴集团提出"新零售"概念并在盒马鲜生线下门店开始实践以来，通过屏幕交互体验的改造（用户互动屏点单和支付、无人货架零售等），线下门店的人力成本也在降低。广告主需要探索 CDP 与线下门店顾客识别和服务的融合，打通线上线下的营销和销售渠道，提供更好的数字体验和现实体验。O2O 营销也成为零售、汽车、餐饮服务、房地产等以线下渠道为主的行业数字化转型的重要组成部分。

3）广告主自有数据分析与决策能力建设

广告主通过建设 CDP 来管理用户数据，并在拥有服务器、开发能力和算力后，开始挖掘数据的价值。大型广告主纷纷建设自己的数据分析团队，服务于内部掌控成熟的业务决策，如数字广告投放、社交媒体品牌账号发布等。自有数据分析能力成为行业竞争力的一部分。

4）日益严格的 IT 信息保护和数据安全要求

在国内外不断更新的数据保护立法背景下，如欧洲的《数字市场法》《数字服务法》，中国的《个人信息保护法》《数据安全法》等，企业在追求数据驱动营销业务增长的同时，必须承担高规格的数据保护责任。这包括公共安全数据的最高等级保护，敏感个人信息（如医疗服务机构掌握的用户血型和健康指标，金融机构管理的用户资产和账号）的高等级保护，以及常规个人信息的合法使用与数据管理保护等。对于终端信息和用户 ID 行为数据，即使已经完成匿名化和脱敏处理，也要做好数据库安全管理工作，避免"拖库"和"删库"等安全事件的发生。

2．品牌主的数据资产观

在日常生活中，数据无处不在，但并非所有数据都能成为资产。只有可控制、可测量和可货币化的数据才可能成为资产。数据资产是由经营者或组织拥有或控制的、能够带来未来经济利益的数据资源。

数据资产通常具有虚拟性、可共享性、时效性、安全性、可交换性和可延展性六大特征。当前，很多企业都在重新评估自身从现有数据中获得的价值，探索使用新型营销技术从数据中获得更多价值，并且对数据进行优化，加密保护涉及企业机密的信息。例如，内容资产管理系统可以让企业轻松地存储、组织、查找、管理、分发和分析其数字内容指向的信息与知识。

《中共中央 国务院关于构建数据基础制度更好发挥数据要素作用的意见》明确提出，支持探索多样化、符合数据要素特性的定价模式和价格形成机制，推动用于数字化发展的公共数据按政府指导定价有偿使用，企业与个人信息数据市场自主定价。

数据的存储和安全性对确保数据完整性至关重要。企业应维护其拥有的所有数据目录及其简要文件，指示数据的存储位置、创建时间和使用方式。数据应便于员工访问，同时对涉及用户个人信息的数据进行加密保护。如果员工需要获得数据访问授权，应有明确的审批流程。企业还应通过限制员工的访问权限来保护数据的完整性，对于访问权限之外的数据，只有在获得数字安全负责人（高级管理人员）特别许可的情况下才能访问。所有这些数据安全责任文件都需要依法备案，以满足合规要求。

9.3.4 数据的分类与使用

2017年，阿里巴巴提出了"全域流量"的概念，主张采用"数据驱动、以消费者为中心"的营销方法论。中国的数字营销建立在"用户—互联网—品牌"的全域流量基础之上，而互联网打通了平台主导的用户数据，形成全链路营销，对顾客消费行为和购买习惯的拟合与洞察已超越了品牌的视野。

数据通常分为四类：

- **第一方数据**：由企业/品牌自身从目标受众或现有顾客中收集，包括自有渠道（如网站、微信、APP、小程序、呼叫中心等）、CRM系统、SCRM系统的用户注册数据、客户地理信息数据、交易和行为数据，以及线下数据（如市场活动数据等）。借助CDP，营销经理可以将这些数据整合到一个系统中。
- **第二方数据**：指平台和其他企业的第一方数据。当企业有业务需要时，通过购买或交换获得的数据即为第二方数据。这类数据通常是关于用户的平台级服务数据，质量较高，可以补充企业自身的顾客数据库，并增加新客户群体的触达和预测。但主要互联网平台通常不会对外输出第二方数据，营销人员在采购发布者数据时也需要特别注意数据隐私安全与合规问题。
- **第三方数据**：通常是通过专业数据公司购买的数据，来源多样。这类数据以前可以通过DMP管理和交易，用于程序化广告投放。但第三方数据的质量和来源没有第一、二方数据可靠。而且，第三方数据一般是开放市场交易的，竞争对手也可以使用，缺乏排他性，增加了行业竞争挑战。
- **零方数据**：这是海外的一些商学院学者提出的一个新概念，指的是顾客主动选择提供给企业的数据和信息。例如用户在参与调查或填写表单时提供的数据，或者在直播或产品体验过程中，企业与用户的直接互动形成的数据。这类数据通常被认为是最可靠和最有价值的，因为它是由用户主动提供的，主要用于创造更好的客户体验，如个性化勋章头像、专属定制款型等，直接反映了用户的偏好和需求。零方数据仅对具有用户ID的顾客具有意义，匿名顾客的喜好主要被营销经理用作人群参考。

第一方数据的价值与应用

第一方数据对于创造更深层次的顾客互动和忠诚度体验非常重要。除了基本信息之外，还需要增加一些其他数据，如性别、生日、产品偏好和行为数据等。第一方数据是品牌的现有消费者记录，品牌可以在这些自有数据的基础上创建高度个性化的体验。但一般企业的数据体量较小，对企业的品牌影响力和数据收集能力要求较高。利用丰富的第一方数据可以创建更多自定义消息，吸引更多长期客户。

品牌需要确定收集哪些数据，以及如何使用这些数据。例如，收集消费者的生日信息以发送生日短信和特别优惠活动提醒。了解消费者的产品偏好有助于识别需求，推荐相关产品，提高转化率。

有多种方式可用于请求顾客提供更多数据，其中一种便捷方法是在注册时使用弹窗。在顾客注册订阅服务时，就可以邀请他们填写性别、生日、产品偏好等选项。在这个过程中，重要的是要向消费者强调分享个人信息能带来的好处，以激发他们的填写意愿。

基于这些数据加深对消费者的了解后，就可以通过数字营销直接策划个性化瞬间，增加顾客对话，提高顾客忠诚度。整个用户体验应当是无缝和个性化的，贯穿品牌和消费者的全链路接触点。

在企业开始建设 CDP 之后，营销经理认识到数据本身是粗糙且分散的，只有通过数据挖掘和数据分析才能体现出价值。**数据挖掘**是指从大规模数据中自动地发现潜在模式、趋势和关联性的过程。通过数据挖掘，企业可以识别消费者需求，从而开发满足需求的服务（包括内容和信息），深化顾客品牌融合，提升顾客终身价值。**数据分析**则是从数据挖掘中获得有价值内容的过程。数据分析的原材料来自企业的日常运营，而分析结果必须能反哺企业运营管理和数字营销，巩固和加强数据挖掘的应用。

数据挖掘与数据分析都属于数据科学的范畴。**数据科学**涉及各种类型的数据，如用户基本信息、浏览行为、互动行为、交易行为等，通过聚类模型，给消费者打上标签，做用户分群和画像，洞察他们的行为特征，对不同细分用户进行个性化营销和场景运营。数据科学也研究如何有效提高转化率，通过建立多种 AI 模型实现产品的个性化推荐，如基于物品相似性、服务、内容、活动和信息的推荐，或基于个人兴趣爱好相似性的推荐。具体来说，全面了解用户特征是个性化内容精准推送的基础。

总之，广告与数字营销的个性化推荐需要整合 CDP 数据，开发推荐算法模型，利用购物车规则、关联规则、协同过滤等，以有效预测用户下一步旅程中所需的信息、内容服务和商品。

9.4 本章小结

本章展示了数字营销技术如何演进至 CDP，实现企业的数字化转型，在这个过程中还介绍了 CRM 系统、SCRM 系统，以及 DMP 产品。CDP 主要解决的是互联网技术赋能下的用户活跃行为分析。

企业营销的数字化转型需要适应"用户－互联网－品牌"的新型能力结构，主要将数据（技术）作为营销增长的动力。

CRM 系统管理的是已购买的实名顾客数据，其对匿名顾客的行为难以识别和洞察。同时，传统 CRM 系统无法从互联网数据源获取大量数据，通常只服务企业内部营销部门，比较封闭。

SCRM 通过社交媒体平台定位用户和潜在顾客，提供便捷的服务和个性化的营销策略。数字技术互动是 SCRM 系统的核心，主要由互联网用户数据驱动。

DMP 是随着程序化广告的出现而发展起来的，通常作为程序化广告的数据池。DMP 改变了广告投放的思维，由过去的广告主指定媒体购买，转变为现在的广告服务于"货找人"的模式。

CDP 作为信息交换中心和存储库，存储来自各种内外部系统的数据。CDP 连接了企业内外的各种营销技术系统，其数据分析功能让企业对用户情况有更快更全面的理解，并及时做出反应。

在数智时代，企业对顾客需求的掌握始于数据。CDP 由数字广告技术发展而来，已成为数字营销技术的三大中心领域之一，持续推动着企业的数字化转型。

本章术语与重要概念

顾客关系管理（CRM）系统　　　　第三方（代理商）DMP
社交顾客关系管理（SCRM）系统　　客户数据平台（CDP）
知识管理（DIKW）模型　　　　　　数据中台
关系营销　　　　　　　　　　　　数据分级管理
顾客价值 RFM 分析模型　　　　　　自有数据分析
顾客终身价值（CLV）　　　　　　　品牌主数据资产
数据管理平台（DMP）　　　　　　　第二方数据
退量　　　　　　　　　　　　　　第三方数据
第一方（广告主）DMP　　　　　　　零方数据

本章思考题

1. CRM 系统的诞生是为了满足企业顾客关系管理的需求，为什么 SCRM 却属于数字广告产品？
2. 互联网广告行业普遍认为程序化广告技术中的 DMP 是 DSP 伴生而来的，你怎么看待 DMP 这项专业数据服务的市场价值与实现途径？
3. 通常认为，随着 2018 年 GDPR 出台，全球开始加强数据合规的立法后，主要的品牌企业纷纷开始自建 CDP，而不再委托、外包给第三方广告营销服务商，请简述出现这种变化趋势的原因，以及对企业营销重新看待数字广告生态的意义？

第 10 章

接触点体验

本章指引

本章将聚焦于数字广告生态和数字营销技术的核心目标——接触点体验。

在中国数字广告营销的版图中,数字广告生态已经完成了数字营销基础设施的"三通一平",即打通内容、打通数据、打通接触点,"平整"通往电商交易的道路。这里的交易(包括支付)是互联网电商的核心。这里在模拟数字世界的营销基建改造时使用了类似于"土地平整"的术语。无论是基建投资还是消费零售,都是一个国家 GDP 的重要组成部分。从微观层面看,数字广告生态的广告产品和营销技术解决了营销的数字化转型问题;从宏观层面看,它们提升了国家流通产业经济的生产力要素。

本章的重点在于"接触点",正是接触点承载了丰富多彩的广告营销创新,以及活跃的顾客品牌关系。在技术驱动的价值创造过程中,数字营销经理需要避开"碎片化媒体"和"受众粉尘化"等概念的陷阱,建立接触点体验管理系统。通过这一系统,可以科学分析用户活动,并运营全链路的广告内容营销。精细化营销的终极目标是管理数字用户与品牌在每一个接触点的体验。

在 20 世纪的经典学科分类中,传播的对象是受众,载体是"媒体";销售的对象是"顾客",载体是"渠道"。然而,在互联网平台同时具备媒体和渠道能力的今天,这种分开的学科视角已不再适用于数字广告营销。整合营销传播 3.0 理论将传播视为营销,认为传播的微观对象场域是技术覆盖的接触点营销。同时也主张"营销即传播",认为细粒度的接触点可以用来计算数字化内容信息(包括广告)的用户体验服务。

想象一下,如果通过技术创新,实现了使用"数据"来测量信息传递到接收者的双向互动效果,营销经理就能掌握动态技术赋能的"内容"创意,从而实现个性化定制和反馈式投放。企业的营销传播可以利用 CDP 的顾客数据和 DAM 的创意内容,共同作用于各个接触点，管理用户接触点旅程的体验。数字广告生态形成了闭环营销结构，在用户接触点旅程的任何阶段都可以发起信息交互服务（包括广告），帮助用户提升价值并满足顾客需求。

本章将深入探讨数字广告生态中的前沿数字营销技术，重点包括以下三个方面：

- 数字广告生态中顾客体验管理的全新技术与测量方法；
- 接触点浸合的概念，即数字用户浸合到品牌内容交互，由顾客驱动；
- 程序化广告技术激发的面向接触点运营与监测用户价值增长的营销自动化。

10.1 体验营销与接触点

10.1.1 体验营销

体验营销是指企业通过创造和提供独特、难忘的体验来吸引和留住顾客。这些体验构成了消费者或顾客对品牌的记忆。例如，人们在听到迪士尼、达美航空、Manner咖啡这些品牌时，所想到的可能不仅仅是游乐园、航空公司和咖啡店，还有与这些品牌相关的特殊体验。

1. 体验的概念

"体验"这一概念最早于1998年由约瑟夫·派恩和詹姆斯·吉尔摩在《哈佛商业评论》发表的《欢迎进入体验经济》一文中提出。他们将体验经济描述为继农业经济、工业经济和服务经济之后的第四种经济类型。在体验经济中，当公司有意将服务作为舞台，商品作为道具，甚至邀请顾客来当主演，以创造难忘的事件来吸引顾客时，就会产生一种体验。

古典经济学理论认为，可量产的商品都是可替代的。这里的商品是有形的，服务则是无形的。营销传播学进一步认为，精品内容是稀缺的，而体验则是难忘且个性化的，只存在于个体头脑中。心理学观点认为，由于每一种体验都来源于舞台事件与个体心理状态的互动，没有两个人能拥有相同的体验。过去，体验更多归属于服务营销，由真人提供线下服务，而在数智时代，产生了极丰富的数字体验。

传统广告营销主要关注前端的品牌传播，通常不负责后续体验，后者是销售或客户服务人员的工作范畴。这种脱节可能导致顾客失望，如营销传播出色但产品质量差。著名营销学者西奥多·莱维特将其称为"营销短视症"。

哥伦比亚商学院的施密特开发了用来细分体验的心理模组，将消费者体验划分为五大类型，包括感官体验、情感体验、思考体验、行动体验和关联体验。其中前三项是个人独有的体验，称为"个人体验"；后两项常在人际互动中产生，称为"共享体验"或"社会化体验"。在互联网社交媒体时代，社会化体验成为数字体验与数字营销中的重点增长力量，在平台型社会中得到充分放大。体验研究的理论创新预示着经典广告与品牌价值的革新。随着数字广告在移动互联网中的急剧扩张，精细化的体验在每个数字连接界面中创造价值。

顾客的体验以及如何将这些体验的"数字信息"传递给他人，实际上塑造了新时代品牌的数字创新及传播力。用户引发的品牌传播同样是营销的一部分。一旦广告与新用户接触并产生互动，便成了数字体验（即虚拟服务）。尽管企业在数字营销技术上有众多选择，但最关键的仍是广告和营销活动如何有效触及用户。因此，数字营销需要更深入地规划和设计接触点"地图"，从而打造卓越的客户体验。品牌亦需要呈现真实且可感知的数字体验与服务过程。

2．顾客体验旅程

数字技术所涵盖的顾客体验（Customer Experience，CX）包括消费者与品牌的接触历程，涉及前链路、中链路、交易环节及后链路使用，构成顾客对品牌的综合评价和看法。这包括消费者的好感度、满意度、偏好度以及忠诚度。

顾客体验贯穿着用户接触点旅程的始终，涵盖了所有链路。顾客在线上线下与企业的广告、内容、产品、服务甚至员工的接触和互动，均构成了客户体验的一部分。

这些接触点和互动，不论是有意的还是无意的，从顾客的角度来看，可能都不一定有明确的需求。然而，当用户在特定场景下接触到相关信息和服务时，这些接触点更容易转化为实际需求。广告和品牌内容在社交媒体、兴趣探索和用户应用搜索中起到先导作用，不仅为营销创造条件，也帮助消费者发现需求，成为数字广告的前链路。

互联网数字技术能够追踪并监测顾客体验链路中的行为效果数据，从而改变了传统的宏观用户旅程视角。借助数字广告技术，企业能够把握互联网全链路营销的运作周期。

用户行为数据（例如，用户在浏览互联网界面时对广告内容的注意力分配，以及由此产生的点击和跳转等行为）从底层数据层面改变了传统市场调研，后者长期依赖于样本用户"自我报告"的固定问卷模式。自我报告的答案与真实的用户行为之间可能存在巨大差异，出现这种情况可能有各种理由。

在传统的顾客关系管理中，如呼叫中心的售后服务等，都是针对特定需求的。数字技术的应用使得精细化管理用户旅程成为可能。经用户授权，企业可以合法采集并利用体验产生的行为数据。

在互联网时代之前，调研者甚至无法想象未来能够拥有 APP 注册用户 ID 和全样本行为数据。

在社交媒体时代，人们可能在尚未直接接触品牌时，通过朋友或网络上他人对品牌的分享和评价，便能对品牌有所了解。即在消费者与品牌接触之前，用户的品牌体验就已经开始形成。社交媒体用户通过分享信息参与传播，其过程由 SCRM 系统进行采集和分析。

在顾客体验的转型中，物质层面的创新是有限的，而精神领域的需求却是无穷的。随着改革开放四十余年的发展，我国第一、第二产业的实物商品已极大丰富，发展重点转移到第三产业的商贸服务业，人们对精神体验的需求随着数字技术的发展而显著增长。体验经济，尤其是数字体验经济，为消费经济的发展提供了无限的生存和发展空间。

体验的概念和范围远比传统广告更为广泛，涵盖了使用中和使用后的体验。无论是前链路、中链路还是后链路的接触点均能创造价值（见图10-1），而接触点数据支持了企业在创造价值过程中的测量工作。

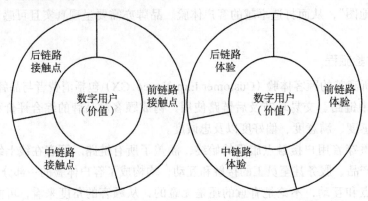

图10-1 接触点同时产生体验（创造用户价值）

顾客体验对品牌的盈利能力和价值具有决定性影响。如今，顾客与品牌的关系发生了变化：信息更为丰富，选择更加多样。因此，品牌必须迎合顾客的需求，否则容易造成顾客流失。顾客体验的主导权已从"营销者控制"转向顾客的使用和评价。

举个例子，作为以顾客体验为核心的家具行业领军企业，宜家早已为人们所熟知。在这里，宜家用户及其家人或朋友可享受美味佳肴、便捷的满减配送服务以及游客式的动线布局，带来愉悦的实景交互体验。这里面，宜家餐厅不仅是购物场景的一部分，更是顾客体验的重要组成。

根据麦肯锡的调研数据，消费者体验占据了影响顾客忠诚度因素的三分之二，对于那些致力于提升体验的企业而言，这意味着营收增长5%~10%，成本降低10%~20%。这些企业之所以表现出色，不仅因为它们提供了更优质的技术和创新产品，或更佳的顾客服务，更在于它们实施了"以顾客为中心，以顾客体验为驱动"的管理策略。

3. 营销与体验

自2000年以来，埃森哲、麦肯锡、Forrester等咨询公司开始推广客户体验的概念。埃森哲互动的CEO布莱恩·维普在多个场合强调："品牌现在是通过一系列体验而非单纯的'广告'来构建的。"

埃森哲的报告《重新思考CMO的角色》中指出，顾客体验已成为当今品牌竞争的新战场。研究显示，有87%的组织认为，传统体验已不足以满足其客户的需求。这一变化为首席营销官（CMO）提供了新的机遇：营销增长不再仅仅依赖于传统的品牌广告和传播，而是需要掌握提升顾客体验的能力。顾客体验带来的良好盈利预期（即使目前处于亏损状态）成了互联网独角兽估值提升的催化剂。

顾客体验涉及顾客心理分析、业务优化、营销技术引入、体验流程设计、行为数据采集与分析等方面，它被提升为企业管理层关注的企业增长和商业效益问题，超越了传统4A广告所强调的创意内容和营销传播推广。

Forrester研究发现，顾客体验评分每提升1分，大型企业的年营业收入就能增加1000万至1亿美元。传统广告当然是营销的重要组成部分，并将持续存在，但单靠传统广告无法推动品牌成长，它只是众多推动营销和品牌因素中的一环。

数字广告"三巨头"已经对传统广告定义提出了质疑，并积极推动数字广告概念和范畴的升级，在行业内率先打破了"广告主通过媒体发起传播和说服受众"的传统观念。得益于数字营销的接触点互动技术革命，沃顿商学院的温德教授建议品牌营销经理转向创造"由每天的新技术支持和洞察力启发的用户行为步调所引领的"无缝体验。由此，接触点体验管理成为数字营销技术的基本支柱之一。

10.1.2 接触点

1. 顾客接触点

接触点已成为营销传播中触达、互动和交易的关键末端。在数字互联网平台上，接触点作为最小的"原子级"媒体界面，承载着数字用户在这些点上完成"营销内容"的接收、处理和加工。

传统上广告是指付费媒体中的品牌信息，同时也包括原生广告（如在线社论报道、口碑与个人表达等品牌对话）。营销传播中用户自发分享的"接触点"被视为挣得媒体。

接触点是媒体与渠道的融合点，构成了"营销与传播相互转化"的细粒度阵地。在传统营销时代，媒体广告被用来放大品牌主张的声量（Share Of Voice，SOV），而渠道则是品牌商品或服务接触顾客的地理空间（Share Of Site，SOS）。随着技术的演变，尤其是搜索引擎、社交网络、移动应用的出现，媒体与渠道相互融合，缩短了人们从接触商品到产生购买决策的旅程。

接触点是企业与顾客之间产生联系，进行信息交换、产品或服务交易等互动行为的场所。通过接触点，顾客感知企业的产品、业务和服务，这些接触点既可以产生品牌广告效果，也可以产生直接引流的销售效果。接触点包括线上和线下渠道，涵盖了传统的媒体渠道和销售通路。

比如，顾客可以通过线上广告发现某个品牌、查看其他用户的评论、访问企业官网或线上旗舰店，最终在线上或线下零售店内产生购买。这些线上线下与顾客发生接触的广告、评论、网站、零售店等就是接触点。数字用户的接触点大多数在网站或移动应用上。

例如，2021年沃尔玛启动了电商广告项目，向品牌主提供自助式广告服务，品牌主可以在沃尔玛的页面端和移动端购买电商广告，引导用户流量进入沃尔玛、克洛泽、梅耶、塔吉特等美国本地商超APP，当年就形成百亿美元收入规模的零售媒体广告市场。

数字广告生态建立在正确理解用户媒介行动和品牌行为路径的基础之上。掌握接触点浸合和体验管理，是为了精准洞察用户与品牌的所有交互活动，开启数字广告营销的全新市场理论和实践。

接触点的概念虽然看似比较抽象，实际上却非常具象和重要。它们是消费者在数字世界中与商品、服务和内容发生互动行为的所有点，包括广告、软文、邮件、短信等营销推广类内容，网页，社交平台（如微博、微信），内容平台（如公众号、头条号、百度知道、知乎等），以及服务平台（如企业号、APP等）。品牌接触点还包括所有可以与线上连接的门店、推销人员、服务人员等。

掌握消费者接触点对企业营销非常重要，原因有二：一是接触点是消费者与企业品牌/产品发生直接交互的界面；二是这些接触点越来越多，形成数字广告生态，并能实时监测用户互动。

以电信运营商为例，顾客接触点旅程指标来源于运营商内部的各个信息系统，包括企业领域的营销、业务、渠道、支付等系统，以及运营领域的网络系统和组织领域的管理系统等。顾客的情感层体验指标可以通过多维方式获取，包括人工智能识别、动态机器调研、顾客轨迹记录、舆情客情采集等，涵盖环境、竞品、经济、社会、技术等影响顾客主观体验的各类数据。

消费者接触点的相关数据需要 DMP 数据库或 CDP 的支持。接触点已经成为传播管理的最小时空媒体单位，同时也是营销经理的最小价值交换空间。

用户接触点模型（见图 4-2）清晰勾勒出由顾客驱动的用户与品牌价值旅程。弱接触点指的是那些在受众媒介接触行为中普遍存在但影响力较低的潜在接触点。在消费者的接触点旅程中，前端广告就属于这类弱接触点，它们与用户品牌体验和评论信息等强接触点相竞争。在诸如抖音、快手这样的短视频平台上，我们可以观察到品牌在选择与短视频达人合作时，通常会采用基于顾客购买体验评价的方式来推广品牌和商品信息。

接触点通常是构建数字场景的关键部分，广泛应用于企业服务用户的过程中。对于 DMP 或 CDP 来说，数据要来源于尽可能多的接触点，广告位也是根据自动计算得出的接触点场景。企业数字营销的理想状态是：将互联网平台的公域流量场景转化为企业的私域用户流量场景，实现全链路用户接触点的精准计算。

2. 接触点闭环

数字营销研究机构 SmartInsights 发布的顾客接触点旅程（CDJ）模型，整合了谷歌的零时真相时刻（ZMOT）概念和麦肯锡的消费者决策过程理论模型。对于数字营销人员，特别是从事内容营销、社会化媒体营销和电子商务工作的专业人士来说，这个模型非常有助于他们理解影响消费者购买行为周期的因素。ZMOT 并没有过分强调广告接触点在启动消费过程中的作用，而是采用环形结构展开了第一真相时刻（FMOT）、购买决策（PD）、第二真相时刻（SMOT）、触发点、初始考虑集合（ICS）和新消费者路径，如图 10-2 所示。

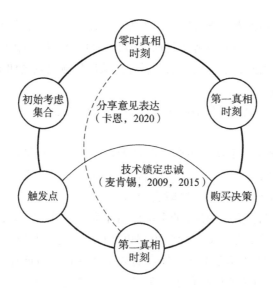

图 10-2　ZMOT 的最新消费者旅程模型

（1）零时真相时刻

消费者在早期接触品牌时，就会基于价格、性能、线上评论、店内体验和社交媒体等因素，决定是否将该品牌纳入考虑范围。

（2）第一真相时刻

在购买前的最终品牌列表集中，消费者通过评估阶段产品的体验评论，无论是线上评论（通过计算机或移动设备）还是线下评论（实体店内），从而做出决策。

（3）购买决策

购买时刻和服务体验有紧密的联系：消费者在购买行为发生前对品牌的感觉和对零售商的印象，在实际消费时会对应带来兴奋感或中立态度，或朴实、公平的交易感受。

（4）第二真相时刻

当用户开箱或首次使用商品时，获得了关于未来品牌消费的新信息。同时，产品的新鲜感会激发他们分享使用心得和经验的兴趣，如产品的易用性和新用法，从而创造一个"品牌足迹"，供未来的用户追随。

（5）分享意见表达（用户的主动选择）

哈佛商学院的卡恩发现，SMOT 中的分享意见（无论是正面评论还是负面评论）能够引导大量新用户进入他们自己的 ZMOT 或触发点。在中国，这被称为"种草"营销。消费者对产品的正面或负面评价将变成下一个消费者的 ZMOT。这样，ZMOT 的闭环就此完成。结合麦肯锡的理论，这可以继续扩散发展，形成社会（社群）潮流和圈层品牌文化。

（6）触发点（Trigger）

消费者的接触点体验旅程是由情感驱动的，它起始于各种需求，这些往往受品牌信息、朋友或口碑的直接或间接影响。触发这些需求的并不一定是品牌主动进行的广告或促销活动。所谓的触发点能够使消费者直接进入购买决策阶段。这是麦肯锡在发现"技术锁定忠诚"这一新路径后提出的：某些触发点源于先前的体验和自我倡导的品牌选择，是基于感性、信念和深层信任关系的。因此，麦肯锡的消费者理论从广告触发点延伸出了两条新路径。

（7）技术锁定忠诚

某些触发点自然而然地通过先前的美好体验、信任、强烈推荐或关系转化为购买决策。

（8）初始考虑集合

其他的触发点转化为一个初选集合。消费者在筛选时，总是带有个人偏好和预先构想的概念。筛选的形式可能包括研究、浏览、店内咨询、通过计算机或手机上网调查等。这些初选的产品和品牌构成了 ZMOT（零时真相）。

图 10-2 能够完全契合第 4 章阐释的全链路营销和广域集客营销理论。在数字营销理论创新的消费者行为模型中，消费者的旅程模型更加符合实际。与以往聚焦于漏斗形状 AIDA 广告营销模型和 5W 传播学模型不同，如今的数字消费行为可能在任何时刻、任何地点开始。数字用户如今面临的品牌接触点远多于以往。卓越企业的营销经理会通过管理更多的数字营销接触点，而非仅依赖于传统的"广告"接触点来激发消费者行为。

10.2 顾客体验管理与浸合营销

顾客体验源自顾客与品牌的互动，是顾客对自己与品牌关系的看法，既包括有意识的体验也包括潜意识的体验。顾客体验管理（Customer Experience Management，CEM）是近些年兴起的一种新型顾客管理方法和技术。

Gartner 认为，通过设计和响应顾客互动来达到或超越顾客期望，可以提高顾客的满意度、忠诚度和拥护度。企业应通过线上和线下接触点与顾客积极互动，深入了解消费者需求，以便提供个性化的体验，提升品牌忠诚度。

10.2.1 顾客体验管理

顾客体验管理由哥伦比亚商学院教授伯尔尼·施密特（Bernd Schmitt）在《顾客体验管理》一书中给出定义：战略性地管理顾客对产品或公司全面体验的过程。

顾客体验管理的目的在于贯穿顾客整个旅程的各个线上及线下接触点，整合顾客体验数据和行为数据，实现与顾客的全方位实时情感交互。目前许多企业经理对顾客体验管理的认识还不够清晰，容易将其与满意度调查、问卷调查等单一维度的营销和售后回访功能混淆。

从使用现状来看，大型企业通常将顾客体验管理视为数字化转型的战略目标，而中小企业则希望通过实施顾客体验管理快速改善经营状况，并直接提升销售数字。从行业维度来看，那些成交能力强、服务周期长、服务密集且数据沉淀较多的企业对顾客体验管理尤为重视。随着数字广告生态的成熟，数字营销已进入用户接触点旅程管理的复杂模型系统，对周期性购买的消费类需求的影响更加显著。

顾客体验管理的核心是企业主动通过其与消费者及用户之间的接触点进行体验研究，采集关键用户反馈信息与数据，以优化数字策略。简而言之，这涵盖了顾客体验、雇员体验交流、品牌体验和服务体验等多个方面。

顾客体验管理（CEM）平台是以公域倚重互联网平台广告，私域倚重品牌主内容营销的方式采集消费者体验数据，并在企业内部应用的工具化平台。

体验的概念成熟已久，但体验的测量、体验数据的内部应用，仍在很长一段时间停留在依靠人工呼叫、会议、报告等传统形式的阶段。数字广告营销技术凭借双向交互信息的能力对其开始革新。

2018年，SAP以80亿美元的价格并购Qualtrics，在随后一年多时间里，多家CEM企业先后上市，包括Medallia、SurveyMonkey、Sprinklr等。这些企业多以体验数据采集、分析和产品应用见长，在过程中与上下游产业形成行业技术规范。

CEM平台作为一种综合性解决方案，旨在帮助企业提升顾客体验和满意度，从而增强企业的竞争力并提高市场份额。其主要功能包括：

1）数据收集与分析：通过各种渠道收集顾客反馈和行为数据，进行深入分析，以更好地理解顾客需求和偏好。

2）个性化营销：根据顾客数据和行为模式提供个性化的产品和服务推荐，提升顾客满意度和忠诚度。

3）多渠道互动：通过多种渠道（如社交媒体、短信、邮件等）与顾客互动，优化顾客体验并提高品牌认知度。

4）服务管理：帮助企业管理顾客服务流程，提高服务质量和效率，提升顾客满意度和口碑。

5）数据可视化：将顾客数据和分析结果以图表等形式展示，助力企业更好地理解顾客需求和行为，制定更有效的营销策略。

顾客体验管理是一个深入了解顾客的过程，旨在让品牌能够创建和提供个性化体验，设计整个体验过程中的价值体系，并优化这一体系，最终实现"实时个性化"。这一过程需要数字广告技术平台的协作机制，以及用户许可营销的确权数据流转，才能实现技术创新。

表10-1展示了顾客体验管理与顾客关系管理的比较。

表10-1 CEM与CRM的对比

比较项	顾客体验管理（CEM）	顾客关系管理（CRM）
采集覆盖	覆盖全旅程（售前、售中、售后）	售后接触点
数据输入	实时规模化数据处理	零售点录入和计算机辅助调查
数据记录	按接触点获得的数字用户编码	按顾客ID记录
宗旨	提升用户体验浸合和拥护度（Advocacy）	提升满意度和忠诚度
价值计算	通过浸合互动，提高留客和转向私域	提高顾客CLV
日常任务	监测体验创新，广域集客拉新、促活	通过促销方案吸引新顾客，保留老顾客

随着企业数字化进程的加速，消费互联网与产业互联网的融合发展日益加深，传统的顾客体验管理模式开始面临挑战。新兴的 CEM 平台在洞察顾客体验方面表现优于传统的 CRM 系统。CEM 的具体优势表现在。

1）在处理顾客的情感体验数据方面，能随时启动 NPS（净推荐值）和 CSAT（顾客满意度）调研，展现出实时营销的能力。

2）可以通过数字化前链路、中链路和后链路接触点来实现端到端的整体顾客体验旅程改善。

3）能够处理顾客体验感知与系统性能表现的背离问题，传统营销信息管理主要关注于内部系统建设，而数字广告营销的重点在于"广域集客营销"，融入数字广告生态。因此，CEM 系统需要基于数字广告生态和互联网平台的能力进行构建，是由数字广告推动的新型营销技术。

4）能够实现顾客体验感知的预测和主动改善。人工智能和机器评测的介入，改变了企业管理控制手段的后端"补救"状态。通过数据分析预知顾客体验的变化，主动调整策略，加强用户的正面体验和消除顾客的负面体验，是数字增长导向的顾客体验管理面临的挑战。

5）顾客体验基于数据分析和智能洞察进入新阶段。这有助于企业及早发现和预测顾客的痛点和难点，在产品、流程、交互、情境等各个方面持续运营提升，基于顾客洞察的市场营销融合能给顾客带来更多的接受感、正向体验和综合价值。

6）持续运营内容引导数字用户体验优化，成为企业数字营销的中心。随着数字广告系统的成熟运转和数字广告生态的持续发展，传统广告的作用减弱，持续运营内容包括融合营销、顾客运营、数据运营、内容更新创造，最终形成对顾客体验的创新运营。数字企业需要与数字广告生态的各个系统协同，从接触点旅程上提升价值和满意度，广告传播和商品营销不再是分离的。

顾客体验管理不仅仅是为顾客提供服务，还用于了解顾客在哪里购物以及购买什么品牌的商品。顾客体验管理是借助广告营销技术浸入和理解顾客的过程，目的是帮助品牌提供个性化体验，吸引顾客。这使得用户不仅对品牌保持忠诚，还会主动向他人"种草"，创造出高价值的用户自主分享的广告形式（品牌主不需要付费）。

10.2.2 浸合与体验管理

本书中的"浸合"出自中国营销学者卢泰宏教授在《品牌思想简史》中对"engagement"一词的翻译。

在互联网盛行后的中国数字广告领域，浸合成为一个全新的行为效果指标。在展示曝光之后，链路中的用户 AARRR 和 5A 模型被用于衡量，字节跳动则创新性地定义了"A3种草"用户，首次概括了中国互联网内容交互的丰富体验层次，其中重点是用户的"种草"行为指标，即消费者在完成商品购买前的心理决策。

浸合理论由马特豪斯和卡德于 2008 年提出，旨在将广告互动性理论升级为体验指标集的浸合。浸合成为互联网广告与内容营销为用户提供的可参与互动体验的"阶梯"。美国西北大学凯洛格商学院的鲍比·卡德认为，顾客浸合是一种心理状态，通过交互式行为事件，实现共同的顾客体验与品牌内容。在连续动态交换意见的过程中，消费者的交互是一个多维概念，受到相关的认知、情感和行为维度的场景以及利益相关者个性化表达的影响。

整合营销传播学者将"浸合"视为一种多层次的构面，它来源于实现个人目标的一个或多个丰富体验的想法和感受。例如，用户提供实时的体验描述，确认"种草"记忆的体验，进而影响其未来需求满足的行为。对于直接体验的测量，应当尽可能处理单独体验的潜在指标，并对每个体验的指标进行因素分析，以确定单个用户的体验类别，这包括：

1）互动：即与他人建立联系。
2）转移：即脱离常态或转向新事物。
3）发现：即获得洞察力、知识或技能。
4）身份：即表达自我。
5）公众导向：即为社会做出贡献。

科特勒与阿姆斯特朗在《营销原理》（第17版）中将**浸合营销**（Engagement Marketing）定义为：使品牌成为消费者对话中的核心价值主题，促进品牌与顾客的直接和持续涉入。凯勒提出，用户浸合不仅强调消费者的认知，而且重视研究消费者的行为。美国广告研究基金会（ARF）将浸合定义为：通过强化场景互动的效果来唤起潜在消费者对品牌的强烈兴趣和欲望。

借助数字技术，品牌主在互联网上获得用户授权数据，使顾客购买前的用户体验行为可以通过CEM营销技术进行管理，从而极大地拓展了数字广告生态。在接触点的"细粒度"数字载体中，品牌主管理的是广告交互与内容浸合。无论是"广告"还是"内容营销"，都发生在数字互联网的接触点上。因此，消费者的接触反应过程和行为，以及其背后所代表的用户共创品牌的价值、能力与意愿，都被纳入广告营销范畴。以往的营销信息系统完全没有涵盖这一领域，因此顾客浸合管理与接触点体验管理成为相互关联的数字营销技术体系。

马特豪斯和凯勒将浸合分为低浸合（Low Engagement）和高浸合（High Engagement）。低浸合指用户的被动互动行为，如关注时长、收集、点赞、订阅跟随、简短评论等。高浸合指用户更为积极的行为，如编辑评论、转发和分享内容、定制品牌标记的个人主题页面等，这些活动需要深入创作和主动传播。

顾客浸合管理被营销技术创始人布林克认为是顾客体验管理的最新营销技术产品。因此，CEM这一术语在数字营销领域有两种含义：

1）顾客浸合管理，其中的浸合是名词，指的是企业对接触点浸合展开的管理，这是一种营销传播的创新。

涉入（involvement）最早由广告学者库拉格曼于1967年提出，并由扎伊科夫斯基于1985年开发涉入度量表完善了理论，该理论被博达大桥广告公司开发的FCB网格模型采用和推广，形成关于消费者行为的重要理论之一。

2）顾客体验管理，其中的互动形成了体验，其来源更贴近欧洲关系营销与服务营销学派，蕴含了服务主导逻辑（Service Dominant Logic，SDL）。

CEM 融合了顾客体验和浸合理论，展现出整合营销传播的跨学科视野。对传统顾客体验管理的创新之处在于，它要求顾客主动参与或发起以实现用户浸合。在数字化网站分析中，用户浸合（User Engagement）指的是用户在网站上的所有行为和互动，如停留、点击、浏览、购物等。

CEM 扩展了数字广告技术在营销中的应用，不仅限于单个网站上的用户浸合活动，而是涵盖所有营销传播接触点的用户浸合。例如，早期单一 Cookie 只能记录某个接触点用户和网站服务器的交互，但多个 Cookie 和多渠道识别同一访问来源，就可以实现全链路营销。

2020 年后，企业希望涵盖的消费者接触点变得更多，从网站扩展到 APP、H5、微信、抖音、快手、B 站、小红书、头条号、天猫、淘宝、京东等。企业的营销目的是提供跨域监测、跨平台和跨设备用户授权信息的打通服务体验。

数字营销"上半场"的程序化广告以第三方掌握用户数据为广告目的，而"下半场"的企业级营销技术中的接触点浸合，则侧重于将服务体验优化和定制营销目标交互地传递给消费者，这比程序化广告更能赢得消费者，也更容易得到营销许可和用户数据授权。

顾客浸合管理需要对接触点上用户的互动信息进行收集（通过数字广告技术手段，并得到用户授权许可）和打通（将同一用户的各种信息归集为单一消费者身份），并基于这些信息为顾客在不同场景下提供高相关性的营销内容和体验。

顾客浸合营销因此符合企业内容营销与用户运营战略的"增长飞轮"模型，如图 10-3 所示。企业营销者可以结合产品、服务、品牌、内容的特点，测量定义接触点体验层（功能、流程、互动、环境）和情感体验维度下的具体指标内容和数据来源，重新设计接触内容，识别顾客考虑节点，提升交互体验，并将决策购买和日常使用加入建模计算，形成对顾客体验的往复测量和评估，从而优化顾客体验和管理"增长飞轮"。

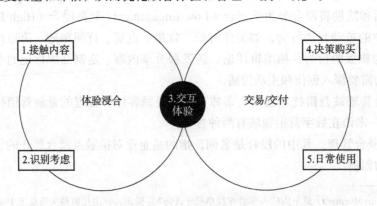

图 10-3　顾客浸合的"增长飞轮"模型

与传统的以"交易"为营销目的的顾客互动过程不同，新兴的"增长飞轮"模型强调持续与用户及潜在用户的浸合交互，持续创造并放大顾客体验和用户分享，从而实现由内而外驱动的数字增长。例如，小米的"和用户交朋友"价值观以及罗永浩的"交个朋友直播间"都是这种理念的实际应用案例。基于此的顾客浸合理论实际构成了顾客体验的接触点"飞轮"。

10.2.3 通过数据管理顾客体验

数据是顾客体验管理的基础。CEM涉及接触点用户体验共创价值的营销科学数据分析。

1．数据驱动指标

数据是最直接、最直观的驱动指标。数据对塑造和优化个性化用户体验具有重要的意义，并且会直接影响企业的数字化营销进程。在合法合规的前提下，数据本身属于基础设施，只有通过分析形成数据产品并被有需要的企业确权使用，才能体现出价值。数据能够关联解释顾客体验。

首先，对消费者体验进行精准测量至关重要。新兴品牌和产品不断改变这一领域，而与传统广告方式相比，内容营销正获得空前的发展机遇。用户主动分享品牌内容，为品牌展示带来了创新性的变革。与此同时，创新内容帮助消费者重新界定他们的购买效用函数，这与传统的硬广告形成鲜明对比。

"效用函数"指的是消费者在消费过程中所获得的效用与其消费的商品组合之间的数量关系。这一概念用于衡量消费者从特定商品组合中获得满足的程度。

以蔚来汽车的车主线下聚会为例，这种场景活动基于线上数字用户品牌活动的"广域集客"策略。忙碌的消费者一般不会无缘无故走进市中心的品牌线下旗舰店购物，相反，他们常常是出于娱乐、亲子教育、培训活动或社交等多样目的。所有这些都可以通过在线营销来实现，进而创造消费者特地前往的营销体验，从而在消费者心中预设品牌节庆事件。

从营销经理的角度看，每次广告和内容营销的引流活动都能在接触点上看到真实的数字用户基数和活动报名人数。浸合营销的成功运营，实际上横跨了售前潜在顾客和售后忠诚顾客这两个群体，形成了相互促进用户转化的数字增长浸合营销指标。这些是传统广告营销体系——无论是SCRM营销还是售后CRM——都难以实现的。

因此，接触点浸合必须以数字用户的可识别性、内容数据监测和行为数据效果管理为基础。营销者传播管理的重点在于投放活动的接触点，展示出真实的"广域集客"能力。

在创立整合营销传播理论以后，舒尔茨一直主张使用它来革新"广告"，因为整合营销传播超越了传统广告的范畴。整合营销传播学派继任者马特豪斯近年将浸合理论、CLV和计算广告研究结合在一起。凯勒在协助科特勒修订《营销管理》第16版时指出，浸合综合了整合营销传播的八大平台，成为值得重点推广的营销数字化转型理论。美国西北大学梅迪尔整合营销传播学院和凯洛格商学院发起了顾客浸合这一概念，哈佛商学院和沃顿商学院的专家学者，还有麦肯锡集团、埃森哲互动和数字广告"三巨头"都聚焦于这一概念，重新诠释了广告学与数字营销的核心任务。数字广告的重点在于发展"广域集客营销"，而接触点浸合矗立在智能技术、内容、数据之上，跃然成为数字广告营销领域前沿的高峰。

2. 净推荐值测量顾客体验

2003年，弗莱德·莱因哈特在《哈佛商业评论》发表了"The One Number You Need to Grow"一文，提出了**净推荐值**（Net Promoter Score，NPS）的概念。莱因哈特在2011年发表的《终极问题2.0：顾客驱动的企业未来》中，将NPS发展为一套顾客体验管理的指标体系。此后，全球各地的卓越公司开始实践这一概念，将其作为衡量客户满意度的流行指标之一。营销人员普遍认同："最好的奖赏来自顾客的口碑，它同时象征着满意、忠诚和信任。"

净推荐值（NPS）是一种衡量顾客向他人推荐某企业或服务的可能性的指数，可用于评估顾客体验并预测业务增长。在调查中，受访者需要以0~10分评分，其中0分表示"完全不可能"，10分表示"非常可能"。根据受访者的评分，可以将他们划分为三组，每组包含不同类型的顾客：

- **推荐者**（9~10分）：理论上最有可能推荐产品的人群，他们对产品满意并且是忠实顾客。
- **中立者**（7~8分）：这些人虽然喜欢你的产品，但并没有达到愿意承担"影响声誉"的风险去进行推荐的程度。
- **贬损者**（0~6分）：这类人对你的产品满意度低或完全不满意，他们通常不会推荐，而且很可能劝阻他人购买。

在国内外企业中，成熟的NPS测量通常包含以下问题之一：

"请问您愿意为本公司的营销服务打分吗？您对整体体验满意度的评分是多少？请从以下分值中选择：（0，1，2，3，4，5，6，7，8，9，10）。

"如果您负责一家企业的营销业务，您有多大可能雇佣我们公司的这位客户经理？请从以下分值中选择：（0，1，2，3，4，5，6，7，8，9，10）。"

（1）如何计算NPS

计算公式：净推荐值得分 = 总推荐者百分比 − 总贬损者百分比

示例：如果有50%的受访者打出9~10分，而有20%的受访者打出0~6分，那么NPS得分为50 − 20 = 30。

（2）什么是良好的NPS

NPS得分的范围为−100~100，如图10-4所示。如果一家公司的贬损者多于推荐者，得分为负，相反则得分为正。通常，NPS≥0被视为"合格"分数；NPS>20被视为具有一定优势、值得竞争对手警惕的评分；NPS＞50 则被视为具有"显著行业优势"的优秀领导者得分，处于"卓越"水平。NPS 越高，意味着该企业在行业中越领先，与竞争对手的差距越大。如果 NPS＜0，则意味着企业需要立即着手改善，例如从提高顾客满意度开始。

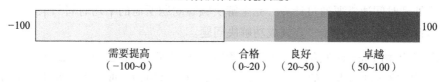

图 10-4　NPS 值在不同区间的含义

不同行业有不同的基准，各行业的平均分数也有很大差异。例如，一份 2018 年的研究显示，Netflix 的得分为 64，PayPal 的得分为 63，亚马逊的得分为 54，谷歌的得分为 53，苹果的得分为 49。这些企业的 NPS 得分都处于全球领先的水平。

对于营销传播中介行业而言，0～20 分是一个"尚可接受"的分数。如果你的分数低于行业平均水平，说明还有提升空间。具有明显增长优势企业的分数通常要求在 25～50 分，这意味着你的顾客非常喜欢你的品牌/产品/服务。

实现行业最高 NPS 分值可以创造用户传播品牌的扩散推荐效应。这被视为"圣杯"级别的指标，优胜于任何国内外赛事评审的大奖，顾客体验总评价指数甚至超越了广告行业领袖"名人堂"颁奖。

（3）其他数据测量

- **顾客满意度**（CS）：CS 衡量的是顾客对与企业提供的特定体验（例如从客户支持处获得答案或退换产品）的满意程度。通常，顾客满意度是通过发送自动调查问卷来衡量的，请求顾客在一个从"一点也不满意"到"非常满意"的范围内对满意度进行评分。

- **顾客费力程度评分**（CES）：CES 用于确定顾客完成任务所需的工作量，例如支持请求获得处理或找到他们正在寻找的产品。它通常通过向顾客发送自动化的交互后调查来衡量，要求顾客对一个特定的陈述在一个确定的范围内进行评级。例如，对于顾客支持交互，可能会问："您个人为解决问题付出了多少努力？"并让他们在"非常低的努力"到"非常高的努力"的范围内对交互进行评价。如果测量为顾客找到他们正在寻找的产品的难易程度，可能会问："在寻找产品时，我是否感到轻松？"选择范围为"强烈不同意"到"强烈同意"。

- **顾客流失率**：顾客流失率是指那些不再重复购买（基于交易的业务）或取消订阅服务（基于订阅的业务）的顾客比例。这项指标通过将流失的顾客数除以任何给定时期的活跃顾客数来计算。例如，在海外，剪线族一般指取消有线电视订阅服务的群体。通过剪线族数量可以计算有线电视行业的用户流失率，在美国，这个数值已经超过 50%。

❑ **第一响应时间和平均处理时间**：第一响应时间是客户获得对其支持问题的初始响应所需的平均时间，通常通过计算从客户首次发起提问到收到企业首次响应的平均时间来度量。**平均处理时间**是指从头到尾解决顾客支持交互所需的平均时间，包括与客户在电话、电子邮件、聊天或其他渠道上的交互时间以及交互间的等待时间。平均处理时间通常要通过计算"完全解决顾客问题所需的平均时间"来度量——从顾客首次发起交互开始，直到成功解决问题。

全球研究机构 Gartner 归纳了一些测量数字用户体验的标准，包括 DAU（日活跃用户数）。还有可以追溯性地度量的一些指标，比如平均生命周期，或更能预测用户继续成为顾客的可能性的一些指标，如购买频率、是否使用多个渠道、忠诚度计划的参与情况、平均订单大小、重复订单数和退货率等。

员工敬业度这组指标可能只出现在 10% 的消费者体验调查中。Gartner 调查发现，员工敬业度是实现顾客体验改进的一个主要关注点，86% 的组织将其视为影响顾客体验的重要因素。

净收入留存率（Net Dollar Retention，NDR）成为 SaaS 营销技术服务行业的重要指标之一。NDR 指标至少应该在 100% 以上，而超过 120% 的表现则标志着企业的卓越。NDR 的计算公式为

NDR=（期初 MRR + 扩张 MRR − 减购 MRR − 流失用户 MRR）/ 期初 MRR × 100%

其中 MRR（Monthly Recurring Revenue）是指每位顾客每月支付的费用。

沃达丰（Vodafone）启动了一项涉及网络运营、服务运营、广告、公关、技术、安全以及第三方供应商等多个领域的顾客体验管理系统并为此建立了一个专门的技术团队，负责将网络信息转换成数据信息，还在团队中加入了用户体验（UX）设计师，以确保执行过程始终以顾客为中心。

沃达丰还进行了广泛的可用性研究，以验证图形设计和用户体验的情况。在实施、分析和改进之后，2021 年，沃达丰的广告市场收入达到了 23 亿美元，约占美国本土广告收入的百分之一。

10.3 大数据调研、数据科学和个性化体验

顾客体验管理（CEM）整合了顾客购买前、中、后的全链路数据，赋能广告与营销策略的制定，开始展现出常态化、交互化和智能化的特征。CEM 的三项主要功能为：接触点数据采集、用户体验数据分析和指导浸合创新的数字广告营销活动。

例如，Netflix 通过建设 CEM，更好地服务于 1.51 亿订阅用户的数字化交互。Netflix 从每个用户处收集数据，并利用数据分析了解订阅者的行为及观看模式，使用这些信息来

根据订阅用户的选择和偏好推荐定制的电影和电视节目。事实上，Netflix 早就宣布有超过 80% 的数字用户观看行为已经是由个性化算法推荐而触发的。

10.3.1 大数据调研

传统的消费者洞察和市场调研方法主要来自社会学研究，包括问卷法、访谈法和实验法等，但这些方法存在数据不准确、周期过长等问题。虽然眼动仪、fMRI、脑电仪等新型研究设备的引入在一定程度上解决了客观性和真实性问题，但成本高昂，难以大规模推广应用，而且实验室条件与真实使用环境相差甚远。

接触点上多层次的数据技术能够创造新的价值，对消费者的洞察更加准确、快速、低成本，相比传统方法和高成本新型消费者洞察方法具有明显优势。如今，全球的 CEM 市场规模预计已达到 1000 亿美元，中国的 CEM 市场规模预计在 2028 年前会达到 3000 亿元。企业当前的核心诉求是从传统的定量和定性研究转移到大数据互联网平台和 SaaS 营销技术的开发上。

1. CEM 行业与相关企业

海外的 CEM 行业已经比较成熟，催生了 Qualtrics、Sprinklr 等数字营销产品公司。在中国，CEM 营销技术也成了大企业争相投入的新领域，目的是在数字广告生态中建立更具竞争力的用户数字服务体验。

许多顾客满意度问卷正在转变为 NPS 问卷。同时，随着数字营销的发展，通过在线调研问卷的方式获得用户反馈变得更加便捷。SAP 集团收购 Qualtrics，正是看中了其未来 20 年市场的快速增长和数字化领先水平。与 IBM 等传统数据巨头不同，Qualtrics 主要服务中小客户，类似于谷歌分析（Google Analytics）之类的互联网数据分析产品。CEM 产品的标准化程度极高，符合互联网平台提供的数字广告产品标准。

目前在中国市场上，CEM 服务商整体还处于创建期。CEM 服务商主要分为四种类型：

1）技术赋能的数据洞察企业升级。这些企业具备互联网广告公域流量的数字用户连接能力，擅长发现消费者洞察并进行灵活的数据分析，同时具备 CEM 数字营销技术的软件开发能力。

2）大型咨询公司的 CEM 事业群。这些企业以 CEM 战略咨询为核心，擅长为行业巨头提供营销消费者旅程分析和价值链研究咨询。一些企业通过并购 CEM 服务商或与之合作来提供集成服务，整体以提供 CEM 战略咨询和系统落地综合服务为主。

3）数据服务和软件开发企业。这类企业通过数据智能 PaaS（平台即服务）为各种规模的客户企业提供 CEM 服务。

4）CRM 服务商的转型升级。这些企业依托 CRM 服务体系和积累的客户资源，尝试提供从 CRM 向 CEM 融合的演进式服务。它们的优势在于能迅速打通前端调研系统和后端顾客关系数据，产品数据可视化相对成熟，转型升级迅速。

Qualtrics 最初为高校学术机构提供在线调研软件平台服务，后来发展为企业顾客体验管理操作系统和平台服务的行业领导者。2021 年，其收入规模达到 10 亿美元，增速超过 40%。SurveyMonkey 作为全球领先的在线调查系统服务网站，功能强大且用户界面友好。NPSmeter 基于 NPS 单一指标测量体系，帮助企业更好地收集评分并进行计算。Medallia 等海外 CEM 企业大多成立于 2000 年后，顺应数字广告技术和产品发展的浪潮。

布林克发现，这类数字广告技术从一开始就由互联网科学家作为广义的信息供给和需求效率工具开发。因此，营销技术和数字广告技术本质上属于一个相互连通的数字广告（营销）生态系统。

2. 中国数字 CEM 企业发展

程序化广告技术发展成熟后，专业化顾客洞察和体验管理的数字化平台服务应运而生，企业的数字营销需求开始升级。品牌经营者希望在体验经济时代为数字消费者提供新的数字化计量体验和创新产品及服务，这值得在内容和体验上进行精细化测量。

2018 年，随着数字营销的兴起，CEM 产品发生了变革。传统市场研究过程实现了全面的在线化、智能化和实时化，包括测试调研问卷的落地实施，越来越多的企业将其纳入数字营销技术，重构了定量与定性调研。

本土营销技术企业（如快决测）加快对智能商业洞察的探索，覆盖品牌类企业的私域和公域客群。从加入互联网广告平台"识别市场"机会（O）的广告业务流程开始，创新了拉新、集客试验、新品内容优选和优化、品牌+生意诊断+反馈等市场研究的全业务流程，将营销服务和实时数据研究结合起来，提升其准确性、前瞻性与敏捷性。

CEM 产品在大数据研究领域体现出广告营销业务能力数字化的三个维度：公域流量和私域流量维度；在线的链路化数据（接触点埋设）和线下的真人（店铺）采集数据维度；战略咨询服务和用户体验旅程（绘制）咨询服务的维度。目标是提升数字洞察研究的自动化水平，构建完善的顾客体验产品矩阵。

国内领先的 CEM 企业包括快决策和数字 100 等。作为国内首批构建营销自动化和智能化 CEM 平台的企业之一，快决策与筷子科技隶属于同一集团，由原宝洁的三位广告技术、市场和营销负责人于 2017 年创立，旨在通过 CEM 技术产品集中实现企业用户研究需求的自动化和智能化。

领先 CEM 企业的特点在于用户研究领域服务的自动化，利用 AI 技术驱动，为客户提供顶尖的 CEM 技术与服务。这些企业积极开发智能技术，在 SaaS 营销服务领域处于领先地位。

数字技术使得大数据调研紧密贴近体验营销业务，帮助全球消费品牌打破地理界限，实现跨境顾客体验管理和高效决策。中国的数字营销市场竞争激烈，国内的广告营销服务技术企业具备向全球市场输出数字广告生态技术产品的能力。例如，基于神经网络的语义分析技术已广泛应用于快速提炼消费者原始观点。营销经理可以在后台通过实时量化筛选排序，进行消费者的在线洞察，并支持通过人工增减题库提升数据分析报告的可信度。

还有一些其他机器学习技术被用于预测数字用户需求和评估流失风险，从"千人千面"的广告投放匹配到流量塑形、产品选型和 eCPM 定价计算，算法推荐等技术被应用于顾客体验管理与需求标签的生命周期管理。

相关的 AI 应用还包括 CEM 升级的智能在线座谈会工具，非常适合调研周期短、需要深度调研精准人群并快速输出分析报告的项目，能够助力品牌企业更快、更准地进行商业决策。为了满足形象化产品展示的需求，CEM 升级的快速测试平台通过友好界面和创新的交互方式，高度仿真还原用户的消费场景。与传统问卷相比，消费者可以在轻松愉快的氛围下完成选品测试，沉浸式测试有助于提升门店效益，品牌方更愿意尝试多种选品测试方法。

营销经理使用 CEM 在选品测试中配置具备实时 NLP 语义分析技术的数据看板。在用户完成调研的同时，数据看板即可实时、多维度地交叉展示数据结果。成熟的大数据 AI 工具摆脱了对人工数据整理的依赖，免除了专家人工审核报告的流程，使得测试当天即可得到结论。通过这样快速响应数字广告生态系统，启动新的营销流程，能够为企业加快推进满足顾客需求的旅程提供高效的商品信息 A/B 测试和决策支持。

10.3.2 数据科学的营销分析

《人类简史》的作者尤瓦尔·赫拉利发现，一位重度数字用户一天产生的数据比两百年前地球上的人一生产生的数据还要多。移动支付交易、智能手机拍摄（含 GPS 定位）以及网上的每次鼠标点击所产生的数据，构成了日益庞大和多样化的数据库。数据如何被解读，信息如何转化为决策，成为企业面临的挑战。营销经理需要分析数据，为决策提供洞察和证明。

CEM 营销技术将消费者行为数据、体验数据和运营数据进行融合，让数据产生更大的价值。由数字广告技术创建的用户全链路接触点，成为打通广告行为数据、交互体验数据和运营决策数据的技术出发点。

数据科学在营销分析领域的运用，为营销人员提供了衡量、管理和分析营销绩效的强大工具。这种分析能力不仅有助于了解营销活动的具体影响，还能实现互动价值的最大化并优化 ROI。它涉及运用多种指标来量化营销活动的成效，汇聚来自各类来源和渠道的数据，最终形成一个统一的数据视图。借助这些分析，营销团队能够评估其营销策略的执行情况，并寻找改进的机会。缺乏科学的分析手段，营销活动的有效性和 ROI 将难以准确评估。

数据科学在营销分析中的应用主要涉及以下几种方法，数字广告产品也同样适用。

1. 营销组合模型（Marketing Mix Modelling，MMM）

这种模型是一种统计分析技术，旨在衡量整体营销效果，以促进营销增长，其核心在于确定不同营销渠道中的预算分配。通过这些分析，营销经理能够调整策略，优化广告营销计划。

营销组合模型主要采用统计学中的回归分析。**回归分析**主要用于确定两种或两种以上变量间的相互依赖关系。**大数据回归分析**是一种预测性建模技术，研究的是因变量（动态预测目标）与自变量（实时自动数据）之间的关系。这种技术通常应用于预测分析、时间序列模型以及探究变量间的因果关系。

此外，营销组合模型还运用多元线性回归。在多元回归的情境下，存在两个或更多自变量。因变量可能是销售额或市场份额，而自变量则包括分销、定价、数字渠道费用、电视广告费、户外广告费、印刷媒体费用、线下促销费用、网站访问量以及消费者促销信息等。因变量与预测变量之间的关系被构建成一个等式，这个等式可能是线性的，也可能是非线性的，具体取决于因变量与各种营销投入之间的关系。

当变量与销售之间存在线性关系时，随着投入的增加，销售额也会持续增长。在我国互联网平台的全链路广告投放中，已经可以通过"品效销+留存"的多种测量方法来控制变量所产生的销售增长，通过机器学习自动进行计算。这里的关键在于衡量数字广告接触点在转换路径中的影响，并确定最有效的投资营销渠道。数字营销的营销组合模型可以理解为广告归因的一种。

在营销组合模型中，销售分为基础销售和增量销售。**基础销售**是指无广告情况下的收入，通常是固定的，除非受经济或环境因素影响。**增量销售**则是通过电视广告、平面广告、促销等营销活动产生的。总增量销售根据各渠道分割后，计算每个渠道对总销售的贡献。

边际贡献法是一种简单的分析方法，用于衡量每项营销投入产生的销售额。每项营销投入的贡献是其系数与投入价值的乘积。计算贡献百分比时，将单次投入的贡献除以总贡献即可。

2. 接触点归因模型

在互联网环境中，品牌接触点无处不在，但营销者往往难以准确计算每个接触点的价值。通过构建数字营销技术，企业能够更好地理解其广告预算的投放效果。接触点归因模型作为数字广告技术创新的决策支持工具，包括单一接触点归因和多接触点归因模型。多接触点归因旨在帮助品牌确定哪些营销策略（接触点）对销售或转化有贡献。

单一接触点归因（Single Touchpoint Attribution，STA）模型将转化归因于单个接触点，通常选择消费者遇到的第一个或最后一个接触点。尽管它不能精细观察顾客旅程的全链路，但优点在于简单易理解。

多接触点归因（Multiple Touchpoints Attribution，MTA）模型则关注消费者在购买前接触的所有接触点，是一种更为准确的归因模型。它的主要目标是为主要的营销传播接触点分配不同的广告预算。实现 MTA 需要跨渠道、跨链路的用户 ID 获得用户授权以打通数据，以及由品牌主获取最终成交的用户数据和维持客户关系，即实现从公域流量到私域流量的转化。

例如，用户在一个窗口期内的事件序列为 B→E→C→D→A，设定 A 为目标转化事件，B、C、D 为待归因事件，E 未被监测到。

首次接触点归因：认为 B 促成了 A 的转化，将 B 的贡献权重视为 100%。
末次接触点归因：认为 D 促成了 A 的转化，将 D 的贡献权重视为 100%。
线性归因：认为 B、C、D 共同促成了 A 的转化，每个接触点的贡献权重均为 33.3%。

转化追踪（Conversion Tracking）技术用于跟踪网站上的具体行动，主要通过设定操作目标来监测追踪转化，常用于表单提交的引流，如订阅电子邮件列表，也可用于追踪页面上的其他操作，如单击按钮、跟踪链接或在页面上的停留时间。

3．A/B 测试

A/B 测试是一种营销实验，常用于测试网站文案、销售邮件、搜索广告、产品设计等。企业提供两种或多种版本的广告营销素材，之前使用的版本称为"优胜者"或对照组，变更了某些元素的版本称为"挑战者"或实验组。通过向不同组别的数字用户或受访者展示这些版本，并自动采集各组用户的体验数据和行为数据，营销经理可以确定哪种广告营销素材表现更佳。

传统的面对面测试耗时且成本高。互联网平台的广告位投放技术使得 A/B 测试成为实际投放测试的理想选择，广告主通常只需支付相应的 CPM 费用即可进行测试。

A/B 测试利用真实的用户行为数据来确定特定营销活动中哪种策略有效，哪种无效。适合进行 A/B 测试的营销素材包括：标题和文案、CTA 按钮、图片、音频或视频、邮件主题、产品描述、登录页面等。

数字广告技术首先采用了营销科学的分析测试方法，形成了互联网产品开发的流量塑形的规律。随后，平台将大部分数字广告的场景、内容、用户、定价和交易体验纳入 A/B 测试的全链路体验管理科学方法论。企业数字营销借鉴了平台的 A/B 测试模式，通过数字化接触点、数字素材创作和自动更替策略，寻找产生最高广告收益或最佳转化效率的内容营销方案。

10.3.3 个性化体验

数字接触点链路与品牌互动的前提在于互联网技术赋能用户主动参与，形成了用户的使用习惯与偏好。品牌要想有效理解并适应数字世界中不断变化的消费者习惯，就必须转向全面的数字互动方式，也就是统一采用互联网服务交互平台，以创造与品牌使用和商品偏好相匹配的体验。

例如，在企业的数字广告生态中，重点发展方向之一是基于对话式人工智能（例如 ChatGPT）及时提供客服服务，企业系统内的客服情况通过知识管理提供统一的真相来源，从而增强企业的整体顾客服务能力。

通过实施顾客体验管理，企业能够在不同的业务场景、接触点和互联网平台中与消费者互动，收集反馈。通过专业的洞察分析，企业可以解决需求挖掘、产品创新、获客留存、复购、体验实时改进、个性化服务的综合业务问题。

传统零售企业营销模式的一个主要优势在于拥有最终顾客的交易行为数据，有助于根据顾客喜好来优化体验，管理定价波动对用户在线行为的影响。企业通过提供个性化信息、服务和商品来发展顾客关系，品牌还可以利用第一方数据来测试和优化顾客忠诚度和订阅计划。

当顾客直接从网站上购买品牌商品时，他们期望获得一种高度定制化的体验，根据个人喜好、人口特征和在线行为量身定制。仅仅依据过去的交易数据来显示个性化产品推荐是不够的。品牌需要与顾客建立一对一的关系。个性化顾客体验不仅仅是向人们展示品牌认为用户会喜欢的产品，而是要自始至终根据消费者需求调整所有体验，包括商品和内容。

以下四个步骤可以帮助数字营销经理实现个性化体验：

1. 绘制接触点旅程

接触点旅程管理通过优化品牌活动过程和动态内容营销规划，有助于提升顾客满意度、复购率、口碑推荐、企业利润和品牌价值。每个品牌的营销旅程都是独特的，且不同行业、人群的营销旅程存在差异。经验丰富的 CEM 企业会选择合适的营销活动模板和多样化应用，通过多行业指标体系覆盖完整的顾客旅程。

顾客旅程绘制与管理工具使营销者能够轻松绘制顾客旅程图，并根据顾客旅程灵活配置关键指标、数据采集方式等，然后优化行动，形成端到端的管理闭环，实现顾客旅程图在手，顾客体验情况尽在掌握。此外，覆盖各个业务场景的多行业体验指标体系和指数可以帮助企业建立覆盖顾客旅程的测量体系，捕捉顾客在各个场景接触点下的体验反馈，提供更优质的产品和服务。

用户接触点旅程通常由数字营销咨询公司和营销经理基于工作流等技术组件设计，并可能使用到 CDP 及 CEM 等数字营销技术产品。在互联网时代之前，这是战略咨询集团的核心竞争优势，而现在则成为数字营销旅程工具的一部分。

2. 体验感知

全渠道接触点旅程能够实时收集顾客在各个服务环节的体验数据，全面了解顾客的真实想法、消费动机和体验感受。通过汇聚多来源的顾客体验数据，顾客体验管理系统能够数字化地理解消费者需求，优化产品，提升服务质量。CEM 平台通过结合"大数据与小数据、主观数据与客观数据、公域数据与私域数据"的方式，对顾客体验进行立体感知。常用的感知方法包括：

- ❏ 场景触发调研：在使用特定广告（内容）后立即触发评价反馈；
- ❏ 行为埋点监测：利用埋点技术了解顾客行为，识别体验、意图和脱离点；
- ❏ 全网口碑舆情：基于全网评论的挖掘分析，了解竞品体验水平和反馈；

- 客服投诉工单：使用 NLP 技术对内部客服投诉工单进行分析挖掘；
- 用户满意对标：结合广告商的 DMP 样本流量池和生态样本资源，通过 NPS 满意度调研，形成竞品体验对标；
- 真实顾客体验官：派遣体验官对实际服务进行客观评价。

3．洞察分析

大数据处理能力使企业能够接入业务数据，并将业务数据库转换为以用户体验为视角的分析型数据库。洞察引擎具备专业的 NLP 分析能力，能够对大量语音会话和文字进行 AI 处理，提供对企业有价值的体验反馈洞察。此外，洞察引擎内置了用户体验、品牌体验、产品体验、员工体验等解决方案的专业模型，实现解决方案与可视化 BI 能力的整合。

AI 文本分析技术可以捕捉用户每次交流的情感变化。NLP 技术可以分析全渠道、全生命周期的顾客反馈数据，洞察消费者行为和偏好。结合 BI 数字可视化平台，帮助产品、市场、客服等部门优化决策。

4．行动闭环

顾客体验的个性化应用是一段辅助用户自我感受的旅程。为了更好地提供有价值的互动，品牌需要深入了解顾客。基于用户确权数据，建立更准确的顾客画像，并提供定制化的体验。

基于顾客旅程，数字企业将收集到的体验信号准确分类到已知的旅程接触点。这使得顾客态度得到精准观测，发挥数据计算和策略优化的价值。例如：

1）基于顾客情感态度变化曲线发现问题，及时进行优化和排除隐患。

2）针对存在的问题设计应对流程，形成行动手册。

3）通过多源数据融合，形成基于顾客体验管理的关键指标体系，并在此基础上创建广告活动（及内容营销）的考核体系。

4）持续沉淀用户画像，针对差异化需求提供"精准"服务，提升价值。

营销个性体验的行动闭环要提供多种自动化触发场景，包含触发条件、执行动作、流程控制器，可扩展添加自有系统作为自定义触发器进行自动化执行业务操作、A/B 测试等业务操作，支持微信、短信、邮件、APP 推送、小程序提醒等多种自动化触达方式。

基于用户标签画像，**行动引擎**利用推荐算法，针对不同用户推荐合适的体验修复、营销动作：针对鼓吹型顾客生成复购＋裂变方案，针对被动型顾客生成促活＋转化方案，针对贬损型顾客生成预警＋留存方案。从用户体验的角度帮助企业实现"预警、留存、促活、转化、复购、裂变"的用户运营效率和经营绩效提升。

顾客体验转型是企业数字化转型与数据（资产化）管理的结合。为了提供良好的顾客体验，企业需要思考、理解顾客体验转型的实质——通过数据管理、数字体验和组织架构，重新构想和设计公司的基础结构，使之能够实现以用户为中心的战略。通过持续的敏捷性，构建创新的个性化体验以满足用户需求。

个性化体验在数字管理旅程后触发营销自动化，可能的触发方式有：

1）基于事件触发：支持通过各个预置或自定义的触发器将指定标签组或动态标签组的顾客加入某个用户旅程。

2）基于时间触发：支持通过"定时触发器"在指定时间点将指定标签组或动态标签组的顾客加入客户旅程。支持定时单次触发和定时周期性循环触发。

3）基于群组触发：通过"加入标签组"触发器将指定标签组或动态标签组的顾客加入某个用户旅程。支持通过标签、行为、属性、订单数据圈选目标人群进行定向触发。

顾客旅程可以设置转化目标，查看该用户旅程的转化情况，形成活动的效果依据。深度开发用户旅程也能给用户带来好处。例如，更多的顾客想要了解旅程相关数据。以前是企业对数据感兴趣，现在即便是用户，也希望能获取整个顾客旅程、各个步骤的每日新增人数、累计人数，进而做趋势判断，为后期活动做准备。在航班预订搜索中，不同类型的顾客希望显示出低价日历，或者自己的本年度飞行距离和到达城市数在同类群体中的排名（对应航司里程奖励）等。

通过顾客旅程分析，可以对顾客旅程进行数据追踪，实时了解旅程、各内容浸合事件的触发人数/人次，根据其指标表现来评估旅程执行效果，及时调整运营策略，帮助企业实现最优化运营。

最终，无论是广告、内容信息、服务还是商品，都是创造顾客体验价值的关键要素。一旦到了企业营销建设顾客体验管理的高级阶段，就进入整个企业的数字化转型。2020年后，可口可乐公司宣布不再设立首席营销官（CMO）职位，而是由新设的首席增长官（CGO）来领导和整合全球市场营销、用户体验、商业运营以及公司战略等各项行动，这引发了组织架构和职位的调整，对应总目标增长中的数字营销战略。

10.4 专题：整合营销传播学派论浸合

2008年，美国西北大学梅迪尔IMC学院和凯洛格商学院联合出版了《梅迪尔论媒体浸合》，该书系统论述了浸合理论的发展源流，从1961年的广告态度理论、1985年的广告涉入度理论、1989年的互动性理论，发展到IMC学派的浸合理论。

1966年，马克对浸合的用户感受做出了主观性定义，"如果一本杂志不再出版，人们会多么失望。"它揭示了早期品牌建设的核心思想：提高品牌知名度，即便这种建设并不直接对销售负责。在那时，品牌与销售的关联并不明显，两者之间缺乏有效的联动。然而，随着21世纪数字技术的发展和互联网链路营销的兴起，数字互动被证实可以提高以浸合为核心的效果评估。

浸合理论的主要贡献在于，它将用户行为（态度）与体验关系的深度联系起来，强调社交分享是高度浸合体验的核心，同时将其与低浸合体验行为区分开来。马特豪斯开发的浸合关系进阶模型就体现了这一点，如表10-2所示。

表 10-2 马特豪斯开发的浸合关系进阶模型

关系层级	用户态度与行为
接触	首次发现内容，看见签名或内容文档链接，接触到品牌的想法
观看	体验了品牌提供的内容或评论，注意到线上的显著痕迹
欣赏	认为品牌创造的内容和分享的建议有价值，尊重品牌观点及品牌对文化的贡献
收藏	收藏账号内容（本地和在线），订阅RSS信息流，下载品牌分享的内容
活跃跟随	贴出微博回复，在社交网站外部内容中发现品牌并评论
活跃兴趣	对创意有兴趣，积极研究分享的链接，评论网站，在本人社交网络或在线活动中谈论到主题
分享价值内容	分享主题内容，通过转发广告内容到自有网站和用户定制首页，使用品牌主题内容和创意为用户本人的网络增加价值
公开对话	在个人主题页面中定制品牌标记，发现网站和信息流

随着社交媒体上内容浸合的增长，行为数据指标可能取代传统的品牌态度测量方法。借助 A/B 测试等行为数据分析手段，营销经理能够实际计算出广告投资带来的回报。舒尔茨在 2016 年就预测，广告很快将拥有与财务指标同等水平的数据计算能力，成为浸合理论的关键指标；2019 年，阿里巴巴发布了阿里行为数据计算的购买意愿指数（PI Index）；2020 年，巨量引擎提出了 5A 模型的"种草"A3 人群计算的指标体系。上述这些都是以行为指标超越"态度"变量的例证。

温德指出，浸合互动内容和过程主要由数字广告实施。线上营销传播的范畴已经从传统广告扩展到了消费者与品牌的交互，未来的重点将是经营品牌浸合和用户浸合。

技术的发展也促进了推荐系统的进步。这些系统能够自动从海量信息中筛选出用户可能感兴趣的内容，是支持用户在线决策的关键工具。推荐系统的核心在于提供个性化、匹配度高的产品或项目。购物和内容平台通常通过程序化计算引擎选择广告赞助商，以最大化广告收入，同时通过推荐系统选择非赞助项目，以最大化用户效用。马特豪斯指出，推荐系统已经被纳入"未来广告定义"的范畴，并在美国西北大学的 Spiegel 数据研究中心主持了使用数据科学来最大化广告收入和改善用户体验的双重目标的相关研究。

马特豪斯提出，当广告（数字营销）能够介绍用户感兴趣的内容时，例如新音乐或书籍推荐，它们就是有价值的（因其帮助了用户）。他通过研究，鼓励专注于设计能够帮助消费者的人工智能系统，通过数据让顾客参与进来，并认为推荐系统结合浸合体验将是未来营销的趋势。

此外，马特豪斯还研究了使用授权数据来测量顾客意愿的方法。他提出，通过观察内容营销的材料阅读情况，可以将其作为数据分析咨询工具。在这种情境下，咨询顾问可以和企业一起分析用户浸合指数的变化，从而发现潜在的问题。数字营销的增长与 CGO 转型紧密相关，广告投放作为一种推动销售的营销传播管理活动，在一定程度上成为企业发展的生命线。

营销自动化在创造"千人千面"的个性化广告的过程中,确实需要结合消费者数据和品牌主的内容资产。通过人工智能技术的支持,内容管理系统能够结合现有用户数据进行小样本学习,从而获得更加精准、细致的用户洞察。这样的洞察能在关键时刻产生个性化的机器生成内容。

在互联网 PaaS 平台的发展过程中,品牌主将创新工具交付给 KOC(关键意见消费者)和积极用户,这不仅促成了定制化的品牌内容,还使用户生成内容(UGC)和事件互动成为可能。同时,这也为品牌主提供了监测用户体验的机会。

马特豪斯认为,这是一个极其重要的未来领域。我们应该探索新的社交媒体环境,以及人们在这些环境中的新使用方式,以便真实地讨论品牌。例如,在电商购物车的场景中,他所提到的"场景信息集"可能是最有趣的未来发展方向。IMC 学者号召与业界紧密合作,重新思考广告的定义,将其"向外"拓展到互联网使用场景(满足用户供需要求),从而真正树立面向未来的数字广告学新范畴。

对场景的研究分析涉及顾客所处的当前情境:他们和谁在一起,正在做什么,何时发生,身处何地,为什么这么做,以及如何互动。例如,通过位置数据,我们可以准确地知道顾客的位置,还有其他方法可以检测顾客身边的人。马特豪斯认为,这将成为企业改善用户接触点的一个丰富领域。

随着越来越多的移动设备连接到互联网,我们将看到越来越多的接触点计量。重要的是要了解消费者如何使用这些接触点,他们需要什么,以及他们从与各种产品和服务的交互中获得了什么。人工智能和算法推荐已经成为创造顾客浸合体验的数字营销技术服务的一部分,这将进一步推动个性化营销和用户体验的发展。

10.5 本章小结

我国互联网的发展推动了全链路营销和全渠道营销能力的提升,这主要得益于数字广告和电商平台在用户接触点体验创新方面的突破。这种营销增长极大地促进了我国平台型经济的发展。

接触点是企业与顾客之间产生联系、进行信息交换以及产品或服务交易的场所,是媒体和营销渠道的最小计算单位。通过接触点,顾客感知企业的产品、业务和服务,有时产生品牌广告效果,有时导致直接引流的销售效果。接触点覆盖了线上和线下渠道,包括传统媒体渠道和销售通路。

随着数字广告技术的进步,接触点收集的用户数据日益增多。我国互联网平台利用数字广告的合作能力,率先整合用户全旅程的线上线下接触点,集成顾客的体验和行为数据,从而开发出全链路营销和接触点闭环模型。

顾客体验管理的发展源于数字广告技术覆盖的接触点链路。企业构建数字营销技术,旨在掌握接触点旅程和用户体验。许多企业开始进行营销的数字化转型，以适应用户接触点旅程。

CEM 更侧重于管理数字消费者体验。无论是广告投放还是内容营销服务，都在接触点上与用户交互后形成体验，并加入共创共享价值的品牌浸合活动。

净推荐值（NPS）是顾客愿意向他们的朋友、家人或同事积极推荐品牌（商品和服务）的比例减去不愿意推荐的比例，是一种非常易于测量的单一题项量表。

CEM 在接触点营销终端赋能业务决策，具有常态化、交互化和智能化的特点，通常包括绘制接触点旅程、体验感知与数据洞察以及最终的行动闭环策略等职能。

本章术语与重要概念

体验营销	涉入
体验经济	效用函数
顾客体验	净推荐值（NPS）
用户行为数据	大数据调研
接触点	数据科学
用户接触点模型	营销组合模型
接触点闭环	大数据回归分析
"种草"营销	转化追踪
触发点	AB 测试
零时真相（ZMOT）	体验感知
顾客体验管理（CEM）平台	行动引擎
浸合	购买意愿指数（PI Index）
浸合营销	

本章思考题

1. 什么是接触点？数字时代的接触点与 20 世纪媒体触点最主要的差别在哪里？
2. 用户体验是如何从顾客购买后的使用行为（主要依托市场调研测量）提前到消费者决策旅程的全链路（主要依托数字广告监测技术）的？
3. 请你与小组成员一起，使用 NPS 方法和题项测量某个行业排名靠前的主要品牌，比较一下你和你的同伴对于同一家企业得出的 NPS 值差异，并做原因分析。如果推广到更多样本，NPS 值是否会趋于稳定？你认为 NPS 达到多少分，能代表该品牌（企业）被广大用户认为是卓越的？

第 11 章

数字广告法律与伦理

本章指引

互联网技术的飞速发展，使得信息传播和营销手段的更新迭代速度远远超越了社会习俗和公众认知的演进步伐。这种情况是人类数千年来形成的法律体系和伦理习俗还未曾遇到过的，技术创新应用给法律法规和社会规范带来了全新的挑战。

2013 年，三位英国用户向法庭起诉谷歌利用 Cookie 技术擅自收集他们的信息，进行信息汇总后出售给广告主，以及未经用户同意便对其行为习惯进行画像，构成对个人隐私的侵犯。此案件谷歌最终在 2015 年败诉。同年，英国电信运营商 Talktalk 承认遭受了第三次黑客攻击，导致约 400 万用户的个人信息和财务信息泄露，这些信息包括姓名、地址、生日、电话号码、电子邮件地址、账户详情、信用卡信息等。

对全球互联网影响最大的欧盟《通用数据保护条例》（GDPR），经过长达四年的激烈讨论才出台。这一法规在欧盟范围内对互联网个人信息保护提出了最严格的要求，形成个人数据安全和保护的一个重要里程碑。GDPR 确立了数据保护领域的新规则：为欧盟用户提供一站式监管服务；加强了数据主体的权利；对数据控制者的问责更为严格；违规处罚更加严厉。GDPR 于 2018 年 5 月 25 日正式实施，在全球范围内推动了保护用户数据和个人隐私的立法进程。

中国政府在互联网数据信息管理方面也展现出坚定的决心。自 2017 年起，中国相继颁布和修订了《网络安全法》《个人信息保护法》《反垄断法》和《互联网广告管理办法》等重要法律法规。这些法律法规的实施标志着中国在互联网监管方面的政策从宽松转向严格，互联网发展也由此进入了数字营销"下半场"的全新发展阶段。互联网平台、广告营销技术公司、广告主、用户、研究机构以及政府监管部门都面临着快速变化的环境，需要不断加强学习和适应。

在快速发展中面临法律升级和个人信息权利重新建立时，教训在所难免。2018年1月1日，支付宝在向用户推送年度账单时，默认用户同意《芝麻服务协议》，未经显著告知即默认收集用户个人信息，包括存储于第三方的信息，并默认允许将这些信息授权给芝麻信用。2018年3月，百度总裁在中国发展高峰论坛上提出中国人对隐私问题的态度相对开放，但很快遭到央视评论的批评回应。这表明，轻视隐私保护的观点已与社会公认的规范背道而驰。

本章将重点解析数字广告生态中法律环境的重大变革，主要涉及以下知识点：

- 欧盟在立法监管数字互联网方面的法律创新及其对全球的启示；
- 管理互联网公司个性化广告营销与用户数据保护的相关法律法规；
- 中国数字广告生态中广告数据涉及的伦理原则及其主要知识点。

11.1 个人信息与隐私保护

在2012年和2016年两次美国总统大选期间，竞选团队广泛运用社交媒体进行用户数据挖掘与分析。2016年，Facebook爆发了全球瞩目的"剑桥分析"（Cambridge Analytica）事件。一家英国公司借心理调查之名，邀请了27万Facebook用户在线参与，公司同时通过数据接口获取了参与者的个人信息和其社交网络信息，最终涉及约5000万用户数据。"剑桥分析"根据用户的Facebook点赞行为预测他们的政治倾向，例如，点赞麦当娜可能预示支持希拉里，喜欢手枪则可能倾向右翼。这是一起重大的数据安全泄露事件。2018年4月，美国国会就此事件召开了听证会，Facebook创始人及首席执行官马克·扎克伯格公开接受调查并说明情况。

11.1.1 互联网追踪数字信息

在互联网世界，大多数创新产品和应用服务都是免费提供给用户的，平台通过数字广告业务来补偿其运营成本和开发投入。中国互联网广告科学家刘鹏指出，免费模式的实质是以边际成本价格销售那些既能规模化创造，又能个性化定制传播的信息和商品（包括广告位）。这些免费产品在传递信息的同时，能够让企业获得流量、数据和影响力这三项来源于用户的网站资产 。

流量使得网站服务产品中可以夹杂少量的付费广告内容，**数据**使得付费内容的经营策略可以被优化，**影响力**则可以显著提高发布账号的价值（包含潜在付费内容）。

Cookie技术是Web服务器在用户浏览器中保存的小文件，包含用户的登录信息、访

 网站资产具有重要的价值，表面看属于企业资产，但是它附带一个前提条件，就是来源于广大用户的持续活跃使用。因此网站资产实际上是指网站拥有的用户资产，即能够源源不断吸引用户前来的关键能力，可据此进行财务评价。

问记录等。通过 Cookie，网站可以在用户每次访问时识别其状态。这种技术不仅是维持用户状态的工具，更是一种强大的数据收集手段。广告服务器和数据分析服务器等纷纷利用 Cookie 收集用户信息。在 2018 年 GDPR 实施前，网站不需要用户同意即可使用 Cookie，而 GDPR 实施后，网站必须提供"明示告知的条款"弹窗，让用户点击同意（Opt-in），即用户需要授权网站使用 Cookie 技术，网站才能对访问用户使用 Cookie 技术采集数据信息。

自 Cookie 技术出现后，**互联网用户标识**体系迅速发展。

第一阶段，桌面互联网普及了 Cookie 技术；

第二阶段，移动终端通过 IMEI 设备号和 MAC 地址识别用户；

第三阶段，操作系统（如 OAID 和 IDFA 等）标识用户，此时开始重视隐私保护和广告数据的合理使用。

自 2020 年起，操作系统和浏览器厂商开始加强对 Cookie 与 IDFA 等用户识别工具的管理。这一变化迫使全球互联网巨头纷纷调整策略，加强用户数据确权和隐私计算保护，以适应数字营销新时代各国对数字用户信息保护日益严格的法律监管。

Cookie 技术使得网站能够监测用户的连接状态和访问信息，特别是监测广告链接的用户访问活动，从而计量跳转和点击效果，提高网站服务和广告的价值。请读者理解一点，用户接触数字内容的互动，不仅是用户侧的行为体验流程，也是网站服务侧的数据技术管理的记录流程。

互联网信息传播近 30 年的快速发展都是建立在网站服务器能够"识别"用户的连接设备的基础之上的。2007 年以后，随着移动智能终端的普及，个人移动设备能够接入全部互联网应用，从而引发了移动营销的爆炸式增长。数据实时服务围绕着设备使用者，提供个性化和实时移动场景下的服务。在此过程中，数字广告成为推动移动应用扩展数字营销的主要力量。

数字广告系统和生态的发展已经超越了传统的代理商广告知识集合，成为一个综合了法律与伦理、技术革命和市场创新的全新领域。数字广告是互联网商品信息服务的一部分，数字广告系统和生态构成了互联网的应用层，而用户信息的技术追踪则发生在通信层。正如本书 1.2 节所指出的，数字广告的整体架构建立在支持用户终端识别的计算机通信技术的基础上。

数字用户在享受移动互联网通信技术带来的便利的同时，也应意识到，大多数提供免费服务的互联网应用实际上主要是通过"广告"产生的收入来维持其运营和增长的。数字广告推动了营销传播的精准化，但也可能与消费者的认知产生差异。因此，社会契约需要相应调整，法律和权利保护也需要升级。在数字时代，人们更加重视并强调从权利角度维护正义、自由、效率、秩序和人文精神等法律价值的伦理基础，并以此作为赋能个体权利的出发点。图 11-1 展示了数字广告的三大发展维度。

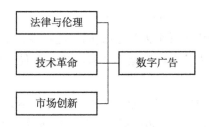

图 11-1 数字广告的三大发展维度

11.1.2 隐私、个人信息与个人数据

在网络技术背景下，用户隐私涉及用户在网络环境中的各种行为数据（如浏览记录、身份注册、购买信息等），这些行为数据在网络中被汇集、存储和分析。因此，数据、信息和个人隐私相互之间紧密相关，需要清晰区分这三者的定义。

在汉语词典中，隐私被解释为不愿被公开的私事。不同学科领域对隐私有着不同的定义和研究重点。在传播学中，隐私的定义涉及"私人场域"与"公共场域"。当私人隐私话语出现在大众媒体上时，一方面反映了私人领域向公共领域的扩展，另一方面则是个人隐私转变为公共领域中的"明私"。进入公共领域的隐私可进一步细分为信息型隐私和行为型隐私。在社会学中，拉切尔从人际关系角度出发，认为控制隐私信息是维护人际关系的关键。这里的"控制"包括对他人隐私的保护和对个人隐私的控制力，以此维系彼此的人际关系。此外，隐私的探讨还广泛出现在法学领域，主要围绕隐私权的内涵展开讨论。

隐私权作为公民的一项基本权利，在《中华人民共和国宪法》（以下简称《宪法》）第三十八条和第四十条中得到了明确的规定。《宪法》指出，公民的人格尊严不容侵犯，通信秘密亦应受到保护，同时禁止对他人进行侮辱和诽谤，而这里的侮辱包含了对他人隐私的宣扬。在司法解释中，"隐私"与安宁、尊严、人格等词汇紧密相连，是每位公民在追求个人幸福和维护个人尊严时不可或缺的一项人格权。

我国法律对个人信息也有明确的界定。2021 年颁布的《个人信息保护法》将**个人信息**定义为以电子或其他方式记录的与已识别或可识别的自然人有关的各种信息，但不包括经过匿名化处理的信息。据此，个人信息的处理涉及信息的收集、存储、使用、加工、传输、提供、公开和删除等环节。

关于个人隐私与个人信息之间的关系，主要存在两种观点：一种观点认为个人信息包含隐私，即隐私是个人信息中的一部分，私密的个人信息便构成了隐私；另一种观点认为二者之间是交叉关系，即存在重叠与差异。差异体现在个人信息的保护侧重于信息使用过程的保护（如信息的收集、处理、使用等），即法律中所指的信息自决权保护，而隐私保护则重在防范，强调隐私不应被使用、处理、窃取或曝光，重点在于保护人格权以维护个人生活的安宁。因此，当个人信息能够让人识别出特定个体，并被恶意使用以致对当事人的生活或人身造成影响时，个人信息便转变为隐私。

在互联网环境下，由于**用户（个人）数据**的广泛存在，个人生活安宁的人格权延伸到了网络空间。互联网上的个人信息以数据形式被收集和存储，因此隐私保护与数据保护之间产生了直接的联系。

互联网领域所收集的用户数据主要分为两类：用户基本数据和用户行为数据。基本数据指用户在网络中填写的基本信息，如性别、年龄、地域等（这些自行填写的信息可能并不准确）；行为数据则包括用户在网络上的购物记录、浏览记录、社交分享、点赞评论等。

GDPR 对**个人数据**做出了非常宽泛的定义，即与已识别或可识别的自然人相关的任何信息。在此分类和定义下，个人数据被视为可记录、可识别的，与《个人信息保护法》中对个人信息的定义相通。

综合相关法律和学者的观点，可以看出个人信息的重点在于其被记录、可识别的性质及其相关性，而个人数据则指网络领域中的个人信息 。当个人数据（信息）违反公民自身意愿被他人窃取、滥用，且已影响到个人生活和尊严时，这时的个人数据（信息）便进入隐私的范畴。因此，在立法层面上，保护个人数据（信息）成了隐私保护的一个重要方面。

11.1.3　GDPR 创造的个人数据权利

GDPR 详细规定了个人、企业和组织应如何收集、使用和处理欧盟公民的个人数据，其适用范围不限于欧盟及欧盟经济区内的机构，也扩展到在欧盟有客户和联系人的组织。

GDPR 将个人数据权视为基本人权，目的在于加强数据权利的保护。这项立法从根本上规范了数据的收集、传输和使用过程，推动了个人数据保护的标准化。当这种趋势成为常态时，所有基于数据的业务都需要遵守规范，这极大地改变了互联网行业的行为规则。GDPR 的实施使得互联网行业（特别是企业数字营销）对用户的个人数据和隐私权给予更多尊重，更遵循职业道德和规范，倡导通过技术创新吸引用户，这对广告行业的生态产生了积极而深远的影响。采用技术创新的企业在使用用户数据时，必须遵守 GDPR 对个人数据保护的规定，否则将面临严格的经济处罚。

GDPR 确立了个人对其数据的控制权，为数据主体用户赋予了七项基本权利，包括访问权、更正权、被遗忘权（"删除权"）、限制处理权、可携带权、拒绝权和不受制于自动化决策的权利，这对于加快世界各国从立法上保护个人数据具有重要意义。

1. 访问权

GDPR 第 15 条规定，数据主体有权要求数据控制者告知其个人数据是否正在被处理，并有权获取其个人信息及以下相关信息：

我国 2019 版《信息安全技术 个人信息保护规范》中关于个人信息的概念，也借鉴了 GDPR 中关于个人数据的概念。

1）处理目的。
2）正在处理的数据类别。
3）将接收其数据的第三方或第三方的类别，尤其是位于欧盟以外的第三方或国际组织。
4）告知数据的预估存储期限，以及存储期限的决定因素。
5）告知用户拥有数据的更正权、被遗忘权、限制处理权、拒绝权。
6）用户有权向监管机构投诉。
7）如果个人数据不是从数据主体处收集，应告知数据来源。
8）告知其数据将被用于自动化决策，以及有关自动化决策逻辑的有用信息、决策的重要性及预估后果。

此外，如果个人数据被传输到欧盟以外的组织，数据主体有权被告知与这项传输有关的保护措施。这一条款在某种程度上为很多国家的立法监管提供了借鉴，用以制衡某些国家所谓的"长臂管辖权"。

数据控制者应免费提供正在处理的个人数据副本。如果数据主体通过电子方式提出请求，则数据应以常用的电子形式提供。

2．更正权

根据GDPR第16条的规定，数据主体在面临两种情形时有权要求数据控制者对其个人数据进行更正：一是当数据不准确时，二是当数据不完整时。企业在接收到用户的更正数据请求后，应在一个月内响应并完成更正。GDPR还明确要求，企业不仅需要配合用户对个人数据进行更正，还必须及时向用户反馈更正情况。若企业拒绝用户的更正请求，也需要向用户解释拒绝的原因。此外，若企业曾与第三方共享了该用户的个人信息，也应通知这些第三方进行相应的信息更正。

3．被遗忘权

被遗忘权，也称为删除权，起源于2014年的一项欧盟法院判决。

2010年，西班牙公民冈萨雷斯向西班牙数据保护机构SDPA提出删除谷歌搜索引擎上关于他的负面信息的请求。

这条信息源自1998年他因债务问题房产被没收的新闻报道。尽管到2010年冈萨雷斯已还清债务，但在谷歌上搜索他的名字时，仍会显示链接到《先锋报》的报道。冈萨雷斯认为这些信息已无相关性，希望可以删除报道和谷歌链接。

经过四年的诉讼，2014年，欧盟法院支持了冈萨雷斯的诉求，使其成为欧盟"被遗忘权"第一案。

根据GDPR第17条的规定，数据主体有权要求控制者及时删除其个人数据，控制者有义务及时删除个人数据，不得无故拖延。但是，删除权的行使并非在所有情况下都适用，GDPR对删除权的行使条件也做出了明确的规定，必须满足以下情形：

1）当个人数据不再为原收集或处理的目的所需时。
2）数据主体撤回同意，且无其他合法理由继续处理时。
3）数据主体基于其合法权益对处理提出反对，且控制者无更高优先级的法律依据时。
4）根据控制者对欧盟或成员国的法律义务，必须删除数据时。
5）收集的数据用于"信息社会服务"时。
6）当数据被非法处理，而违反条例时。

同时，GDPR也对删除权的行使做出了限制，包括：
1）保护言论自由和信息自由的需要。
2）遵从欧盟或成员国的法律义务。
3）基于公共卫生的理由。
4）用于归档、科学或历史研究。
5）提出、行使或维护法律主张的需要。

在实际操作中，彻底删除以电子形式存储的数据可能会遇到一定困难，因此，企业应确保拥有适当的存储系统，以便有效地响应用户的删除请求。在无法完全删除用户个人数据的情况下，企业也应至少采取措施确保该用户数据不会再次被处理。

4. 限制处理权

根据GDPR第18条的规定，用户在以下四种情形下有权限制企业处理其个人数据：

1）数据不准确。当数据主体对个人数据的准确性提出疑问时，可要求限制其处理，直到数据控制者能够证实其准确性。

2）数据处理非法。若数据处理行为被认定为非法，但数据主体不希望其数据被删除，而是要求对数据的使用加以限制。

3）数据保留作为证据。即使对于数据控制者的处理目的而言，该数据已不再必要，但数据主体可能要求保留此数据，用于提出、实施或维护法律主张（如某些行业的控制者可能需要保留以往客户的记录）。

4）企业其他合法主张。当个人依据拒绝权，拒绝对其数据进行处理时，可以要求限制处理，直到控制者提出继续处理的合法理由。

5. 可携带权

GDPR第20条规定了数据可携带权，指用户可以无障碍地将个人数据从一个信息服务提供者转移到另一个信息服务提供者。该项权利通过赋予个人获取及转移个人数据的权利来实现个人信息自决权，主要包含两个方面：一是获取副本的权利；二是数据转移的权利。

用户行使数据可携带权需要满足两个条件：

1）数据须是在获得用户同意后采集的，例如用户勾选《用户协议》即视为与数据控制者达成协议，同意其收集数据。但基于公共利益、政府授权或履行法定职责等原因获得的用户数据，则不属于可携带数据范围，例如政府为了疫情防控获取的居民行程信息。

2）数据必须是以自动化方式采集的。换言之，用户通过纸质材料所提交的个人数据不属于可携带数据的范畴。

相比于备受争议的被遗忘权，数据可携带权在全球范围内的接受度更高。中国的《个人信息保护法》和美国加州的《加州消费者隐私法案》（CCPA）也都将数据可携带权列为数据主体享有的权利之一。国内多家互联网平台开始支持导出个人信息，可携带权的实施也有助于数据流动，发挥更大的价值。

我国的国家标准《信息安全技术 个人信息安全规范》第 7.9 条规定：根据个人信息主体的请求，个人信息控制者应提供获取以下类型个人信息副本的方法，或在技术可行的情况下直接将这些信息传输给第三方：1）个人基本资料、个人身份信息；2）个人健康生理信息、个人教育工作信息。

用户能够自由使用互联网科技提供的各项服务，并查看交易与发表的记录。然而，用户对于在网络平台上的全部个人数据通常缺乏了解，无法直接下载。中国个人信息安全的规范与 GDPR 所定义的数据可携带权之间存在一定差异。

6．拒绝权

根据 GDPR 第 21 条的规定，数据主体有权拒绝数据控制者处理其个人数据。一旦提出这一要求，数据处理必须暂停，除非控制者能证明其处理活动的法律依据超越了数据主体的利益、权利和自由，或者该处理是为了提出、行使或维护相关的法律主张。GDPR 明确了拒绝权适用的三种场景：科学研究或统计目的的数据处理、直接市场营销目的的数据处理以及提供信息社会服务的数据处理。

7．不受制于自动化决策的权利

GDPR 第 22 条规定，数据主体有权不受仅仅基于自动化决策的影响，这包括那些可能对他们产生法律效力或其他重大影响的决策。

自动化决策指的是使用计算机技术、算法程序、人工智能模型来代替人类处理关键数据并自动生成决策。当一个决定完全依靠自动化决策来完成，且这个决定可能会对该用户带来法律效力时，用户有权免受其限制，由此可制约智能画像。GDPR 规定了三种可以运用自动化决策的情形：

（1）有欧盟或其他成员国某项法律的授权。

（2）数据主体与控制者之间签订合同。

（3）个人明确表示了同意。

GDPR 还要求自动化决策必须包括相应的保障措施，确保把潜在的风险因素考虑在内，避免给用户的权益造成损失。例如，用户应有权干预相关决策和发表观点，在得到自动化决策评估后应得到相应的解释，用户有权质疑自动化决策的结果。

11.1.4 数据匿名化与明示同意

1. 假名数据与匿名数据、数据脱敏

GDPR 中的假名数据，指的是在缺乏其他信息的情况下无法识别特定个人的数据。匿名数据则是完全去除了个人可识别信息的数据。

在《中华人民共和国网络安全法》（2017年6月1日实施）的监管下，对于由政府平台监督的数据合作层面（例如，各省市建立的大数据交易平台），要求互联网科技公司和品牌主在未经用户明确授权的情况下，须使用匿名数据进行运营。

《中华人民共和国个人信息保护法》于2021年11月1日正式实施，此前的2018年5月1日，关于中国公民个人隐私安全保护的重要技术标准《信息安全技术 个人信息安全规范》(GB/T 35273—2017①，简称《个人信息安全规范》）也已正式生效。《中华人民共和国网络安全法》对用户数据主权的明确规定，使得《个人信息安全规范》在《网络安全法》的框架下，成为互联网企业对用户数据保护的安全执行规范。

《个人信息安全规范》对个人信息提供了详细定义，即以电子或者其他方式记录的能够单独或者与其他信息结合识别特定自然人身份或反映特定自然人活动情况的各种信息。这些信息包括姓名、出生日期、身份证件号码、个人生物识别信息、住址、通信通讯联系方式通信记录和内容、账号密码、财产信息、征信信息、行踪轨迹、住宿信息、健康生理信息和交易信息等。

该规范将个人信息分为一般信息和个人敏感信息两类，规定在收集个人敏感信息时必须取得个人信息主体的明示同意。关于个人敏感信息的判定方法和类型在该规范的附录中有详细说明。

对于经用户授权的具有互联网科技媒体背书许可，并且全部在互联网站上执行的个人信息处理，还需要使用假名数据。这里的假名是对用户第二目的的品牌方而言的，在未取得用户授权的情况下，仅靠互联网企业的广告平台，品牌无法将个人数据采集到自有数据系统。在传统的品牌主控制的顾客关系管理（CRM）系统中，个体顾客数据对经营者来说是清晰可见的，那时品牌直接从用户处采集个人信息。如今的互联网平台则拥有更强大的处理特定个人数据的能力，需要承担更大的责任。

2. 数据智能画像

GDPR 对数据画像的定义是对个人数据进行任何形式的自动化处理，包括利用个人数据评估自然人相关的特定方面，特别是其工作表现、经济状况、健康、个人偏好、兴趣、信誉、行为习惯、位置和行踪等方面的分析和预测。

使用用户画像时，若涉及对数据主体产生法律影响或其他重大影响，需要符合两个条件：一是用户画像对于数据主体与数据控制者签订或履行合同是必要的；二是基于数据主

---

① 现已更新到 GB/T 35273—2020。——编辑注

体的明确同意。

GDPR 赋予了用户反对数字画像和数据自动处理的权利。对于仅基于数据自动处理（包括画像）而做出的具有法律效力或可能产生显著影响的决定，数据主体有权要求免受这类决定的制约。在多数情况下，个人有权选择从数字画像和数据自动处理中退出。数据控制者需要满足更高的透明度的要求。

《个人信息安全规范》第 3.8 条将**用户画像**定义为通过收集、汇聚、分析个人信息，对某特定自然人个人特征，如职业、经济、健康、教育、个人喜好、信用、行为等方面作出分析或预测，形成其个人特征模型的过程。直接使用特定自然人的个人信息，形成该自然人的特征模型，称为直接用户画像。使用来源于特定自然人以外的个人信息，如其所在群体的数据，形成该自然人的特征模型，称为间接用户画像。

根据《个人信息安全规范》第 7.4 条的规定，除为实现个人信息主体授权同意的使用目的所必需外，使用个人信息时应消除明确身份指向性，避免精确定位到特定个人。为准确评价个人信用状况，可使用直接用户画像，而用于推送商业广告目的时，则宜使用间接用户画像。

GDPR 对于大数据分析和智能决策持审慎态度，对潜在的算法歧视采取了预防性立法。GDPR 要求数据控制者在获取个人信息时，必须确保处理过程的公正与透明。为此，应向数据主体明确告知是否采用自动化决策机制，并在存在自动化决策的情况下，向数据主体提供逻辑程序以及关于该处理方式对数据主体可能产生的意义和影响的信息。同时，当自动化决策可能对数据主体产生法律效力或重大影响时，数据控制者应采取适当措施，以保护数据主体的权利、自由和合法利益，确保数据主体能够对数据控制者进行人为干预，表达自己的观点和异议。

3. 明示同意原则

同意原则包含三种类型：明示同意、授权同意和默认同意。

根据 GDPR 第 4（11）条的定义，数据主体的"同意"指的是数据主体通过一个声明，或者通过某项清晰的确信行动而自由作出的、充分知悉的、不含混的、表明同意对其相关个人数据进行处理的意愿。

明示同意（explicit consent），意味着需确保个人信息主体在完全知情的基础上自愿做出具体、清晰明确的愿望表示。一旦获得明示同意，在协议范围内使用个人信息便是合法的。完全知情是明示同意的核心。在我国，明示同意主要用于获取和使用个人敏感信息。

授权同意（unambiguous consent），与明示同意不同，它的要求没有那么严格，意味着数据使用方确实很难确保每个人都完整阅读了条款或完全知情。然而，必须清楚地写明条款和数据使用目的，用户可以选择阅读或不阅读条款，即使不阅读条款就勾选同意，也算作授权。

默认同意指的是服务提供方与用户达成一个协议，用户一旦使用该服务，便默认同意将个人信息提供给服务方。这种方式容易被滥用，实际上并不一定等同于真正获得用户同意。在我国《个人信息安全规范》中，并没有包含默认同意。互联网广告的粗放型增长时代已经过去，过去绝大多数国内外互联网科技服务商都采用默认同意，但如今该风险已得到根本性扭转。

由于明示同意是用户在完全知情的情况下，自愿做出的、具体的、明确的意愿，这通常要求用户主动点击或勾选"我同意"字样以完成同意的表示。GDPR不接受授权同意，即用户通过点击"发送"或"拨打"等字样的行为表示同意，而不使用明文出现"同意"的状况。

《个人信息安全规范》对**明示同意**的定义也进行了明确，要求同意必须包括书面声明或主动做出肯定性动作。这些肯定性动作包括用户主动作出声明（电子或纸质形式）、主动勾选、主动点击"同意""注册""发送""拨打"等。在收集个人敏感信息时，必须获取用户的明示同意。与此同时，《个人信息安全规范》将GDPR中区分的两种同意形式合并为一种"明示同意"，而且不再许可"默认同意"。

GDPR不仅提供了个人数据的保护，还赋予了用户对自己数据的所有权。在GDPR颁布之前，多数国家在互联网用户信息和数据安全方面普遍滞后于数字互联网的发展。许多互联网科技企业都将用户规模和数据视为获取下一轮投资的关键指标，用户数据通常被视为互联网平台的资产。经过数字营销"下半场"的国内外立法加强，互联网企业和数字广告行业发生了重大变化，旨在提高用户数据相关权利的标准，并做出相应的行动改变。

11.2 数据安全与信息保护

我国的数据安全与信息保护主要通过法律法规以及行业监管部门制定的管理办法、国家标准、管理规定等进行规范，对于企业法人和自然人都具有法律约束力和强制力。行业协会、企业团体和社会团体也积极制定和推广一些行业规范和守则，由同行业企业共同遵守。

数据合规（Data Compliance）是指在处理和管理个人敏感数据（通常包含个人信息和财务细节）时，要遵守涉及数据安全和隐私的法规要求、行业标准和内部政策。随着相关法律法规的加速制定，法律在数据安全监管和保护方面发挥了重大作用。

目前，我国已经颁布和实施了多项涉及数据安全和信息保护的法律法规，包括《中华人民共和国网络安全法》（2017年）、《中华人民共和国刑法修正案（九）》（2015年）、《中华人民共和国民法典》（2020年）、《信息安全技术 个人信息安全规范》（GB/T 35273—2020）、《中华人民共和国个人信息保护法》（2021年）、《中华人民共和国电子商务法》（2019年）、《中华人民共和国广告法》（2021年）、《互联网广告管理办法》（2023年）、《网络直播营销管理办法（试行）》（2021年）、《互联网信息服务算法推荐管理规定》（2022年）。这些法律法规的快速制定和实施反映了我国对数据安全与信息保护的重视。下面将重点介绍这些与个人信息数据和数字广告相关的法规。

1. 《中华人民共和国网络安全法》

《中华人民共和国网络安全法》（以下简称《网络安全法》）自2017年6月1日起实施，包含7个章节、79项条款，旨在保障网络安全，维护网络空间主权和国家安全、社会公共利益。所有在中国经营网络业务、提供服务或收集数据的企业，都受到该法律的管辖。

《网络安全法》为中国网络空间安全和个人信息保护提供了法律基础。该法律定义**网络运营者**为网络的所有者、管理者和网络服务提供者，并将网络数据定义为通过网络收集、存储、传输、处理和产生的各种电子数据。个人信息被定义为以电子或其他方式记录的、能够单独或与其他信息结合识别自然人个人身份的各种信息，包括姓名、出生日期、身份证号码、生物识别信息、住址、电话号码等。

《网络安全法》制定了一系列涉及数字广告的法律监管准则，从源头上保护数据和个人信息，此处总结如下：

1）禁止任何个人和组织窃取或以其他非法方式获取个人信息，不得非法出售或向他人提供个人信息。

2）实施用户实名上网政策，作为维护国家网络安全的一部分。

3）禁止网络运营企业在未经用户同意的情况下向他人提供个人信息。

4）要求在境内收集和存储个人信息和数据，并对数据出境进行监管。

5）网络运营者不得收集与其提供的服务无关的个人信息。

6）对非法入侵他人网络的运营者，从技术支持、支付结算和广告经营上进行切断。

该法律早于欧盟的GDPR实施，表明中国注重加强个人信息保护和网络数据安全方面的法律监管。

2. 《中华人民共和国刑法修正案（九）》

2015年11月1日实施的《中华人民共和国刑法修正案（九）》针对互联网经营者和编程技术人员非法获取、出售或提供个人信息的行为进行了立法监管。

根据新条文，违反国家规定出售或提供公民个人信息的行为构成犯罪。对于在履行职责或提供服务过程中犯此罪的行为，将从重处罚。被定罪的数字企业高管、业务经营者或计算机工程师可能面临监禁和罚款。新条文还增加了三到七年的量刑档，并处罚金，适用于情节特别严重的情况，比如非法获取公民个人信息罪。

非法使用网络爬虫工具，非法采集未经保护的公民个人信息，这些行为均已被纳入刑事责任范畴，而不是仅负处罚金类的民事责任。

3. 《中华人民共和国民法典》

2020年实施的《中华人民共和国民法典》（以下简称《民法典》）在总结《网络安全法》《消费者权益保护法》等相关法律法规及个人信息保护标准的基础上，充分借鉴了国际组织和其他国家、地区的个人信息保护准则,明确规定自然人享有隐私权,并制定了严格的个人信息处理原则和条件。个人信息被定义为能够识别特定自然人的各种信息,包括姓名、出生日期、身份证件号码、生物识别信息、住址、电话号码、电子邮箱、健康信息、行踪信息等。《民法典》为中国个人信息保护立法奠定了法律基础,对私密信息的保护适用隐私权相关规定,在未明确规定的情况下,适用个人信息保护的相关规定。

根据《民法典》第一千零三十五条,处理个人信息时必须遵循合法、正当、必要原则,且不得过度处理,同时须满足以下条件:

1)征得相关自然人或其监护人同意,但是法律、行政法规另有规定的除外;

2)公开处理信息的规则;

3)明示处理信息的目的、方式和范围;

4)不违反法律、行政法规的规定和双方的约定。

个人信息的处理包括收集、存储、使用、加工、传输、提供、公开等环节。此前,中国关于个人信息保护的原则体现在2013年修订的《消费者权益保护法》中,强调了"合法、正当、必要原则"。《民法典》在个人信息保护方面进一步强调了"不得过度处理个人信息",增加了"遵照双方的约定"和"知情同意"等关键要素,同时符合互联网经济发展的社会伦理。网络经营者和信息服务提供者被要求遵守更为严格的个人信息数据保护规定。

在《民法典》中,"公共利益"的表述被统一采用,旨在防止利用"公共利益"免责,避免对自然人"隐私信息"的侵犯。公共利益指向国家利益和全社会的公共福祉。即便是"为维护公共利益或该自然人合法权益",处理个人信息也必须以合理的方式进行,以符合免责条件。

4.《信息安全技术 个人信息安全规范》

2020年3月6日,国标《信息安全技术 个人信息安全规范》(GB/T 35273—2020)由国家市场监督管理总局、国家标准化管理委员会发布,并于2020年10月1日开始实施,取代了2017版的GB/T 35273—2017。新版国标增加了多项内容,包括业务功能的自主选择、用户画像的使用限制、个性化展示的使用、第三方接入管理、个人信息处理活动记录等。

关于个性化展示的使用,新版标准要求在APP中提供业务功能时,应明显区分个性化展示和非个性化展示的内容,例如标明"定推"字样。第三方接入管理规定包括进行安全评估、明确安全责任、通知个人信息主体等要求。

在判定某项信息是否属于个人信息时,要考虑两条路径:一是识别,即从信息本身的特殊性识别出特定自然人;二是关联,即从已知特定自然人出发,将其活动中产生的信息(如位置信息、通话记录、浏览记录等)视为个人信息。符合这两种情形之一的信息,均应被视为个人信息。表11-1中给出了GB/T 35273—2020中的个人信息举例。

表 11-1　GB/T 35273—2020 中的个人信息举例

个人基本资料	个人姓名、生日、性别、民族、国籍、家庭关系、住址、个人电话号码、电子邮件地址等
个人身份信息	身份证、军官证、护照、驾驶证、工作证、出入证、社保卡、居住证等
个人生物识别信息	个人基因、指纹、声纹、掌纹、耳廓、虹膜、面部识别特征等
网络身份标识信息	个人信息主体账号、IP 地址、个人数字证书等
个人健康生理信息	个人因生病医治等产生的相关记录，如病症、住院志、医嘱单、检验报告、手术及麻醉记录、护理记录、用药记录、药物食物过敏信息、生育信息、以往病史、诊治情况、家族病史、现病史、传染病史等，以及与个人身体健康状况相关的信息，如体重、身高、肺活量
个人教育工作信息	个人职业、职位、工作单位、学历、学位、教育经历、工作经历、培训记录、成绩单等
个人财产信息	银行账户、鉴别信息（口令）、存款信息（包括资金数量、支付收款记录等）、房产信息、信贷记录、征信信息、交易和消费记录、流水记录等，以及虚拟货币、虚拟交易、游戏类兑换码等虚拟财产信息
个人通信信息	通信记录和内容、短信、彩信、电子邮件，以及描述个人通信的数据（通常称为元数据）等
联系人信息	通讯录、好友列表、群列表、电子邮件地址列表等
个人上网记录	指通过日志储存的个人信息主体操作记录，包括网站浏览记录、软件使用记录、点击记录、收藏列表等
个人常用设备信息	指包括硬件序列号、设备 MAC 地址、软件列表、唯一设备识别码（如IMEI/Android ID/IDFA/OpenUDID/GUID/SIM 卡IMSI 信息等）等在内的描述个人常用设备基本情况的信息
个人位置信息	包括行踪轨迹、精准定位信息、住宿信息、经纬度等
其他信息	婚史、宗教信仰、性取向、未公开的违法犯罪记录等

5.《中华人民共和国个人信息保护法》

2021 年 11 月 1 日，《中华人民共和国个人信息保护法》(以下简称《个保法》) 正式施行。该法律明确禁止过度收集个人信息，对人脸等敏感个人信息的处理作出规制，并完善了个人信息保护的投诉和举报机制。《个保法》要求处理个人信息的行为必须有明确且合理的目的，且与处理目的直接相关，采取对个人权益影响最小的方式进行。收集个人信息时，必须限于实现处理目的的最小范围，不得过度收集。

互联网平台和品牌主网站在获取个人信息时，首先需要得到用户的授权同意。个人信息对数字广告交易流通和营销效果有重要作用。在为用户提供信息服务的过程中，互联网平台会向广告主提供少量广告位，用户在了解并同意广告的处理目的后，经营者必须承担最小范围内收集信息的法律责任。

对于第三方广告经营者，首先应当记录用户明确授权给互联网平台和品牌主的个人信息，指明哪些信息可以由第三方处理和存储。广告经营者需要最小化收集和使用个人信息，对于涉及数字广告程序化交易系统的多方参与者，应明确用户知晓广告处理目的，并在此基础上使用最小范围的个人信息授权。未经个人信息处理者同意，受托方不得转委托他人处理个人信息。

总的来说，能直接获得用户授权的广告主和互联网企业应遵守实现广告处理目的时的最小化信息收集原则。用户授权个人信息用于网站信息服务和用于广告是有区别的。同时，第三方数字广告经营者在通过间接方式获得用户授权的个人信息时，应加强合法合规操作，并在国家和行业标准的指导下，最小化收集、存储和使用个人信息。主要应使用经过脱敏处理的个人信息，从源头确保数据权益，以此开展数字广告业务。

《个保法》对自动化决策进行了定义，即通过计算机程序自动分析、评估个人的行为习惯、兴趣爱好或者经济、健康、信用状况等，并进行决策的活动。自动化决策方式在平台型经济中用于"配置"和"定制"用户的信息界面和商品类目，是数字广告的显著特征。个人的行为习惯、兴趣爱好或其他状态，客观上构成了消费者的需求特征。大量互联网应用直接有针对性地满足消费者需求，从而使数字广告更具针对性地激发用户的消费欲望。

针对个人，自动化决策方式在法律上区分为两种用途：信息推送和商业营销。信息推送主要涉及信息茧房、诱导沉迷、操纵榜单等社会问题的治理，而商业营销则涉及大数据"杀熟"、不正当竞争、劳动保障等热点问题的治理。

数字广告作为具有商业营销意图的信息资讯，需要承担相应的社会责任。广告旨在满足用户的信息需求，但广告是否能满足用户需求，预先并不确定，即广告展示并非总能被用户接受。即便满足了用户的信息需求（被用户完整浏览），用户也不一定会产生商品需求和点击转化行动。

6.《中华人民共和国电子商务法》

2019年1月1日起施行的《中华人民共和国电子商务法》（以下简称《电子商务法》）首次在立法层面确立了"精准营销"的推定机制。

根据《电子商务法》第十八条的规定，电子商务经营者根据消费者的兴趣爱好、消费习惯等特征向其提供商品或服务的搜索结果的，应当同时向该消费者提供不针对其个人特征的选项，尊重和平等保护消费者合法权益。

在数字广告体系中，电子商务经营者根据用户特征提供商品或服务的搜索结果已成为电商行业的标准操作，在电商平台、直播电商、移动应用等领域广泛应用。《电子商务法》的主要治理对象是电子商务活动，而非广告活动。2022年的《互联网广告管理办法》中新增了《电子商务法》作为上位法，原有上位法《广告法》加强了新办法的立法依据。这从法律角度证实了数字广告与电商活动之间的交叉创新，而非完全独立的两种经济社会职能。

因此，数字广告领域需要加强对《电子商务法》中"不针对其个人特征的选项"的理解，即赋予消费者保护其个人特征信息的权利。这一条款旨在保护消费者合法权益，防止商家利用掌握的用户特征信息（展示商品或服务搜索结果）进行"大数据杀熟"。

7.《中华人民共和国广告法》

2021年的更新版《中华人民共和国广告法》(以下简称《广告法》)给出的适用范围为,在中华人民共和国境内,商品经营者或服务提供者通过一定媒介和形式直接或者间接地介绍自己所推销的商品或者服务的商业广告活动。该法对大众媒体和互联网平台进行了统一的立法监管。

《广告法》规定,广告应当具有可识别性,能够使消费者辨明其为广告。大众传播媒介不得以新闻报道形式变相发布广告,通过大众传播媒介发布的广告应当显著标明"广告",以其他非广告信息相区别,不得使消费者产生误解。

此外,规定利用互联网发布、发送广告,不得影响用户正常使用网络。在互联网页面以弹出等形式发布的广告,应当显著标明关闭标志,确保一键关闭。

8.《互联网广告管理办法》

2023年新版的《互联网广告管理办法》取消了2016年颁布的《互联网广告管理暂行办法》中关于程序化购买机构的相关规定,这反映出中国程序化广告技术、产品和市场已经达到成熟阶段。政府监管在法律层面上将程序化广告视为互联网广告行业的一种经营模式,并没有创设与"互联网广告经营者"不同的市场主体。因此,在程序化广告行业中,广告商业活动的主体在法律地位上并无本质差异。数字广告的主体责任仍然落在广告主、互联网广告经营者、互联网广告发布者及其他互联网信息服务提供者身上。中国广告协会专家解读《互联网广告管理办法》应当认为:

广告主是指为推销商品或服务,自行或委托他人设计、制作、发布互联网广告的自然人、法人或其他组织;

互联网广告经营者是指接受委托提供互联网广告设计、制作、代理服务的自然人、法人或其他组织;

互联网广告发布者是指利用互联网媒介为广告主或其委托的广告经营者发布广告的自然人、法人或其他组织;

互联网信息服务提供者是指通过互联网提供信息服务,但未参与互联网广告的设计、制作、代理、发布等活动的自然人、法人或其他组织。

在传统广告业中,广告主通常将业务委托给广告代理商,而广告发布者则是发布广告的媒体。在互联网领域,互联网信息服务提供者主要指平台经营者。互联网平台经营者可能同时扮演互联网广告发布者、经营者及广告主的角色。互联网平台经营者也可能仅提供信息服务给广告主、互联网广告发布者和经营者,而不直接参与制作和发布广告的业务。

《互联网广告管理办法》还规定,利用算法推荐等方式发布互联网广告的,应当将其算法推荐服务相关规则、广告投放记录等记入广告档案。互联网广告业务活动已广泛应用算法推荐等技术来智能发布广告,而发布广告用途的投放程序后台数据成为互联网广告业务档案的一部分。**算法推荐技术**包括生成合成类、个性化推送类、排序精选类、检索过滤类、调度决策类等，其中个性化推送类算法技术在向用户提供信息时尤为重要。因此，互联网信息服务提供者、互联网广告经营者和发布者在使用个性化推送类算法技术向用户投放广告时，需要纳入互联网广告业务档案的监管范畴。

9.《网络直播营销管理办法（试行）》

2021年，国家市场监督管理总局联合六部门颁布了《网络直播营销管理办法（试行）》，对网络直播营销行业进行规范。该办法规定，直播营销平台提供付费导流等服务，对网络直播营销进行宣传、推广，构成商业广告的，应当履行广告发布者或者广告经营者的责任和义务。

我国法规在判定直播营销信息是否构成广告时，不仅依据《广告法》中对广告的定义，还考虑直播营销的现状、特征和经营模式。对于直播带货中的相关信息是否构成商业广告，中国广告协会法律与道德工作委员会专家意见为，可以通过以下几种方法进行辨别：

第一，如果直播内容中既有直播本身也有广告传播，那么对于这部分的广告传播，应当直接认定为广告。

第二，直播营销中即便没有直接出现广告信息，但如果直播间摆放了商品（样品）、品牌商场景和货架，展示商品使用场景和进行宣传，则需要综合考虑直播时间长短、摆放品类、数量、主播活动等多种因素，以判断是否构成广告。

第三，涉及医疗、医药、医疗器械产品和保健食品（简称"三品一械"）的展示，应当严格按照广告处理，否则将构成《广告法》第16条和第18条所禁止的变相发布广告的情形。

第四，对于主播在直播营销中的"口播"使用的话术或宣传语，通常不认定为商业广告；但若涉及直播录屏、截屏或同时附有文字剪辑处理、虚拟数字人加工后的内容，如果这些内容被重复播放与投放，则构成商业广告。

我国《广告法》将广告代言人定义为广告主之外的，在广告中为商品或服务做推荐或证明的自然人、法人或其他组织。

主播指网络营销活动中与用户直接互动交流的人。关于直播电商的主播是否构成广告代言人，存在两种观点：一种认为主播类似于商超卖场的导购人员，不是广告代言人；另一种则认为主播由于为商家产品进行个人推荐和证言广告，且收取了商家费用，因此构成广告代言人。

网络直播营销活动作为中国数字经济发展的重要组成部分，具有明显的广告功能和特点。众多广告活动的参与者也积极投入网络直播营销中。为此，中国广告协会制定了《网络直播营销行为规范》，旨在为从事网络直播营销活动的各类主体提供行为指南。

10.《互联网信息服务算法推荐管理规定》

2022年3月1日起施行的《互联网信息服务算法推荐管理规定》中明确了**应用算法推荐技术**的定义，指利用生成合成类、个性化推送类、排序精选类、检索过滤类、调度决策类等算法技术向用户提供信息。

在数字广告领域，这些算法推荐技术已被广泛应用。特别是个性化推送类信息服务，与《个人信息保护法》第二十四条关于自动化决策的信息推送密切相关。尽管这些规定主要针对信息茧房、诱导沉迷、操纵榜单等社会问题的治理，但也与数字广告在个性化领域的应用息息相关。

数字广告的发展过程包括先完成数字化，再进行智能化。在完成数字化之后，智能技术的**自动化决策**将不可避免地应用于广告、信息服务和商业营销领域。

《互联网信息服务算法推荐管理规定》要求算法推荐服务提供者应当向用户提供不针对其个人特征的选项，或者向用户提供便捷的关闭算法推荐服务的选项。这与《个人信息保护法》中的"自动化决策"相关条款和《电子商务法》的相关规定形成联系。

立法的意图是治理将个人特征用于算法推荐服务可能带来的不公平竞争。在某些情况下，即使不需要完全关闭算法推荐服务，用户也应被赋予选择或删除算法推荐服务所使用的部分个人特征标签的权利，从而保障用户的选择和关闭权利。

因此，算法推荐服务提供者在利用用户的个人特征标签来个性化定制算法推荐服务时，应当告知用户个人特征的用户标签被用于算法推荐信息服务，并赋予用户选择或删除算法使用的个人特征标签的权利。

随着数字广告形态的多样化，涉及广告主、互联网广告经营者、发布者、信息服务提供者等不同主体的责任与权利也日益复杂。在计算广告和程序化市场的进化过程中，使用用户特征标签以加强广告的"匹配""定制"和"投放"，将涉及这些不同主体责任与权利的规范。

现有互联网信息服务算法推荐技术主要应用于互联网应用的基本服务功能，如内容信息流、娱乐短视频、内容电商、分类视频、打车应用等。在数字广告领域，这些技术主要影响"个性化推送"类别。

在互联网信息服务中，"内容"与"广告"的交叉混合现象日益增多。其中，"广告"体现为根据用户的信息需求预测，由广告主提供相应信息，并"猜测"用户可能因此信息产生对赞助商商品的实际需求。而"内容"则体现为预测用户的需求（包含信息需求），由平台及第三方直接提供满足这些需求的信息。大量的互联网应用、服务和电商平台均展现出了"内容"的形态。

数字广告代理商，作为平台经营者之外的一个角色，正加强研发并掌握计算广告技术。它们应合法合规地使用数据，防止未经授权获取用户个人特征的行为。这要求从数据源头获取用户授权，同时加强对群体标签特征、广告投放数据、场景上下文数据的收集，以提升广告优化和转化的效果。

综合来看，我国的立法建设环环相扣，为数智时代的个人信息保护提供了明确的大方向。数字时代的广告技术产品和数字营销市场的进步，推动了社会伦理的提升和监管体系

的建设。

在法律层面，互联网广告投放的**精准度**实际上是预测信息匹配度的结果，目标是尽可能地选择与广告内容匹配度更高的用户群体进行投放，而不是"一对一"的精准匹配。互联网企业在经营数字广告业务，采集和处理用户个人信息时，应强化知情同意原则，并注意以下几点：

1）明确告知用户将会采集哪些个人信息，处理目的的最小范围，以及哪些信息将用于互联网广告业务。

2）通过用户画像技术处理后形成的标签，用于数据脱敏，以保护用户个人信息。

3）针对不同的数据收集方式，提供不同的声明，区分一般隐私政策和特别隐私政策。

4）在注重合规的同时，通过各种渠道以简明易懂的方式，增进用户对互联网广告精准化投放和相应技术的了解，消除用户误解，并承诺尽到保护用户数据的责任，提升用户对数据权利的认知。

总之，在推动数字营销"下半场"发展的同时，我国立法机构着力于在法律层面上保护消费者权利，应对技术对信息保护、电子商务和交易公平带来的挑战。传统广告基本不具有数字特征，相比之下，数字广告及其相关知识体系在法律维度上得到了大幅扩展和升级。

11.3 广告伦理与精准化

伦理在中文中与道德的概念相统一。符合伦理意味着在特定情况下做出道德上正确且符合社会价值观的行为。

社会责任意味着做出社会普遍认为对普通人或特定群体最有利的事情。即使没有法律义务，伦理和社会责任也可以被视为广告对社会的一种义务。

广告与伦理的关系紧密且复杂。广告活动不仅受到周围伦理环境的影响，还在一定程度上塑造了这一环境。同时，广告接收者也常以道德伦理为准则来评价广告内容的优劣。广告伦理涉及的不仅是广告实践中的伦理问题，还包括一系列影响广告业健康发展的价值观和行为准则。

11.3.1 数字广告伦理框架

根据中国广告协会先前研究的定义，**精准广告**是通过收集特定时间段内计算机或移动设备在互联网上的相关数据来预测用户的偏好或兴趣，再通过互联网对相应计算机或移动设备投放广告的业务活动。

数字广告的核心在于供需匹配，它提出了"精准问题"和"隐私悖论"。精准广告不仅能满足受众个性化的需求，还能降低广告主的成本，提升广告的预测性和效果。但是，精准广告在搜集和分析网络用户个人信息时，就有可能造成侵犯用户个人隐私的风险。

因此，需要引入一个基本的伦理框架来深入分析这一问题。伦理思考通常包括建立准则、收集事实信息和做出伦理判断三个步骤，如图 11-2 所示为伦理思考判断的结构。

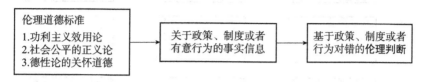

图 11-2　伦理思考判断的结构

参与伦理决策的主体首先要建立自己的道德伦理框架。此框架通常通过三种伦理准则构建，不同准则之间存在显著差异。

功利论（Utilitarianism）：基于人们行动带来的效用（Utility）来进行决策。

正义论（Social Justice）：把公平当作一个社会的主要原则进行决策。

德性论（Virtual Ethics）：依据个人品德和品格来决策。

以儿童广告为例，儿童不是成熟的消费者，他们对自我、时间和金钱的理解尚未成熟。针对儿童的广告可能导致他们对产品产生误解或不实际的期望。那么，责任应该由谁承担？尽管大多数情况下父母是孩子的监护人，但孩子往往是决策的唯一主体。因此，最广为人知的观点认为广告主不应故意欺骗儿童。因此，就能推导出一个负责任的儿童广告应该关注的核心问题：广告主应在多大程度上确保儿童不被广告误导？

行动者采用不同的伦理框架，就将关注不同重点的事实，进而产生截然不同的判断。因此下一步要引入三个层次的伦理责任，这对于思考和解决问题至关重要。

在第一个层次上，伦理包括两个相互关联的部分：社会或社区中的传统行为，即**习俗**；为证明过去行为的正当性和指导未来行为而制定的哲学规则，即**规则**。习俗和规则共同构成了社会伦理行为的基本准则，帮助我们判断个人或公司（包括网络广告）的行为是否偏离了这些规范。

第二个层次涉及个人的价值观、情感和信念，这些构成了每个人的价值体系。当个人的信仰与服务社会的义务发生冲突时，应该如何选择？例如，一位反对酗酒的广告从业者可能需要为市场份额高的酒品类公司制作广告。在伦理的社会层面，存在诸如此类的冲突：尽管过量饮酒已经成为中国许多人的长期习惯，但许多医生已将过量饮酒视为社会健康问题，酗酒违背了不影响社会风化和不伤害无辜者的重要原则。当个人或社会群体难以解决这样的伦理困境时，就需要重新定义问题。这就引出了第三个层次的伦理议题。

第三个层次的伦理探讨了"善恶、对错、责任、正直和真理"等单一的伦理概念。这些概念是否绝对、普遍且具有约束力？还是它们相对依赖于具体情境和后果？个人的道德和伦理观念受到教育、社会、宗教和个人价值观的影响，同时也随着所在国家或地区的行政法规、文化潮流而发展变化，这些因素共同决定了最终的选择，见图 11-3。

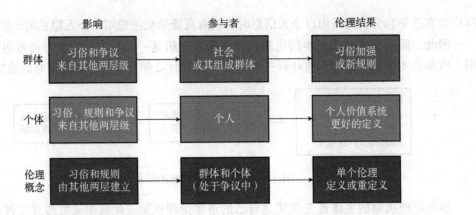

图 11-3　伦理责任的升级（图译自阿伦斯的《当代广告学与整合营销传播》(第 16 版)）

如图所示，数字广告伦理实际上是在社会文明进步中，通过习俗、规则和争议不断完善的。以 2002 年为例，当时社会规则和习俗曾默许已婚配偶查看对方的手机通信记录。当年国产电影《手机》的上映及相关热点事件讨论引发了通信行业对个人查询规则的改变，促进了社会习俗加强尊重和理解隐私，并重新协调个人信息与现有法律框架下社会关系的界限。

数字时代强调从权利角度维护正义、自由、效率、秩序、个体和人文精神等法律伦理价值，为数字赋能个体权利奠定了基础。传统广告基于媒体强制投放，不用考虑受众接受问题。数字技术赋能用户加入信息技术应用的主动权力，技术的升级使数字广告功能显著提升，市场对数字广告产品的需求也日益增长。正如图 11-1 所指出的，法律与伦理已经对数字广告行业形成了重要的社会认知提升。伦理往往领先于法律法规。推动伦理变革的因素主要来源于三个方面：管理者和专家的预见性知识发布、行业企业的自律及持续推进，以及突发热点事件和公众推动的变革。

总的来说，社会伦理的变革与法律进步的方向是一致的。

11.3.2　个性化广告与隐私

随着互联网数字通信技术的发展，我们需要重新审视个性化广告与隐私保护之间的关系。当人们享受个性化广告定向技术带来的便利时，也常常对"精准"营销和行为定向广告表示担忧。

核心问题是：数字广告技术是否滥用了用户的隐私数据？

自 2018 年剑桥分析事件爆发以来，全球各国都在调查互联网公司如何控制公众数据获得市场垄断地位，并滥用广告营销侵犯个人隐私。

以 Facebook 为例，其创始人马克·扎克伯格在 2018 年 4 月的美国国会听证会上做出回应时强调了两点：

第一，Facebook 是一家互联网科技公司，而非新闻与娱乐内容的生产者和发布者。

第二，Facebook 绝不通过出售用户数据获利。Facebook 的主要收入来源是数字广告，依赖于对用户数据的分析以帮助商家实现营销效果。

随着全球对个人信息保护立法的加强，广告行业在使用数据时必须更加重视个人信息保护和广告算法推荐的透明度。自 2019 年起，扎克伯格开始全面反思用户数据保护与使用的关系，推动互联网数据资产的收入模式转型。他寻求一种新型的消费者 – 互联网平台 – 品牌模式，以替代传统依赖于使用用户数据售卖广告的模式。Facebook 社群开始了伦理层面的变革，为未来广告的升维铺路。

数字广告成为全球主要互联网平台的重要收入来源，在精准性和隐私保护之间维持平衡。互联网公司过度依赖用户数据来售卖广告的做法，在海外市场遭到了伦理上的强烈批评。如今，法律法规已经明确规定了用户授权营销和数据的合法使用。苹果、谷歌等公司通过技术创新，重新调整了移动终端用户可识别设备标识对第三方业务（包括广告）的授权许可政策。

历史证明，每一次重大的技术进步往往伴随着法律和社会制度的进步。有些消费者可能会担忧，个性化广告技术似乎在未经他们同意的情况下时刻监视着他们，然后根据品牌态度和心理价格推送"精准定向"的广告和定价，仿佛形成了对消费者思维的控制。然而，这其实是对程序化交易、计算技术及智能广告的一种误解。

全球各国和社会都有媒体报道了这种担忧，引发了对精准广告的舆论批评。这种现象实际上与消费者和新闻业对平台个性化广告产业模式、运营机制和背后技术原理的不熟悉有关。

从个性化广告对用户数据的收集情况来看，它是在符合国家法律规范的要求下，保障用户选择权，基于用户的合法授权和数据安全技术支持，同时在加密保护用户隐私的前提下进行的。

简而言之，互联网广告平台收集用户数据主要是为了判断用户可能属于哪一类共同特征群体，进而形成用户标签数据包用于广告内容投放。个性化广告的本质是对用户进行集体画像，使用匿名化和去标识化的脱敏信息，而不包含任何指向具体自然人身份的信息。其主要目的是构建不同兴趣偏好和消费需求的群体标签，以提供更具用户相关性的个性化广告服务。

在个性化广告投放过程中，用户隐私通过一系列措施得到保护。例如，在收集数据时，平台会通过隐私政策告知用户并获得其同意。在广告运营过程中，涉及用户数据的供需双方匹配，需要对数据进行脱敏处理和加密传输。用户的个人信息数据则属于存储安全保护级别最高的数据之一，须加密存储，未经用户授权不得传输给第三方或留存。个人敏感信息更应避免用于广告目的。

个性化广告的未来发展方向在于使用个人特征的群体标签型广告投放，而非一刀切的

"通投"型广告。"通投"不符合大多数消费者的数字信息需求，会导致更多无关广告出现在消费者视野中，引起人们反感。在广告供应商与用户之间找到更加平衡的方案，是立法监管机构、行业协会、前沿学者和行业领先企业持续研究的重点。

互联网平台和APP在使用用户定向技术时，需要共同探索实施限制措施，确保用户隐私得到充分保护。

1）对于类别限制，须对财产、健康、宗教信仰等敏感个人信息实施严格的限制，禁止将其用于广告投放。

2）针对重定向时间限制，跨终端设备对特定商品的浏览间隔时间应遵循更精细的行业标准。

3）给予用户更多选择权，帮助用户了解其个人特征标签的形成原理，并可选择关闭不愿披露的个人标签特征。

这样既避免了用户"一键关闭"的单一选择方式，又能确保用户接收到符合自身需求的广告信息，同时避免了用户想回避的个人属性被用于特征画像。

个性化广告是推动互联网相关产业发展的重要经济来源。然而，用户大多不了解大多数免费APP的经济来源正是广告，且对个性化广告的投放原理知之甚少，这导致了对个性化广告的误解和困扰。

本着尊重个性化需求的"以消费者为中心"的观点，未来的个性化广告应不断加强合法合规性，既符合用户互联网需求，又让用户在最短时间内找到自己的喜好。要通过创造性方法解决技术与伦理的冲突，促进技术发展与人类社会的和谐进步。

欧洲在实施《通用数据保护条例》后，2023年又推出了《数字市场法》和《数字服务法》，加强了统一市场的数据保护进程，特别强调了对个人数据的匿名化、假名化和加密措施。

匿名化是对可识别信息进行加密或删除，确保信息永不与用户绑定。**假名化**则是数据部分匿名化和分离，但可重新组合。假名化介于已识别和匿名之间。例如，互联网平台系统为用户分配位置标识符和浏览器标识符，只有与用户的出生日期结合时才能识别用户，而出生日期则单独保存。数字广告企业和行业协会都有责任将执行个人数据匿名化、假名化和加密措施的法规和知识持续传递给公众，以改善社会对个性化广告伦理的认知和信心。

11.3.3 隐私与伦理原则

隐私是个人不愿公开的信息。它保护我们免受基于价值观差异的干涉，赋予我们以非传统方式行动的自由，保护我们所爱之人免受信念动摇的伤害。

心理隐私涉及个人的精神生活，如个人思想、计划、信仰、价值观、感情和欲望。**生理隐私**则关系到个人的生理活动。

隐私权是指个人拥有决定向他人披露何种与自身相关的信息的权利。

经典的广告伦理中早已提出**广告隐私原则**，比如广告伦理研究院（Institute for Advertising Ethics，IAE）建议的原则与实施条款（Principles and Practices）。

1. 广告、公共关系、营销传播、新闻和报导都有一个共同的目标，那就是为公众提供真实和高道德标准的服务。

2. 广告、公关和所有营销传播专业人员都有义务在创造和向消费者传播商业信息时践行最高的个人道德标准。

3. 广告商应明确区分广告、公共关系和企业传播与新闻和社论报导以及在线和离线娱乐。

4. 广告商应明确披露影响社交和传统渠道代言的所有重要条件，如付款或获得了免费产品，以及代言人的身份，所有这一切都是为了充分披露和实现高度透明。

5. 广告商应根据广告受众的性质和广告产品或服务的性质公平对待消费者。

6. 广告商不能在营销传播中损害消费者的个人隐私，消费者对是否参与提供其信息的选择应是透明的、易于作出的。

7. 广告商应遵守国家、州和地方广告法，并与行业自律计划合作，解决广告行为问题。

8. 广告主及其代理公司、在线和离线媒体应私下（重视）讨论潜在的伦理问题，制作广告的团队成员也应获准在内部表达他们的伦理问题。

9. 广告和公共关系的商业伙伴之间的信任（关系），包括广告客户和广告代理公司、媒体供应商和第三方供应商之间的信任，应该建立在商业所有权和合约、代理公司的薪酬和折扣、媒体奖励的透明和**完全公开**的原则基础上。

20世纪的经典广告伦理原则至今仍是数字广告行业的核心规范。然而，随着数字广告领域的新技术和市场特性的涌现，也形成了针对数字个性化广告的特定伦理规范。

网络广告联盟（Network Advertising Initiative，NAI）最近更新了数字广告准则，对标识符进行了三种分类，并针对数据的敏感性及其使用方式，要求行业企业成员具备不同的责任和义务。这三种分类包括：

1）**个人识别信息**（Personal Identification Information，PII）：指直接用于或旨在用于识别特定个体的数据。

2）**设备识别信息**（Device Identification Information，DII）：指与浏览器、设备或设备组相关联的数据，但并非用于或打算用于直接识别个人。

3）**去识别信息**：指与个人或设备无关的数据。

数字广告准则对敏感个人信息、精确位置信息、传感器信息以及个人信息的使用，规定了更严格的义务。这些信息通常被用于广告定位、广告投放以及广告监测报告。敏感个人信息包括本质上敏感的特定类型PII，以及与敏感的医疗、金融、法律等相关的DII。

NAI最初制定数字广告识别伦理，是为了应对数据收集和在网络浏览器上实施基于兴趣的广告（即定向广告）的问题。随着技术进步，数字广告识别伦理的准则范围得到了扩展，包括了移动应用中的数字广告、跨应用广告，以及智能电视上的广告应用和数据收集。这些活动越来越多地依赖跨设备链接，以提供一致的跨设备广告体验。因此，网络、应用程序和电视环境的变化，改变了互联网广告企业成员向用户提供通知和选择的方式。

因此，NAI将基于兴趣的广告、跨应用程序广告和原生内容广告视为独立的活动，加上重定向广告和用户匹配广告，共同构成了五大关注点，成为制定"定制"数字个性化广告伦理的重点。

中国广告协会与美国媒体评级标准委员会（MRC）、NAI和互动广告局（IAB）等机构紧密合作，联合中国信息通信研究院建立了互联网广告技术实验室，邀请国家广告研究院等机构共同加入标准建设。通过这些合作，协会致力于服务数字广告行业，建立高标准的伦理和透明度，确保用户隐私在所有环境下得到保护，同时建立和调整行业标准，更好地适应特定类型设备上的通知和选择权。

随着数字广告技术、市场和法律应用的不断扩展，数字广告伦理准则的应用范围也在拓宽。除了手机和平板计算机，现在"设备"一词还包括了智能电视（OTT）、数字户外屏（DOOH）、智能音箱和可穿戴设备等。

为了引导数字个性化广告的伦理健康发展，中外形成了以下七项基本原则：

1. 教育原则，要求各实体都能投入到教育消费和企业中，普及数字个性化广告相关知识。

2. 透明度原则，要求实施多种机制，明确告知消费者数字个性化广告相关的数据收集和使用方式。

3. 消费者控制原则，设立机制，使用户能够有效决定其数据是否可被以数字个性化广告为目的进行收集和使用，或是否可转移至非关联机构。

4. 数据安全原则，要求对用于数字个性化广告的数据提供合理的安全保障和有限的数据保留期。

5. 重大改变原则，要求实体在对数字个性化广告数据收集和使用政策做出任何改变前，必须获得用户同意。

6. 敏感数据原则，规定以数字个性化广告为目的收集和使用的某些数据应接受不同等级的保护。

7. 问责原则，呼吁代表数字个性化广告生态系统中广泛行为者的实体，制定并执行相关政策和程序。

11.3.4 品牌安全与监测

在数字营销的新阶段，隐私保护和品牌安全（Brand Safety）受到广告主，特别是大品牌广告主的高度重视。品牌安全关乎数字广告平台的监测问题，一些专家认为数字广告的可见性（Viewability）应成为评估"品牌安全"的关键指标之一。

1. 品牌安全

大品牌广告主普遍关注广告传播的声誉，不愿看到其广告出现在与产品服务及品牌形象不符的网络环境中。例如，航空公司的广告不应出现在介绍空难的内容页面上。海外广告主已发现，广告若投放在问题网站和 APP 中，会对品牌声誉和营销传播效果造成极大伤害。

在大企业和社会组织的推动下，互联网行业开始关注品牌安全相关的产品和服务，广告验证服务或平台随之出现，如 Sizmek、Adbug、RTBAsia 等。这些品牌安全服务根据在广告投放过程中的应用阶段可分为两类：

1）广告投放后的监测报告

在电视广告时代，这类报告被称为广告投放回顾。在互联网数字广告系统中，尤其是国际大品牌客户，开始重视这类服务所提供的不良反应报告。广告主（第一方）、互联网平台（第二方）和数字广告监测机构（第三方）都在积极监测投放流量及品牌安全，这是近年来增添的透明度服务业务。

2）广告投放环节监测安全

在数字广告系统中，为了维护品牌安全，各参与方正积极探索如何在广告投放过程中融入品牌安全服务。在 DSP 接收到广告竞价邀请之前，会首先查询广告环境验证服务，以判断该次广告机会是否对品牌构成威胁。若该服务反馈为不安全，则 DSP 会放弃竞价。反之，如果确认安全，DSP 便会结合其他算法评估广告机会的价值并出价。若成功竞得，则广告将被展示。

这种模式的优势在于能够为广告主节省预算，但同时也增加了广告环境验证服务的成本，并延长了 DSP 在竞价前的等待时间。这可能导致成本增加，以及由于等待而引起竞价失败率升高。从询问广告环境验证服务到得到回应的全过程，需要在 50 毫秒内完成，以确保整个竞价过程能在 100 毫秒内完成。这对广告环境验证服务的效率提出了更高要求。通常，这需要在 DSP 的机房内部署一台前置服务器，以提供此服务并降低网络延迟。

部分广告主由于数据和成本等因素，无法在各 DSP 端部署服务器。另一种模式类似于广告服务器代码，广告环境验证服务在竞价前不介入，但在 DSP 竞价成功后，会接收到广告环境验证服务的 AdServing 代码（类似于场景可见性数据收集的代码模式），目前这种模式仅在少数 ADX（例如谷歌、TANX）中的部分媒体流量上使用。这类广告环境验证服务代码会在广告展示时分析广告机会是否与广告主品牌相符，是否存在品牌安全问题。若无问题，则正常展示广告；若有问题，则展示一个与广告主品牌无关的公益广告。

类似于广告可见性数据收集，品牌安全服务主要通过技术手段监测广告曝光时的媒体内容页 URL，并抓取页面中的全文内容。为了提高分析处理的效率，品牌安全服务往往不会在广告展示时运行，而是单独运行一组爬虫程序，先行抓取全网的 URL，分析这些 URL 中的全文内容，找出敏感词并打上标签（类似于搜索引擎技术），这些标签主要与品牌安全相关，用于排除色情、暴力、战争、灾难、敏感时事等内容。这一数据采集及打上标签的过程为后续的服务输出打下了基础。

在结果输出环节，无论是在出具报告时还是在竞价前（Pre-Bid），品牌安全服务只需要比对广告展示（或即将展示）页面的 URL，就可以快速识别出之前打上的标签，进而通过这些标签的结果进行统计检验，判断并报告潜在的对广告主品牌不良的影响。

由于技术成熟度等因素，目前品牌安全服务还无法覆盖全网，主要监测的是 PC 互联网的主要媒体环境。随着行业技术标准和伦理水平的提升，加之广告主需求的推动，各大互联网站（APP）都在积极开发技术支持，加入行业公开监测标准和品牌安全监测服务中，从而提升数字广告生态的价值。

2. 监测评级

广告行业的标准化工作，包括监测评级，不仅是对现行法律法规和监管政策的重要补充，也是平衡互联网广告创新与规范发展的关键工具，更是推动广告产业健康发展和社会共治的重要手段。自 2019 年以来，中国广告协会、中国信息标准化协会、中国互联网协会等组织联手国家广告研究院等学术机构和主要行业企业，共同起草并推广了众多国家标准、行业标准和团体标准，为互联网广告业的高质量创新发展提供了准则和指导。

在当前的互联网数字生态中，广告主面临的一个主要问题是如何验证广告数据的真实有效性。这主要通过对企业持有的明确获得用户授权的 PII 数据进行实名化样本抽查来实现。在实际业务中，只要抽查的样本 PII 数据是企业自有的并且明确获得了用户同意，就不属于侵犯隐私。然而，对于购买的数据，原则上应该是脱敏和匿名化的，里面不应包含可以识别个人身份的信息。对于无法识别个人身份的数据的检验和匹配，只能通过 DII 数据实现，而不能使用 PII。

如果没有实名数据，就需要对原始数据进行监测抽查，以确保其中包含可信赖的数据。数据造假一直是互联网行业需要解决的重点问题。我国政府法律、国家标准、行业协会标准及企业自律规则都在不断提升媒体的真实性和监测标准。

中国广告协会的宗旨是"服务行业自律、服务行业维权、服务行业发展"，并向国家商标主管部门申请注册了"金（银、铜）标尺"证明商标。证明商标是指由具有监督能力的组织控制的标志，由该组织以外的单位或个人用于其商品或服务，用以证明该商品或服务的原产地、原料、制造方法、质量或其他特定品质。

中国广告协会的"金（银、铜）标尺"证明商标用于证明特定数字媒体的专业服务能力，适用于通过互联网传输协议，在服务器端和客户端电子设备之间传送数字图文音像形式的营销素材（数字广告）的应用程序（数字媒体）。该商标旨在从真实性、透明度和实效性等维度，打造出一个专业、科学、规范的数字媒体价值评估体系。如图 11-4 所示。

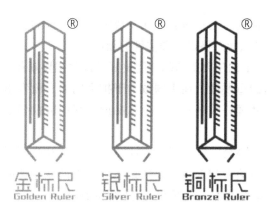

图 11-4 中国广告协会"金（银、铜）标尺"证明商标

为了提升行业的媒体评级与监测能力，全国性广告行业组织明确反对违法违规使用数据，以及侵犯个人隐私的行为。同时也强调，不应因为存在问题就否认个性化广告的积极作用。数字广告行业生态代表了中国数字经济各行业供给和需求匹配的效率，消费者的数字体验需要在中国得到保护和发展。广告伦理规则与广告法律法规的升级，有效促进了数字广告行业的健康发展和各行业广告主营销传播服务的有效运营。

2018年以后，互联网广告从粗放型增长转入了更为精细和合规的阶段。在这个过程中，数字广告的生态和发展受到了更严格的法律监管，尤其在个人信息保护和数据安全方面。政府机构、消费者团体、社会组织以及广告主和行业竞争对手都积极参与到广告的审查、改良中来，提出宝贵的建议，推动广告行业创建更为完善的信息系统，减少违法情况，同时降低不良广告对社会公众的负面影响。

11.4 本章小结

随着数字广告进入数字营销的"下半场"，法律和伦理成为中国数字广告在技术创新和市场产品创新之后的第三个关键发展维度。

广告主、广告经营者、广告发布者和广告代言人作为互联网广告活动的主要参与者，在参与广告活动的过程中，不仅享有特定的权利，也承担着相关的法律法规所规定的义务。

为了确保互联网数字广告市场的健康、稳定和可持续发展，需要建立一套科学、有效的广告规制体系。中国在这方面采取了政府主导的规制模式，以政府规制为主，行业自律规制和社会规制为辅。

政府规制主要通过法律规制和行政规制实现，其中法律规制的作用是最为基础和直接的，它调整了国家广告监管机关与广告主、广告经营者、广告发布者以及消费者之间由广告活动引发的各种社会关系。

大多数广告主、广告经营者和广告发布者都在努力维护伦理标准，并执行对社会负责的广告策略。而互联网企业，尤其是那些开发数字广告市场的企业，虽然曾属于监管较少的行业，如今却成了受到法律严格审查和监管的领域。

《中共中央 国务院关于构建数据基础制度更好发挥数据要素作用的意见》强调了数据要素在赋能实体经济方面的重要性。在中国致力于扩大内需、激发市场活力、拉动消费的大背景下，我们需要综合处理好数据安全、隐私保护与利用数据要素推动个性化广告发展之间的关系。

政府监管机构、行业协会、学术团体、社会公众以及互联网平台型企业，在数字互联网立法和数据保护领域扮演着越来越重要的角色。个人信息相关的互联网法律法规及社会伦理，成为数字广告生态发展中一个不可或缺的研究领域。

本章术语与重要概念

《通用数据保护条例》（GDPR）　　数据智能画像
"剑桥分析"事件　　　　　　　　　明示同意
互联网用户标识　　　　　　　　　应用算法推荐技术
隐私权　　　　　　　　　　　　　广告隐私原则
个人信息　　　　　　　　　　　　个人识别信息（PII）
用户（个人）数据　　　　　　　　品牌安全
自动化决策　　　　　　　　　　　监测评级
假名数据　　　　　　　　　　　　社会责任

本章思考题

1. 在广告中通过数字技术实现精准化的同时，必须平衡"隐私信息"与"可用画像"的界限。请考虑以下三种假设的数字广告应用场景：

    第一种是将你认为安全的用户画像标签数据用于广告。

    第二种是将你认为可接受的用户行为标签数据用于广告，例如，对已将商品加入购物车的用户在同一互联网平台进行重定向广告投放。

    第三种是将你认为超出用户接受许可范围的"越线"行为活动，也就是通常所说的"过度精准"地识别个体行为用于广告投放。

    对比你的答案与同组其他成员的答案。思考答案的不同之处以及造成这些差异的原因。你认为年龄、性别、家庭或社会背景可能在这些差异中扮演什么角色？

2. 请解释什么是个人信息？你能分辨一些常见的个人信息及其数据表现形式吗？

3. 按照我国法律，请你分析一下直播（电商）在哪些情况下应当受到《互联网广告管理办法》的管辖？

第 12 章　未来数智广告科技

本章指引

数字化转型同时推动营销学科和传播学科发生巨变,未来科技在广告领域的发展如此迅猛,不断深化着数智广告与互联网生活的融合。20 世纪末 21 世纪初,得益于信息传播技术的发展带来的效率提升,工业化国家的市场结构发生了根本性变化。从发展趋势上看,商品的流通与信息的传播应当是实时同步的。如今,在互联网重度数字化社会的基础上,数智科技致力于建设复杂科学系统和新型广告市场生态。

互联网技术和市场需求驱动了数字广告的蓬勃发展,为用户、企业和社会创造了一个全新的信息营销服务领域。本书的使命就是阐释清楚 21 世纪——特别是 2016 年后横跨互联网、广告、营销与传播四个学科的复杂生态变化。我国自 20 世纪末以来迅速发展互联网科技,目前已在全球互联网竞争中名列前茅。同时,我国正大力推进数字经济的发展,紧抓人工智能和未来科技进步的关键战略机遇。

本书帮助读者理解科技、市场和法律这三大因素如何共同影响数字广告与营销的发展。随着未来科技的进步,人工智能在数据处理上的能力将持续增强。同时,人工智能算法效果的提升,也像人类的知识处理和劳动生产一样,依赖于信息的收集、计算处理和知识规律总结。从符号、语言到知识系统的发展标志着人类文明的进步。然而,数智技术集中爆发,推动全球加速进入 VUCA(不稳定、不确定、复杂、模糊)时代,这将成为未来一段时间社会发展的特征。本章将探讨科技如何升级广告和商品信息,补充前沿技术领域的趋势观察,让所学的知识能更好地为将来的工作服务,进而为人类文明的美好未来做出贡献。

本章还将介绍前沿科技如何使数字广告融入家用智能、Web 3、隐私计算、数字人、元宇宙等全新的信息传播场景,并探讨这些技术实现的创新功能与价值创造方法。数字技术的创新在营销传播领域永无止境,将塑造出数字广告的新一代智能产品。

本章重点阐释以下三组未来创新：
- 前沿科技在更多场景营销自动化和数字广告创新方面的应用；
- 高安全等级个人数据的计算技术集合，帮助提升数字广告全链路营销效果；
- Web 3、虚拟数字人、元宇宙等技术所带来的全新营销传播活动。

12.1 前沿广告营销技术

由布林克研究员发起的营销技术（MarTech）融合了营销（Marketing）和技术（Technology），代表了当今高度数字化的商业世界中的复杂系统。MarTech的目标在于利用技术和数据来解决企业的营销问题。

营销技术之所以迅猛发展，首先在于供给端——软件开发成本显著降低。CBI的一份调查表明，随着云技术的出现，企业客户通过购买进入软件服务领域的门槛大幅降低，到2020年已降至5000美元。中国大多数数字营销技术公司的SaaS基础服务门槛接近这个标准，这一趋势将持续改变数字广告行业的生产经营方式与人员结构组成。

进入移动数字和智能应用时代后，消费者成为数字化的先行者，品牌需要通过数字方式与消费者建立联系和交流，即便是线下交流也需要广泛应用数字技术。全球数字广告行业的整体市场占比正持续提升，中国的数字广告市场占比甚至超过全球平均水平。与此同时，随着社交平台、电商平台的兴起，营销链路变得更加多样化，在经济大环境压力和消费者行为不确定性的双重影响下，广告营销技术在2010年后迅速革新。

全球信息技术研究和顾问公司Gartner在2020年发布的研究报告中对广告技术和营销技术的发展趋势进行了预测。Gartner的观点与布林克相一致，认为数字广告已融入数字营销技术之中。如表12-1所示，Gartner提出的26项营销技术中包含了13项广告技术。

表12-1　Gartner报告中的广告技术与营销技术

广告技术（同时也是营销技术）	更多营销技术
目标客户营销（ABM）	多渠道营销
强化供应方平台（aSSP）	社交营销分析
移动营销分析	事件（体育）激发营销活动
视觉搜索营销	影响者和鼓吹者营销
对明示同意和用户偏好的管理	移动（钱包）营销
地理位置营销	多触点归因（MTA）
人工智能技术用于广告营销	顾客数据平台（CDP）
OTT广告	对话聊天式营销（如利用ChatGPT）
个性化定制广告	实时营销
营销云	个性化数字营销引擎

(续)

广告技术（同时也是营销技术）	更多营销技术
可信身份的安全识别	接触点旅程分析
区块链技术用于广告	零售渠道媒体广告
数字净化室	顾客数据伦理

本书前面的章节已分散介绍了表中右侧的 13 项营销技术。本节将主要阐述表中左侧的前 10 项广告技术，后 3 项将在 12.2 节中解释说明，预计这些技术会成为未来广告市场的焦点。

12.1.1 目标客户营销

目标客户营销（Account-Based Marketing，ABM）是指企业使用基于客户账户的营销平台来实现营销和销售。ABM 通过自动事件管理，生成指定潜在客户和客户账户报告，自动化处理客户优先级，管理和激活目标客户，跨渠道协调客户决策者和参与者，提供联系人与客户层级的画像报告、销售预警和营销分析报告。ABM 可以理解为基于客户经营活动的营销服务。

海外的 ABM 平台集成了本地展示广告、目标广告重定向、内容联合、个性化和专有意向数据。中国在消费零售领域的 CDP 建设中已经开始包括这些内容。2018 年中国程序化广告公司数量达到高峰后，各类企业在意向数据收集、客户激活、渠道改进报告和精细销售能力等营销技术方面加大了建设力度。越来越多的 B2B 营销服务转向基于客户账户（经营）的营销，包括高科技、专业服务、金融服务和制造等多数行业。ABM 平台借助数字技术，推动目标客户渗透，提升销售跟进效率，并增强与客户企业经理共创价值的能力。

属于创新领域的 ABM 平台的主要功能包括：

1. 让目标客户具有可识别性：通常是建立一个明确的目标客户列表，并根据这个列表来获取客户画像、联系方式、特征及标签等信息。
2. 接触点分析：确定客户（经理人）可能在哪些接触点接触到企业，以及企业将如何在这些接触点上获得用户洞察，并与他们进行个性化交互。
3. 内容定制：针对不同接触点，为不同客户定制个性化的营销内容。
4. 营销执行的自动化（或自动化辅助）：利用大量程序化计算和智能广告技术，处理日益增长的数字化任务。新功能包括基于平台投放规则的 AI 营销执行和测量，以及打通组织传播的信息协同。

例如，卫瓴科技等前沿数字营销技术公司基于丰富的程序化广告开发经验，建设数字广告营销 ABM 平台，使其产品与传统 CRM 和 SCRM 产品明显区分开来，创造出对客户账户更透明的投入与回报计量方式。这超越了 CRM 有限的对现有顾客的回访功能，展开对顾客群体的广域联络，并将数据信息延伸至客户企业的市场销售、供应链、信息和财务分析，同时涵盖了针对更广泛的未明确身份的用户的集客营销工具和内容供应链。重定向技术已经在数字广告业成熟运用，但在 B2B 营销行业的应用仍有巨大发展空间。因此，ABM 的发展代表了营销自动化的主要趋势之一。

营销自动化（Marketing Automation，MA）旨在通过机器决策和执行，减少营销主管对营销流程的人工干预，从而提高生产力。它已成为许多企业降低成本、提高效率的解决方案。通过提高工作效率，营销自动化可帮助企业减少人力资源和运营资源的投入，减少员工在数据计算上的重复劳动，使员工能够专注于创新，为企业在数字时代的快速创新提供所需空间。营销自动化仍然是一个覆盖范围非常广泛的新概念和发展战略。

在中国企业开发的 ABM 营销战役中，个性化官网和个性化广告（重定向广告）已成为一项基础配置。随着 B2B 企业越来越重视私域运营，通过应用 SCRM 或 B2B 营销私域运营工具，在企业私域中对特定客户进行个性化标签标注和个性化触达将变得更加便捷。ABM 技术将越来越广泛地应用于 B2B 的私域运营或销售管理过程中。

12.1.2 强化供应方平台

强化供应方平台（aSSP）是一种新技术，使发布者可以从多个来源对"广告位"进行招标，用于实时填充访问者网络浏览器、应用或视频流中的可用广告位。aSSP 就是强化后的 SSP，属于 SSP+DSP 第三方程序化广告的革新，可以面向更广泛的"广告位"供应路径。

aSSP 广告技术以提高程序化广告位市场的效率和流动性为目标，以此成为替代传统 SSP 的解决方案，为陷入"数据瓶颈"的第三方程序化广告市场提供新的出路。

在程序化广告市场中，数字广告的卖方需要依序访问程序化广告需求来源（如 DSPAN），在"瀑布流"排列中寻求广告主的报价。其收入原则是在尽可能大的广告主市场征集对广告位的出价，以寻找最高报价。然而，目前公开 RTB 等竞价技术面临诸多挑战，包括附加代码对页面加载时间和整体性能的影响、广告拦截器的使用，以及谷歌即将淘汰第三方 Cookie 技术，再加上各国法律对技术的严格监管。这些因素共同促成了 aSSP 技术的发展。

aSSP 开发人员正在将新的 SDK 集成到应用程序和浏览器中，实施预竞价方案，以此替代已经衰退的公开 RTB 方案。原有的 RTB 方案需要大量复杂的数据流转，新 SDK 倾向于将拍卖活动委托给服务器，只处理少数广告主交易。目前，中国互联网广告技术实验室正在加强开发行业通用标准的 SDK 解决方案，以提升真实性和精准性，并主张从一开始就解决 aSSP 中的数据隐私和泄露问题，同时注意提升评估 aSSP 流量广告产品的透明度。

12.1.3 移动营销分析

用户的移动设备使用时长不断创出新高，这为品牌提供了丰富的数据，以便进行衡量、分析和采取行动。因此，移动营销在企业营销预算中所占的比例也在不断上升。新兴的**移**

动营销分析技术专注于衡量移动网站和应用程序的用户行为和互动，使专注于移动营销的经营者能够优化移动体验。这些解决方案需要能够识别设备属性（如操作系统和屏幕大小），使用人口统计数据和行为数据来构建用户和潜在用户群，并进行自动化细分，还要提供预测活动效果的能力，以提高移动营销活动的有效性。

企业都希望在移动设备上有效地吸引消费者，并将移动营销作为未来营销战略的主要趋势。营销经理渴望量化用户的移动行为，以实现个性化的移动营销活动、服务和商品购买渠道。因此，移动营销分析技术成为数字广告的重要组成部分，基础分析和高级分析功能通常需要在数字体验或移动应用开发平台上集成。移动营销分析一直在技术成熟度曲线上保持上升趋势，成为企业移动营销业务和多渠道营销的重要组成部分。

移动互联网的发展加强了对个人场景的服务聚焦，导致用户的使用时长和流量持续增加。

智能硬件，如智能手机，如今不仅是信息传递的媒介，还几乎承载了用户日常生活的所有应用。很多用户每天使用手机的时间超过5.5小时。例如，华为、小米、OPPO等厂商已经通过数字广告实现商业化，并开发了诸如负一屏、智能短信等独特流量形式。

应用工具媒体（Application Tool Media）涉及用户在移动终端（如手机、平板计算机）上安装的大量工具类软件。这些软件也可根据场景为广告主提供数字广告服务，比如天气类应用适合出行类广告主，摄影美化类应用则适合美妆品牌。

综合资讯媒体（Integrated News Media）包括今日头条、腾讯新闻、网易新闻、新浪新闻等新闻类门户网站。

本地生活媒体（Location Based Media）则涉及与地理位置紧密相关的应用，如饿了么、美团、大众点评、滴滴等，适合食品饮料、餐饮、服务业和出行类广告主。

音频/播客（Audio/Podcast）媒体包括腾讯音乐、酷狗、喜马拉雅等在线音频平台，以及采用生成式人工智能的音频生成服务商，如人本智汇。海尔等品牌在智能音箱语音交互和物联网家居控制方面也有所发展。

这些应用的目的不是简单地竞争媒体受众，而是直接创建出营销传播服务商品和平台，让数字用户活跃使用，并完成订阅留存。

在5G技术不断升级的背景下，移动端与车联网、物联网、Web 3、数字人等技术的结合，带来了更强大的用户场景。移动使用时长还将在内容、服务和营销上继续增长，因此移动营销分析技术将在数字广告生态中长期保持增长态势。

12.1.4 视觉搜索营销

视觉搜索是指用户使用移动设备（如智能手机和平板计算机），通过输入图像素材发起搜索和查询。视觉搜索技术的营销应用包括识别特定产品、提供相关内容或详细信息、定位零售店、提供互补或竞争性产品,以及触发互动彩蛋等。

搜索对象也包括实景和物体。全面视觉搜索使营销经理能够立即将消费者从购买周期的认知阶段转移到购买、转化阶段。例如,用户可以用启用了视觉搜索应用的手机对着餐厅,获取菜单、营业时间或评分等详细信息。

视觉搜索功能在 Google、百度等应用程序中可用。许多增强现实厂商已加大在计算机视觉和深度神经网络技术方面的投资,以吸引用户,打造丰富的应用场景。

例如,Pinterest 在 Lens 等工具的支持下,每月处理达 6 亿次的图像搜索,并不断完善用户设计交互,使视觉搜索功能更加突出。Snapchat 的视觉搜索功能允许用户拍摄物体图片,然后直接在 Amazon 上进行搜索。

已熟练利用视觉搜索的品牌包括在线时装零售商 ASOS,它通过将样式匹配工具集成到移动应用中,帮助购物者在上传的大量 SKU 目录中找到类似的服装。未来成功的营销者将依赖于成熟的技术,基于确权且成熟的数据。提供图像元数据识别和智能标签功能等。

在电子商务、搜索营销、内容营销和移动营销领域,企业需要确保对结构化数据(商品和服务)进行必要的投资。这包括创建高级元数据标记流程,特别是在需要定期维护或保养的耐用品(如汽车、家用电器等),以及对细微差别敏感和季节性产品(如时尚和美容产品)的营销中,要能满足图像搜索引擎的爬虫对精度标准的要求。

当消费者使用智能手机拍摄"智能健身镜"进行视觉搜索时,搜索营销经理需要"识别"品牌对此类搜索的出价以及对用户搜索结果价值的预期。随着技术发展,将视觉搜索应用于视频将成为越发重要的因素。例如,如果某品牌的宣传视频包含多种健身服装产品,视觉搜索需要给出精确的标签,比如运动鞋或紧身裤,以便消费者选择感兴趣的特定商品。

营销经理需要提供清晰的说明,解释视觉搜索数据的使用方式,并准备好如何利用来自消费者的视觉搜索需求,更新应用程序的"拍照搜索框",并提供合适的网站披露与隐私声明。

12.1.5 对明示同意和用户偏好的管理

这指的是同意和偏好管理的平台技术,集中处理终端用户如何授权管理其个人数据。它正在成为每个数字营销企业重点关注的技术产品。企业不仅需要对接更多业务数据,还需要在本地和云服务器之间进行各种数据的同步。**同意和偏好管理**的目的是扩大对消费者的可见性并获得各项授权,使用户能够了解并行使自己的权利,包括更改共享数据的量、共享目的及接收方。

欧盟的《通用数据保护条例》、中国的《个人信息保护法》以及全球其他隐私立法举措,都在推动企业产生对同意和偏好管理解决方案的需求。数字广告技术的发展也为行业带来了急需解决的挑战,如富有挑战性的顾客体验设计与合规性要求,以及在跨多个数据系统的情况下缺乏数据标准和行业准则的问题。采用同意和偏好管理平台的企业还面临组建跨职能团队的挑战，需要纳入法律、技术和广告营销等领域的专业人员。数字广告技术公司需要管理更细化的同意选项，并满足法律对用户部分授权的要求，这也影响了数字营销对多种内部和外部数据集的请求权限与合规复杂性。

营销经理需要做出必要的取舍，平衡数字功能与权限索取。过多的隐私授权选择会影响用户体验，导致用户退出率和放弃率升高，同时带来更大的政府监管和数据合规风险。技术上，过多的隐私选择会增加界面复杂度和数据处理的复杂度，影响理解顾客行为并提供定制体验的能力。营销经理需要牢记，在未获得明确同意的情况下处理个人数据会引发数据合规与隐私安全的法律风险。

数字营销需要符合消费者的目标和价值观，只有建立良好的明示同意和用户偏好管理机制，才能实现消费者和品牌之间的长期互动。企业经理需要了解对此项技术进行投入是非常有必要的。

12.1.6 地理位置营销

地理位置营销也称地理定位营销，是一种个性化的移动广告技术。它使用实时数据，根据用户的实时位置进行互动。地理位置成了一种重要的数据，使营销者在管理搜索引擎、应用程序发布者、网站和其他服务时，能够提供双方之间可控的实际位置准确信息。

管理位置数据的目的在于确保消费者能够通过网络或移动应用发现"联系位置"实体的存在，从而找到企业或服务提供商。顾客位置数据的历史记录（如顾客是乘坐公共交通工具还是自驾车辆，或两者兼有）也可以帮助营销经理制定更有效的策略，以优化顾客到访的排期。此外，顾客的实时位置信息也可以用于移动广告定位服务。这项技术的应用横跨了信息工具、咨询分析和广告投放等多个领域。

强大的定位工具也可以让消费者受益，尤其是在特定的环境下。有调查显示，大部分消费者都愿意在线下交付通过网络购买的服务时分享自己的位置数据。然而，近年来媒体对于企业营销"监控"用户实时位置数据的行为持批判态度，担心互联网平台和企业应用程序收集的位置数据可能被"滥用"，并转售给第三方广告技术商。

品牌如何严格使用位置数据，以及消费者是否掌握自己所共享的位置信息的用途，对于提升品牌服务质量至关重要。而且，相比于移动导航和搜索定位等服务场景，广告服务对定位精确度的要求实际上并没有那么高 。例如，基于用户大致的地理位置信息，品牌可以将附近商业中心和游乐园内的商品活动信息在线推送给用户，完成导流服务。

随着"邻近"搜索成为移动搜索业务的常见场景，位置数据管理工具营销也将成为许多企业的基础信息服务需求。品牌可以基于顾客位置建立顾客群，从而策划更加精准的移动营销服务活动，通过线上线下融合，提升线下实物送达和服务效能。

相信你一定能感受到，如果平台（或企业）非常刻意地推送广告和服务信息，就像有无形的"贴身保镖"紧盯着一样，就会使人感到隐私泄露和不安全。

同时，企业需要确保对于顾客位置数据的收集合法合规，并制定相应的政策。企业在使用位置历史数据进行市场推广时，应限制其使用范围。有调查报告显示，消费者一般愿意直接与品牌或供应商交换数据（包括位置），但通常不愿意品牌对第三方共享。用户之所以愿意提供位置数据，主要是期望得到更好的服务体验，而非接受类似"弹窗"的侵入性广告。因此，品牌应避免使用位置数据后让消费者感觉遭遇"侵入式营销"。

企业在获取将用户的地理位置信息用于数字营销的授权时，应该用简单明了的语言清楚描述将如何使用获得授权的数据，以提供更好的顾客体验，并真诚地遵守这一承诺。

亚马逊全食（Whole Foods）和基于地理位置的营销公司 Thinknear 合作，通过移动广告提高转化率，从竞争对手那里吸引顾客。除了在自家多个门店周围设置地理围栏，向经过的移动用户推送有针对性的广告和特别优惠外，全食还采用"地理征服"策略，在竞争对手店铺附近也设置地理围栏，向消费者发送广告，鼓励他们转向全食自己的店铺。该策略一度为全食带来了 4.69% 的点击后转化率，是美国全国平均水平的三倍多。

地理围栏（Geofencing）是一种基于位置的服务，当移动设备或 RFID 标签进入或离开围绕特定地理位置设置的虚拟边界时，使用 GPS、RFID、Wi-Fi 或蜂窝数据的应用程序或软件就会触发预设的程序活动。地理围栏技术可用于为智能手机用户推送相关信息，在营销层面上可以用于推送通知、触发短信或警报、发送社交媒体上的定向广告或发送基于位置的营销信息。

Thinknear 将自己定位为"一家定位技术公司和提供全方位服务的移动广告平台"，专注于为代理商、品牌和消费者提供卓越的广告活动。Thinknear 主要关注的数字广告营销指标是点击率和由此产生的到店访问量。

12.1.7 人工智能技术用于广告营销

很多人工智能技术已经被通过 API 整合到多种营销系统中，对于使用数据分析和自动执行不同营销选项的营销系统来说，人工智能的加入将使营销经理的工作更加得心应手。然而，用于营销的人工智能呈现出漫长且陡峭的学习曲线。营销人员需要克服数据可用性和团队技能之间的差距问题。

如本书前面介绍的，数据智能处理给数字广告生态和营销系统带来的变革已数不胜数，而且还在不断深入。人工智能技术已成为传播和营销发展的主要驱动力之一，有可能在未来深刻改变营销和广告行业。

此外，随着营销技术主管开始与数据科学家、分析师、程序员和统计专家紧密合作，广告营销供应商也在积极引进更多的跨学科团队，未来的数字广告人才需要具备复杂科学应用技能。数字营销经理也需要了解和学习自动化内容标签处理、会话体验、实时个性化、AIGC 和增强营销分析等新兴技术和应用。

营销者目前面临的障碍是如何突破传统思维和狭隘的智能工具化方案。主要包括以下表征：
- 由于人工智能固有的复杂性，不知道如何应用和衡量其有效性；
- 部分人工智能技术的"黑盒"特征带来的责任问题，例如审计和监管等方面。

要想在 2030 年前建立营销者和机器之间的信任，以实现人工智能的潜力，并调整"人机协同"的营销角色，就需要应用全新的数据伦理方法，并改变过往人工流程。

例如，将近期的人工智能研究重点放在以数据为中心、时间密集的营销挑战上。包括预测性分析和规范性分析，这些数字分析可以随着时间的推移提高案例数据量与准确性。同时，制定内部培训和面向外部的教育计划，帮助员工、消费者和全社会理解人工智能的范围，以及如何用它解决业务问题，努力使人工智能符合伦理规范。

在广告营销中，人工智能对业务产生的影响首先体现在使用户洞察的生成和预测变得更快、更准确且更具可操作性上。额外的好处在于，可以采用虚拟代理（机器）来拓展业务场景。图像识别、自动内容标记、自然语言文本和图像生成等技术，已经使视频改编和音乐创作在速度、规模和质量上实现了革新，这些都是营销领域新兴的应用。

预计在未来十年间，人工智能将使某些营销技术应用实现"即插即用"，创造出能够自我学习的人工智能营销应用，加强对个人提供创造价值的服务，并且不需要编程。

12.1.8 OTT 广告

OTT（Over the Top）即**互联网电视或视频**，是指互联网公司向有线电视运营商开放的基于互联网开发的各种无线视频内容和数据业务，具体为通过互联网流式传输到任何设备的点播或实时节目。

CTV（Connected TV）即**联网电视**，是指在电视机上通过本地电视接口或通过亚马逊、苹果、谷歌等公司的电视连接设备进行流式传输收看的节目。OTT 接入 CTV 推动了电视媒体的数字化转型，将视频广告市场融入程序化广告领域。值得注意的是，OTT 用户中有相当数量的年轻群体，他们已经从传统的有线电视或广播电视中流失了。

中国广电产业改革视 OTT 为融媒体的主要组成部分。**融媒体**是指传统媒体（如电视台、报纸、杂志等）转型为数字化平台。在海外，根据尼尔森（Nielsen）2022 年 8 月的报告，美国流媒体服务的使用量占 34.8%，超过了有线电视的 34.4% 和无线电视的 21.6%。

美国电视用户转向流媒体，诞生了一批**剪线族**（Cut-cord），指用户放弃了常年订阅的有线电视服务，转而订阅如 Hulu、Netflix 和 AppleTV 等流媒体。对于广告主和消费者而言，OTT 广告的种类和选择已经非常丰富。

海外新推出的 OTT 流视频服务中，面向市场的有 Fox、MTV、Philo 和 Vidgo。2019 年后，苹果、迪士尼和 NBC Universal 都进入了独立流媒体服务市场，加剧了 OTT 广告市场的竞争。像 Netflix 和 Amazon Prime 这些"传统上"不提供广告的平台，现在都开放了数字广告位。预计到 2025 年，OTT 在美国的市场份额将超过有线电视和广播电视。收视率的增长使 OTT 成为许多广告主视频媒体组合的重要组成部分。

在媒体购买的执行层面，广电融媒体转型的首要战略是融入数字广告程序化购买平台。OTT 功能发展包括了目标受众定位、动态插入、创新格式和实时测量数据，成为 OTT 广告的特色功能。中国广告协会媒体测量委员会（CMAC）和媒体评级委员会（MRC）正在推进国内外标准可互操作的广告衡量方法的研究，加速推广 OTT 应用。

MAGNA 行业研究发布，2023 年全球广播电视广告市场的规模约为 1580 亿美元，而流媒体视频广告收入占比不断上升。在 21 世纪前二十年的互联网市场中，首先受到"破坏式创新"冲击的是音乐和纸媒行业。数字消费者的观看习惯和广告主的需求正在推动 OTT 进入新的发展阶段，这意味着需要重新配置内容的制作和播放产业链。互联网平台（如谷歌、亚马逊、苹果和 Netflix）以及有线电视的经销商（如 AT&T）、数据中介机构、媒体代理商和智能电视制造商，都在参与 OTT 数字广告业务，同时政府的法规也在更新。这些变化激励着营销经理和内容发布者在数字平台服务的支持下建立更直接的营销关系，包括自建账户的数字广告投放。

12.1.9 个性化定制广告

个性化定制广告的核心是让营销人员能根据特定用户群体推断用户需求，而不是完全依赖于对个人身份的识别，从而为个人提供有针对性的数字信息和服务体验。

谷歌提出了"隐私沙盒"计划，这是一种新方式，允许浏览器在网络上进行基于兴趣的广告投放，这样以前依赖观察个人浏览行为的公司会转而观察类似人群的行为。谷歌在 2020 年宣布，将在两年内在 Chrome 浏览器中放弃第三方 Cookie，但现已宣布这一变化将延迟到 2025 年。去除 Cookie 将削弱营销经理在网络上追踪用户的能力。谷歌还提出了一些新概念，如差分隐私和在浏览器中应用联邦学习，来推断人们在兴趣群体中的身份，同时只向营销经理公开数万人数量的匿名用户群。

这些革新技术引发了广泛而活跃的公众讨论，关注点在于隐私保护的技术概念细节。隐私沙盒主要针对目标定向广告，但其应用可以扩展到任何网络用户的数字画像。在"剑桥分析"事件的影响下，海外社会有强烈意愿来寻求隐私问题的解决方案，媒体赞扬科技巨头愿意推动隐私保护进步。

营销经理正在基于来自高级数据分析和机器学习的集体行为洞察，寻找针对个人定位的解决方案。这依赖于更加通用的匿名数据，例如区域位置、正在使用的设备类型和状态、对话式聊天的行为以及上下文场景要素（如时间和本地天气）。大多数广告开发者更倾向于基本关键词风格的内容标签定向，用来推动销售奖励和人工智能创意。

2021 年起，互联网投行分析师和经济学家一直催促 Netflix 改变其"免广告"（Ad free）战略，拥抱广告市场。

未来的个性化广告（营销）将更加关注：

1. 清楚地评估顾客和潜在顾客可能会同意跟踪（提供数据支持程度）的场景，并能确保"拒绝同意"的顾客仍能获得宝贵的体验，来避免因用户放弃使用而浪费营销机会。
2. 警惕那些通过金钱激励或花哨的设计模式获取用户同意的策略，这可能创造新的不公平交易甚至欺诈。
3. 使用新领域的洞察分析（涉及机器学习技术），最大程度地理解上下文数据的价值。
4. 确保交换处理的数据中没有个人数据，并且无法与其他数据组合以识别（或重新识别）出个人身份。

个性化定制广告与原生广告之间存在紧密的关联。互联网平台在追求广告收入的同时，必须考虑用户体验，不能无限增加广告比例。在这种收入与体验的平衡挑战中，原生广告应运而生。

原生广告是一种付费推广形式，其设计目的是与周围内容紧密结合，融入设计，并与平台行为保持一致。这种广告方式通过使用与平台原有内容相似的格式展示广告文本和图片，减少了传统广告对用户的感知刺激，使广告看起来与其他内容无异，从而提升了用户体验，同时提高了广告投放的精确性和可预测性。

研究显示，原生广告的格式与平台内容越相似，就越不易被用户识别为"广告"。更具创新性的原生广告格式可以降低受众对广告的识别能力，减少感知刺激，同时增加用户点击的可能性。原生广告的核心在于提供高"相关性"的内容（包括平台算法推荐），以确保不打断消费者在自然使用状态下的心流体验。高相关性体现在内容形式与广告发布的上下文背景相关，以及内容与消费者需求时机相关两个方面。这给广告和内容管理带来了更大的挑战。

个性化定制（信息）是机器学习中一个引人关注的研究领域，因为它的目标是从比人口统计学和行为数据集更难解释的数据中做出推断。

12.1.10 营销云

2020年，中国的数字广告营销技术拓展到营销云，目前云基础设施已经基本发展成熟，但是营销云的实施仍然十分困难，需要澄清市场上被混用的概念。品牌对多渠道营销活动管理的需求推动了营销云的发展。在数字营销领域，品牌方会选择不同渠道进行营销活动，但渠道数据通常是孤立的。营销云旨在建立统一的数据管理平台，实现各营销渠道的协同。因此，海外营销技术将营销云定义为多渠道广告营销活动管理工具。

云计算是一种以互联网为中心的网络应用概念，提供快速且安全的计算和数据存储服务，让用户能够使用庞大的计算资源和数据中心。这意味着计算能力已经成为一种商品，可以在互联网上交易和流通，就像水、电和网络存储空间一样，方便取用且成本较低。

营销云是一种基于云的营销工具组合，整合了顾客旅程管理、邮件营销、移动、社交媒体、网站个性化、广告、内容创建、内容管理和数据分析等功能，提供综合的解决方案。

中国营销云产品开发的功能组件主要包括：

数据云平台：整合企业系统（如 CRM 系统等）中的顾客数据与其他数据来源，激活目标用户数据以支持营销活动。

跨渠道能力：为各大数字渠道中的用户提供跨平台体验，包括主要社交媒体、长短视频、三大电商应用和主要网服平台，形成支持顾客账户营销的关键渠道。

营销自动化：是指通过线索管理（Lead Management）和评分建立自动化 B2B 营销购买流程，确保销售与营销团队的无缝衔接，推动客户需求的转化。

社交营销：利用潜在语义分析挖掘丰富的社交数据，收集关于顾客的关键洞察。通过付费、自有和口碑社交渠道吸引顾客。

移动营销：在 SMS、MMS、推送通知和应用内体验之间建立个性化移动通信，确保其与整体跨渠道计划保持一致，这样就能够在多种移动平台上与客户进行有效互动。

内容管理：利用个性化的内容创造和有效的访问者互动，在网站和移动渠道上为客户提供丰富的数字体验。这不仅使营销团队能够更轻松地创作内容，还将内容协作转变为一种战略性资产。将内容与客户生命周期的关键阶段相匹配，并确保其与跨渠道营销活动相一致。

营销分析、优化和测试：通过分析理想目标受众，并跟踪他们的互动如何在各个渠道中增加收入来优化营销策略。运用 A/B 测试、多变量测试和预测性洞察来提供更相关的内容、消息和产品，从而优化客户体验。

营销云首先需要具备营销传播服务的闭环，其次需要具备跨渠道联动的能力，最困难的部分是打通顾客数据（包括用户授权管理），掌握消费者行为轨迹。数据打通并结合画像和洞察分析后，才能精准把握顾客所处的营销阶段，进行企业营销内容的匹配，从而提升营销 ROI。

12.2 广告数据的安全计算

隐私安全计算是一种保障数据权益、合规使用数据的技术。总体来看，中国已经建立了公共数据、企业数据、个人数据的分类分级确权制度。根据数据的来源和生成特征，分别界定数据的生产、流通、使用过程中各参与方的合法权利。数字广告涉及数据资源持有权、数据加工使用权和数据产品经营权。

广告的数据合规与数据安全的目标是一致的，都是尽可能减少企业和用户面临的数据风险。数据合规确保企业满足法律规定的最低标准，而数据安全涵盖了处理敏感数据和防范数据泄露的所有流程和技术，旨在将隐私相关技术应用于数字广告，让广告业务安全且合法地使用用户数据。数字广告与数据紧密相关，要学好数字广告，就需要知晓广告数据安全计算的技术进展。

12.2.1 可信身份的安全识别

身份解析（Identity Resolution，IDR）是指将离散的数字营销互动和跨渠道及设备的广告曝光与单个独特的个人或家庭联系起来。全链路营销和数字广告活动的目标、度量和归属，以及客户行程分析和个性化，都将从 IDR 技术中受益。

随着营销经理越来越多地关注顾客留存和转化目标，数字广告（营销）覆盖的范围不断扩大，企业将第一方数据应用于广告营销计划，广告对象的身份解析前景广阔。然而，隐私挑战给顾客身份解析的实践带来了压力。售后环节顾客登录企业界面的授权和识别相对容易，但是在广泛的接触点界面下，企业想要主动识别用户则更具挑战。

隐私权的倡导者常常将 IDR 技术贴上"监视"的标签，而监管机构和浏览器厂商对抑制 IDR 的核心技术持谨慎态度。法律的监管直接影响了 IDR 技术进入市场的时机。像谷歌、苹果这样的大公司宣布已经在浏览器中取消或即将取消基于 IDFA 和 Cookie 的跨域跟踪功能，这表明监管力度的加强对广告行业构成了紧迫的威胁。

IDR 的关键突破在于建立符合"用户同意要求"的通用令牌标准，这可作为广告识别码使用。但是，开发和制定这种标准化制度是一条曲折的道路。中国广告协会、W3C 和 IAB 等引领行业标准化的工作机构，一直在致力于平衡监管机构及开发者的需求。广告技术公司也在努力推动碎片化数据的整理和将广告标识从"围墙花园"中解放出来，以打破互联网数据垄断，符合各国《反垄断法》和《反不正当竞争法》的要求，并防止竞争对手控制关键数据市场。

IDR 解决措施包括：

1）识别和量化需要身份解析的营销计划的价值，为 IDR 构建商业案例，清晰阐述不使用 IDR 协调接触点数据的成本和风险。

2）任命或成为数字隐私和身份管理方面的法律和技术语言及概念方面的专家。

3）构建技术路线图，包括顾客和潜在顾客数据的当前状态分析、与身份供应商的关系、盲点以及计划用于身份管理的技术。

4）通过行业协会、研究团体和公共机构组织努力向消费者澄清和传达隐私政策，在可行的条件下获得明示同意。开展数据保护合作，确保与消费者数据隐私保护政策一致。

12.2.2 区块链技术在广告中的应用

广告区块链技术被视为保护和分散数字广告市场的重要创新。它实际上涵盖了一系列应用，包括解决广告供应链中的欺诈、缺乏透明度、隐私和开放竞争障碍等问题。

公有区块链（账本）一旦建立就几乎不可更改的特性使其不适用于存储个人数据，但开发人员和标准机构正在将分散的分类账本概念应用于身份管理。这种方法旨在保留用户对链下存储个人数据的控制权，同时促进其安全身份的验证和传输，可能解决企业、监管机构和消费者之间关于隐私保护和个性化定制的长期冲突。

区块链技术为广告市场提供了更好的解决方案：在分散的市场结构中提供透明度和问责制，增强广告主信心，使数字营销和数字广告平台更有效地利用每一笔预算。

基于区块链的数字广告市场解决方案的机会空间包括：

1）登记并独立验证消费者对使用个人数据的同意；

2）可独立审核的广告展示数据以及相关处理和分析；

3）广告主、代理商和发行商之间的合约自动上链，消除不必要的中介鉴证；

4）代表用户注意力的"新形式货币"将为数字经济学带来新元素，相关应用涉及广告系统重组和价值流的重大革新。

区块链作为一种加密计算技术，其处理负载是需要被认真评估的关键因素。技术开发者要实事求是地评估区块链的局限性，例如智能合约服务器能够支持并发多少个任务程序。目前，区块链智能合约的自动生成上链效率与中国程序化广告产业的信息处理效率相比，存在 4~5 个数量级 的差距，即达到了十万倍的处理时间差距。企业仍在持续探索区块链技术在广告领域的应用，但真正成功的商业化应用还相对稀缺。

然而，这并不影响区块链技术在广告领域长期向好的发展趋势。去中心化的区块链解决方案仍具有巨大潜力，特别是在数字广告领域对透明度、隐私合规性和市场标准化的强烈需求下。2020 年，W3C 发布了去中心化标识符规范的重大更新，涉及身份解析。中国的互联网广告技术实验室和 IAB China 也在组织广告主和互联网平台进行相关研究。

未来的数字市场正向着更加透明、安全、高效和去中心化的方向发展，无论区块链概念是否被 NFT、去中心化账本等描述所取代。区块链创新在广告领域的集中爆发预计发生在 2025~2030 年之间。数字营销经理希望通过区块链技术检查广告价格与媒体刊例价之间的差异，以提高广告透明度和节约成本。中国企业也在考虑采用联盟链等应用程序，在更小规模上分散执行广告任务。

数字广告从业者应努力避免随意将"区块链"技术广告指向公共基础设施、私有基础设施及加密货币组织，这会造成广告活动的混乱。将区块链技术应用于广告的开发者也不应将未来的区块链广告与分散式架构的合约价值（如比特币）混为一谈。

就像在 2018 年之前，大量广告技术公司吹嘘"精准广告""精准营销"，夸大了"精准"，过度开发用户数据，不切实际地承诺做不到的转化率，引发法律监管、商业伦理和数据隐私问题。学习广告的人应当熟记，可信的数字广告转化率的有效区间始终在百分之几的范围内（根据研究机构统计并公布的数据，美国数字广告的转化率均值不到 1.5%）。从这个标准来看，任何广告技术想要实现通俗意义上的"精准营销"，只能是一个美好愿望而非操作定义。

广告研习者要避免纯粹理论想象和夸大承诺，就需要真正掌握数字广告技术和理解应用市场。

数字广告主面临的艰难选择在于是从主要互联网企业购买广告位，还是从普遍存在欺诈行为且不透明的开放式程序化广告市场上采购广告。海外广告业联合会的研究显示，数

简单地说，一个数量级就是小数点移动一位，形成十倍之内的差值。相差两个数量级，就是相差百倍。

字广告市场至少有 15% 的部分缺乏可信的说明，估计造成至少 300 亿美元的费用浪费。这些费用理应在数字技术升级和市场环境监管透明化中得到回收，即实现降本增效。

区块链的"不可篡改"真实性证明还有很多应用场景，如通过提供"内容保证"减少虚假新闻，提供商品原产地认证消除假冒商品威胁等，这些都将使广告主、平台、网站和公众用户都受益。这些应用相对于将区块链记账技术强行加入程序化广告交易中更具必要性和可行性。

12.2.3　广告验证的追踪变革及其可见性

广告验证服务的作用是确保广告的可见性和符合合同条款。广告的投放对象需要被确认是真实的人而非机器人，以确保有效的曝光和点击。广告验证技术可以衡量开放式程序化广告在网站或 APP 上的用户可见度，并解决隐私相关的合规性问题。

例如，甲骨文等大型企业通过收购广告技术供应商进入这个市场，对于广告验证的可见性的需求正在上升。营销经理越来越期望第三方能够中立地支持广告主和发布网站，以评估广告是否被符合合约条款的真实用户所看到。

互动广告局（IAB）和中国广告协会（CAA）都努力建设广告标准，助力减少广告欺诈。然而，广告验证和可视化工具并非完全无懈可击。就像任何预防欺诈的方法一样，这种"猫捉老鼠"的游戏将无休止地继续。技术具有其适用范围和有效区间，需要不断成熟和进步。

从长期来看，广告验证要求应纳入公认媒体指标服务的标准之中，成为必要组成部分，而不仅仅是作为附加的建议或要求。数字广告用途的媒体商标"金（银铜）标尺"计划就旨在促使行业成熟，让验证成为买卖双方结算系统的必要组成部分。

加强广告验证的其他一些措施包括：

1. 在适用合同中，将广告审核和补救的财务责任交给媒体代理机构，并要求其报告广告审核情况。如果使用内部监察机构，要确保其优先考虑这一职责。

2. 评估主要广告销售平台是否接受独立广告验证机构的审核，识别并排除在可见性和防欺诈方面表现不佳的网络站点。

3. 继续使用网络分析平台执行常规流量分析，为广告验证供应商提供检查依据。

请认识到，投资于数字广告的营销者可能因为广告欺诈和违反可见性原则而蒙受巨大损失。企业所承担的风险在于支付毫无价值的曝光费用，这无疑损害了当前广告活动和未来商业决策的有效性。提高验证能力和可见性原则的行业措施，实际上为创建良好的数字营销环境和提高数字生产要素市场的效率做出了贡献。

12.2.4　数据净化室

数据净化室是指企业建立的一个安全的数据隔离平台，用于连接各方的匿名营销和广告数据。数据净化室与其他数据共享方法的区别在于，它包含详细的广告曝光数据，并在输出用户级结果时具有隐私安全限制。

广告数据净化室技术（Ad Data Clean Room Technology）符合国家法律法规监管的"数据不出库，只输出结果"的高级别管理标准。成熟阶段的广告数据净化室能结合第一方、第三方和广告展示数据，开发出优化广告、归因分析和洞察购买者需求的解决方案；深入理解增量投放用户的"不重复覆盖"、效果频次反应曲线、重定向和归因分析，并自动报告到广告购买决策平台；针对细分目标用户创建细分市场，并将其与广告活动同步。此外，扩展分析还包括丰富的行为和交互体验数据（如点赞、评论、购买、下载等）。

数据净化室为营销经理提供逐步升级广告功能的能力。通过数据分析和算法处理，营销经理可以轻松获得广告收益的计算结果。从规划到执行、优化和评估，营销经理可以广泛地使用数据净化室来为媒体计划和预算分配提供依据。要充分利用广告净化室项目，需要具备以下条件：

1）界定清晰的广告净化室目标。营销经理使用广告净化室的测量和重点分析目标，包括覆盖率/频率测量、活动绩效分析、广告治理和活动细分等，最终目的都是提高其媒体投资的效率。

2）在净化室开发过程中采用敏捷原则。厘清数据（尤其是新的大量数据源）需要的时间通常比问题开发需要的时间更长。这需要手动操作且通常不可预测，尤其是在测试迭代和可持续发展的敏捷原则下。

3）良好的隐私管理制度，因为广告净化室并非万无一失。处理错误可能是人为的或软件造成的。就算净化室负责人遵循了法律要求的高等级数据保护，仍可能存在诸如数据计算标识的治理风险。通过文档齐全的使用案例、数据流程图以及有关存储处理的详细说明，可以降低这种风险。

4）推动建立独立的跨媒体测量和数据建模标准。各家互联网平台与企业的数据净化室通常不可相互操作。在高度整合的媒体市场中，数据净化室的选择范围很有限。独立的、经过审计的接触与频控指标，以及通用数据的群体标签，对数据净化室效果至关重要。

数据净化室技术的主要挑战包括本地法律法规在解释隐私监管方面的不确定性、互联网平台之间对于数据打通创新的激励有限、企业大数据处理和分析人才稀缺等。数据净化室技术能够在大数据规模下访问细粒度的广告曝光，创造交互数据结果，成为数字营销企业的创新分析和运营应用程序，最终有助于提高数字广告的投入回报。

12.2.5 隐私保护计算技术集

隐私保护计算（Privacy-Preserving Computation）涵盖了联邦学习、安全多方计算、机密计算、差分隐私、同态加密等技术。每项技术都可用于解决广告数据的传输和隐私保护问题，但尚未成熟应用于广告商业化领域。

1. 联邦学习

联邦学习（Federated Learning，FL）最初由谷歌的 McMahan 等人提出并实践，旨在通过一个中央服务器协调众多结构松散的智能终端，实现语言预测模型更新。

联邦学习，也称为联邦机器学习、联合学习或联盟学习，是一个分布式机器学习框架。它对传统的机器学习进行了定制化的隐私保护改造，使多个机构在数据合作及联合建模时，能够在合规的基础上有效地保护用户隐私及数据安全。联邦学习分为横向联邦学习、纵向联邦学习和联邦迁移学习。

联邦学习通常被理解为由两个或两个以上的参与方共同参与，旨在在保证各自原始数据安全的前提下，协作构建并使用机器学习模型的技术架构。联邦学习的工作原理是客户端从中央服务器下载现有预测模型，使用本地数据对模型进行训练，并将模型的更新内容上传至云端。通过融合不同终端的模型更新来优化预测模型，客户端再将更新后的模型下载到本地进行使用，这一过程不断重复。在整个过程中，终端数据始终存储在本地，因此不存在数据泄露的风险。

2. 安全多方计算

安全多方计算（Secure Multi-Party Computation，SMPC）最早由图灵奖获得者、中国科学院院士姚期智于 1982 年提出，逐渐成为现代密码学的一个重要分支。在整个计算过程中，参与方对其所拥有的数据始终保有绝对的控制权。

安全多方计算具体指在无可信第三方的情况下，多个参与方（各持数据）协同计算一个约定的函数，并确保每一方只获取自己的计算结果，无法通过计算过程中的交互数据推测出其他任何一方的输入和输出数据。具体技术包括同态加密、秘密共享、混淆电路、零知识证明、不经意传输（OT）等。安全多方计算属于分布式加密计算，通常不涉及机器学习联合建模，多用于匿名查询、统计分析、多方协同运算等场景，主要通过生成和交换随机数据实现隐私保护，并通过预先设计的计算协议保证计算结果的有效性。这种典型思路适用于进行精确计算和数据库查询操作，并能够证明其计算安全性。

3. 机密计算

机密计算（Confidential Computing）是一种基于硬件可信执行环境实现数据应用保护的技术。Linux 基金会成立了机密计算联盟（CCConsortium），由埃森哲、蚂蚁集团、ARM、Facebook、华为、微软等多家企业巨头组成，致力于保护数据应用中的安全。

机密计算被定义为一种将 CPU 硬件技术、IaaS 云服务提供商虚拟机镜像以及相关软件结合起来，使云服务消费者能够创建隔离的可信执行环境，达到更高的安全保障的计算模式。由于提供了数据使用中的加密形式，这些高安全保障的计算模式使敏感信息对主机操作系统和云服务器供应商保持不可见。

面向未来云计算数据场景的机密计算重点关注基于硬件可执行环境的安全保障。机密计算主要依赖于硬件的可信执行环境（TEE），这在近年来成为减少对特定软件信任依赖的主要解决方案。其目标是保护敏感数据和代码免遭泄露和滥用，确保数据的保密性、完整性以及代码的完整性和可信性。

在未来广告交互领域，机密计算的云服务和硬件生态系统最有可能应用于一些"专属"或"特别限定"的场景中，如用户授权提供面部数据用于广告生成和交互，或用于高级别的敏感数据保护。

4．差分隐私

差分隐私（Differential Privacy，DP）被《麻省理工科技评论》评为 2020 年全球十大突破性技术之一。国外在大规模人口普查中应用差分隐私技术，实现了在不损害个人隐私的前提下最大限度地利用数据资源的目标。

差分隐私是一种基于严格数学理论的隐私定义，目的是保证侵入者无法根据输出差异推测个体的敏感信息。差分隐私虽然通过添加噪声来实现隐私保护，无须额外计算开销，但对模型数据的可用性仍会有一定影响。因此，设计能够更好地平衡隐私与广告可用性的方案是未来的关注重点。

本地差分隐私（Local DP）是在不信任第三方的前提下，客户端在数据收集和聚合前本地实施差分隐私保护。谷歌、苹果和微软等公司已广泛应用本地差分隐私技术。

5．同态加密

同态加密是一种特殊的加密算法，允许在加密的密文上直接进行计算，计算结果解密后与明文的计算结果一致。

目前的同态加密实现多为非对称加密算法，即知道所有公钥的参与方都可以进行加密和密文计算，但只有私钥所有者可以解密。同态加密方案可以分为部分同态加密和全同态加密。部分同态加密仅支持有限的密文计算深度，通常作为其他方案的组成部分使用。

12.2.6　广告屏蔽与过滤

广告屏蔽指的是使用软件从互联网上发布的材料中删除或过滤广告内容。这包括防止第三方脚本在网络中导航时加载反跟踪软件。广告技术供应商也在设计用于击败这类广告拦截器的软件和技术。

营销经理及技术和服务提供商在顾客体验的营销与传播中需要平衡消费者使用广告拦截器的实际情况。要注意，"应用广告拦截器"也可能无法屏蔽所有广告。海外出现了专门调解此类服务的**可接纳广告委员会**（Acceptable Ads Committee）和广告白名单组织，广告主通过支付费用并申请资格，可以使其合规广告不被广告拦截软件拦截。

主要浏览器软件厂商加强了原生广告屏蔽功能，Chrome 浏览器的市场占有率高，而且谷歌有 85% 左右的收入来自广告，它实际上已经在采取措施限制浏览器扩展功能，过滤掉不符合行业联盟标准的数字广告。

国内互联网平台也在通过强化审核标准过滤不合规的数字广告。近年广告市场受到一定的消极影响，使行业对广告屏蔽的关注和敏感情绪有所缓解，但广告业仍需要准备应对未来挑战。

可以通过以下方式平衡顾客选择及对透明度日益增长的要求：

1. 采用市场评价较高的广告网络和可接纳广告委员会建议的约束条件，确保广告尽可能不被拦截器阻止；
2. 使用品牌测量方法评估整体数字营销活动的有效性，而非局限于单个页面的转化；
3. 与互联网发布者和广告技术提供商合作，整合服务器端广告插入技术等，使广告更能抵抗拦截技术。

随着浏览器越来越多地偏向反追踪立场并升级新型广告体验标准，广告主需要遵守不断变化的规则。广告拦截的主要作用是提供更好的顾客体验，为平台型网络广告卖家提供定向和测量能力，接纳小型网站，并吸引广告主。

12.3　Web 3、虚拟数字人与元宇宙系列

在广告业务流程数字化重组后，企业也想使用数字运营技术系统覆盖营销全域。比如，将品牌营销测量转变为即时优化，构建敏捷营销，实时自动化响应服务和优化营销活动。互联网信息科技已开辟了双向交互技术，数据科学的营销咨询模式已被普遍采用，新一波浪潮在于将机器学习算法决策应用于企业数字营销生态。

下面梳理一下数字时代广告营销生态的发展过程。首先，人工智能改变了数字广告业务的流程，通过技术采集数据用于算法投放，深度合成技术服务于内容创造，完善算法推荐技术，推动形成新的数字广告业态。互联网平台和数字广告技术公司为广告主提供服务，推动企业进入数智时代的广告营销生态。企业开发并应用新型数智营销技术方法，改善营销传播经营模式，使之更加符合移动广告算法推荐、视频广告算法推荐等新型广告的匹配分发模式，如图 12-1 所示。

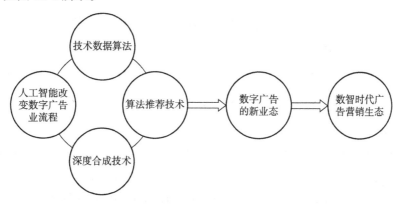

图 12-1　人工智能技术改变数字广告业务

12.3.1 Web 3

Web 3 与 Web 3.0 是两个不同的概念。Web 3.0 是 2006~2015 年间的一个流行概念，主要包含语义网（Semantic Web）和数字用户价值受付 。而 Web 3 则是在区块链技术、NFT（非同质化代币）和 DAO（去中心化自治组织）迅速发展的基础上诞生的，预示着与传统互联网架构截然不同的发展格局。

Web 3 的基础是区块链底层架构，以及网络及运算、分布式数字身份、分布式存储与隐私计算等核心技术，其目标是实现数字身份、资产、数据三者的所有权与使用权的统一，建立用户与平台建设者之间的平权协作关系。数智技术的发展正成为 Web 3 时代的新趋势。万维网经历了从 TCP/IP（1974 年）开始的漫长的技术发展过程（见图 12-2）。Web 1.0 互联网主要聚焦于开放协议和互联互通，但效率偏低。Web 2.0 互联网为了解决 Web 1.0 互联网产生的部分问题，从一个协议主导的世界变成了一个极度中心化的平台世界，全球互联网平台初步形成了数据垄断的能力，引发世界各国加强立法监管。Web 3 以 NFT 为标志，倡导基于区块链的开放生态，意图扭转 Web 2.0 形成的中心化控制和数据垄断趋势，倡导去平台化的数据主权的网络方案。

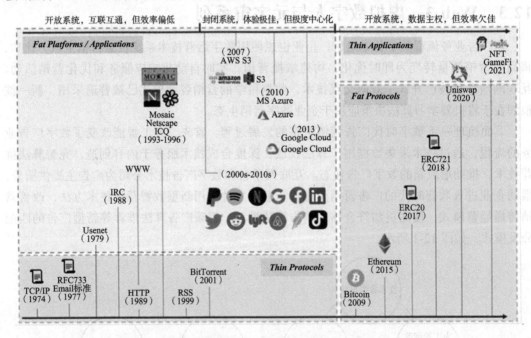

图 12-2　Web 3 与之前互联网的发展阶段

语义网是一种根据语义进行判断的智能网络，也是为使得网络内容数据变得机器可读而提出的一个通用框架。Semantic 表示用更丰富的方式表达数据背后的含义，Web 表示将这些数据相互连接，组成一个庞大的信息网络。

用户以多种方式管理账户及其密钥（包括数字钱包），能够精确测算使用的内容、社交、网络服务等，推动商品服务的价值创造、分配与流通，其愿景是用户通过在线活动帮助推动商品交易，获得内容创作和分享收益。

Web 3 的技术创新潜力建立在三个基础组成部分之上：存储所有资产所有权数据和交易历史的区块链账本；代表应用程序逻辑并可独立执行特定任务的智能合约；有价值的数字资产。这三项通过智能合约变得可编程。目前，Web 3 的生态不断完善，包括协议层、工具层、应用层、接入层和组织层等关键领域栈，使其未来有希望构成 Web 3 生态系统。

Web 3 的主要特征与发展方向包括：

1）DAO 去中心化：用户能够自主掌握数据并跨平台积累数据。用户的数字身份跨平台通用，享有数字主权。

2）无须许可即可开发：用户可以自由参与去中心化应用的建设和使用，并从中获益。自动确权将激发创作者经济，信息内容与价值创造同步。

3）开放性：应用程序的创建和运行透明可信、无技术黑箱，开源，可共享共建。区块链 NaaS（Node as a Service）成为 Web 3 应用的创新基础。

4）可移植性：主要指数据可携带权，Web 3 提供了数据"自由迁徙"的可能。应用可直接访问开放协议的数据连接用户，数据收益不完全归属服务提供方，而是属于整个 Web 3 生态。

5）隐私性：数据仅归用户所有，Web 3 通过去中心化、分布式存储、用户私钥管理、零知识证明等多重手段保护用户隐私。

Web 3 被视为下一代互联网基础设施的演进方向，标志着从"以平台为中心"向"以个人为中心"的数据和身份管理的过渡。这种变革将孕育出新的技术和商业模式，来适应这种广泛的用户和市场需求。Web 3 框架意味着对现有的商业市场和组织模式进行革新，实现所有权更迭、自主身份和开放自治等新权利。互联网广告营销界初步判断，Web 3 能继承区块链安全技术方案，解决数据垄断、隐私隐患、算法歧视等问题，推动互联网向平等、治理、开放的新价值代际变迁。

12.3.2　虚拟数字人

虚拟数字人（Digital Human）是指通过计算机图形学技术创造的与人类形象接近的数字化形象，并赋予其特定的人物身份设定，从而在视觉上拉近与人的心理距离，为人类带来更真实的情感互动。数字人技术集合包括计算机视觉制作、语音识别、图像识别、动作捕捉、AIGC 等相关技术，这些技术的整体走向成熟，推动了数字人产业的爆发。在互联网虚拟空间中，虚拟分身作为产品大量出现，推动了数字人在青年消费者群体中的认知普及。数字人的应用领域从文娱及服务行业开始，随着多重技术的成熟，遍布全行业的人机交互传播界面应用场景。目前，社交、游戏、办公等场景已经实现了真实人类虚拟化身的功能，而直播电商、偶像演艺、陪伴服务等虚拟数字人领域也实现了显著的商业市场增长。

2022 年以来，数字人在多个应用场景中大放异彩，如在北京冬奥会开幕式表演、气象播报、解说中频繁出现，社会用户基础不断扩大，推动着线上和线下的更全面一体化。数字人产业被营销经理深度认知，形成了以下九大趋势：

1）数字人制造和运营服务的营销市场不断扩大，功能服务型数字人陆续出现，主要应用于服务行业场景，如数字人客服、数字人口播等。

2）当前数字人的语言理解以文本为主，AI驱动的数字人通过深度学习模型运算来实现语音表达、面部表情和动作形态呈现，实现动作合成的声唇同步，加强对人情绪的感知和表达。

3）数字人与即时定位、地图构建、3D交互、体积视频、空间音频等技术深度融合，提升数字人与真实空间交互的能力。

4）不同行业特色的数字人成为交互的新入口，提高效率并满足人的情感交流需求，形成人机协作，具有数字生产要素特征。

5）数字人成为用户生成内容和应用的主要方式，推动创作者生态和更丰富的内容商业模式的发展。

6）数字人最开始主要通过2D屏幕呈现，而3D显示设备解决方案在特定领域展现出新的潜力。这些数字人的显示载体涵盖了智能手机、平板计算机、AR/VR眼镜、智能大屏以及线下一体化设备等多样化终端。数字人引领了3D数字内容的发展，特别是对裸眼3D、VR、AR等3D显示设备的推广，显著促进了线上演唱会、展览会等应用场景的普及。

7）专注于发展应用场景，创造高度的临场感。非交互型、离线渲染的数字人物已经在数字营销和文娱等领域得到广泛应用。虚拟分身数字人在虚拟空间的发展仍处于初期阶段。AI驱动的实时交互和实时渲染技术为用户提供了深刻的数字体验感，这推动垂直行业发展出具有丰富业务场景知识的服务业数字人，为用户带来更真实、更沉浸的服务体验。

8）我国政府高度重视数字人产业，推出了一系列发展政策。在这些产业发展政策的推动下，聚集了互联网艺术和科技人才的城市有望成为数字人产业的新高地。

9）数字人版权保护及行业合规体系的同步建设迫在眉睫，以推动数字人的可用性、可靠性、可知性和可控性。数字人的著作权、外观设计专利和商标等知识产权保护体系亟须完善。

随着AI技术的不断进步，数字人的多模态感知和交互能力将显著提升。未来，数字人将具备记忆力和判断力，能够识别和记忆交互对象，从而变得更加智能，其行为和思维将更加接近于人类，赋予数字人性格特征，以及"有趣的灵魂"。

目前，数字人技术已进入商业化的临界点，行业正迈入数字人大规模应用的新阶段。数字人化身（Avatar）可以成为营销传播工具，作为数字交互角色入口，为人类带来更智能、更沉浸的"在场"体验。数字人技术预示着机器人交互即将进入家庭、全真互联界面以及元宇宙应用场景。

12.3.3 元宇宙

元宇宙是一个在虚拟场景中，以虚拟化身与服务对象的数字化身进行价值交换的空间网络。它改变了企业和平台进行营销传播和服务的价值创造方式。大多数元宇宙产品和应用仍在开发阶段，其核心价值在于服务消费者，目标是打造出能够进行内容生产和交互的沉浸式演艺场景、社交娱乐和电商应用数字空间。

虚拟现实（VR）和增强现实（AR）是新兴的消费者互动技术，利用增强现实和虚拟现实技术进行信息传递已成熟应用于虚拟仿真游戏、房产和车展等定制化体验场景。VR/AR技术也被应用于广告、游戏和品牌展示体验场景中。例如，《精灵宝可梦》是一款典型的游戏，它在真实场景中应用了成熟的增强现实技术。元宇宙的最早雏形，如 *Second Life* 等世界感游戏，起源于虚拟现实技术。

虚拟空间（Virtual Space）是元宇宙世界的开放式体验空间，用户及其虚拟数字人主要在这些开放式虚拟空间进行互动和社交。品牌可以定制虚拟空间，提供超越真实世界的数字虚拟体验。

元宇宙主要形成持久化和去中心化的在线三维虚拟环境，用户通过头显设备、VR/AR眼镜等可穿戴设备进入这个人造虚拟世界。VR、AR、MR（混合现实）和XR（扩展现实）等技术均为元宇宙的界面打造提供支持，帮助用户连接元宇宙虚拟空间。

数字藏品，是非同质化代币在中国当前法律环境下的主要商业形态，允许用户付费购买独一无二的数字形态的品牌IP文化权属证明。这也是区块链技术的重要应用场景。数字藏品被视为具有收藏价值和一部分品牌数字资产的营销属性。然而，与海外市场不同，中国法律监管严令禁止数字藏品的二级市场交易，政府金融监管认为任何数字藏品的投资功能和"代货币"属性在中国都是非法的 。

未来的技术升级将进一步提升体验。无感支付、无人驾驶、物联网、数字孪生等技术正在创造新的虚拟体验，并与线上线下服务相结合。元宇宙旨在创造全息数字化的工作、生活和娱乐环境，用户在数字世界中的感知将与线下感知融合，全方位体验游戏社交、文化艺术和自我价值实现。

在元宇宙空间内可以进行远距离实时交互和体验，成为个人感官的延伸，延展人类经济与社会功能。Gartner预测，在乐观情况下，2026年全球将有25%的数字用户每天使用元宇宙一小时。元宇宙提供了一个无限边界的可能，用户可以享受更多自由、无时间和空间限制的体验，并根据性别、年龄、社交网络和兴趣选择虚拟形象。

品牌开始在元宇宙领域建设独特的数字场景和新体验。元宇宙新的接触点旅程包括兴趣点和游戏创新，关注线上线下顾客忠诚度，以及更高级别的人性化交互等。在贴合营销服务的应用层面，还需要整合到Web 3下一代互联网和数字体验。

见中国人民银行、中央网信办2021年发布的《关于进一步防范和处置虚拟货币交易炒作风险的通知》和2022年中国互联网金融协会、中国银行业协会、中国证券业协会联合发布的《关于防范NFT相关金融风险的倡议》。

对企业而言，元宇宙将改变顾客服务营销和体验关系的运作方式。包括：

1）与顾客建立更牢固的关系，建立品牌用户共创共享的虚拟人生乐园，鼓励用户参与创作独一无二的数字体验与内容商品，并从中获得经营收益。

2）进一步打通元宇宙品牌场景和全球门店实体，创造销售和使用商品的互动价值。这里的关键在于数字体验与商品体验价值的交互创新。

3）增强购物空间，为用户虚拟数字人和真人创建生动的个性化产品，提供数字试用和使用服务，实现线上线下新零售一体化，更多商品按使用付费。

4）举办专属活动，为不同权限消费者参加全球任何演艺活动提供元宇宙场景体验与文娱服务混合的专属品牌版本。

以上功能都将帮助消费者获得前所未有的数字体验价值。

12.3.4 移动及家用语音智能

移动及家用语音智能技术主要提供对话式的语音助理服务，包含营销服务，其核心意义在于大规模模仿人类对话，实现企业与顾客之间的信息互动与服务。营销者可以利用移动及家用语音智能以人性化的方式与用户互动，改善顾客旅程中的日常信息体验。

移动及家用语音智能促使消费者越来越多地使用移动声控服务，而不是传统的移动人机通信。这种技术主要基于互联网平台网络服务，要求更多家用设备将云服务作为基础配置。在智能家居和智能办公的交互模式中，移动及家用语音智能的应用将越来越普遍。

亚马逊的虚拟助手 Alexa 就是通过语音驱动交互的一个例子。已有的方案包括通过语音控制智能家居设备工作、推送常规查询或主动建议新选项等跨渠道营销解决方案。其对话式服务还在朝更细致的方向不断升级。对话式营销活动包括提供链接、图像、场景、事件数据库查询及其他选择，与企业定制化的人工智能语音客服有着本质区别。

在电子商务方面，购买食杂类商品的常规送货上门服务的电商组合购买需求上升，促成海外互联网购物平台加大对话式营销，与用户保持联系，形成已知用户惯例需求下的无缝自动补货的解决方案。

会话互动数据接口已经被整合到电视和车联网中，并且云数据可以实现跨平台转移。未来，随着用户个人移动数据、车载数据和家庭数据的打通，各种智能程序将获得更多语音控制开发工具的支持，这包括导入航空酒店业、乐园游轮、商旅展会等服务体验。

12.3.5 数字孪生

数字孪生是对物理实体的数字化表达，一般是指通过几何模型、机理模型和数据驱动模型的融合应用，基于历史数据和实时数据构建可计算的数字孪生空间，进而对物理世界进行精细刻画、精准预测和精准控制。其中，几何模型用几何概念来描述对象的物理形状，将物理对象的实体形状映射到虚拟空间，并配合渲染技术实现更好的展示和交互；机理模型基于对象的内部机制或物质流的传递机理建立精确模型，主要是已知物理规律和经验的表征；数据驱动模型主要通过历史数据、实时数据、人工智能等实现未知规律在虚拟空间的拟合。

数字孪生首先被应用于仓储物流、制造车间、厂房建筑、城市广场、交通枢纽、会展博览等领域，进行生产资料、商品与服务、顾客与员工的实时数字建模，伴有详细的数据统计报告和多种可视化呈现模式。

在宏观层面，数字孪生旨在实现三个关键功能：

1）能交互。数字设施的建设，集感知、计算、通信、控制于一体，为实现物理世界与虚拟世界之间的无缝交互提供了坚实基础。这一进程基于云平台、物联网平台、网络平台和控制平台等，来实现实时感知、高效计算、泛在连接和精准反馈。此外，交互不仅限于实际操作，还包括虚拟仿真环境下的基本功能控制。

2）可计算。基于多学科模型融合形成的"几何+机理+数据驱动"应用范式，能够实现对人、机、物、环境等的参数化和模型化。这样，在虚拟空间中可以对这些对象进行计算，支持行业监测诊断、仿真预测和决策指导等需求。实时数据被用于安全环境监测与操作决策咨询。

3）易应用。根据业务场景需求，构建可灵活触达各种终端的创新应用。面向交通、城市、能源等行业场景，构建满足数字化需求的数字孪生应用，并借助AR、VR、小程序、分布式云等实现云端、边缘端、本地的灵活部署应用。

数字孪生云和开放孪生场景开发平台的搭建，需要全面融合仿真模拟、实时呈现、物联网、大数据、人工智能、高性能计算、低时延通信等技术，同时需要多方在云平台上的协作。数字孪生的发展与这些技术的进步息息相关。在城市及重点场馆等场景，数字孪生正在以实现"万物孪生、虚实相映"的人流引导管理为愿景，数字广告还能成为城市管理和重点场馆的人流分时分批控制的公共工具。

12.3.6　品牌直接销售

在传统零售业模式中，品牌制造商将产品卖给批发商或分销商，然后再分销到零售店。制造商需要与批发商和分销商合作，在适宜的地方提供合适数量的产品，让顾客获得实体购物体验。

如今，越来越多的包装消费品（CPG）制造商和消费品牌进入数字市场后直接面向消费者，而不再依赖批发商或分销商。这就是品牌直接销售（DTC）模式，它在很大程度上重新分配了流通渠道的利润，并激励广告从业者加入TP。我国的数字广告市场已升级到更大规模的营销传播服务市场。

DTC是一种依赖电商平台直接向消费者销售产品的商业模式。我国许多新兴的DTC品牌面向的是年轻用户群、数字原住民、千禧一代，这些初创企业会推出更具数字特色的顾客体验服务与商品。DTC品牌直接与消费者建立关系，符合平台用户习惯，成为我国零售业数字化增长的趋势。通过掌握完整的从开始到结束的顾客关系，品牌能收集更全面的交易、顾客行为和服务体验数据。

DTC营销通常涉及有针对性的营销活动，以提高品牌忠诚度并吸引新客户。重点在于跨多个渠道建立品牌标识并保持本地化原生的内容互动和高活跃度。例如，三顿半咖啡通过微信、抖音、快手、小红书和B站等平台，娴熟地运用视频营销来营销内容与商品。KOL也容易加入线上运营，帮助品牌在特定用户群中推广商品。DTC营销经理能够综合运用互联网服务、自媒体账号、KOL和品牌社群营销，创造商品服务和内容话题的体验"峰值"时刻，形成新兴品牌的营销浪潮。

DTC营销通过创造话题和节庆主题，强化顾客的情感峰值体验，提高顾客满意度并减少投诉。根据行为科学家丹尼尔·卡尼曼的研究，消费者通常对体验中的"峰值"时刻和"近期"朋友分享的新体验印象最为深刻。因此，商家需要创造与传统营销不同的"关键时刻"，以提升顾客体验，并使体验设计的商业价值最大化。

在中国，针对年轻用户群体的习惯创建新的旅程地图和梳理业务环节的痛点，将顾客反馈转化为行动，形成快速闭环响应至关重要。例如，各地文旅通过创造"颜值"文化和"造梗"，强化峰值体验，实现锁定顾客、增强顾客黏性，形成特色品牌文化，从而促进顾客价值增长。

DTC品牌更加强调数字化经营，以互联网在线顾客为中心，依赖于广告营销技术。这包括打通数据资产、建设顾客体验管理（CEM）平台、分析用户数字行为、数据可视化以及测量实时双向效果，并应用顾客数据平台（CDP）实时跨平台收集数据。中国本土营销企业在开发DTC品牌时，强化了数字化转型特征。新生代营销经理一般能够熟练使用数字广告营销工具，覆盖用户的全程体验，从感知、培养兴趣、提高品牌忠诚度、购买转化、体验分享到追求顾客留存和私域忠诚，形成完整的数字化闭环营销。

中国的直播电商迅速繁荣，加入数字广告生态。直播电商结合了广告，朝向DTC营销，形成了"品牌发起、沉浸互动、即时产生销售和转化"的广域集客营销创新。直播一般依赖于短视频平台或购物平台，需要日常的短视频内容进行引流。此外，直播和录播都可以利用虚拟数字人作为主播。未来，品牌直播活动将在人员互动、特色内容、场景体验上持续开发和创新。

本章集中讲述了二十二个未来数智广告（营销）技术，它们大多数都未在海外已有的广告营销教材中介绍过，但很多都已经在我国的数字营销市场得到了快速发展，引起品牌与用户的关注和兴趣。这符合本书的目标——帮助读者理解科技、市场和法律这三大因素如何共同影响数字广告与营销的发展，也表明数字广告生态的发展核心在于整合广告、内容、商品和服务的创新。以数字技术创新为新的出发点,学好数字广告,我们的最终目的是更好地为消费者提供满足需求的商品和体验。信息和广告位,既可以是商品,也可以是体验,并被用户视作服务,其中充满了价值创新的机会。与此同时,数字经济体系下具有平台型社会特征的商品和体验,既离不开数智化的高效信息传播方式,也离不开数字广告生态中的生产力要素——"广告位"。中国的广告发展道路上出现的创新,开始超越西方发达国家建立的传统广告营销模式,凝聚起链路营销的数字广告增长力量,在全球互联网社交媒体和电商广告领域形成了新型增长的市场。把握好数智时代制造业发展和商品出海的机遇,成功融入未来全球经济,是新一代中国数字广告营销经理的使命。

由未来科技主导的数智广告产品将继续推动数字广告营销的复杂科学创新,这在某种程度上超出了 20 世纪初海外大学创立广告学和营销学时的想象,引导着信息传播和商品供需流转向着更高效的方向发展,鞭策着我们持续探索数字广告生态的前沿市场。

12.4 本章小结

数字广告的创新聚焦于信息传播的技术突破,旨在服务于市场流转效率。面对未来充满不确定性的市场环境,营销经理需要扩展数字技术生态,通过向特定用户群体自动传递一致的营销信息数据,实现敏捷且有效的信息传播和数字需求体验。

第一批的未来广告营销技术已渐趋成熟,包括 ABM、aSSP、移动营销分析、视觉搜索营销、对明示同意与用户偏好的管理、地理位置营销、人工智能技术用于广告营销、OTT 广告、个性化定制广告及营销云等,已经逐渐开始被品牌企业和广告技术公司建设和采用。

第二批的未来广告营销技术主要解决数据安全问题,包括可信身份的安全识别、区块链技术在广告中的应用、数据净化室、隐私保护计算技术集、广告屏蔽与过滤等。随着消费者对平台和企业信任的分化,对高级别数据安全和隐私计算的需求愈发迫切。

第三批的未来广告营销技术包括 Web 3、虚拟数字人、元宇宙、移动及家庭语音智能、数字孪生、DTC。广告营销技术的发展使广告主必须利用更大、更有趣、更动态的内容库(如数字人和元宇宙)来传递交互体验的服务价值。

由于不可能再以传统广告代理制度来开发、管理和交付数字广告技术和内容。这为智能时代的广告产业升级预留了充足的技术服务市场,基于机器学习大规模创造新体验,发展数字广告产品以提升商业运转效率,成为中国数字营销市场的主要发展方向。

技术革命已经渗透到商品流通系统中,广告学领域原先依赖的传统媒体和 4A 代理商本身也需要数字化转型,数字广告经营者需要不断提升技术竞争力以适应互联网的发展。这是 19 世纪以来广告行业"百年未有"之变革。

通过梳理未来十年内广告技术主要的突破方向,可以知晓任何创新都必须遵循技术成熟、合法合规以及商业模式市场扩散的基本规律。技术、法律伦理和市场要在使用中扩散,这些都是传播创新的本质。

本书鼓励读者审辩地思考西方现代化知识，学习中国式现代化的互联网广告道路。认真掌握法律知识、数据科学和智能技术，关注人文领域心理学的前沿研究，积极了解基于数字技术和人工智能技术的广告营销业务前沿创新，正确理解中国数字经济的发展离不开广告营销技术发展的数字市场创新。

本章术语与重要概念

基于客户账户营销（ABM）	区块链
B2B营销	数据净化室
强化供应方平台（aSSP）	安全多方计算
视觉搜索营销	广告屏蔽
对明示同意和偏好的管理	Web 3
地理围栏	虚拟数字人
谷歌"隐私沙盒"	元宇宙
营销云	数字藏品
隐私安全计算	家用语音智能
身份解析（IDR）	数字孪生

本章思考题

1. 请选择前沿广告营销技术中的一项，进行跟踪学习并测试使用，描述你的使用体验。
2. 你如何看待广告数据的安全计算技术？请说明你最看好哪项技术应用于数字广告产业，以及这项技术所带来的商业价值。
3. 你是否使用过Web 3、数字人或者元宇宙应用？请分享你的使用体验，并讨论你"设想"的技术产品价值与实际之间的差距。

附　录

数字广告营销书籍

《大数据时代：生活、工作与思维的大变革》
《计算广告》(第 3 版)
《当代广告学与整合营销传播》(第 16 版)
The New Advertising
《营销管理》(第 16 版)
《重建消费者—品牌关系》

《未来广告：中国广告业未来发展与数字营销传播前瞻（2025—2035）》
《数字广告系统：技术、产品与市场》
《为什么：关于因果关系的新科学》
《非传统营销：营销专家不知道的品牌成长定律》
《整合营销传播：因整合而有效》

主要平台、组织与机构

西北大学梅迪尔整合营销传播学院
西北大学凯洛格商学院
伊利诺伊大学厄巴纳－香槟分校（UIUC）
宾夕法尼亚大学沃顿商学院
国家广告研究院
斯德哥尔摩经济学院
阿姆斯特丹大学传播学院
佐治亚理工大学
凯度（Kantar）
RTBChina
特赞

蓝色光标
利欧数字
筷子科技
Forrester
沃尔玛电商
Gartner
Facebook（Meta）
亚马逊
中国广告协会
IAB China

数字、广告与营销传播人物

约瑟夫·熊彼特
安德烈·布罗德

尤兰·杰瑞·温德
丁俊杰

达伦和罗森格伦
舒尔茨
陈刚
凯特·朗巴顿和安德鲁·史蒂文
菲利普·科特勒
黄合水
拜伦·夏普
马歇尔·麦克卢汉
丹尼尔·卡尼曼
爱德华·C.马特豪斯
刘鹏

理查德·塞勒
斯科特·布林克
迈克尔·波特
米哈里·契克森米哈伊
凯文·莱恩·凯勒
马克·扎克伯格
于勇毅
凡·诺尔特
克里斯提安·格鲁诺斯
姚期智

参考文献

[1] 诺顿. 中国经济：适应与增长 [M]. 2版. 安佳, 译. 上海：上海人民出版社, 2020.
[2] 丁俊杰, 康瑾. 现代广告通论 [M]. 4版. 北京：中国传媒大学出版社, 2019.
[3] 契克森米哈赖. 心流：最优体验心理学 [M]. 张定绮, 译. 北京：中信出版集团, 2017.
[4] 阿克. 管理品牌资产 [M]. 北京：机械工程出版社, 2017.
[5] 舒尔茨. 重塑消费者：品牌关系 [M]. 沈虹, 等译. 北京：机械工业出版社, 2015.
[6] 凯勒. 战略品牌管理 [M]. 王海忠, 陈增祥, 译. 北京：机械工业出版社, 2021.
[7] 科特勒, 凯勒, 切尔内夫. 营销管理 [M]. 陆雄文, 蒋青云, 等译. 16版. 北京：中信出版集团, 2022.
[8] 刘鹏, 王超. 计算广告：互联网商业变现的市场与技术 [M]. 2版. 北京：人民邮电出版社, 2019.
[9] 卢泰宏. 品牌思想简史 [M]. 北京：机械工业出版社, 2020.
[10] 清水公一, 胡晓云. 广告理论与战略 [M]. 朱磊, 译. 北京：北京大学出版社, 2005.
[11] 赛勒. 助推 [M]. 刘宁, 译. 北京：中信出版集团, 2018.
[12] 温纳, 内斯特. 营销科学手册 [M]. 侯旻, 郭晓宇, 译. 上海：格致出版社, 2020.
[13] 何佳讯. 战略品牌管理：企业与顾客协同战略 [M]. 北京：中国人民大学出版社, 2021.
[14] 于勇毅. 营销技术：原理、策略与实践 [M]. 北京：人民邮电出版社, 2020.
[15] 王赛. 增长五线 [M]. 北京：中信出版集团, 2019.
[16] 威廉·阿伦斯, 迈克尔·维戈尔德. 当代广告与整合营销传播 [M]. 16版. 林升栋, 顾明毅, 康瑾, 等译. 北京：中国人民大学出版社, 2023.
[17] 贾涛. 市场营销流量揭秘 [M]. 北京：中国轻工业出版社, 2019.
[18] 吴俊, 李焱, 党莎. 一本书读透Martech智慧营销 [M]. 北京：机械工业出版社, 2020.
[19] 曾鸣. 智能商业 [M]. 北京：中信出版集团, 2019.
[20] 伊斯特, 赖特, 范于埃勒. 消费者行为：技术数据的营销决策 [M]. 2版. 种科, 译. 上海：格致出版社, 2018.
[21] 梁丽丽. 程序化广告：个性化精准投放实用手册 [M]. 北京：人民邮电出版社, 2017.

[22] 段淳林,张庆园.计算广告[M].北京:人民出版社,2019.

[23] 萨尔德哈.数字化转型路线图[M].赵剑波,译.北京:机械工业出版社,2021.

[24] 项亮.推荐系统实践[M].北京:人民邮电出版社,2012.

[25] 徐军.疯狂的征途:移动营销12年创世纪[M].北京:中国友谊出版社,2018.

[26] 韦伯.科学作为天职[M].北京:生活·读书·三联书店,2018.

[27] 冯琪.首席营销技术官:Martech时代,技术驱动增长[M].北京:电子工业出版社,2021.

[28] 古德费洛,本吉奥,库维尔.深度学习[M].赵申剑,等译.北京:人民邮电出版社,2017.

[29] 斯普林格,卡森.数字化先锋:广告、营销、搜索和社交媒体领导者的成功案例[M].北京:机械工业出版社,2014.

[30] 张亚东.在线广告:互联网广告系统的架构及算法[M].北京:清华大学出版社,2019.

[31] 陈刚,沈虹,马澈.创意传播管理——数字时代的营销革命[M].北京:机械工业出版社,2012.

[32] 顾明毅,姜智彬,李海容.百年广告定义研究辨析[J].现代传播(中国传媒大学学报),2018.4

[33] 阿姆斯特朗.广告说服力[M].吴国华,林升栋,康瑾,译.北京:商务印书馆,2016.

[34] 齐馨,陈都烨,等.营销科学:驱动生意科学增长[J].哈佛商业评论,2021.

[35] 杜东为.个性化广告与个人信息保护如何平衡的几点思考[J].现代广告,2021.

[36] TalkingData.数据科学实战指南[M].北京:电子工业出版社,2019.

[37] LAMBERTON C,STEPTHEN A T.A Thematic Exploration of Digital, Social Media, and Mobile Marketing: Research Evolution from 2000 to 2015 and an Agenda for Future Inquiry[J]. Journal of Marketing,2016, 80(6):146-172.

[38] SCOTT B.Marketing Technology Landscape Martech 5000[EB/OL].2023[2020-4-22].https://chiefmartec.com/2020/04/marketing-technology-landscape-2020-martech-5000/.

[39] CHEN G,COX J H. ULUAGAC S, et al. In-Depth Survey of Digital Advertising Technologies[J]. IEEE Communications Surveys & Tutorials,2016,9(18):2124-2148.

[40] SCHULTZ D.The Future of Advertising or Whatever We're Going to Call It,[J].Journal of Advertising, 2016,45(3):276-285.

[41] KELLER K L. Unlocking the Power of Integrated Marketing Communications: How Integrated Is Your IMC Program?[J]. Journal of Advertising, 2016,45(3).

[42] RODGERS S,THORSON E. Advertising Theory[M] 2nd ed. Routledge Taylor & Francis Group, New York, 2019.

[43] AKER,DAVID.Managing Brand Equity[M].New York:Free Press,1991.

[44] WIND Y, HAYS C F, The Wharton Future of Advertising Innovation Network. Beyond Advertising: Creating Value Through All Customer Touchpoints[M]. Wiley, New Jersey, 2016.

[45] THLLIS T,ALBERT B.用户体验度量:收集分析与呈现[M].2版.周荣刚,秦宪刚,译.北京:电子工业出版社,2016.

[46] 顾明毅.未来广告:中国广告业未来发展与数字营销传播前瞻(2025—2035)[M].上海:上海远

东出版社，2022.

[47] 朱磊，崔瑶.数字营销效果测评[M].北京：科学出版社，2020.

[48] 冯琪.首席营销技术官：Martech时代，技术驱动增长[M].北京：电子工业出版社，2021.

[49] 芭芭拉·卡恩.沃顿商学院品牌课：凭借品牌影响力获得长期增长[M].北京：中国青年出版社，2014.

[50] 宋星.2019年中国企业私域数据与DMP/CDP白皮书[EB/OL].纷析智库，（2019-06-04）[2023-06-20]：https:www.chinawebanalytics.cn.

[51] 埃森哲是本白皮书.天猫企业经营方法论：双轮驱动，全域增长[EB/OL].（2021-11-30）[2023-06-20]:https://www.zhikeyun.cnlblog.

[52] 国家互联网信息办公室.数据安全管理办法（征求意见稿)[EB/OL].(2019-05-28)[2023-06-21]:https://www.gov.cn/xinwen/2019-05/28content_5395524.htm.

[53] 中华人民共和国标准管理局.信息安全技术 个人信息安全规范（GB/T 35273-2020）[S/OL].（2023-03-06)[2023-06-22]:https://www.nssi.org.cn/cssn/js/pdfjs/web/preview.jsp?a100=GB/T%2035273-2020.

[54] 中国信息通信研究院.数据要素白皮书（2022年）[EB/OL].（2023-01-07）[2023-06-25]:http://www.caict.ac.cn/kxyj/qwfb/bps/202301/P020230107392254519512.pdf.

[55] 牟萍.数据资产运营中的法律问题研究[M].北京：法律出版社，2022.

[56] 刘双舟.数字经济时代互联网广告发展与监管研究[M].北京：中国工商出版社，2021.

后 记

在互联网广告与营销领域，我们见证了一场深刻的变革。昔日位于行业"神坛"的国际4A广告集团和全球500强品牌在华的经营格局已发生根本变化。如今，引领全球潮流的是超大规模的互联网平台和高科技领域的独角兽企业。中国互联网平台在全球的发展毫不逊色，中国品牌的国际化步伐愈发坚定，互联网数字经济呈现出勃勃生机。中国的数字营销专家、广告营销专家（包含影响者和KOL）和数字化企业通力合作，实现了"从零到一"的飞跃，数字广告与本土品牌、数字用户和互联网经济紧密结合，开创了一条与传统4A公司的广告代理制截然不同的数字增长道路。这一切预示着，中国在数字广告营销领域拥有海外教材所未曾触及的独特秘密。

虽有少数海外顶尖教授为中国的广告和数字营销发展出谋划策，但本书更多展现的是中国数字广告学者和营销领袖的远见卓识，以及他们对数字化增长的信念和实力。通过我国研究者的共同努力，现将这些知识精华提炼出来，旨在为读者呈现一个融合人文和科技主义的智能时代未来世界。

本书凝聚了国内外数字营销界的集体智慧，全面展现了数字广告学的知识体系和理论创新，其中大部分内容是20世纪经典广告学教程所未曾涉及的。即便是21世纪海外最新的广告学教程，也未能勾勒出中国数字广告营销生态体系的知识全貌。为了创作好这本书，我将其与前作《数字广告系统》对照修改并征求专家意见，历时三年才将其完善。

自2019年访学归国后，在舒尔茨和温德教授的亲自指导下，我的团队用两年时间完成了两份研究报告《WFAP2025中国未来广告研究白皮书》和《2025未来品牌研究》，这两份报告都得到了中国广告协会和国家广告研究院的推荐。在此基础上，我出版了《未来广告：中国广告业未来发展与数字营销传播前瞻（2025—2035）》一书，通过30个广告业未来的问题和与200位行业领袖的访谈，探究了中国数字广告如何融入互联网数字经济，以及广告发展如何超越海外4A广告代理商模式。

广告技术产品的迭代更新是中国数字广告市场自主模型建设和创新发展的关键。在向国内外学者学习的过程中，我获得了宝贵的批判性意见和巨大的精神动力，这使我坚定了将技术广告营销纳入广告学发展体系中的决心,不断深入研究争议性问题,并着手撰写关于数字广告的理论知识和生态系统的书。

通过阅读这本书,读者能够领略到菲利普·科特勒、唐·E. 舒尔茨、尤兰·杰瑞·温德等国外广告营销理论大师的研究成果。站在这些巨人的肩膀上,才能掌握21世纪数字广告的前沿知识,理解国外专家对现代广告理论创新的重大贡献。

自从2010年进入复旦大学博士后流动站,接受海派广告学者程士安教授的指导,我开始研究"大数据广告与用户传播创新",至今已有十四年。正是在这段时期,中国广告市场的大数据技术、程序化广告、计算智能得到飞速发展,数字营销迎来了"上半场"的发展高潮。而从2017年开始,随着大量数字广告公司的技术升级,以及全球数据监管和隐私保护法律的出台,数字营销进入了"下半场"的新阶段,广告学和营销学面临在数智时代如何转型与发展的问题。这些领域的内容新颖独特,难以在国内外已有的书籍和论文中找到答案。在这个背景下,我持续与我国互联网科学家、法学家、广告营销学者等专家讨论和研究思考,并投身中国广告协会等组织的广告行业标准建设,有幸整理我国互联网市场的广告技术产品、营销模型和广告法规的相关资料。

对于本书的写作而言,在实践中深入探索数字广告与数字营销之间的联系与区别显得尤为重要。我的实践经历涵盖与电通、利欧、安吉斯以及蓝标旗下的企业的合作,主持过商圈户外大数据广告系统的建设。综上,不断向国内领先学者学习,与业界专家深入交流,深化对理论模型的研究,耐心地发掘广告营销教材中未能解答的中国市场面临的问题。

感谢多次指导和扶持我研究数字广告的专家学者,他们是丁俊杰教授、陈刚教授、蒋青云教授、黄升民教授、程士安教授、何佳讯教授、初广志教授、黄合水教授、高维和教授、张翔教授、刘双舟教授、姚曦教授、舒咏平教授、段淳林教授、姜智彬教授、杨同庆教授、杨先顺教授、许正林教授、杨海军教授、金星教授、颜景毅教授等。前辈学者在广告营销研究上锲而不舍的精神,引导着我不断前行,进行广告研究和数字营销教材建设。

特别感谢林升栋、赵新利、李华君、陈素白、王昕、程明、康瑾、张殿元、邬盛根、姚志伟、廖秉宜、史学军、沈虹、黄河、黄玉波、张庆园、吴来安、李华强、马澈、刘庆振、阳翼、佘世红、万木春、陈韵博、朱芸阳、牟萍、杜艳艳、高阳、王水、董婧、孙美玲、史扬、王绍喜、姚杰、于婷婷、王静、何鹄志、王天夫、施州、陆斌等众多同仁学者的热情帮助和真诚贡献。

感谢我曾经访问过的海外广告专家,他们支持我整理数字广告理论知识和辨析中外营销模式差异,为本书提出过重要建议。他们是:美国西北大学梅迪尔整合营销传播学院的唐·E. 舒尔茨教授和海蒂·舒尔茨夫人、爱德华·C. 马特豪斯教授、维加·维斯瓦纳坦教授、吉姆·凯里教授,凯洛格商学院的安吉拉·李教授,宾夕法尼亚州立大学的沈福元教授、钟布教授,沃顿商学院的Emeritus教授尤兰·杰瑞·温德,密歇根州立大学的李海容教授、杰夫·理查德教授、伊瑟·索逊教授、萨利姆·阿尔哈巴什教授,伊利诺伊州立大学厄巴纳—香槟分校的姚正宇教授、米歇尔·尼尔森教授、布列塔尼·达芙教授、咸昌埭教授，俄亥俄州立大学的理查·E.佩蒂教授，费雪商学院的柯蒂斯·霍格维特教授，德保罗大学的凯丽·朱教授，洛约拉大学的程红教授、杨婧教授，伦敦国王学院的冈崎伸太朗教授，克拉根福大学的拉尔夫·特鲁特教授、珊德拉·德伊尔教授，法国南锡高等商学院的菲利普·基晨教授，西班牙格拉纳达大学的萨尔瓦多·德·巴里奥-加西亚教授、露西亚·波尔库教授，明尼苏达大学双城分校的吉苏·胡教授，南卡罗来纳大学信息与传播学院的吴林晚教授，美国广告主协会主席鲍勃·利奥狄斯，营销技术图谱创始人斯科特·布林克研究员。

此外，我要重点感谢引领我国数字广告行业发展的专家，中国广告协会的张国华会长、霍焰副秘书长，中国信息通信研究院泰尔实验室的杨正军主任，以及人工智能与互联网广告科学家刘鹏博士。他们对本书介绍的中国数字广告的发展倾注了心血，贡献了智慧。

感谢在2020年度和2021年度两次未来广告与品牌调研中给予鼎力支持的200位国内广告行业的数字营销企业家，特别是利欧数字董事长郑晓东和数字产品总经理周崧芨、明略科技副总裁谭北平、字节跳动营销科学家于勇毅、阿里巴巴高级法务研究员杜东为、卫瓴科技总裁杨炯纬、筷子科技总裁陈万锋、特赞创始人及同济大学设计人工智能实验室主任范凌教授、众引传播董事长陈陶琦等专家。本书介绍的数字广告生态和整理的知识建立在我国数字行业领袖对广告营销技术变革创新的实践基础之上。

本书基本涵盖了自程序化市场成熟之后，数字广告朝向数字营销系统和智能广告发展的整个过程，包括2010年后本土数字营销技术公司的崛起，全面展现2018年以后中国互联网市场进入"下半场"后的变革与创新。恰如科特勒在《营销管理》第16版中所指出的，营销变革的核心是数字化转型，其精髓在于数字广告系统驱动的全链路数字营销。本书与作者另一本书《数字广告系统：技术、产品与市场》组合成为系列，共同介绍数字广告与数字营销技术、广告市场发展与数字化转型的理论与实践。

本书特别重视21世纪互联网广告营销传播理论的梳理，从"用户-互联网-品牌"的数字广告市场创新出发，对数字营销理论也做出了新的提炼和贡献。相关章节经由中国高等教育学会广告教育专业委员会和中国高等院校市场学研究会的权威专家审阅。两部作品重合内容不到百分之五，重点关注数字技术创新、数字广告类型与结构，并将数据伦理与隐私保护贯穿在每一章中，确保逻辑清晰，结构层次分明，初步形成服务于高校广告学和数字营销学教学的成果。

记得十年前，广告专业（文科）的学子曾对学习程序化广告（计算密集）的复杂术语体系有所抗拒。如今，广告数字化转型的特征更为明显，标志着广告学已经进入复杂学科领域。借助这两本书，学生能够理解前沿知识和新颖理论，并在中外数字广告平台实践中获得验证。希望读者能从本书中看到在中国互联网的发展过程中诞生的具有本土特色的数字广告理论，和我国数字营销企业不同于海外市场的技术发展路径。

中国在社交媒体、游戏应用、出海电商（广告）、直播电商等领域的广告营销，在海外的互联网广告营销市场中的表现超越了当地应用，表明我国数字营销在方法论上已经取得了一些优势。本书对此进行了理论总结和升华，以期为读者提供更全面、深入的理解。

　　本书旨在展现数字广告营销领域作为一个复杂系统的生态体系组成，引导读者跳出传统的"洞察、创意、制作、投放（效果）"4A代理商广告流程，转向"以数字技术驱动、以消费者为中心"的智能广告领域。书中重点阐释了数字广告在全球数字营销"下半场"所扮演的关键角色，展示了科技和数据在广告营销中的全面应用，并从法律、技术和市场三个维度探讨了数字广告行业的持续升级。因此，广告学的重心正在从传统代理商广告业务转变为数字广告系统与生态。在这个变革过程中，数字广告生态不仅推动了企业营销的数字化转型，也在指引着我们迈向下一代数字经济和智能社会的发展阶段。

　　最后，我特别感谢我的家人和朋友对我不懈的支持和鼓励，在面对复杂学科变化及各种诱惑时，始终能坚持我国自主的研究梦想，推动数字广告领域的人文与科技发展。

　　展望未来十年，随着人工智能的迅猛发展，数字广告的革新离不开数据安全与隐私保护、算法推荐与智能技术等前沿科技，营销传播行业也将持续为塑造全球数字经济做出重要贡献。在这个领先于市场变化的领域从事教学与研究工作，我感到无比幸运。我将保持谦卑的态度，不断努力学习，以此作为后续工作的座右铭。在此，我真诚地感谢所有读者的专业意见和建议，并期待与您的交流与互动。

2024 年 6 月 20 日于上海静安